普通高等教育"十一五"国家级规划教材

高等学校金融学系列教材

21世纪
FINANCE

金融监管学

（第三版）

JINRONG JIANGUANXUE

主编　郭田勇

中国金融出版社

责任编辑：张智慧　王雪珂
责任校对：李俊英
责任印制：陈晓川

图书在版编目（CIP）数据

金融监管学/郭田勇主编 . —3 版 . —北京：中国金融出版社，2014.2
21 世纪高等学校金融学系列教材
ISBN 978 – 7 – 5049 – 7270 – 5

Ⅰ.①金…　Ⅱ.①郭…　Ⅲ.①金融监管—高等学校—教材　Ⅳ.①F830.2

中国版本图书馆 CIP 数据核字（2013）第 319715 号

金融监管学
Jinrong Jianguanxue

出版
发行　**中国金融出版社**

社址　北京市丰台区益泽路 2 号
市场开发部　（010）63266347，63805472，63439533（传真）
网 上 书 店　http://www.chinafph.com
　　　　　　（010）63286832，63365686（传真）
读者服务部　（010）66070833，62568380
邮编　100071
经销　新华书店
印刷　北京市松源印刷有限公司
尺寸　185 毫米×260 毫米
印张　25
字数　556 千
版次　2004 年 12 月第 1 版　2009 年 8 月第 2 版　2014 年 2 月第 3 版
印次　2019 年 2 月第 4 次印刷
定价　48.00 元
ISBN 978 – 9 – 5049 – 7270 – 5
如出现印装错误本社负责调换　联系电话　（010）63263947

主 编 简 介

郭田勇，中国人民银行研究生部金融学博士。现任中央财经大学金融学院教授、博士生导师，并担任中央财经大学中国银行业研究中心主任。曾在中国人民银行分行从事金融实务工作。目前担任亚洲开发银行顾问、中国人民银行货币政策委员会咨询专家、中国银监会特聘专家、中国支付清算协会互联网金融专家委员会成员等多项学术和社会兼职。

在金融学研究领域颇有建树，主要研究方向：宏观经济与货币政策、银行业经营管理、金融监管等。近几年在《金融研究》、《国际金融研究》、《改革》、《人民日报》等国内外重量级报刊发表多篇观点鲜明、反响热烈的学术论文，主要专著或译著包括《中国货币政策体系的选择》、《中国私人银行发展报告》、《中国银行业发展研究报告》、《商业银行中间业务产品定价研究》、《中国银行业的综合经营与监管》、《郭田勇讲弗里德曼》、《金融监管学》、《金融危机的教训》（译著）等，主持和参与各类课题研究30多项。

2001年获中国金融学会全国优秀论文奖，2004年获霍英东教育基金会全国优秀青年教师基金奖，2007年入选国家级"新世纪优秀人才支持计划"。

第三版前言

本教材第一版2004年出版，2009年进行了修订。第二版付梓之际，美国次贷危机爆发不久，波及面有限，2010年以来，危机影响逐步扩散，欧洲多个国家主权债务风险显现，新型经济体银行资产质量问题有所暴露，全球金融业进入新一轮变革阶段。在此期间，国际监管组织及各国监管机构加强了交流与合作，并针对危机中暴露出的问题，研究出台了多项新举措。就我国情况来看，一是在应对金融危机方面，监管部门未雨绸缪，汲取发达国家经验教训，积极跟进国际监管改革动向，并结合我国实际情况进行了相应调整；二是国内银行业实现了稳健发展，各类非银行金融机构不断发展壮大，混业经营趋势有所增强，互联网金融逐步兴起，金融消费者保护体系初步建立，中国金融业及监管体系进入一个新的发展阶段。鉴于此，我们感到有必要对《金融监管学》再次进行修订，主要涉及以下方面：

1. 对资料，特别是制度规定及数字资料进行更新补充。

2. 结合金融危机后《有效银行监管核心原则》的修订、第三版《巴塞尔协议》的出台，以及美国、英国等世界主要国家或经济体的监管改革实践，对第一章金融监管导论、第二章金融监管与金融风险、第四章金融监管体制、第七章金融监管的外部支持、第十三章金融监管协调、第十四章金融监管国际协调与合作进行补充修订。

3. 为更加充分和全面地反映我国金融业及监管体制发展历程，增加第五章，即中国金融监管体制。

4. 其他监管防线一章中，补充了期货业协会、银行间市场交易商协会的相关内容，更新了对信用评级机构的相关表述。

5. 银行业监管一章中，根据银监会2012年颁布的《商业银行资本管理办法（试行）》，对涉及《巴塞尔协议》在我国实施情况的内容进行大幅修改，并结合近年来网络银行快速发展的实际情况，增加一节，即网络银行监管。

6. 对其他金融机构的监管一章中，删除合作金融业的监管，增加对消费金融及汽车金融业的监管。

7. 每章均设置与主题相关的阅读资料，便于读者加深对相关内容的理解。

第三版的修订工作，由我担任主编，负责设计提纲和总纂定稿，并得到中央财经大学金融学院诸多同志的帮助。全书共十五章，其中，第一章、第二章、第三章由郑博修订，第四章、第十五章由陈澄修订，第五章由徐梦琳修订，第六章、第八章由崔俊丽修订，第七章由张祺慧修订，第九章由何佳修订，第十章、第十一章由吴雄剑修订，第十二章由刘晓菊修订，第十三章由顾献文修订，第十四章由季赛修订。陈澄、郑博协助我完成了第三版修改稿的审核工作。在本书修订过程中，我们参阅了大量国内外有关论著，中国金融出版社的张智慧主任、王雪珂编辑为本书的出版付出了艰辛的劳动，在此一并表示诚挚的感谢！

我们期待着广大读者积极提出宝贵的批评和建议，使本书日臻完善。

郭田勇

2014 年 1 月 16 日

目　录

高等学校金融学系列教材

21世纪高等学校金融学系列教材

第一篇

金融监管基础理论

第一章

金融监管导论

金融监管是一个涵盖内容十分丰富的体系。本章从金融监管的内涵、目标与原则、构成体系与方法三个方面出发，对金融监管体系进行介绍。

第一节　金融监管的含义

所有监管本质上都是由于市场的不完全性，需要政府或其他部门对市场参与者进行管理，金融监管也不例外。由于金融市场机制的失灵，政府有必要对金融机构和市场体系进行外部监管。金融是现代经济的核心，随着现代科技的发展和金融创新的不断涌现，金融业务之间的界限不断被打破，不同金融机构之间和不同金融工具之间的区别日益模糊，金融国际化和国际资本流动不断扩张，与此同时，金融领域的风险也在急剧增大。由于金融业的特殊性和金融在经济体系中的地位显著增强，通过监管保证金融业的稳健运行日益成为经济与社会健康发展的关键。

金融监管是一个完整的系统，涵盖了全面的理论知识和丰富的实践知识。本章将介绍金融监管的基本概念和金融监管的要素，并对金融监管的必要性以及金融监管和经济发展的关系等问题进行阐述。

一、金融监管的概念

金融监管是指一个国家（地区）的中央银行或其他金融监督管理当局依据国家法律法规的授权，对金融业实施监督管理。中央银行（或其他金融监管当局）是监管的主体。金融监管主体是作为社会公共利益的代表，运用国家法律赋予的权力去监管整个金融体系的特殊机构。金融监管是经济监督的重要组成部分。金融监管的含义有广义和狭义之分。前者除包括一国（地区）中央银行或其他金融监管当局对金融体系的监管以外，还包括各金融机构的内部控制、同业自律性组织的监管、社会中介组织的监管等；后者仅包括一国（地区）中央银行或其他金融监管当局的监管。

二、金融监管的要素

从金融监管的含义中我们不难看出，一个有效的金融监管体系必须具备三个基本要素：监管的主体（监管当局）、监管的客体（监管对象）和监管的工具（各种方式、方法、手段）。纵观世界金融监管史，我们会发现金融监管主体和客体都经历了一个历史变迁的过程。

（一）金融监管主体

金融监管主体即金融监管当局，是指对金融业实施监管的政府机构或准政府机构。从国际范围来看，由于各国采取了不同的金融监管模式，因此各国金融监管当局的构成各不相同，既没有统一的模式，也不是一成不变的。

20世纪初，中央银行对货币发行的逐渐统一使金融监管的职责很自然地主要落在了中央银行的身上。1914年美国联邦储备体系建立，标志着现代中央银行制度的诞生。这一时期，各国除了对证券市场通过传统上的专门机构，如证券管理委员会等进行管理之外，金融监管的主体就是中央银行。30年代之后，中央银行金融监管主体的地位进一步加强。战后，中央银行越来越多地将职能集中于制定和实施货币政策、进行宏观调控，特别是伴随金融自由化的发展，新兴金融市场的不断涌现，金融监管的主体出现了分散化、多元化的趋势。部分国家设置不同的监管机构，分别监管银行、证券、保险业，如美国、中国等；有的国家则成立了新的监管机构实行集中监管，如1997年英国成立了金融服务管理局（FSA）。近年来，混业经营的发展催生了一批综合化经营的超级金融机构，2008年爆发的国际金融危机，深刻揭示出超级金融机构监管不严引致系统性金融风险的巨大危害性和破坏力。为此，中央银行在系统性金融风险管控中的总牵头人和总协调人作用得到一定强化，主体地位得到加强。例如，美国通过了金融监管改革法案，扩大了美联储的监管权；英国则将金融服务管理局（FSA）拆分为审慎监管局（PRA）和金融行为监管局（FCA），进一步明确了英格兰银行的宏观审慎监管职能；与此同时，主要国家纷纷设立专门的金融消费者保护机构，以更好地普及金融知识，保护金融消费者的合法权益。

阅读资料

加强金融消费者权益保护

2008年国际金融危机后，欧美各国更加认识到金融消费者保护的重要性，纷纷启动对金融消费者权益保护的立法改革。如美国出台了《多德—弗兰克华尔街改革与消费者保护法案》，设立了金融消费者保护署，集中行使金融消费者保护职权，包括制定和执行联邦金融消费权益保护法律、监测金融机构可能影响消费者的新风险、接受消费者投诉、开展消费者教育等。英国成立金融行为监管局，专司金融消费者保护、维护金融市场公平竞争和诚信建设的职能。一些发展中国家也成立了金融消费者保护机构，如马来西亚的金融调解局、墨西哥的国家保护金融服务者委员会、秘鲁的金融督察专员局等。我国香港成立了金融纠纷调解中心，中国台湾通过了"金融消费者保护法"并建立了金融消费争议评议中心，以加强金融消费者权益保护。有关国际组织，如世界银行、金融消费者保护网络、金融稳定理事会、经合组织等，也开始将金融消费者保护作为与金融监管改革、金融稳定相关的重要议题，进行系统性研究，并出台相应的原则性意见，主要包括二十国集团的《金融消费者保护高级原则》、世界银行的《金融消费者保护的良好经验》、金融稳定委员会的《重点涉及信贷的消费者金融保护》等。

近年来，我国金融产品层出不穷，发展迅速，但由于缺少统一监管，金融消费者权益保护的模式也不尽相同，缺少法规指引和相关纠纷解决机制和维权途径，难以为金融消费者提供有效的保护，金融服务纠纷不断，各类投诉数量呈逐年上升态势，且新型金融消费者纠纷案也不断出现，对公众信心的维护、金融风险的防范和金融稳定的维护形成严重威胁。

2009 年，人民银行率先启动相关事宜，授权人民银行研究局进行中国金融消费者保护制度研究，并以西安为推行金融消费者保护的试点区。2011 年底，保监会的保险消费者保护局和证监会的投资者保护局正式成立。2012 年，银监会和人民银行各自的金融消费者保护局也先后挂牌成立。自此，国内金融风险监管和消费者保护体系初步成型。

值得注意的是，有的学者对当前我国的金融消费者保护模式提出了进一步完善的建议。一方面，在中国现有的分业监管体制下，金融消费者保护分属不同的行业和不同的机构监管，具体操作也要分业执行，协调效率可能会大打折扣。对此，可以效仿美国模式设立一个更高规格的、统一的消费者保护局，制定统一的金融消费者保护原则，协调各有关部门的工作，提高金融消费者的保护效率。另一方面，我国虽然在《银行业监督管理法》、《商业银行法》、《证券法》、《保险法》等法律以及《金融机构衍生品交易业务管理暂行办法》、《保险公司管理规定》、《商业银行金融创新指引》等法规中涉及了保护金融消费者合法权益的内容，但仍缺乏金融消费权益保护方面的专门法规，有待在今后的实践中进一步完善。

（二）金融监管客体

金融监管客体是指依照法律规定应当接受金融监管当局监管的企业、组织、单位和个人，包括金融中介机构、工商企业、基金组织、投资者和金融活动的关系人等。

传统的金融监管客体主要是商业银行，因为商业银行本身具有存款创造的功能，对经济的影响也就比非银行金融机构大得多，而且在当时的整个金融体系中，商业银行的资产负债规模、业务量等也占绝对优势，非银行金融机构的比重和影响都微不足道。现代金融市场上，金融结构日趋复杂化，非银行金融机构不但种类、数量增加，资产负债规模大幅度扩张，而且随着其存款性业务和创新业务的增加，货币定义变得模糊不清，甚至在总的业务量或市场占有率方面接近或超过了商业银行。因此从非银行金融机构的经济影响和货币供给两方面考虑，金融监管当局都不得不重视和加强对证券机构、保险机构、信托机构等非银行金融机构的监管。此外，金融市场种类更加繁多，尤其是金融衍生产品类市场的膨胀，也使金融监管的客体进一步丰富。受美国次贷危机影响，各国对信用评级机构的监管也得到了逐步加强。

三、金融监管的必要性

金融监管的必要性理论包括社会利益论、金融风险论、保护债权论、社会选择论、安全原则论和自律效应论等。下面我们从金融的正负效应两个角度讨论这一问题。

（一）金融体系的正效应

首先，金融在市场资源配置中起着重要作用。在现代经济中，一国或整个世界经济范围内，金融不可避免地会受到客观经济环境和条件的制约，经济决定金融。但与此同时，金融作为现代经济运行中最基本的战略资源，它不是一种简单的生产要素，而是广泛、深刻地渗透到社会经济生活的各个方面，在市场资源配置中起着重要作用。

其次，金融作为一种特殊的资源，具有引导和配置其他资源的作用。金融是资金运动的信用中介。它最基本的特征和作用就是采用还本付息的方式聚集资金、分配资金，调节企事业单位、城乡居民之间的资金余缺。金融机构利用自己庞大的分支机构和良好信誉，把机关团体、企事业单位、居民个人手中的零星、分散、闲置的资金集中起来，通过借贷、投资等方式，按照信贷原则和产业、区域发展政策，投入到急需资金的部门。由于资金的转移都以增值为目标，所以无论是银行还是非银行金融机构，都不是简单接受资金存入和转移支出，而是在有选择的收支活动中充当中介人，因此资金活动实质就是资金的配置运动。金融部门贷不贷款、贷给谁、贷多贷少，以及贷款利率水平高低和有差别的资金分配行为，直接决定着生产要素在不同行业、部门和产业的分布。在资金运动速度加快和增值效益提高的同时，物随钱走，伴随着以货币表现形式提供的准确的社会需求信息，其他生产要素资源也从亏损行业或利润较低的部门向利润较高的部门转移，从产业政策限制发展的行业向支持扩展的行业转移，从落后淘汰产业向新型外向型产业转移，从而实现社会资源的重新整合，优化了资源配置。

最后，金融安全是国家经济安全的核心。经济安全是国家安全的一项重要内容。在经济实力竞争成为国际竞争主流和经济金融全球化的背景下，经济安全和军事安全、领土安全具有同等重要的地位，而金融安全是经济安全的核心。在经济全球化的今天，伴随着金融资产规模的急剧扩张，金融衍生产品层出不穷，金融形式变幻莫测，金融瘟疫无孔不入。金融危机具有很大的隐蔽性和突发性，难以预测和驾驭，稍有不慎，就会危及经济发展，破坏社会稳定。例如，1997年亚洲金融风暴，国际金融大鳄乔治·索罗斯携强大的国际游资，运用对冲基金恶意搞垮泰铢，随后横扫马来西亚、新加坡、日本和韩国等国家和地区的金融市场。东南亚部分国家几十年努力奋斗积累的财富顷刻间化为乌有，经济濒临崩溃，社会发生剧烈动荡。事实证明，如果在防范金融风险问题上认识不足或处理不当，金融风险就会引发并演变为严重的经济危机、政治危机，威胁到社会稳定和国家安全。因此，防范金融风险、保持金融稳定，是顺利推进金融改革与发展的基础，是贯彻执行国家宏观调控政策的必要条件。要维护国家经济安全，必须高度重视金融安全。

（二）金融体系的负效应

金融体系的负效应表现为金融体系的内在不稳定性。金融体系的内在不稳定性是指私人信贷创造机构，特别是商业银行和相关贷款者固有的经历周期性危机和破产的倾向。这些金融中介机构经营状况的崩溃随后会传导到经济中的各方面，从而带来全面的经济衰退。金融体系的内在不稳定性主要表现为金融机构、金融市场的内在脆弱性以及资产价格的内在波动性。

1. 金融机构的内在脆弱性

总体上，在信息不对称条件下，信息的收集与监督都需要付出成本，从而产生了委托—代理问题。从动态意义上讲，委托—代理问题对金融企业而言，其分支机构经营者之间的"合谋"会给金融企业带来巨大的经营风险，同时"合谋"还能够隐藏企业的盈亏状况，从而使企业潜伏着破产的隐患；多个委托人的出现又存在着协调问题，在缺乏有效协调的情况下，金融业运转及管理将产生真空地带，意味着金融风险的产生。

2. 金融市场的内在脆弱性

由于各个主体的行为是非理性的，难以相互合作，会出现逆向选择和道德风险。

在金融市场上，人们行为的非理性主要表现在六个方面。一是从众行为，包括单个市场主体的自发行为和机构化的从众行为，又往往不为金融市场主体所感知，甚至被完全忽视掉，这是使金融体系遭受系统性风险的一个重要因素。二是灾难短视行为。一般来说，如果两次金融危机发生的间隔越长，人们会认为再次发生危机的可能性就越小。危机给人们的教训不会持续太长时间，因为随着经济繁荣期的到来，前期的灾难又被投资者所遗忘，并再度进行冒险性的投融资活动。三是忽视信息行为。在投资高潮期，人们非常乐观，投资者倾向于从事风险投资；在金融危机阶段，市场秩序混乱，人们无法辨别所获信息的真伪，消极等待着新的"头羊"出现；在危机过后，投资者虽然可能掌握了大量关于经济长期发展趋势的信息，但是仍然不能作出正确的投资决策。四是组织寻租行为。一部分金融市场主体的组织机构由经营管理者控制，他们通过损害所有者或股东的利益达到自身效用最大化的行为是较为普遍的，特别是在所有者不能对经营者实行有效监督的情况下，即使对经营者实行了监督，经营者的寻租行为也不可能完全消除。五是组织的专业化与盲区行为。在组织中，人们在作经济决策时，信息有限，处理信息能力有限；经理（排除寻租行为）在一个充满不确定性的环境中工作，可能决策错误；机构内部不同利益或权力集团争权夺利。六是认识的非一致性。认识的非一致性是一种行为条件，它是指行为主体在心理上同时对同一事件持有不一致的认识（信息、观念、态度、思想等）时所产生的一种矛盾状态。一般而言，市场行为主体一旦作出了某种决策，即使遇到挫折或事实证明他们错了时，他们仍会勇往直前，不会马上采取措施去纠正错误，或者反应非常迟缓，因为他们害怕声誉扫地。

由于不同行为主体之间是不合作的态度，在某些情况下，对每一个行为主体都有好处的行动方案未必能得以实施，因此产生了"囚徒困境"，例如挤提行为。商业银行能够保持稳健经营的一个前提条件就是储户对它的信心，如果出现突发事件，使提款加速，必将迫使银行提前出售未到期的资产以补充流动性，这样的最终结局是储户和银行同时受损。

3. 金融资产价格具有内在波动性

首先，汇率、股市、宏观经济和心理预期具有内在波动性。外汇市场存在两种不稳定：一是货币危机，指在固定汇率制度下货币对外价值发生意外的变化，使得固定的汇率水平难以维持；二是过度波动，指在浮动汇率制度下，市场汇率的波动幅度超过了能够用真实经济因素来解释的范围。股市中通常存在过度投机行为，最终市场预期发生逆转，价格崩溃。宏观经济由于很多突发事件，例如美国"9·11"事件，投资者心理预期不稳定，个体的非理性行为足以导致整个市场的周期性崩溃。

其次，金融资产风险具备很强的传染性。一是金融机构破产的影响和扩散与普通企业不同。普通企业的破产也会通过乘数效应而扩展，但每一轮的次级效应都是递减的。金融体系内的各个金融机构之间是以信用链互相依存的，如果一家金融机构发生困难或破产，就会影响到它的存款人、有业务联系的其他金融机构，还会影响到它的借款人，迫使其提前偿还贷款或者不再贷款。同时，负面影响会随着每一轮而增强，少数金融机构的破产会像滚雪球一样越滚越大，直至酿成金融体系的危机。这样，金融体系的风险就变得越来越大，金融危机便会爆发。二是银行同业支付清算系统把所有的银行联系在一起，从而造成了相互交织的债权债务网络，不允许金融机构出现流动性不足，否则将引发挤提行为。三是金融创新和金融国际化的发展加重了金融资产风险的传染性，金融创新在金融机构之间创造出远比过去复杂的债权债务链条。

最后，金融资产对经济影响能力增强。一是金融资产总量迅速增长，二是金融资产价格对世界经济的影响日益加深，三是金融资产价格波动导致债务危机。2008年，冰岛受全球金融危机冲击，深陷巨额债务，导致流动性枯竭，面临全国性破产，便是鲜活的例证。

四、金融监管的作用

（一）有利于维护金融稳定

金融业是国民经济各行业中的一个组成部分，其经营活动与国民经济其他部门的经营活动交织在一起，构成了一个有机整体。金融企业的经营活动与一般经济实体的经营活动有共同的一面，也有其特殊的方面。其根本的区别在于，金融业以货币信用为经营活动的内容，而一般经济实体则以有特殊使用价值的商品和劳务为经营活动的内容。前者面对全社会，后者则面对社会的一部分。金融业者经营的对象——货币，是从千家万户借入，然后再向千家万户贷出的，金融业者对这些产品只有使用权，而没有所有权。贷出的货币还要收回，还给所有者，其经营上的风险较大。然而一般的经济实体对其所经营的产品拥有所有权，一旦把产品卖出就不需要再收回来，并同时获得收入。与金融业相比，一般经济实体的经营风险要小得多。这就是说，金融活动与一般经济活动有着不同的特殊规律。金融业者经营活动的失败会导致全社会资金供应者和资金运用者的失败，破坏整个社会的信用链条，以致动摇货币制度，造成社会经济的混乱；而一般工商业者经营活动的失败，只会导致部分商品供求的失衡，造成局部的混乱。因此，必须从金融活动的特有规律出发，对金融业实行特殊的监督和管理。

（二）有利于防范金融风险

金融风险的产生是由于金融市场上的不确定性和信息不对称等因素的存在。金融业的特性决定了金融风险是客观存在的，是不能完全消灭或消除的。然而，金融风险又是可以防范或化解的。金融监管就是防范金融风险的重要手段之一。信息不对称是金融市场的一个重要现象，它的存在导致了逆向选择和道德风险。金融监管可以减少信息不对称问题。逆向选择是交易之前发生的信息不对称问题，解决金融市场逆向选择问题的办法，是向金融交易参与者提供足够的信息，但同时私人提供的信息只能解决部分问题，因此政府的金融监管是必要的。道德风险是在交易之后产生的，典型的道德风险包括股权合约中的道德风险和债务合约中的道德风险，金融监管的存在可以在一定程度上减少这两种风险。

（三）有利于维护社会信用活动的良性运转

银行信用是商品经济社会中最主要的信用方式，其基本作用有两个方面：一方面是积极作用，主要表现在促进资源的合理配置，使国民经济全面发展；节约社会劳动，加速资金周转；集中社会闲置资金，推动社会化大生产。另一方面，它又有消极作用，主要表现在银行具有创造信用的能力，它可以使生产在一定时期内脱离社会需要，盲目扩大，掩盖商品供求矛盾；刺激国民经济个别部门过度发展，造成经济总体结构失衡；能够刺激投机行为和轻视风险的经营活动。根据银行信用这两种不同作用同时并存的客观实际，中央银行不能不通过一定的方式和手段，促进银行信用积极作用的发挥，抑制和预防消极作用的发生和发展。

（四）有利于中央银行货币政策的有效执行

为了实现货币政策目标，中央银行除依靠三大传统政策手段（存款准备金制度、公开市场业务和再贴现率）外，还必须辅以其他强制和非强制的措施，这样才能使金融机构的经营活动更加符合中央银行的政策意图。这是因为，首先，真实、及时、准确的信息数据是研究制定货币政策的前提条件，如果没有金融监管或监管不力，搞两本账、假账，就不能保证这一前提条件；其次，健全的金融微观运行机制是有效实施货币政策的基础，不建立健全包括金融机构内部稽核监督在内的金融监督制度，就不能建立健全金融微观运行机制，金融机构的经营行为缺乏必要的约束，金融秩序必然混乱，中央银行的货币政策就难以全面、有效地施行；最后，近几年来，世界上多数国家的许多问题和教训证明，如果没有一项健全有效的金融监管制度，即使制定了正确的货币政策，也不可能有效地实施，而且会危及经济发展和社会安定。

第二节　金融监管的目标与原则

一、金融监管的目标

金融监管的目标是金融监管理论和实践的核心问题，对金融监管目标的认识直接决定或影响着金融监管理论的发展方向，也主导着具体监管制度和政策的建立与实施。当然，反过来，金融监管理论以及金融监管实践的经验教训也将相应地促使金融监管目标的改变。20 世纪 30 年代以前，金融监管的目标主要是提供一个稳定和弹性的货币供给，并防止银行挤兑带来消极影响。30 年代大危机的经验教训使各国的金融监管目标普遍开始转变到致力于维持一个安全稳定的金融体系上来，以防止金融体系的崩溃对宏观经济的严重冲击。70 年代末，过度严格的金融监管造成的金融机构效率下降和发展困难，使金融监管的目标开始重新注重效率问题。近年来，金融监管的目标则发展到有效控制风险、加强金融消费者保护、注重安全和效率的平衡方面。需要说明的是，现代金融监管目标并非是以新的目标取代原有目标，而是不断完善原有目标和补充新的目标，这使得当今各国的金融监管目标均包含多重内容，即维护货币与金融体系的稳定，促进金融机构谨慎经营，保护存款人、消费者和投资者利益以及建立高效率、富于竞争性的金融体制。

金融监管目标是监管行为取得的最终效果或达到的最终目标，是实现金融有效监管的前提和监管当局采取监管行动的依据。金融监管的目标可分为一般目标和具体目标。一般目标是监管者通过对金融业的监管所要达到的一个总体目标，一般有四点：一是确保金融稳定安全，防范金融风险；二是保护金融消费者权益；三是增进金融体系的效率；四是规范金融机构的行为，促进公平竞争。

各国由于历史、经济、文化背景和发展的情况不同，具体监管目标也不同，但基本内容都要包括金融业竞争、安全和发展等。美国的金融监管当局以立法形式明确提出，金融监管的总体目标是建立美国境内更有效的金融监管制度。具体目标则是：维持公众对一个安全、完善和稳定的金融系统的信心；为建立一个有效的和有竞争的金融系统服务；保护消费者；允许银行体系适应经济的变化而变化。加拿大通过立法规定，金融监管的目标是规范信用与货币，谋求国计民生的最大利益，以及在货币政策的可能范围内，控制并保护本国货币的对外价值，缓和对其影响的生产、贸易、物价及就业等方面的波动，促进加拿大经济金融发展。为此，加拿大金融监管当局要求机构监理官依金融机构监理局的法规检查金融机构，以保证金融机构稳定发展。英国则在《银行法》中规定"授权英格兰银行行使职权对接受存款的机构予以管制；对这些机构的存款人进一步予以保护，禁止使用欺骗性的经济手段接受存款"。法国的《法兰西银行法》开宗明义："法兰西银行是国家赋予权力在国家经济及金融政策体制下监控货币及信用供给的工作机构，为此，其应确保银行体系的正常运作。"日本的《日本普通银行法》规定："银行业务以公正性为前提，以维护信用、确保存款人的权益，谋求金融活动的顺利进行和银行业务的健全妥善运营，有助于国民经济的健全发展为目的。"在《香港 1986 年 27 号银行条例》中，关于为什么要制定这样一个条例时写道："关于管理银行业务、接受存款业务和关于规定监督机构，是为保护存款人、增进全面稳定和为银行业有效经营提供条件。"

我国金融监管目标的确定是随着经济的发展和经济模式的变化而变化的，体现了从计划经济走向市场经济的轨迹。1986 年 1 月颁布的《中华人民共和国银行管理暂行条例》第一条写道，制定条例的目的是"为了加强对银行和其他金融机构的管理，保证金融事业的健康发展和促进社会主义现代化建设"。1994 年 8 月颁布的《金融机构管理规定》则明确金融监管的目的是"为维护金融秩序稳定，规范金融机构管理，保障社会公众的合法权益"，体现出在 20 世纪 80 年代后期和 90 年代前期我国金融秩序比较混乱、金融机构不规范的背景下，监管的侧重点是"维护金融秩序稳定，规范金融机构管理"。1995 年 3 月颁布的《中华人民共和国中国人民银行法》（以下简称《中国人民银行法》）第三十条规定："中国人民银行依法对金融机构及其业务实施监督管理，维护金融业的合法、稳健运行。"1995 年 5 月颁布的《中华人民共和国商业银行法》（以下简称《商业银行法》）中，进一步提出了"保护商业银行、存款人和其他客户的合法权益，规范商业银行的行为，提高信贷资产质量，加强监督管理，保障商业银行的稳健运行，维护金融秩序，促进社会主义市场经济的发展"的监管目标。2003 年 4 月，中国银行业监督管理委员会成立，行使银行的监管职能。在中国建立社会主义市场经济体制的过程中，金融监管工作既要保障国家货币政策和宏观调控措施的有效实施，又要承担防范和化解金融风险、保护存款人利益、保障平等竞争和金融机构合法权益、维护整个金融体系的安全稳定、促进金融业健康发展的任务。

二、金融监管的原则

金融监管原则是监管过程中监管当局的行为准则。一般来说，大体包括以下九个方面。

（一）依法监管与严格执法原则

依法监管与严格执法是各国金融监管当局共同遵守的一项原则。金融监管必须依据现行的金融法规，保持监管的严肃性、权威性、强制性和一贯性，而不能随心所欲、凭个人好恶，甚至知法犯法、执法犯法、有法不依。坚持这一原则具体要做到：一是金融监管当局及其工作人员在执行监管公务时，也就是在办理金融机构的市场准入、性质确定、业务范围核准、经营项目界定、金融新产品审批以及例行检查、违规处理等公务的过程中，应坚持依法办事、严肃执法；二是金融监管工作者自身应遵守各种法规，学法、知法、懂法，坚持执法的连续性、一贯性和不可例外性。

（二）不干涉金融机构内部管理的原则

不干涉金融机构内部管理是指要按金融监管的规律进行监管，不能对金融机构的内部管理以正规的或非正规的方式进行干预。实践证明，干预银行业内部管理的行为对监管双方都会产生消极影响。

（三）综合性与系统性监督原则

这一原则包括：各种金融监管手段即经济手段、行政手段、法律手段等要综合运用，以实现有效监管；金融监管的方式、方法或工具要综合运用，即监管工具要现代化、系统化，日常监管与重点监管、事前督导与事后监察要同时运用；金融监管机制和方案要科学化、系统化、最优化，确保金融监管的优质高效。

（四）公平、公正、公开原则

监管对象，不论其性质、规模、背景如何，都必须在统一标准下展开合理竞争，金融监管当局也要按照统一、公正、公平的监管标准和监管方式对它们实施监管，这样才能从根本上规范金融机构的市场行为，保证金融市场良好有序地运行。

（五）有机统一原则

金融监管的有机统一原则要求实现金融监管工作的如下统一：一是各级金融监管机构要统一监管标准和口径，不能各自为政、自行其是、重复监管、自相矛盾或留下缺口；二是宏观金融监管与微观金融监管要统一，微观金融政策、措施、监管方法等不能同宏观金融政策制度相矛盾；三是国内金融监管与国际金融监管要统一，尤其是在各国国内经济与世界经济逐步接轨的情况下，国内金融监管政策、法规、措施也要与国际接轨，基本符合巴塞尔银行监管委员会（以下简称巴塞尔委员会）颁布的《有效银行监管核心原则》的规定。

（六）内控与外控相结合的原则

世界各国传统不同，金融监管分别采用了自律模式、法制化模式和政策干预模式。但是，要保证监管的及时和有效，客观上需要外控与内控的有机配合。因为，外部强制管理不论多缜密严格，也只能是相对的，假如监管对象不配合、不协作，而是设法逃避应付，则外部监管难以收到预期的效果；反之，如果将全部希望放在内控上，则可能诱导一些金融机构开展违规经营行为，产生金融风险。

（七）监管适度与合理竞争原则

监管的根本宗旨就是通过适度的金融监管，实现适度的金融竞争，形成和保持金融业适度竞争的环境和格局。而检验监管效果的根本标准是能否促进金融业和社会经济的顺利发展。如果监管过严或过度，不允许竞争和创新，就必然限制金融业的健康发展，削弱一个国家金融业的市场竞争力；反之，如果金融监管不到位，金融市场将出现恶性竞争，引起金融经济秩序混乱，加剧金融风险。近些年来，各国金融监管当局普遍依据监管适度和适度竞争原则，允许金融企业进行有利于金融业发展的公平、适度竞争，允许有利于经济发展的扩大金融消费的金融业务创新，以便扩大金融市场和创造客户需求，使金融监管达到管而不死、活而不乱。

（八）稳健运行与风险预防原则

世界各国共同坚持的监管政策之一是确保金融机构安全稳健地经营业务。安全稳健与风险预防及风险管理是密切相连的，必须进行风险监测和管理。因此，所有监管技术手段指标体系都是着眼于金融业安全稳健及风险性预防管理。安全稳健并不是金融业存在发展的最终目的，它的最终目的是满足社会经济的需要，促进社会经济稳健协调地发展。

（九）监管成本与效率原则

监管并非不讲成本，不计定价。以最低的监管成本获得最佳监管效果是金融监管当局的重要原则之一。在很多国家，金融监管的费用都是由被监管者承担的，这迫使监管者尽可能节约一切监管资源，减少监管成本，提高监管效率，否则将受到被监管者的质疑和投诉。

第三节　金融监管的构成体系与方法

一、金融监管的构成体系

（一）金融监管理论体系

金融监管理论是通过观察和经验积累形成的关于金融监管实践的理性认识。金融监管理论体系大体上可划分为三个层次。

1. 基础理论

这是指金融监管最一般的或根本性的理论，它探求的是那些揭示金融监管普遍本质和一般发展规律的知识体系。它具有三个主要特点：一是研究任务和目的是解决如何正确认识金融监管实践和从一般意义上如何正确组织金融监管实践的问题；二是研究的功能是长远的，具有战略性，例如金融监管基础理论某项研究的重大突破，常常会给整个金融监管理论与实践的发展带来变革；三是研究应允许多种意见和观点同时并存，不能急于作出总结性评价和定论。金融监管基础理论的内容，主要是金融监管的一系列概念、范畴和规律等基本问题，具体包括金融监管的本质、定义，监管目标，监管对象，监管职能，监管方法，监管程序，监管证据，监管原则和监管基本假定等。

2. 应用理论

这是指金融监管应用性的理论，它探求的是金融监管实务具体操作方面的知识体系，主要特点是实用性和可操作性。它的内容一般包括两个方面：一是金融监管准则，二是各种金融监管实务操作的具体程序和具体方法技术等。

3. 相关理论

这是指与金融监管有关联的其他学科的理论，如审计学理论、金融会计理论、银行信贷理论、银行管理理论、银行财务管理理论、金融法学理论等。它的主要特点是复杂多样化。

金融监管的基础理论、应用理论和相关理论，从形式逻辑来看，是各自独立、自成一体的；从辩证逻辑来看，又是相互交叉、相互渗透的。三者相辅相成，有机结合，共同构成了金融监管理论的严密体系。总之，以金融监管目标为指导，以金融监管假定为基础，再加上一系列金融监管的概念和范畴，便可构造成一个较为完整的金融监管理论的结构体系。

（二）监管法律法规体系

监管法律法规是指为了保证有效开展监管，由政府和监管机构制定的一系列法律法规。监管法律法规体系大体上包括四个层次。

① 金融业监管法，从法律上明确金融业监督管理当局的地位。在美国，中央银行法赋予有关部门监督管理金融业的职责，主要包括1863年《国民银行法》和1913年《联邦储备法》。我国2003年通过了《中华人民共和国银行业监督管理法》，并于2006年10

月31日进行了修订。

② 商业银行法，又称普通银行法。它是规范并调整商业银行及其他金融机构的行为关系的立法，也是金融监管当局监管商业银行的法律依据和准绳，例如我国的《商业银行法》。

③ 各种专业性金融法规，包括银行券法、票据法、进出口信用法、外资利用法、金融管理法、银行审计法等。这是金融监管当局为了进行系统的监督管理活动而制定的各种专业性金融法规。例如美国1956年《银行持股公司法》、1966年《银行合并法》、1968年《消费贷款保护法》、1975年《住宅抵押贷款信息公布法》、1978年《金融机构管理和利息控制法》、1982年《嘉恩—圣高曼存款机构法》、1983年《国际贷款监督法》等。

④ 各国银行监管当局依据国家法律制定的一系列管理办法。它不属于法律范畴，而是作为国家法律的补充，或是实施的细则，带有强烈的行政色彩，是各商业银行必须遵守的规则。在美国，这类法规有关于会员银行定期存款利率最高限额规定的《Q条例》，关于银行从事消费信用规定的《W条例》等。在我国，这类法规有财政部、中国人民银行、中国银行业监督管理委员会、中国证券监督管理委员会、中国保险监督管理委员会等制定的《金融企业会计制度》、《贷款通则》、《商业银行内部控制指引》、《基金公司管理办法》、《保险公司偿付能力管理规定》等具体管理办法和规定。

（三）监管组织体系

监管组织是根据监管模式设立的一整套监管机构。从监管对象角度，监管组织体系大体上包括四部分。

1. 监管主体系统

从目前来看，金融监管当局主要有以下三类：一是财政部，二是中央银行，三是另外的独立于财政部和中央银行的政府机构或准政府机构。按照上述标准，目前我国属于第三类。按照"分业经营，分业监管"的原则，我国由中国银行业监督管理委员会、中国证券监督管理委员会、中国保险监督管理委员会分别对银行业、证券业、保险业实施监管。此外，我国的中国人民银行、财政部金融司、审计署金融审计司等部门也承担一定的金融监管职责。

2. 金融机构内部控制系统

金融机构内部控制系统主要包括内控机构、内控设施、内控制度。各金融机构都要建立与本系统业务发展相适应的内部审计部门或稽核部门，并具有相对独立性、超脱性和权威性。金融机构建立内控设施包括系统网络和相对集中的数据处理中心，这样既可以改善内部控制的非现场监测条件，运用系统网络观测各经营机构的财务、资产等业务指标变化情况，又可以有效防止或减少乱调账、乱改账等违规行为的发生。另外各金融机构还要建立相应的内控制度。

3. 金融业行业自律系统

为避免金融机构之间的不当竞争，规范和矫正金融行为，建立行业自律监管是不可或缺的。金融业自律监管主体主要是行业公会或协会，例如我国的银行业协会、证券业协会等。同业公会是一种民间的金融监管机构，可以制定同业公约，加强行业管理，协调各方面关系，有利于监管当局实施宏观金融管理，维护有序的金融环境。

4. 体制外金融机构监管系统

体制外金融机构监管系统主要包括社会舆论监督体系、社会监督机构和有关政府部门。体制外金融机构监管系统可以鼓励动员全社会都来关心和协助监管金融业，通过建立严肃的社会举报制度和查处程序形成强大的社会监督威慑力，督促各金融机构依法经营和规范行事。同时，可以充分利用会计师事务所、审计师事务所、律师事务所等协助进行监督管理。

从监管当局角度看，监管组织体系大体上包括以下两个部分。

① 监管系统：由监管机构各级监管部门组成。

② 监管后评价系统：由监管机构各级非监管部门组成，包括四个组成部分。一是执法监督领导组织，发挥协调职能，成员包括监管机构负责人和内部审计、法律、监察、监管部门负责人，听取金融执法情况汇报；对重大监管问题进行集中讨论、审议和决定。二是内审部门，监督监管行为的合规性，独立、客观、公正地全面审查监管部门执行监管政策法规的严肃性和监管者履行监管职责的合规性。三是法律部门，监督监管行为的合法性，为监管工作提供法律依据，规范监管行政处罚行为的合法性。四是监察部门，监督监管行为的廉洁性，对监管人员的违法违纪行为进行检查、处罚和事后监督等。

（四）监管内容体系

金融监管的内容可进行如下分类：一是按金融机构监管范畴可划分为金融机构行政监管和业务监管，前者是对各金融机构的设立、撤并、升格、降格、更名、迁址、法人资格审查、证章牌照管理、业务范围界定、资本金年审等的监管；后者是对金融机构的经营范围、存贷款利率、结算、信贷规模、资产负债比例、现金、信贷资产质量、经营风险、账户、业务咨询、存款准备金等的管理、监测和检查。二是按监管性质可划分为合规性监管与风险性监管，前者指对金融机构设立的审批、信贷资金管理、中央银行基础货币监管、结算纪律监管、账户管理的监管、外汇外债监管、金融市场监管、社会信用监控、金融创新规范化监管、证章牌照真实性检验等；后者指监测金融机构的资本充足性、资产流动性、资产风险性、经营效益性等风险性指标。三是从监管的主要内容或范围看，主要分为市场准入监管、业务运营监管和市场退出监管三个方面。

1. 市场准入监管

金融机构作为特殊行业，通过聚集社会闲置资金，再运用于社会之中，具有巨额债务主体和债权主体双重身份，特别是作为债权主体在资金营运过程中，稍有不慎，将会产生巨大风险，影响其偿还债务，严重的将会引发金融危机，造成社会经济动荡。因此，监管当局必须加强对金融机构的监管。所有国家对金融机构的监管都是从市场准入开始的。市场准入是指政府行政管理部门按照市场运行规则设立或准许某一行业及其所属机构进入市场的一种管制行为。各个国家的金融监管当局一般都参与金融机构的审批过程。金融机构的设立申请一般主要包括三个方面：一是注册资本（营运资本），主要监管资本充足率指标；二是具有素质较高的管理人员；三是具有最低限度的认缴资本额。对新设金融机构的审批，即市场准入。新金融机构的入市会加剧竞争，提高金融业的效率，但也会增大金融风险。在市场需求没有很大增长的情况下，新机构的过量进入必然会导致行业的平均盈利水平降低，从而使抵御风险能力减弱，如果让先天不足的机构进入市场，则意味着在金融体系中埋下了严重的风险隐患。对金融机构市场准入的控制是进行有效金融监管的首要环节。把好市场准入关，可以事先将那些有可能对金融体系健康运转造成危害的机构排除在外。金融机构市场准入监管的目标是通过在金融机构审批环节上对整个金融体系实施有效的控制，保证银行、信托及其他金融机构的数量、结构和规模符合国家经济金融发展规划和市场需要，并与金融监管当局的监管能力相适应。

设立金融机构、从事金融业务必须有符合法律规定的章程，有符合规定的注册资本最低限额，有具备任职专业知识和业务工作经验的高级管理人员，有健全的组织机构和管理制度，有符合要求的营业场所、安全防范措施、与业务有关的其他设施。其中，资本金、高级管理人员任职资格和经营业务范围是核心内容。

资本金监管包括注册资本最低限额管理和金融机构股东资格管理。

高级管理人员任职资格监管指对拟任金融机构的董事长、副董事长、行长（总经理）、副行长（副总经理）以及分支机构的行长（总经理）、副行长（副总经理）的资格进行审查和确认。

业务范围监管指核定新增金融机构的业务范围。一般来讲，非银行金融机构不允许吸收公众存款，但银行能否从事非银行业务，各国法律规定不尽相同。此外，新增业务的审批也是业务范围监管的主要内容。

2. 业务运营监管

实践表明，金融风险大多发生在金融机构经营活动中。金融机构业务运营活动面临着各种各样的风险，并且贯穿于日常业务运营过程的每个环节。因此，金融机构经批准开业后，还要对其业务运营过程进行有效的监管，以便更好地实现监控目标的要求。业务运营监管是对金融机构的各项经营行为的监管。对金融机构业务运营监管的具体内容是由其业务经营情况的特点而实施的。虽然各国金融监管部门并不完全相同，但通常是使监管内容体现在保证金融机构经营安全性、流动性、盈利性三个方面。近年来，随着各种金融创新的发展，监管的要求越来越高，监管的内容也越来越复杂，金融监管方式也在不断地修订和完善。目前，我国对金融机构业务运营监管主要包括：业务经营的合法合规性，资本充足性，资产质量的稳妥可靠性、流动性、盈利性，内部管理水平和内控制度的健全性。

3. 市场退出监管

市场退出监管是指监管当局对金融机构退出金融业、破产倒闭或合（兼）并、变更等的管理。金融机构退出市场，表明该金融机构已经停止经营金融业务，依法处理其债权债务，分配剩余财产，注销工商登记，其最终结果是该金融机构法人资格的灭失。金融机构市场退出的原因和方式可以分为两类：主动退出与被动退出。主动退出指金融机构因为分立、合并或者出现公司章程规定的事由需要解散，因而退出市场的，主要特点是主动地自行要求解散。被动退出则指由于法定的理由，如由法院宣布破产或因严重违规、资不抵债等原因而遭关闭，中央银行将金融机构依法关闭，取消其经营金融业务的资格，金融机构因此而退出市场。被动退出监管主要考核支付存款本金和利息的债务清偿额（比例）指标等，包括六个方面：接管、收购、分立或合作、解散、吊销经营许可证、破产。

二、金融监管的方法

（一）一般监管方法

监管方法是指监管的具体步骤和技术等，一般包括以下几种。

① 事先检查筛选法，主要是指金融机构建立之前的严格审查和注册登记，包括拟建机构的地址、规模、股东人数、资本金、经营管理水平、竞争力和未来收益等。

② 定期报告和信息披露制度。监管当局针对这些报告和有关信息，通过采用趋势分析和比较分析这两种方法，可查找出银行经营管理工作中存在的问题。

③ 现场检查法，指派出检查小组，到监管对象经营场所实地检查，主要检查资本充足状况、资产质量、内部管理、收入和盈利状况、清偿能力等，以此作出全面评价。在检查过程中，检查小组要检查经营活动是否安全、合法；检查经营活动的决策、做法和程序；检查内部管理的情况；评价贷款、投资以及其他资产的质量；检查存款与其他负债构成，判断资本是否充足；评估管理机构的能力和胜任程度等。

④ 自我监督管理法，是指金融机构根据法律自我约束、自我管理，在自觉的基础上实现自我监管。

⑤ 内外部稽核结合法。稽核是指对经营活动开展审查与核对，是一种监督检查的系统方法。目前，采取外部稽核和内部稽核相结合，以及监管当局强制性稽核和社会非强制性稽核相结合的办法。

⑥ 发现问题及时处理法。当银行或其他金融机构的业务经营活动违反金融法规规定时，监管当局通过采取相应的措施，督促金融机构纠正偏差。

（二）西方发达国家银行主要监管方法

① 预防性监管，主要包括六个方面内容。一是登记注册制度，包括资本、经营管理者、经济需要程度、规定金融服务和存款保险等内容。二是资本充足条件，包括基本资本比率、总资产与资本的比率、资本与存款负债的比率、资本与风险资产的比率、坏账准备金与贷款总额的比率、综合性资本充足条件等内容。三是清偿能力管制，重点审查监管对象资产与负债结构在时间上的配合，保证随时满足客户存、贷款需求。四是业务活动限制，主要是对能否经营证券和保险业务作出规定。五是贷款集中程度限制，主要是防止贷款高度集中。六是管理评价，指在现场检查、实际观察的基础上，对管理层的能力与胜任程度、内部组织结构、人际关系、决策过程和效率以及工作程序作出评价。

② 存款保险制度，指为了维护存款者的利益和金融体系稳定，规定各吸收存款的金融机构将其存款到存款保险机构投保，以便在非常情况下，由存款保险机构对金融机构

支付必要的保险金的一种制度；目的在于维护存款者利益和维护金融业的安全与稳定。实践表明，存款保险制度提高了整个金融体系的信誉和稳定性；局限性是保险范围有限，在金融支付危机集中发生时期失效。

③ 中央银行的紧急救助，指金融管理当局对发生清偿能力困难的金融机构提供紧急援助的行为，包括中央银行提供低息贷款、存款保险机构的紧急援助、中央银行组织下的联合救助和政府援助等。

④ 金融风险预警制度，指监管当局根据对金融机构所提供的报表资料和其他有关资料的分析运用，对金融运行过程中可能发生的金融资产损失和金融体系遭受破坏的可能性进行分析、预报，据以预防与警戒，采取措施。它以经济金融统计为依据，以信息技术为基础。在指标设置上，英国以资本充足性、外汇持有风险及资产流动性为主；日本以财务与业务比率为主；美国以财务比率指标为主，并运用 CAEL 排序系统和 CAMEL 评级系统。

（三）我国主要监管方法

我国主要监管方法包括以下四个方面：一是市场准入；二是稽核检查，分为非现场监管和现场检查两种；三是综合监管，充分发挥监管部门、金融机构自律性管理以及审计部门、企业、工商部门、税务部门、会计师事务所、公众等社会监督的力量，实行全方位的立体化监管；四是市场退出监管。

三、形成有效的金融监管方法体系

（一）建立金融风险预警系统

建立金融风险预警系统，是指金融监管机构为了更好地对金融经营机构实施有效监控，及时对其可能发生的金融风险进行预警、预报所建立的早期预警系统。该系统通过设置一系列监测比率和比率通常界限，对金融经营机构的经营状况进行监测。早期预警系统可通过对金融机构的主要业务经营比率和比率通常界限仔细加以分析，对接近比率通常界限的金融机构及时预警并进行必要的干预。

（二）建立金融市场准入退出和救助方法系统

① 明确各类金融机构的设立标准和审批程序。

② 加强对金融机构法定代表人或主要负责人的学历、业务经历和经营业绩的审查考核，看其是否符合任职资格条件。

③ 认真审核金融机构的资本金数量及其来源。

④ 严格界定各类金融机构的业务范围。

⑤ 依法实施对金融机构的市场退出管理。

（三）建立现代化的金融监管方法系统

经济全球化、金融国际化和金融监管现代化迫切需要建立现代化的金融监管方法系统。在经济条件变化莫测、利率水平变动频繁的现实面前，继续沿用传统的监管方法显然是不明智的。我们要抓住机遇，迎接新技术革命和知识经济的挑战，成立专门机构，集中专业力量，加大投入力度，研究现代金融的监管方法，使我国的金融监管建立在高科技和现代化的基础上，形成现代化的金融监管方法系统，增强金融监管的科学性、针对性和有效性，不断提高监管水平。

（四）建立对金融监管者的再监督方法系统

对监管者的再监督是防止滥用监管权力、防范金融腐败、提高金融监管效率的关键所在，必须采取有效方法对金融监管部门和监管人员进行严格考核和再监督。

本章小结

金融监管是指一个国家（地区）的中央银行或其他金融监督管理当局依据国家法律法规的授权，对金融业实施监督管理。一个有效的金融监管体系必须具备三个基本要素：监管的主体（监管当局）、监管的客体（监管对象）和监管的工具（各种方式、方法、手段）。

金融监管的目标是金融监管理论和实践的核心问题，对金融监管目标的认识直接决定或影响着金融监管理论的发展方向，也主导着具体监管制度和政策的建立与实施。金融监管目标是监管行为取得的最终效果或达到的最终目标，是实现金融有效监管的前提和监管当局采取监管行动的依据。金融监管的目标可分为一般目标和具体目标。金融监管原则是监管过程中监管当局的行为准则，一般来说，大体包括九个方面。

金融监管理论是通过观察和经验积累形成的关于金融监管实践的理性认识。金融监管理论体系大体上可划分为基础理论、应用理论和相关理论三个层次。监管法律法规是指为了保证有效开展监管，由政府和监管机构制定的一系列法律法规，监管法律法规体系大体上包括四个层次。监管组织是根据监管模式设立的一整套监管机构。从监管对象角度，监管组织体系大体上包括四部分：监管主体系统、金融机构内部控制系统、金融业行业自律系统、体制外金融机构监管系统。金融监管内容是指监管机构监管对象的各种行为，一般包括市场准入监管、业务运营监管和市场退出监管三个方面。

本章重要概念

金融监管　金融监管主体　金融监管客体　市场准入监管　业务运营监管
市场退出监管　金融监管目标

复习思考题

1. 什么是金融监管？金融监管有哪些作用？
2. 简述金融监管与经济金融发展之间的关系。
3. 金融监管的目标是什么？
4. 金融监管的主要内容是什么？
5. 怎样才能形成有效的金融监管方法体系？

第二章

金融监管与金融风险

一般来说，金融监管是为了防范和化解金融风险，而对金融风险的关注、评测亦是有效金融监管的前提。本章将从金融风险的视角出发，一方面进一步认识金融监管的意义；另一方面具体介绍金融风险识别、评测与预警等主要内容。

第一节　金融风险概述

一、金融风险的内涵及外延

（一）金融风险的内涵

风险在经济学中是指一种不确定性，可以表示为经济主体决策结果带来收益或损失的可能性。金融风险则是风险在金融领域的表现形式，它是指经济主体在金融活动过程中获得收益或遭受损失的可能性。更一般地讲，金融风险是经济主体的金融活动无法达到预期结果的可能性。

金融风险有广义和狭义之分。广义金融风险包括获得收益和遭受损失的可能性，所以又称为投机风险；而狭义金融风险仅是指遭受损失的可能性，所以又称为纯粹风险。

此处只介绍狭义风险，因而金融风险的一个较为普遍的定义是在金融服务交易中给金融交易者带来损失的可能性，或是实际收益低于预期收益，或是实际成本高于预期成本。

（二）金融风险的外延

1. 金融风险与金融危机的关系

金融危机的界定尚没有达成统一，有人将其解释为全部或大部分金融指标——短期利率、资产（证券、房地产、土地）价格、商业破产数和金融企业的倒闭——的急剧、短暂和超周期的恶化。另外一种看法是，金融危机是全部或大部分金融指标——短暂资本价格、股票、土地、真实资产的价格等——短暂却剧烈地恶化，商业信用出现危机从而金融机构也不能完成其职责的情况。还有人认为金融危机的特征是基于预期资产价格下降而大量抛出不动产或长期金融资产而换成货币，与之相对的金融繁荣或景气的特征是基于预期资产价格上涨而大量抛出货币，购置不动产或长期金融资产。

　　按照国际货币基金组织的划分，金融危机有货币危机、银行危机和债务危机三种类型。货币危机是指对一国货币的投机导致该种货币贬值或迫使货币当局通过急剧提高利率或耗费大量储备保卫货币的情况；银行危机是指现实或潜在的银行挤兑或银行失败引致银行停止支付或迫使政府通过提供大量援助进行干预，以防止这种情况出现的情形；债务危机是指一国不能按时偿还其对外债务，不管债务人是政府还是私人。这三种类型的危机对一国经济金融的影响是不同的，金融危机可以是其中任意一种危机发生，也可以是几种类型危机同时并发。实际上，由于经济的金融化程度不断加深，金融交易的日趋复杂，这三种类型的危机可以互相转化，常常是牵一发而动全身，金融危机的破坏力自然越来越大，影响范围也越来越广。

　　金融风险的存在和释放造成了个别金融企业正常运营的困难，金融风险引发的金融困难是否会造成金融危机取决于许多因素：金融服务供给者前期放款展期的不稳定性、人们预期心理的迅速逆转、某些金融事故所造成的信心问题、金融界发生困难时最终贷款者是否会出面解救的保障等。在金融风险累积的过程中，如果市场的参与者对市场的预期由乐观转向悲观，市场的流动性供需平衡被打破，需求远远大于供给，那么就可能使得天生脆弱的金融服务提供者会因为投资者、投机者等几乎在同时进行资产流动性变现而崩溃。此时，金融风险的积聚若超过某均衡点，就会爆发金融危机。

　　由上述金融风险的定义我们可知，金融风险只是一种可能性，确定无疑的收益或损失不是金融风险。人们在金融活动中参与各种金融交易，有时对交易结果的各种可能性的概率有个大致估算，有时则无法获悉、估算这些概率程度有多大，这都是金融风险。随着时间的推移，各种条件的具备和信息的完善，不确定性因素将逐步消除，金融交易的结果得以实现，金融风险也就变成了实际的收益或损失。由于金融体系的内在不稳定性和金融机构的内在脆弱性，加上金融交易中信息的不对称、经济主体决策的有限理性，我们可以得出金融风险是金融体系自然的和内生的，是不可避免的，只要有金融交易存在，金融风险就必然存在。金融风险具有一定的隐蔽性，是客观存在的。金融风险不能够被消灭，只能转移和分散。

　　金融风险虽然具有隐蔽性，但当其积聚到一定程度，超过金融体系所能承受的范围，就会爆发金融危机。某一机构出现支付困难乃至破产倒闭，这属于微观金融风险的单体释放，而不是金融危机。金融危机是指一大批金融机构都陷入严重困境，并对社会经济运行产生严重破坏性影响的局面。只要是市场经济，就必然存在着风险，只要有金融交易存在，金融风险就必然存在。而金融危机是金融风险累积到一定程度的产物，尽管金融危机的爆发有其必然性，但是在金融风险累积过程中，只要不断地化解金融风险，就不可能爆发金融危机。金融风险可以区分为宏观金融风险、中观金融风险和微观金融风险，而金融危机则属宏观金融风险的范畴，它会导致整个金融动荡。金融风险是金融体系内生的，它不能够被消灭，只能在金融交易开始时加以防范和在交易后加以转移和分散，于是就需要有相应的金融结构对风险进行防范和分散。当金融结构过于落后或者发生扭曲，难以应付日益扩大的金融交易规模所带来的金融风险的增加时，那么金融危机实际上就是对落后或扭曲的金融结构所进行的一种强制性的纠正、调整过程，也是金融风险的剧烈释放过程。

2. 金融风险、金融危机与金融安全

这是一组关联度大，也极易混淆的概念，有必要对它们加以区分并说明其相互联系。

金融危机的爆发必然破坏一国的金融安全，引起企业融资成本的上升、大量企业和金融机构的倒闭、支付系统的崩溃和社会的动荡不安，甚至危及国家安全。所以，金融安全问题就是一个极具战略意义的问题。安全是一种没有危险、不受威胁的状态。金融安全则是金融体系以及金融活动处于一种不受威胁的状态。金融安全是经济安全的一个重要组成部分，是货币资金融通的安全，凡是与货币流通以及信用直接相关的经济活动均与金融安全有关。还有学者认为，所谓金融安全就是指一国能够抵御内外冲击，保持金融制度和金融体系正常运行与发展，即使受到冲击也能保持本国金融及经济不受重大伤害。如在金融财富大量流失的情况下，金融制度与金融体系基本保持正常运行与发展的状态，并有维护这种状态的能力和对这种状态与维护能力的信心与主观感觉，以及通过这种状态和能力所获得的政治、军事与经济的安全。综合起来说，金融安全的主体是一国的金融系统；对金融安全的威胁可以来源于国内也可以来源于国外；金融安全的防范措施有广泛的财政政策和货币政策；金融安全的最终目的是确保金融功能的正确发挥和金融秩序的稳定，凡是与货币流通以及信用直接相关的经济活动都属于金融安全的范畴。从金融学的角度来说，金融安全是建立在有效的调控体系、稳健的组织体系和规范的运行秩序基础上的稳定而有活力的金融运行状态。这种状态基于较强的风险控制能力，可以抵御内外冲击。

金融风险是一种损失的可能性，金融危机则是现实的巨大损失，从这个意义上说，金融安全研究就是研究金融体系如何在承担风险的同时，有效地回避金融危机的问题。金融安全问题就是在金融体系具有不安全因素的前提下寻求安全状态的问题。金融安全包括金融资产的安全、金融机构的安全和金融发展的安全。金融资产的安全是指信贷资产、外汇资产等不因某些突发性事件的冲击而发生大幅度的缩水，并尽可能地获得一定的收益。金融机构的安全即金融机构的运作良好，不发生大规模的破产倒闭，绝大多数人没有动摇或丧失对金融机构的信心。金融资产和金融机构的安全也就是金融体系的稳定，其中金融资产的安全是金融体系稳定的基础，金融机构的安全则是金融体系稳定的核心。如果只有金融体系的稳定，而没有其发展，就会出现经济发展与金融发展的不对称，将最终阻碍经济的持续增长。在经济增长内在要求的推动下，这种不对称又势必会成为破坏金融安全的一个诱因。尤其是发展中国家，金融发展在一国经济和社会发展中的地位大大提高，重要性大大增强，金融发展已经开始承担起前所未有的带动经济持续增长的历史重任，更加需要金融的不断发展，需要金融发展的安全，进而维护整个金融的安全。

对于金融安全问题的研究应该用发展的眼光来考察，因为经济和金融都是在不断发展的，并且二者在发展中越来越相互融合，经济与金融的关系也越来越复杂。一方面，一国的金融安全状态在不同的发展时期是不同的，原来的不安全状态会随着金融体系的健全、金融结构的完善以及金融风险控制能力的提高而变得安全起来；另一方面，如果金融结构赶不上经济、金融发展的步伐，就会造成金融风险的控制不力，金融安全状态就会因此被打破。当然，要用发展的眼光看问题，绝对不是说由于经济、金融发展的瞬息万变而使金融安全问题变成一个捉摸不定、无法研究的问题。评判一个国家在某一特定时期金融是否安全，关键是看一国金融结构是否合理（从质和量两个方面来考察），能否有效地转移和分散金融风险，将金融风险控制在可承受的范围之内，从而促进一国金融体系的稳定和金融发展的安全。同时，金融安全问题会因为不同国家金融发展水平上的差异所造成的金融风险控制能力的不均衡而在同一时期的不同国家间存在差别。也就是说，某种突发事件会使金融不发达国家的金融体系遭受严重冲击，但发达国家则可能会凭借其强大的风险控制能力，使其金融体系不受太大影响，从而维护其金融安全。

正如上文所述，金融风险是客观存在的，是内生于金融体系之中的，但金融风险的存在或金融风险很大，并不必然意味着金融处于不安全状态，其关键就在于金融风险的控制能力和金融风险的承受能力。如果一国的金融风险控制能力足够应付"很大"的金融风险，那么其金融自然是安全的。可见，研究金融安全并不完全等同于研究金融风险。但是金融安全问题又是与金融风险紧密联系起来的。我们可以这样看待这个问题，即考察金融安全就是考察净金融风险（Net Financial Risk），考察金融体系中存在的扣除自身管理、控制能力的那部分金融风险。可见，管理、控制金融风险的能力越强，净风险越小，金融体系就越安全。金融危机和金融安全都是相对于一定的金融风险积聚程度而言的，金融危机的爆发必然破坏金融安全，但是金融安全状态的打破却并不意味着要爆发金融危机。金融风险具有隐蔽性，于是净金融风险的增大、金融安全的状态被打破就不容易被觉察到，金融危机的爆发则使这种金融不安全状态显而易见。金融安全或不安全是一种状态，金融危机则是一个过程。状态的变化是可以调整过来的，但是金融不安全的状态如果得不到调整并一直持续下去，就会爆发金融危机，给予强制性的调整过程。这个过程一旦开始就要到调整完毕才会结束，人们所能做的只是采取挽救措施，以尽量减少金融危机对经济、金融发展的破坏。关于金融风险、金融危机和金融安全的关系我们可以用图 2-1 简单表示。

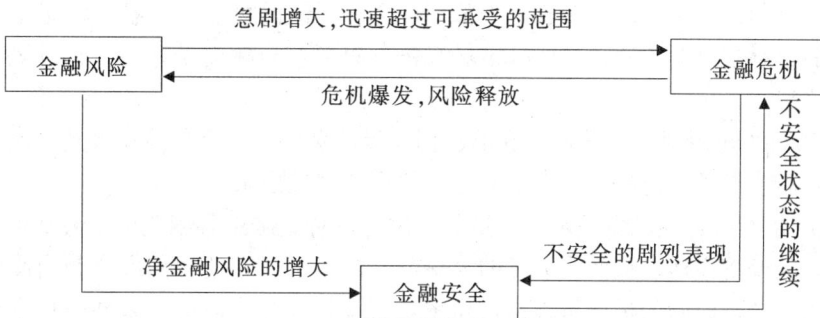

图 2-1　金融风险、金融危机、金融安全三者关系图

金融危机虽然因为金融与实体经济的异化而对实体经济活动的影响在变化，内源性金融危机对金融安全、经济安全大有裨益，但是由于金融活动的产生完全始发于实体经济，目前两者的相关系数还相当高；外源性金融危机对实体经济的影响巨大、破坏严重，严重影响到一国的政治、经济、文化。东南亚金融危机引发的政治危机、经济衰退，就是一个典型的例证。

基于金融安全是国家经济安全的核心组成部分的论断，为了维持一国经济安全，就必须要化解内源性金融风险，促使有益的金融创新、金融变革的发生，也许会存在短暂的金融不稳定，但是由外源性金融冲击引起的金融危机要坚决防范，维护金融安全。因而我们需要疏通引起内源性金融危机的金融风险的释放渠道，让其低速、多渠道、温和地释放；对于外源性金融危机，我们需要了解金融风险形成的因素有哪些，降低每种因素引发金融风险的可能性，防范未形成金融风险，化解已有金融风险，切断风险转化成危机的途径，归纳研究金融风险打破均衡引发金融危机的均衡点在什么地方，在危机爆发后可能采取的经济措施和政治等方面的手段有哪些，这些工作显然对维护一国经济金融安全是必不可少的。

二、金融风险的特征

从上述对金融风险内涵的阐释及金融风险、金融危机、金融安全三者的关系中，可以明显看出金融风险的特征。

① 客观存在性。金融风险是客观存在的，虽然风险可以通过衍生金融工具进行一定程度的化解或消除，但是每一次金融工具的创新也意味着新的风险的产生，而且或许因为杠杆作用，使得风险从一个主体转移到另一个主体时积聚的总风险变得更大。

② 可能性。由定义我们可知，金融风险只是一种可能性，确定无疑的收益或损失不是金融风险。人们在金融活动中参与各种金融交易，有时对交易结果的各种可能性的概率有个大致估算，有时则无法获悉、估算这些概率程度有多大，这都是金融风险。随着时间的推移，各种条件的具备和信息的完善，不确定性因素将逐步消除，金融交易的结果得以实现，金融风险也就变成了实际的收益或损失。

③ 普遍性。金融风险是客观存在的，又是无处不在的。不论是从整个国家，还是从金融行业、部门，乃至某个企业、个人都存在金融风险的可能。金融风险是金融体系自然和内生的，是不可避免的，只要是市场经济，只要有金融交易存在，金融风险就必然存在。

④ 隐蔽性。金融风险是普遍存在的，但又是隐蔽的，只有风险积聚到一定程度，超过金融体系所能承受的范围，才以金融危机的形式爆发出来。

⑤ 可度量性。金融风险是可以衡量的，因为一种金融工具创造出来通常不会只为了某一个特定的经济主体，从而当大量的金融商品的需求者在使用同质金融商品时就满足了大数法则，金融风险的量就可以通过概率进行度量。如我们可以说某段特定时间对某特定借款群体的贷款损失的概率为 A（$0 \leqslant A \leqslant 1$）。

⑥ 系统性。首先，金融风险是由相互作用、相互依赖的若干组成部分结合而成的，

是一个特定的有机整体。其次，金融风险的各组成因素之间是相对独立、相互作用而又相互联系的。从金融风险的内容看，政府风险、金融机构风险、企业风险等，各有独立的含义和表现；但它们之间又是相互联系、相互影响的。最后，金融风险具有层次性特点，从全国性的风险到地区性的金融风险，均是由若干层次组成的。一言以蔽之，金融风险具备系统的整体性、联系性、有机性、有序性、层次性等特性。

三、金融风险的种类

金融风险可以从多个角度、多个层次予以分类。

（一）按照遭受风险的金融企业的面积划分

按照遭受风险的金融企业的面积，金融风险可分为系统性金融风险和非系统性金融风险。系统性金融风险是整个金融系统都可能遭受的风险，如市场风险、法律风险、政治风险、不可抗力的自然风险等；非系统性风险是个别金融企业可能遭受的风险，如业务相关者的信用风险、个别员工的职业道德风险等。

（二）按照影响因素划分

金融风险按照影响因素可以分为信用风险、市场风险、营业风险、环境风险和行为风险五种。

① 信用风险是银行业的传统风险，借款人可能首先不能支付利息，然后不能偿还本金、拖欠贷款，甚至导致贷款损失。金融企业在未来的某个时点贷款将得到偿还的预期下提供信贷的时候，就存在信用风险。信用风险也存在于金融企业提供的营业服务中。

② 市场风险有多种形式，最基本的形式是所买进证券的价值下跌，从而造成损失，原因可能是利率风险、汇率风险、股票业绩风险、流动性风险。市场风险随新的证券被创造出来又会产生许多新的形式。

③ 营业风险是市场或一家金融企业的基础营业机制可能会失灵或被打乱，使市场或公司遭受金钱上的损失，如计算系统发生故障。

④ 环境风险是金融企业在其中活动的整个自然的、法律的、管制的、政治的和社会的环境。

⑤ 行为风险是指无论用意多么良好，职员都会犯错误而给公司带来损失；或是一家金融企业内部的职员或两家及以上的金融企业的职员之间会进行蓄意的诈骗。行为风险是大的金融机构高层管理人员所面临的管理挑战的核心。

📖 阅读资料

中国银行广东开平支行特大贪污挪用公款诈骗案

2001 年 10 月 12 日，中国银行广东省分行在对账时发现，其辖内江门分行开平支行外汇联行资金存欠差额达 4.82 亿美元。经查，中国银行开平支行从 1992 年开始占用联行资金进行外汇买卖和账外经营，中国银行开平支行三任前行长许超凡、余振东、许国俊等人内外勾结，利用当时联行资金汇划系统存在的漏洞，通过虚记联行往来会计账、发放虚假贷款、制作假凭证、销毁原始凭证、虚列固定资产、递延资产、租赁费等方式，贪污挪用巨额银行资金，并私自在境外开立空壳公司，将侵吞的大量资金转移到境外，在案件败露后经中国香港、加拿大逃往美国。2002年12月19日，余振东在洛杉矶落网，在美国接受审判后，经中美协商，于2004年4月16日被遣返回中国。许超凡和许国俊则在余振东被遣返半年内分别在美国落网。2006年1月31日，美国司法部门以签证欺诈、洗钱、非法入境等15项罪名，对许超凡、许国俊及其亲属共5人提起诉讼。2006年3月31日，江门市中级人民法院一审宣判，以"贪污"和"挪用公款"两项罪名对中国银行广东开平支行原行长余振东判处有期徒刑12年，并没收个人财产人民币100万元；追缴涉案物品及违法所得，退赔受害单位和上缴国库。案件暴露出银行存在的内部管理体制不健全、IT系统滞后、内部稽核有效性严重不足等问题。

（三）按照衡量风险范围的角度划分

金融风险按照衡量风险范围的角度可以分为宏观金融风险、中观金融风险和微观金融风险。

宏观金融风险中涵盖了国家风险、外汇风险、利率风险、外部金融环境风险四个二级系统；中观金融风险中包括银行业风险、非银行金融机构风险和区域融资结构风险三部分；微观金融风险由非金融企业风险、金融企业风险和个人风险三部分组成。上述十个系统包含一系列的子系统或指标集。

① 宏观金融风险是从整个国家的角度来衡量的，涵盖了国家风险、外汇风险、利率风险、外部金融环境风险四个部分。

国家风险是指由于国家债务负担过重或政局不稳定导致的债务偿还危机，由经济增长、经济周期程度、国家信用等方面组成。

外汇风险是指由于外汇汇率变动而使经济主体所持外汇头寸、外汇资产等出现损失的可能性。外汇风险主要受两方面的影响：一方面是外债规模是否超过了国家经济发展的承受力，另一方面是外债结构是否合理。

利率风险是指由于利率的变化对经济主体因资产和负债的期限不协调、结构不平衡造成损失的可能。利率是资金的价格，它从根本上决定着其他金融价值的变动，所以利率风险也是最为核心的一种风险。

外部金融环境风险是指当国际金融系统出现大的金融动荡或金融危机的时候，本国金融市场受到外部冲击带来的一系列损失的可能。衡量外部的风险主要应该从国家金融自由化程度、金融国际全球化程度的角度来分析。

② 中观金融风险是从行业的角度衡量的，包括银行业风险、非银行金融机构风险、区域融资结构风险三部分。

大多数国家中，银行业风险在整个金融风险中都处于主导地位。在中国，尽管非银行金融机构得到了较快的发展，银行仍然是金融体系中最为重要的金融中介。

非银行业风险大体可以分为证券业风险、信托业风险、投资基金风险、保险业风险等。

区域融资结构风险是指在一个经济区内金融体系运行过程中，经济主体在金融活动中融资结构多元化带来的损失的不确定性或可能性。

③ 微观层次的风险由金融企业风险、非金融企业风险和个人风险三部分组成。非金融企业是金融体系服务的主要对象，企业经营状态的好坏是影响金融风险的重要因素。

（四）按照风险的来源划分

金融风险按照来源划分可以分为内源性金融风险和外源性金融风险两种。

内源性金融风险是指金融风险的产生主要来自于国内，涉及信用风险、市场风险、营业风险、环境风险和行为风险等诸因素；外源性金融风险是指当国际金融系统出现大的金融动荡或金融危机的时候，本国金融市场受到外部冲击带来的一系列损失的可能。

四、金融风险与金融监管的关系

（一）金融风险的监管效应

金融风险是由于金融市场上的不确定性和信息不对称等因素产生的，它的特性决定了金融风险是客观存在、不能完全消灭或消除的，但金融风险又是可以防范或化解的。金融风险的监管效应就是金融监管对防范或化解金融风险的作用。

1. 信息不对称

信息不对称（即在某种相互对应的经济人关系中，对应一方并不完全了解对方所具备的知识和所处的经济环境，从而影响作出准确决策）是金融市场的一个重要现象，它的存在导致了逆向选择和道德风险问题。

2. 逆向选择

逆向选择是交易之前发生的信息不对称问题，即最有可能导致与期望相悖的结果的人们往往最希望从事某项交易，从而增大了金融风险的可能性。解决金融市场逆向选择问题的办法，是向参与金融交易者提供足够的信息，但是由于"免费搭车"者的存在，私人提供的信息只能解决部分问题。为了增加金融交易者的信息，从而弱化阻碍金融市场有效运作的逆向选择问题，政府的金融监管是有必要的。需要特别指出的是，尽管金融监管弱化了逆向选择问题，但并不会消灭它。

3. 道德风险

道德风险是在交易发生之后产生的，它可分为股权合约中的道德风险和债务合约中的道德风险两部分。

（1）股权合约中的道德风险。股权合约中的道德风险是由于委托—代理人问题的存在，使得公司股东和公司管理者相分离导致的。这种所有权和控制权的分离所涉及的道德风险在于，掌握控制权的经理可能会按照他们自己的利益而不是股东的利益来行事，因为经理利润最大化的动力没有股东那么大。

委托—代理人问题的存在是由于经理对公司的活动和实际盈利状况比股东了解得更多。对股东来说，防备这种道德风险的办法之一就是完善公司治理结构来监督公司的活动。但由于其高价成本及"免费搭车"问题的存在，使个别公司无力单独从事监管过程。如同逆向选择一样，政府监管可以弱化道德风险的存在。政府通过制定法律法规来增加信息的清晰度，降低由信息不对称产生的道德风险问题。

（2）债务合约中的道德风险。债务合约中的道德风险是指贷款者发放贷款之后，将面对借款者从事那些从放款者角度来看并不期望进行的活动，因为这些活动可能使贷款难以归还，从而增加了金融风险的可能性。

对于此种道德风险，可以通过高净值来解决，因为它使得借款者和贷款者的动机一致起来，但这样就会损失相当一部分利润，贷款者如何抉择取决于他所掌握的信息量的程度。解决债务合约中的道德风险的另一途径就是限制性契约。限制性契约有助于缓解道德风险，但并不能完全杜绝它的发生。制定一份能排除所有风险的契约几乎是不可能的，同时限制性契约存在着无法生效的漏洞。所以，限制性契约必须进行监管和强制执行，通过金融监管的实施可以弱化道德风险的存在。

（二）金融监管的风险效应

金融监管的风险效应是指因金融监管不善可能会产生两种后果：其一是导致金融风险的产生，其二是导致金融风险的累加。

1. 金融监管不善可能会导致金融风险的产生

依上所述，金融监管可以弱化信息不对称的存在，减少金融风险的产生，但另一方面，如果监管不善，可能会得出不正确的信息，从而进一步加大信息的不对称。信息不对称的存在使得一位证券潜在购买者不能识别有较高预期收益和低风险的优良公司与有较低预期收益和高风险的不良公司，从而产生逆向选择，使得金融市场不能良好运行。同样，信息不对称也会增加代理人（借款者）从事违背业主（贷款者）意愿的倾向，导致道德风险的产生。

2. 金融监管不当可能会导致金融风险的累加

金融监管不善不但会产生金融风险，而且随着时间的推移、不确定因素的增加、错误信息的累积、逆向选择和道德风险的累积，通过一系列的链条反应会导致整个金融风险的增加。如果这一不适当的监管没有得到足够的关注和合理的控制，这种金融风险必然以一种突发的形式释放出来，以对社会生产力的巨大破坏求得暂时的平衡，使金融市场得到强制性平衡，并将导致大量金融企业倒闭，金融市场萎靡，即金融危机的发生，对国民经济的影响将是全局性、灾难性的。

第二节　金融风险预警系统

一、建立金融风险预警系统的意义

金融风险一旦爆发，就有可能引发金融危机。研究和构建金融风险预警系统，将有可能规避金融风险发生，对于防范金融风险，阻止金融风险转化为系统性金融危机有着十分现实的意义。

① 国际金融局势动荡不安，建立金融风险预警系统迫在眉睫。20 世纪 90 年代以来，墨西哥、保加利亚、阿尔巴尼亚等国相继发生了金融危机，特别是东南亚金融危机和次贷危机的爆发，加速了世界金融局势的动荡。遭受金融危机的国家，许多都缺乏有效的金融风险防范，没有建立适应本国经济的金融风险预警机制，这是造成危机的重要原因。

② 维护国家金融安全，需要尽快建立金融风险预警机制。在经济全球化的趋势下，金融业在经济生活中的地位极其重要，金融的稳定对社会、政治、经济影响很大。因此，建立起一国金融风险预警系统，严密地监测风险变动趋势，对于增强金融业的抗风险能力，抵御国际金融危机的冲击，有着重要的意义。

二、构建金融风险预警指标体系的原则

(一) 科学性原则

对于指标体系的设计要符合金融体系和经济运行的特点、性质和内在的关系，这是建立指标体系的基本点和出发点，也是该系统结构能够客观地反映一个国家金融安全状况的关键。因此，一国金融安全指标体系的设定应该以科学的理论为依据，主要包括现代金融和风险理论、系统工程理论及统计学，以及有关虚拟经济等一系列理论，并结合该国经济发展状况和金融系统发展的程度来设计。所划分的层次必须是科学合理的，所选的指标应该是全面准确可靠的，并且可以运用定量的分析方法对系统进行描述与分析，以提高对整个系统的认识。

(二) 系统性原则

如前所述，金融安全是一个系统的概念。它可以从不同的角度、不同的主体与客体进行分析，是一个多层次、多因素的有机整体。因此，确定金融安全的衡量体系必须将各个层次有机结合起来，形成一个完整、全面、结构有序、层次分明的系统，以反映复杂的金融安全状况。

(三) 可比性原则

对于经济体系与金融系统的发展在一国不同的地区之间存在着较大差异的国家而言，为了实现指标的综合，指标之间首先应该实现可比。因此，应该选取统计口径范围、统计方法均较为一致的指标构建体系，以实现指标的综合。

(四) 可操作性原则

为了保证金融安全指标体系的构建以及综合评价的顺利进行，首先，应该尽量选取可以量化的指标群。对于无法量化或很难量化的指标可以通过间接衡量或局部综合衡量的方式进行选择。其次，必须有准确可靠的数据来源，即或来源于金融经济统计报表，或来源于会计报表，或根据有关数据进行简单的运算得到。同时，还必须考虑需要与可能之间的矛盾，尽量在可能的范围内能够使目的得以实现，以保证评价的顺利进行。

(五) 开放性原则

考虑到当今世界是一个开放的世界，指标体系的设计在保持稳定基础的同时，应该

含有一定的调节部分。这是因为：第一，金融系统尚不尽完善的国家与发达国家相比，金融系统本身发展时间较短，数据基础不够完善；第二，随着经济的迅猛发展，各国的金融系统发展速度较快，这导致了金融指标体系的不稳定。为了使金融安全指标体系能够紧跟金融的发展，能够更加准确地描述金融安全状况的变化，在指标体系的构建过程中应该尽量保持指标体系的开放性（如设计备选指标集合等）。

（六）主客观相结合的原则

处于转轨过程中的国家其金融体系与经济发展一样，是一个不断变迁的系统，其稳定性较差。在这样的条件下，运用客观的定量分析方法与主观的评估方法相结合的选择指标的过程不仅是满足科学性原则的，更是符合实际情况的一种选择。同时，对于西方理论中构建的有关指标，可以借鉴地予以吸收，但应保持一国经济的特殊性。

三、金融风险预警的主要内容

（一）金融预警系统的框架

构建一国金融风险预警机制或系统，既要考虑符合国际惯例，又要考虑适应一国现行金融体制和对资本市场限制的要求，还要体现各层次金融机构监管的不同需要，尤其是特殊环境的需要。借鉴世界各国金融风险防范经验，一般来说，风险预警系统大致可分为三个层次，即国家宏观预警系统、中观预警系统、微观预警系统。层次不同，选择指标的原则也不同。

（二）金融预警指标临界值确定的原则

金融指标的数据变化达到预兆发生金融危机的水平，用临界值来描述。临界值的设定是保障预警系统有效性的重要环节，也是其难点所在。当指标中的一项或几项的综合值偏离其正常水平并超过某一临界值时，我们就认为其发出了将要发生金融危机的预警信号，需要加以密切关注。

确定临界值总的原则是：在这一点上，将会发生金融危机而没能发出预报的概率与发出错误预报的概率相等。在实际操作中，临界值的确定既可以参照同一国家在金融稳健时期各项指标的数值，也可以参照经济金融背景相似的国家在金融稳健时期各项指标的数值。从金融预警研究的成果来看，有的金融指标在国际上有公认的临界值标准，例如，国际经验表明坏账比例应控制在10%以内。

（三）金融风险预警的方法

金融风险预警的方法实际上就是对金融风险预测的方法。目前可以用来对金融风险进行预测的常用方法有两种：一种是数量模型法，即在多变量模型中估计在未来一期或未来几期发生危机的概率；另一种是信号法，即将入选变量在危机前的反应与对照组进行比较，监测一组经济变量的变化，当某个变量偏离正常水平超过某一临界值时，就可以看做是对未来一段时间潜在的金融危机的预警信号。从目前世界许多国家对金融危机进行预警使用的方法来看，信号法具有实用、操作性强的特点，本书提出的金融风险预警系统就是采用信号法。

四、我国金融风险预警系统的建立与完善

（一）我国金融风险预警系统实践的现状

随着社会主义市场经济体制的建立和完善，我国出现了几次局部性的金融风波，加之亚洲金融危机、美国次贷危机的爆发以及传递的影响，我们加强了危机监测预警的理论研究和实践探索。一方面，有关专家和学者在借鉴国外有关理论，特别是在宏观经济景气监测预警方法基础上，结合中国实际在金融危机监测预警的方法论、指标体系构建以及预警检验等方面取得了一些阶段性成果；另一方面，有关金融机构结合自身的业务特点和性质分别探索构建危机监测预警系统，如银监会成立以来，一直致力于中国金融危机预警系统的建设和完善，有关商业银行特别是国有商业银行以《巴塞尔协议》和有关金融法规为基础纷纷建立了自身的危机预警系统。

（二）建立我国金融预警系统需要解决的几个问题

① 努力提高全社会金融风险防范意识，构筑金融风险预警系统的微观基础。

② 应迅速制定和完善与金融风险预警相关的各项制度，通过制度的约束来确保预警系统的正常运作。当前需要进一步完善的主要制度是：金融信息披露制度、金融机构分类牌照制度、金融机构信用评估制度等。

③ 必须加大非现场监管力度，严密监测各类金融机构的风险动态。非现场监管是金融风险预警工作的重要组成部分，从目前情况来看，非现场监管存在信息运行不畅、信息收集缺陷、预警超前性差等问题。要改变这一状况，其一，要迅速构建全方位的非现场监管信息反馈机制，建立金融机构监测档案，对金融机构的经营状况和产业、行业发展进行预测，充分发挥非现场监管的经济预警功能。其二，建立各金融机构的源头数据信息和派生数据信息系统，形成中央银行和金融机构全数据的共享系统。其三，应强化对金融机构报送财务报表的质量检查，建立奖罚制度。

④ 建立我国的金融现代信息网络。为了保证金融风险预警系统的有效运作，必须迅速建立我国的金融监管信息网络。

⑤ 加强与国际金融监管机构的合作，广泛吸取世界各国在金融预警领域的成功经验。随着经济金融全球化的深化，一国的金融危机，必将波及其他国家和地区，因此，各国必须联合起来，建立全球的金融危机预警系统。对我国来说，当前一是要加强与国际货币基金组织、世界银行、国际清算银行、巴塞尔委员会以及各国中央银行的合作，建立互惠的信息交流关系，做到预警信息共享；二是通过我国设在世界各地的商业银行分支行密切注视国际金融动向，随时为国内提供预警信息。

本章小结

金融风险有广义和狭义之分。广义金融风险包括获得收益和遭受损失的可能性，所以又称为投机风险；而狭义金融风险仅是指遭受损失的可能性，所以又被称为纯粹风险。金融风险具有隐蔽性，当其积聚到一定程度，超过金融体系所能承受的范围，就会爆发金融危机。金融风险具有客观存在性、可能性、普遍性、隐蔽性、可度量性、系统

性等特征。按照遭受风险的金融企业的面积划分,金融风险可分为系统性金融风险和非系统性金融风险。金融风险按照影响因素可以分为信用风险、市场风险、营业风险、环境风险和行为风险五种。金融风险按照衡量风险范围的角度可以分为宏观金融风险、中观金融风险和微观金融风险。金融风险按照来源划分可以分为内源性金融风险和外源性金融风险两种。

金融风险作为衡量金融安全状况的视角之一,具备系统的整体性、联系性、有机性、有序性、层次性等特性,即系统的特性。所谓金融风险预警主要是对金融运行过程中的可能性进行分析、预报,为金融安全运行提供对策和建议。

本章重要概念

金融风险　金融危机　金融安全　系统性金融风险　非系统性金融风险
信用风险　营业风险　环境风险　国家风险　利率风险　外汇风险
区域融资结构风险　金融风险预警系统

复习思考题

1. 如何理解金融风险、金融危机及金融安全三者的相互关系?
2. 金融风险的主要特征及分类是什么?
3. 如何理解金融风险的三个层次?
4. 如何理解金融监管的风险效应和金融风险的监管效应?
5. 构建金融风险预警指标体系的原则是什么?

第三章

金融创新与金融监管

金融创新是当代金融业发展的主流趋势，它与金融监管相互影响、相互促进。一方面，金融监管刺激了金融创新的产生；另一方面，金融创新又对传统金融监管提出了挑战。本章着重讨论金融业在创新中如何发展、金融创新与金融监管的辩证关系等问题。

第一节 金融业在创新中发展

金融创新可以分为狭义和广义两种含义。狭义的金融创新是指近二三十年来的微观金融主体的金融创新，特别是 20 世纪 70 年代西方发达国家在放松金融管制之后引发的一系列金融业务创新。放松金融管制的措施包括放宽设立银行条件、放松或取消利率管制、放松对银行资产负债管理、允许银行和非银行金融机构实行业务交叉等，这种创新导致了国际金融市场向深度和广度的发展，也使高收益的流动性资产得以产生。同时，放松金融管制还增加了金融中介机构之间的竞争，使其负债对利率的弹性大大提高，负债管理等理论也由此而产生。而广义的金融创新不仅包括微观意义上的金融创新，还包括宏观意义上的金融创新，不仅包括近二三十年来的金融创新，还包括金融发展史上曾发生的所有金融创新。

金融创新还是一个历史范畴，自从现代银行业诞生以后，无论是银行传统的三大业务、银行的支付和清算系统、银行资产负债管理，还是金融机构、金融市场，乃至整个金融体系、国际货币制度都经历了一轮又一轮金融创新。整个金融业的发展史就是一部不断进行金融创新的历史，这种金融创新是生产力发展后，反过来对生产关系组成部分的金融结构进行调整而产生的。因此，从某种意义上说，金融创新也是金融体系基本功能的建设，是一个不断创新的金融体系的成长过程。

本章所讨论的金融创新除非特别指出，一般是指狭义的金融创新。

一、金融创新的原因

从根源上讲，金融创新反映的是商品经济发展的客观要求。

当今世界经济处于日新月异的发展变化之中，特别是层出不穷的技术进步，使得商品经济的发展不断突破时间、空间和社会传统的界限，涌现出更多、更新的为人类文明生存与发展所需要的行业、部门、模式和手段；经济生活中各种因素相互联系的格局及社会运行机制迅速演进。在这种情况下，当然就会从不同角度、不同层次对于为之服务的金融行业再次提出新的要求，而原有的金融机构、金融工具、金融业务方式、金融市场组织形式和融资技巧等，已很难适应并满足商品经济发展的客观需要。客观需要与现实情况的矛盾终究要导致突破原有限制的金融创新，而且由于经济发展的客观要求是强劲和持久的，所以金融创新的浪潮也将不断地推进。

如果要探究金融创新的直接原因，大致可以归纳为以下四点。

第一，国际金融业的飞速发展和日趋激烈的竞争。第二次世界大战后，金融业的国际化有了飞速发展，首先，发展动力来自于生产和资本的国际化。随着跨国公司的全球性扩张，客观上就要求金融业也实现国际化和现代化，从而在更广泛的范围内满足跨国生产和销售对金融服务的要求。其次，西方发达国家的生产资本不断集中，促进了银行资本也趋向集中和垄断，一些国际性大银行面对日趋激烈的市场竞争，主观上也需要进一步扩展业务范围，获取超额利润。20世纪70年代以来，西方大商业银行纷纷加速了国际扩张的进程。在这种扩张背景下，金融市场份额就成了银行家们争夺的焦点，而金融手段和技术的创新无疑是占领市场的有力武器。

第二，经济环境中的风险性增大，尤其是通货膨胀率和市场利率变幻莫测。因此，为了避免通胀率和利率变动对投资收益和债务负担的影响，降低经济波动所带来的风险，金融机构就创造出一些新的债权债务工具，如可变利率存单和可变利率贷款；另外还开发出远期交易和期权交易等套期保值方式。

第三，技术进步，尤其是电子技术的飞速发展为金融业发展铺平了道路。从20世纪50年代开始，电子计算机被引进银行业务，最初主要用于工资、账目方面的大量数据的成批处理，从70年代以来，它已被逐渐应用于银行内部的各种复杂的资金清算和划拨。一国之内甚至国际间的银行业务正日益纳入到自动化的处理系统之下。

第四，金融管理环境的变化。20世纪30年代经济危机后，西方各国纷纷立法，对银行业的经营进行极为严格的管理和限制，以免重蹈货币发行的无节制性造成严重通胀的覆辙。然而，金融管制又是一把"双刃剑"——它在一定程度上又束缚了银行的手脚，造成资金的闲置和利润的损失。这大大激发了金融机构进行金融创新以规避管制。

二、金融创新的种类和内容

(一) 金融创新的种类

1. 传统业务创新

银行三大业务指的是负债业务、资产业务和中间业务。现代银行业务是从古代的钱币兑换业、近代的高利贷和银行传统的存、贷、汇业务中吸收精华，随着现代经济的发展而逐渐形成三大业务基本格局的。然而，银行三大业务的每一步发展从本质上说都是属于金融业务创新的过程。只是随着时间的推移，这些业务创新的意义又被近期创新所掩盖，金融创新实际上是一个不断更新的过程。

2. 支付和清算方式创新

银行的支付和清算业务是银行中间业务的有机组成部分，银行通过利用自己的资产和负债的便利条件为客户提供支付和结算服务，加速自身的资金周转，降低经营成本，促进资产和负债业务的发展。

传统的银行支付和清算系统是采取非现金结算方式，即支票、转账结算、信用卡等工具，运用现金、票据、联行往来、邮政汇兑来实现支付和清算的。支付和清算方面的创新可分为两个阶段，第一阶段是对传统支付和清算系统的改良；第二阶段是建立以电子计算机网络运行的支付和清算系统。

银行支付和清算系统的创新是电子计算机在金融领域运用所带来的最早的金融创新行为，也是从根本上提高银行运营效率、减低成本、提高利润水平最为关键的步骤，后来出现的形式多样的金融创新都是建立在这种基础上的。

3. 金融机构创新

金融机构创新与金融其他领域的创新有所不同，因为金融机构创新本身是作为与各种金融业务创新相适应的形式而出现的，也是本国的金融制度创新的有机组成部分。各国的金融制度不尽相同，因而对金融机构的设置分工等各方面的要求也不一致，金融机构创新的形式也存在差异。但是，综合起来，世界各国的金融机构创新大都离不开以下两个基本的动因：金融自由化的进展促使金融机构从专业化向综合化方向发展，为各种新的金融机构的诞生创造了条件；同时，西方各国在第二次世界大战后初期根据经济发展的需要对金融体制进行了改组和整编，也使得其金融体制中金融机构由专业化向综合化转化，其实质是战后经济活动的实际内容发生变化使各金融机构突破原有的业务分工，在较大范围内开始综合经营，实行多种金融业务的业务交叉，因而出现了大批新的金融机构。20 世纪 30 年代资本主义经济危机以后，各国加强了金融管制，防止经济危机对金融业的影响。特别是第二次世界大战以后，世界各国金融体系专业化程度加强了。同时，对金融业的管理法规也更加严密。80 年代新技术革命的进展和资本国际化的形成等因素，使金融交易趋向自由化，这些都使金融法规相应地改变。金融法规的变化趋势是朝放松管制和促进金融自由化方向发展，其结果促进了金融机构的创新。

4. 金融工具创新

20 世纪 70 年代，世界性的通货膨胀导致利率和汇率更加剧烈地波动，整个金融市场以不确定性为其主要特征，金融风险不断增加。在人们要求避免和分散风险以适应变幻莫测的经济形势的呼声中，金融期货市场、期权市场、互换市场等应运而生。与此同时，传统的外汇市场上，外汇交易的创新也是层出不穷，从而揭开了金融市场创新的崭新一页。

在金融市场创新的同时，传统金融工具和融资方式开始创新。创新发展趋势朝着证券化方向演进，成为 20 世纪八九十年代金融创新的主要内容，至今仍方兴未艾。

通常，人们都把金融工具创新同逃避金融管制联系在一起。在激烈的、充满风险的金融竞争环境里，金融当局总要在一定时期后修订原有的法令、条例，为金融机构施行新的监管办法，而金融机构为了实现股本的盈利目的，也会不断地创造一些令金融当局的管制鞭长莫及的金融工具，从而使二者呈现一种交替发展的过程。

（二）金融创新的内容

1. 逃避金融管制型的金融创新

金融管制的核心内容是利率管制。在市场经济条件下，利率管制将导致资金的扭曲配置。从 20 世纪 60 年代开始，由于市场利率超过管制利率的最高限，存款性金融机构的资金来源急剧下降，危及存款性金融机构的生存。为了生存和发展，存款性金融机构所创新的一系列利率管制条例的新金融工具就相继诞生了。

（1）可转让支付命令账户。可转让支付命令账户（Negotiable Order of Withdrawal Account，NOW）于 1972 年 5 月由马塞诸塞州的一家州注册的互助储蓄银行开办。NOW 账户在法律上解释为储蓄存款，因此可以支付利息，但该账户的持有者可以签发资金转移书，故具有交易结算功能，因而它实际上是一种有息的交易性账户。1982 年，与市场利率挂钩的超级 NOW 账户（Super NOW）问世。NOW 账户在 70 年代末发展为商业银行和储蓄机构都可以开办的账户。

（2）自动转账服务账户。自动转账服务账户（Automatic Transfer Service Account，ATS）于 1978 年 11 月为美国商业银行首创，1980 年美国准许全国存款性金融机构开办。ATS 账户是一种支票账户和储蓄账户结合的综合账户，存款人可与存款机构事先约定，当支票存款余额超过某一额度时，就自动转入储蓄存款账户赚取利息。当存款人需要开支票，而所签发的支票额度超过支票存款余额时，只需要用电话通知银行将所需款项自动从储蓄账户转入支票账户。

（3）大额可转让定期存单。大额可转让定期存单（Certificates of Deposit，CD）最早创立于 1961 年，由美国花旗银行率先发行了面额为 10 万美元的 CD，并由证券经纪商开辟了专营 CD 的二级市场。CD 的发行既满足了存款人对流动性的需要，又使存款人获得了较高的收益，同时也满足了银行对稳定的资金来源的需求。1975 年美国商业银行又引入了可变利率 CD，并在 70 年代末得到普遍的推广，很快被各国金融机构所引用和发展。

（4）货币市场存单。货币市场存单（Money Market Certificates，MMC）最早于 1978 年 6 月问世，由美国商业银行和储蓄机构创造。MMC 是一种按照货币市场利率付给利息的定期存单，最低面额为 1 万美元。为了争取小额客户，有些存款机构要求客户先存入 5 000 美元，该银行再融资 5 000 美元，组成 1 万美元合并存入。贷款利率为 MMC 利率加计 1%，到期再统一结算利息。

（5）货币市场存款账户。货币市场存款账户（Money Market Deposit of Account，MMDA）最早开办于 1982 年 12 月。MMDA 的最低存入额为 2 500 美元，后来又降至 1 000 美元，对存款人无资格限制，利率按货币市场利率调整。MMDA 的存户每月可以对第三者转账 6 次，其中支票转账最多 3 次。

2. 规避风险型的金融创新

为了规避利率、汇率等市场风险，金融机构通常在三个方面采取措施，一是将利率、汇率等资金价格进行浮动来规避市场风险；二是通过期货或期权市场，将利率、汇率或证券价格锁定在某一水平；三是进行互换交易来规避利率或汇率风险。这类金融创新包含了较多的金融衍生工具。

（1）浮动利率金融工具。这类金融工具主要包括浮动利率存、贷款，浮动利率债券，浮动利率票据等。它们的特点是利率每隔一定时期根据市场利率进行调整，这样就能够避免市场利率波动带来的额外损失，当然也同时放弃了额外收益的可能性。浮动利率金融工具能将正常的经营收益固定下来，是稳健经营者选择的金融工具。

（2）金融期货。金融期货合约是一种标准化的、可转让的延期交割合约，通常包括外汇期货、利率期货和股票指数期货等。期货交易的历史很长，但一直以实物商品为交易对象。20世纪70年代初，由于布雷顿森林体系所确立的固定汇率制的崩溃，汇率开始大幅波动，加上西方国家通货膨胀的压力增大，利率大幅上扬，社会需要一种有效的工具来规避汇率、利率和证券价格波动的风险，于是金融工具的期货市场得以产生。1972年5月，芝加哥国际货币市场对英镑、加拿大元、马克、瑞士法郎、法国法郎、意大利里拉、墨西哥比索、日元8种外币进行期货交易。1975年10月芝加哥贸易交易所首次进行利率的期货交易。80年代，又出现了股票指数的期货交易。

（3）金融期权。金融期权于1973年4月首创于美国芝加哥交易所。金融期权的主要功能在于可以让投资者控制风险，其基本要点是在该期权到期前的任何时间，期权拥有者都可以按某一协定价格买进和卖出某种期货合约。金融期权首先在股票市场上实施成功，并很快引用到外汇市场，产生了货币期权，成为外汇市场上一项有效的规避风险工具。

（4）远期利率协议。远期利率协议是两个当事人之间签订的一种合约，一方希望防范未来利率上升的风险，另一方则希望防范利率下跌的风险，它不涉及任何本金借贷的承诺。期满时，结算方法是仅以原来约定的利率与市场利率之间的利差进行支付。

（5）互换交易。互换（SWAP）是一种双方约定在未来的某日彼此交换所要支付的利息或本金的金融交易，互换业务包括利率互换和货币互换。利率互换是指互换一方以固定利率负债或资产向另一方交换浮动利率负债或资产。利率互换一般只交换各自承担的相同货币的利息成本，不包括本金的交换。货币互换是指互换一方以一种货币表示的负债或资产向另一方交换以另一种货币表示的负债或资产。货币互换不仅包括交换各方承担的利息成本，还包括最后本金的交换。

（6）金融资产证券化。金融资产证券化是指将金融机构所持有的缺乏流动性的资产，转换为可以在市场上买卖的金融证券。证券化后的金融资产在市场上由投资者认购后，该资产所隐含的风险就转移到广大投资者的身上，金融机构不但转移了部分金融风险，而且加速了资金周转，增强了资产的流动性。目前常见的证券化金融资产是金融机构的各类抵押贷款。金融资产证券化在20世纪80年代产生后，很快风行于欧美国家。

3. 技术推动型的金融创新

计算机、网络等现代技术的运用，改变了金融业务的处理方式和服务方式，逐步实现货币的电子化、结算的实时化、服务的自动化，以及管理的信息化和科学化。

（1）信用卡。信用卡是代替现金和支票使用的支付工具，发卡人可以是银行，也可以是公司或零售商店。银行信用卡的操作程序是：银行与商店约定，商店接受持卡人凭信用卡购物；然后由商店向银行收款；银行于月底汇总向客户收款。信用卡具有先消费、后付款的特点。发卡银行通常给持卡人规定一个透支额度，在限额内向持卡人提供延期支付的便利。发卡银行一般不向持卡人收取手续费，其发行和管理信用卡的费用支出，主要依靠向零售商店收取回扣以及从长期信贷中收取利息。

（2）支票卡。支票卡又称支票保证卡，是供客户签发支票时证明其身份的卡片。卡片载明客户的账号、签名和有效期限。这种卡流行于欧洲，针对欧洲支票作证明之用，无授信的功能。由于支票保证卡的出现，使得 8 000 多家欧洲银行得以组成欧洲支票系统，为相互兑现支票提供了保证。

（3）记账卡。记账卡是一种可以与银行电子计算机总机相连的各种终端机上使用的塑料卡。卡上的磁条中存储有持卡人的个人密码、开户银行的编码、账户等。取现或购物时，将其插入相关的终端机，例如售货终端机内，客户即可获得现款或直接办理转账。记账卡不同于信用卡，不能获得银行的授信。

（4）智能卡。智能卡又称智慧卡，其中主要的一种叫记忆卡。卡上带有微型集成电路处理器，具有自动计算、数据处理和存储功能，卡片可以记忆客户每笔收支和存款余额。使用时，将卡插入自动记录器即可办理各种支付。还有一种是激光卡。这是一种运用激光技术的全息摄像卡，它把全息像与磁性记录结合起来，在磁性记录中存储持卡人的安全照片，从而还可以作许多其他的用途。智能卡最大的优点是保密性强，使用安全可靠。智能卡实际上就是卡式电子货币，随着卡式电子货币可以在网络上使用，它同时也就是网络电子货币。

（5）自动柜员机。自动柜员机（Automatic Teller Machine，ATM）是电子转账设备，不仅可以自动提款，还可以进行存款，即电子货币充值功能。ATM 的功能正在不断得到开发，有的 ATM 可以鉴别钞票的真伪，可以存储取款人的体温、指纹、声音和签字等，有些 ATM 还可以兑换纸币、硬币和外币等，实现了由直接人工服务到客户自助服务的转变。

（6）网络银行。网络银行又称电子银行，是金融创新与信息技术相融合、网络经济与现代商业银行相结合的产物。与传统的银行服务相比，网络银行可以通过手机银行、网上银行、电话银行等方式，随时随地提供全方位离柜金融服务，客户不需到银行实体网点，就可以通过虚拟空间自助办理业务，既有助于降低银行的运营成本，缓解柜面压力，也有利于提高金融服务的可得性，进而提升客户的满意度。

4. 迎合理财需要型的金融创新

随着经济发展水平的不断提高，社会财富的积累程度越来越高，人们在满足生存需要之后，对参与金融市场投资的意愿显著增强。而现代工商企业不仅从事物质产品的生产和流通，还积极投身于资本市场中进行收购、兼并、置换等资本运作，金融机构适应现代金融发展的需要，主动进行金融工具创新，为公司理财和居民的家庭投资理财服务。

（1）货币市场共同基金。货币市场共同基金（Money Market Mutual Fund，MMMF）创立于20世纪70年代初。货币市场共同基金可以是一个受托账户，也可以是一个独立的机构。它以股份的方式吸收小额储蓄者的资金，再把汇集的资金投向货币市场中各类高收益的货币工具，以协助小额投资者获得货币市场的高收益。

（2）现金管理账户。现金管理账户（Cash Management Account，CMA）是一种集多种金融功能于一身的金融新产品，它于1977年由美国证券商梅里·林奇公司首创。现金管理账户综合了证券信用交易账户、货币市场共同基金和信用卡等各项功能。客户开设了该账户并存入一定数额的资金后，这笔资金立即成为货币市场共同基金账户的资金，用于投资高收益货币市场工具。若持有人需要对第三者进行大额支付时，他可以就货币市场共同基金账户签发支票。若客户要买卖证券时，可以从货币市场共同基金账户中直接扣除或存入相应款项。当客户需要进行日常生活的小额支付时，他又可以用信用卡进行支付，每月结算时再从货币市场共同基金账户中扣除。

阅读资料

互联网金融蓬勃发展

作为一种互联网与金融业相结合的新兴事物，互联网金融正蓬勃兴起，冲击着传统的思想观念，潜移默化影响着金融市场的格局，无论是在支付方式上，还是在信贷方面，互联网金融都在以极快的速度发展。

从支付方式看，第三方支付的出现在很大程度上解决了互联网交易中的资金安全和资金流动问题，其涉及的行业涵盖了基金、保险、网购、公共事业费用代缴等银行业的传统业务领域，由于这种新型支付方式的快捷性和方便性，我国第三方互联网在线支付市场交易额保持快速增加，2012年全年交易额规模达3.8万亿元。

从信贷领域看，以阿里巴巴的小额贷款为代表，阿里小贷作为阿里巴巴的金融业务，通过创造"小贷＋平台"的融资模式，为淘宝和天猫上的用户提供"订单贷款"和"信用贷款"两项业务，开辟了一个新的金融业务领域。目前，阿里巴巴集团正计划对金融业务进行重新组合，可能涉及支付、小贷、担保以及保险业务，将引起一场金融的革命。

与此同时，互联网金融的发展改变了银行的传统地位，银行业面临前所未有的机遇与挑战，促使银行在经营模式上的反思。银行在不断完善电子银行和网上商城等平台的同时，也积极探索开拓互联网金融新模式。

随着信息科技的快速变革，网络交易代替传统交易、网络支付（尤其是移动支付）代替传统支付、网络市场代替传统市场将成为金融服务发展的新方向，互联网金融代表着金融业创新发展的趋势，必将在金融市场上掀起新的潮流。

三、金融创新、发展与安全：互补性和替代性

（一）金融创新与发展：积极效应和消极效应

1. 金融创新对金融发展的积极效应

（1）金融创新对金融机构的积极影响

首先，大幅度增加了金融机构的资产和盈利率。金融机构的盈利能力建立在其业务能力基础上。当代金融创新使新的金融工具、金融业务和金融服务方式不断涌现，比如大额可转让定期存单、可转让支付命令账户、自动转账服务、票据发行便利、货币市场存款账户等。这不仅满足了各种类型的客户对金融产品和金融服务的多样化需求，而且增加了金融机构的业务种类，拓宽了金融机构的经营活动范围和发展空间，扩大了金融机构的业务经营收入。同时，各种创新工具使金融机构组织和运用资金的能力大大提高，资产总额大幅度增长，提高了金融机构经营活动的规模报酬，降低了平均成本，加上经营管理方面的各种创新，使金融机构的盈利能力大为增强。一方面是盈利总额的绝对增加，另一方面是降低运营成本而相对增加收益。同时，金融创新引致的业务多元化使非资产性收益猛增，大大提高了金融机构的经营效率。

其次，增强了金融机构的竞争能力。金融组织创新使金融机构体系中不断地有新的机构（特别是非银行金融机构）加入，造成了多元化金融机构并存的格局；金融工具创新、金融业务创新使传统的金融措施对客户的吸引力下降，带来的利润逐步递减，所有这些，都强化了金融机构的竞争。金融创新对金融竞争的强化，既提高了金融机构的整体运作效率，使客户可以享受到快捷、便利的金融服务，同时又进一步促进了金融创新。金融创新与金融竞争这种相辅相成的互动关系表明：金融创新构成强化金融竞争的外在压力，而金融竞争又是推动金融创新的内在动力。正是通过创新—竞争—再创新这样一个持续不断、循环往复的过程，使金融机构的竞争能力不断增强，金融创新不断向更高的层次和阶段发展。

再次，金融业的发展空间扩大。金融创新不仅在业务拓展、机构扩大、就业人数增加与素质提高等方面促进了金融业的发展，而且由于金融机构盈利能力的增强，带动了金融机构资本扩张能力和设备现代化水平的提高。金融创新还推动了金融业产值的快速增长，使之在一国第三产业和GDP中的比重迅速上升，为第三产业和GDP的增长作出了重要贡献。20世纪70年代以来，世界范围内的第三产业产值的增长率明显超过第一产业、第二产业产值的增长率。金融业产值比重的提高，加大了金融业对经济的贡献度。在一些经济和金融发展水平较高的国家，金融业已成为国民经济中的主导产业。

最后，金融机构规避风险的能力增强。金融创新对金融机构的这种影响，主要是通过金融机构对具有风险转移功能金融工具的运用体现出来的。比如，浮动利率债券或浮动利率票据，这种建立在对传统金融工具的特征进行重新组合基础上的金融创新工具，就可使金融机构减少筹资的利率风险。期权、互换、远期利率协议等金融衍生产品则为金融机构提供了有效的风险管理手段，使金融机构可以根据对市场的预期及风险的偏好程度，选择适合自己的衍生产品，从而将风险转移给与自己签订交易合约的另一方当事人。

（2）金融创新对金融市场的积极影响

首先，金融创新增强了金融市场的活力。金融工具创新丰富了金融市场的交易品种，使金融市场容纳的金融资产种类不断增加。金融衍生产品的序列不断延长，种类繁多且各具特色，技术性也越来越强。从衍生产品技术的组合设计看，既有基础金融工具与衍生工具的嫁接，如外汇期货、债券期货、股票期权等，也有衍生工具之间的搭配，如期货期权、互换期权等由两种衍生工具组合而成的再衍生工具。运用这些由金融工程师精心设计出来的金融衍生产品，各类投资者可以很容易实现让他们自己满意的效率组合，即在相同风险下获得较高的收益，或在相同的预期收益时承担最小风险。创新后的金融市场对于广大储蓄者和投资者来说，提高了持有金融资产的实际收益，增加了金融资产的安全性和流动性，能够享受到完善的金融服务和诸多金融便利；对于生产者来说，由于金融市场上融资渠道拓宽、融资技术提高、融资方式灵活、融资成本下降，可以在时间、数量、期限等方面同时满足筹资者的要求。在持续的创新浪潮中，金融市场始终保持着对市场交易主体足够的吸引力，活跃了交易，繁荣了市场。

其次，金融创新推动了国际金融市场融资证券化。20 世纪 80 年代以来，国际金融市场运行中的一个重要特点，就是融资方式的证券化。推动融资证券化进程的因素很多，其中金融创新对此起到了推波助澜的作用。如果没有金融创新推出众多新的金融工具（可调整利率的抵押贷款证券、本息切块抵押贷款证券等）和新的金融交易技术（数理解析技术、制度缺陷补偿技术及组合技术等），即使经济社会中存在旺盛的证券需求，金融市场也无法提供多样化的证券供给，证券化也就无法形成。可以说融资证券化是金融工具创新的重要成果。

最后，金融创新促进了金融市场自由化。金融市场自由化主要是指金融市场全球化。自 20 世纪 60 年代开始，随着各国政府对金融管制的放松以及金融创新的发展，各国金融通过国际化逐步连为一体，形成一个无区域、无时间界限的统一的全球性金融市场。从市场原因看，金融创新是推动金融市场全球化的重要内生变量。一是金融创新加速国际资本流动，促进了国际资本市场规模迅速扩大，并使其全球化程度加深。一些创新的金融工具比如商业票据、浮息票据、零息债券等新的金融工具和融资技术已经被越来越多的国家所接受，且交易规模急剧扩大，并迅速向全球金融市场拓展。二是有些创新金融工具或衍生性工具的交易，本身就要以多个金融市场做依托，是一种跨市场的国际性金融交易。比如，货币互换和利率互换涉及多种货币和多种利率，自然涉及多个金融市场。这种涉及多个市场的创新金融工具的生成和发展，促进了金融市场在时间上、空间上的全球化。

（3）金融创新对金融制度的影响

首先，金融创新促进了金融混业经营。20 世纪 80 年代以来，在金融自由化和金融创新浪潮的推动下，金融机构之间的竞争加剧，彼此间的业务渗透和交叉越来越广泛，银行业务与证券业务之间的界限变得越来越模糊，特别是一些规避分业经营的法律限制的金融创新措施，对促进金融业务交叉的作用更为明显。在这种情况下，改变分业经营模式，实行综合化经营，已经成为西方金融界的基本共识，成为金融制度发展的大趋势。顺应这种趋势，西方国家的政府开始有意识地松动金融业务管制，从分业经营向混业经营转变。而金融创新在这一转变过程中发挥了某种决定性的作用。当明显带有业务交叉特点或规避分业管制的金融创新措施已经成为现实的金融存在时，政府不得不承认由于宏观经济、金融环境的变化，原有金融制度已经存在明显缺陷，因而采取了一种较明智的、现实主义的态度，即对已有的金融创新予以宽容和认可，并努力通过规范化的制度安排，进行制度创新。

其次，金融创新导致融资制度结构变化。按照一般的金融学原理，间接融资是指以银行为信用中介的资金融通行为，而直接融资则是筹资人与投资人不需借助金融中介机构直接融通资金。至于货币市场与资本市场的划分，则以融资期限作为主要的客观标准。融资期限不超过一年期的市场为货币市场，反之则为资本市场。然而，金融创新却使这些划分标准遇到挑战，金融创新使直接融资和间接融资、资本市场与货币市场的界限变得越来越模糊。比如，就银行贷款来说，毫无疑问属于间接融资形式。但是，在对其做了证券化的组合处理后，就很难准确界定其到底属于何种融资形式。再如，有一种到期自动可转期债券，按转期前的期限划分，它属于货币市场的融资活动，但如考虑到转期因素，它似乎又是资本市场的融资行为。总之，金融创新使原本清晰的融资制度结构难辨了。融资制度的这种结构变化，表明原有的融资形式和种类已不能适应金融主体的融资需求，需要向多样化和复杂化方向发展。

最后，金融创新推动了区域货币一体化。按照一般的金融学解释，货币制度是一种以国家强制力为后盾的契约安排。任何一种形式的货币制度，都与它所依附的国家政权相联系，都被深深打上国家的印记。欧元的启动却打破了这一桎梏。欧元启动的货币制度创新意义主要表现在两方面：其一，欧元制度是一种不与国家政权相联系的创新的货币制度。欧元作为超国家组织的产物，是在国家主权分立情况下实现货币整合。显然，用传统金融学的货币制度理论，是无法解释欧元的生成机制的。其二，欧元是与经济、金融全球化趋势相一致的一种创新的货币形式。在现代信用货币制度的大前提下，以欧元这种统一货币取代欧元区的货币分割，是欧洲国家主动适应经济金融全球化要求的理智抉择。欧元的启动是区域货币一体化理论在国际金融领域的创新实践，是货币制度创新方面的典型案例。

2. 金融创新对金融发展的消极效应

（1）金融创新削弱了货币政策的运行效率

金融创新对货币理论、货币政策的中介目标、政策工具以及货币政策的传导机制等都存在不同程度的消极影响。按传统的货币理论，货币供应的主体只有提供通货的中央银行和创造存款货币的商业银行，但金融创新却产生了诸多的与活期存款类似的新型负债账户，这些账户有着很强的存款派生能力，从而使货币供应主体扩展为中央银行、商业银行、非金融机构三类主体。新型的金融创新工具使得货币与其他金融资产之间的替代性空前加大，交易账户与投资账户之间、M_1与M_2、M_3之间、本国货币与国际货币之间的界限越来越模糊，从而导致了货币定义的复杂化。金融创新工具的大量出现，使中央银行在货币政策的操作上十分困难，可供控制的变量越来越少，直接的信贷总量控制因融资工具的多样化而使其政策效应大大削弱。金融创新通过影响中央银行对货币政策的自由决策，改变了银行体系的行为，使货币需求和资产结构处于一种多变的状态，货币当局已很难准确地控制货币的供应量，更难通过有效的传导机制控制宏观经济变量，很难营造一个稳定的货币环境推动经济金融的协调发展。

（2）金融创新降低了金融体系的稳定性

首先，金融创新使传统的金融分业经营模式被打破，金融机构之间的业务互相交叉，高度融合，金融竞争更加激烈。这种竞争虽然有助于提高金融效率，但因金融机构有悖业务经营规则和制度规范，监管部门监管不力以及经济、金融形势发生突发变化等原因，个别金融机构有可能发生支付危机或信用风险，从而影响整个金融体系运行的安全性。

其次，金融创新引致的资本流动国际化和金融市场全球化，使不同国家的金融机构之间、金融市场之间的相互联系和依存度大大增强，一旦某一国家金融运行中的某一环节出了问题，便会累及其他国家或整个国际金融业，酿成全球的金融系统性风险。

再次，新的金融工具尤其是金融衍生工具出现后，使得金融市场的异化现象开始出现，即高杠杆效应所引起的投机性加剧，无论是远期合约、期货合约、期权，还是互换交易，都不像基本金融交易工具那样需要交易者有实际的资金或相应的资产来买卖一定金额的金融产品，交易者只要交付少量保证金就可动用相当于保证金 10 倍乃至更高倍数的金融资产，并使投资利润或投资损失相应扩大，这就使得投机性交易猛烈上升，严重威胁了金融体系的稳定。

（3）金融创新降低了金融监管的有效性

金融衍生工具交易和其他表外业务的迅猛增长，是导致金融监管有效性下降的重要原因。按照传统的金融监管方式，监管部门对金融机构实施监管的一个重要途径，是通过审核金融机构的财务报表发现问题，而衍生交易等表外业务并不反映在财务报表中，这就使传统的监管方式无法施行。由于对表外业务缺乏统一公认的会计标准，不同金融机构对同一种交易采用不同的会计技术处理方法，加之衍生交易有相当一部分是在极短时间内通过头寸的对冲来实现的，即使定期检查金融机构头寸或采用其他监管方式，也难以对金融机构表外业务的风险程度作出准确、客观的评价。另外，游离于传统银行外而履行类银行功能的影子银行的日益活跃，对于监管机构而言也是一个新的挑战。

（4）金融创新增加了发生金融危机的概率

20 世纪 80 年代以来，金融衍生产品的交易呈爆炸式发展态势，远远超过国际贸易额和社会财富的增长速度。在一些发达国家，金融衍生产品的市价总值甚至超过了全部国民财富的价值。由于金融衍生交易具有高投机性，越来越多的交易者不是运用它来保值避险，而是利用其杠杆效应以小博大，赚取投机利润。规模庞大的资金脱离现实的社会再生产过程徘徊、滞留在金融衍生市场，大大强化了经济运行中的虚拟因素。而经济虚拟化常常引起新一轮过度投机及大量资本在博弈中浪费等问题。当金融资产交易活跃，刺激生产流通活动，会促使经济泡沫膨胀；当金融资产交易冷落，生产流通活动紧缩，会导致经济泡沫缩小。而经济泡沫的一个最大的特点是资产的现实价格会在短期内迅速上升，与其基础价值之间的偏差幅度过大，并迟早会回到基础价值上来。正是由于这种资产价格的回归（经济泡沫的破灭）常常是以急剧的方式实现的，并且具有难以预见的特性，因此，在回归过程中和回归之后极易引发金融危机。

（二）金融创新与安全：相辅相成

1. 金融安全是相对于金融风险而言的

金融全球化是现代经济的一大特点。在金融交易外延不断扩展、各国金融往来范围越来越大的同时，不同国家地区间的不同金融制度环境与制度结构的碰撞和矛盾也越来越不可避免。正如我们所知道的，交易总是在一定的制度环境和制度结构下进行的，宏观制度性信息在交易双方被视为默认信息发挥其社会共同知识的作用，保证契约在有限的成效条款之外，还受到社会理性和无形的社会公约的制约。而在交易双方分属不同的制度环境和制度结构的情况下，由于默认信息的不对称，社会共同知识的作用无法发挥，其对交易双方的默示性制约也就处于不对等的状态，由此可能滋生出制度性风险；而事后风险概率的存在又使事前关于交易结果的稳定预期难以形成，国际交易规范也没有囊括所有细节的信息基础。于是金融风险的国际分摊难以实现，期间又可能因制度信息的误认而衍生出新的金融制度性风险。

如果说金融制度性风险基本上是由交易双方共同承担，那么，金融技术风险则更多地由发展中国家交易者来承担。这是因为就金融工具和金融交易技术的发展演进来看，西方发达国家是远远走在前面的。在这些金融技术性知识的占有上，发达国家交易者和发展中国家交易者处于严重的不对称状态：交易前的信息分布情况决定了交易后的利润分配情况。在这种条件下，显然交易利润更多地为发达国家交易者所攫取，而交易风险则更多地由发展中国家交易者承担。

在微观层面上，发展中国家交易者既然成为国际金融交易的主要风险承担方，则在宏观层面上，其金融体系稳定性也就受到因微观风险不断积累而越来越大的宏观金融风险的持续冲击而日显脆弱。而作为一个金融不发达国家，其金融资源有限，金融风险的识别、防范、监管、抵御能力也相当有限。所以，在金融成为现代经济核心，金融全球化成为现代经济发展一大特点的条件下，金融安全和金融保障就成为金融全球化的不可分割的伴生物，为各国尤其是广大的发展中国家所关注。

2. 实现金融安全的根本途径在于促进金融创新的不断演进

金融创新是在金融领域内建立起新的生产函数，从而实现金融领域各种要素包括金融产品、交易方式、金融组织、金融市场的重新优化组合和金融资源的重新配置，进而实现金融风险的消弭和经济的平衡发展。具体而言，金融创新可大致分为制度创新和技术创新两类。前者指各种金融制度（包括广义上的制度，也包括制度结构和无形的制度环境）的主动被动演进，后者指交易技术的改进。对广大发展中国家而言，所谓金融创新，在更大的意义上是实现本国金融领域的"传统的创造性转换"，也是在坚持立足于本国金融资源禀赋和金融发展现状特点的基础上顺应金融全球化的潮流，实现本国金融制度和金融交易技术与国际接轨。只有通过制度和技术的创新，发展中国家才能改变，至少可以减少与发达国家在制度和技术上存在的信息不对称状态，并逐渐减少因信息不对称而不得不承担的金融风险，进而保证本国金融的安全。

第二节　金融创新与金融监管

一、金融创新与金融监管的辩证关系

金融创新促进了经济发展，同时也使金融风险加大，因而需要有更强有力的金融监管加以防范。金融创新是逃避金融管制的结果，金融创新使大量的金融产品和金融工具不断产生，使金融体系发生了深刻变化，即金融结构多样化。金融创新又促进了金融监管的调整，为了保持金融体系的稳定和安全，各国金融监管结构也因此发生显著的变动。这种相互影响、相互作用、相互促进的结果构成了金融创新与金融监管的辩证关系。

（一）金融管制刺激了金融创新的产生

长期以来，金融业是政府管制最严厉的部门之一。随着经济的发展和金融环境的变化，许多对金融机构业务活动的限制规定已经过时，成为金融机构开展正常业务的障碍，甚至成为影响金融体系稳定的因素。金融机构为了绕开金融管制而求得自身的自由和发展，千方百计地创造了很多新的金融工具和账户。比如 NOW 打破了储蓄存款和活期存款的界限，从而也就冲破了活期存款不许付利息的限制。欧洲货币市场的产生也是为了适应逃避金融管制的需求。早在 20 世纪 50 年代初，欧洲美元就已出现。当时，朝鲜战争爆发，美国政府冻结了中国存在美国银行的资产。前苏联和东欧国家为了预防它们在美国的存款被冻结，于是把在美国的美元资金存放在前苏联、巴黎和伦敦的商业银行以及伦敦的其他欧洲国家的商业银行。与此同时，由于某些持有美元的美国和其他国家的资本家为避免他们的账外资产遭到美国管汇当局和税务当局的追查，也愿意把美元存放在西欧的银行，这就是欧洲美元的由来。50 年代后期，英镑危机爆发，从 1957 年起，英国政府禁止英国商业银行对非英镑区提供英镑货币信贷。伦敦的一些银行为解决贸易商的资金需求，便把它们所吸收的境外美元存款贷放出去以应付急需，于是便产生了欧洲美元市场。此后，由于欧洲和美国放松了外汇管制和实施货币自由兑换，所以当这些国家对金融实施某些管制时，资金所有者便把资金调到欧洲货币市场。

（二）金融创新对传统金融监管提出了挑战

金融创新给金融业带来了革命性的变革，使整个金融业的面貌焕然一新，使金融业在社会生产和社会生活中的地位日益重要，同时也给传统的金融业提出了不少难题，对金融体系和货币政策改革提出了严峻的挑战。

1. 金融创新有可能使货币政策失灵

传统金融政策的制定与执行是建立在资金流量可测性基础上的，这要求货币流动性与投资性有明确划分界限。但近年来大量同时具有结算和增值功能的新型金融商品的涌现，使中央银行观测本国金融流量结构失去了稳定基准，传统的三大货币政策，除公开市场业务外，再贴现率、准备金率都难以发挥作用。概括地说，金融创新对金融政策的

制定和执行带来三大难题。

（1）货币的定义与计量复杂化。金融创新以前，货币的定义比较容易，因为作为交易余额的货币与作为投资的其他金融资产之间界限比较分明。金融创新以后，新型金融工具不断涌现，金融资产之间替代性空前加大，作为货币的货币与作为资本的货币难以区分，交易账户与投资账户之间、广义货币与狭义货币之间、本国货币与外国货币之间的界限逐渐消失，货币的定义与计量日益困难与复杂化。首先，难以判断什么是货币。例如，可转让支付命令账户、自动转账服务账户和货币市场互助基金等，要说它们不是货币，却又能开支票转账；要说它们是货币，其余额大部分都是投资性的储蓄余额。又如那些存贷合一账户，既能开支票又能透支，那么是其借方余额还是贷方余额应算做货币？或只把所有这种账户的净值算做货币？凡此种种，很难恰当处理。其次，金融创新以后，货币定义修改则不足以反映货币量的真实情况，修改太多则会削弱公众对货币政策的信心，使货币政策的制定更加困难。而且，货币定义的修改总要有一个时滞问题，每一项金融创新最初总是不引人注目的，当中央银行发现并重视它的时候，该项创新已经发展到一定程度和规模并可能削弱了上一阶段货币政策的效果。再次，金融创新以后，许多新的金融组织没有义务向中央银行报送报表，新的金融业务也往往不在原有的要求报告的内容之中，这样就使中央银行对货币信息的掌握不充分，货币的计量也会成为问题。最后，金融创新使货币总量的含义变得模糊不清，因为创新既影响货币供给又影响货币需求，一方面改变货币的需求量并使之呈现不稳定状态，另一方面又可能使非货币资产（如股票、债券）大量转化为货币资产如大额存单、欧洲美元存款和货币市场互助基金等，从而增加货币总量的供给。在这种情况下，中央银行很难分辨经济部门对货币的真实需求状况。

（2）货币需求函数不稳定。从长期看，金融创新减少了对狭义货币的需求。一方面，金融创新使狭义货币大量转向兼有活期账户与储蓄账户特点的新型账户；另一方面，电子支付转账方面的创新绝对地减少了狭义货币的需求，使狭义货币的流通速度加快。金融创新对广义货币需求的影响是不确定的，因为电子化会绝对地减少对狭义货币的需求，因而有加快广义货币流通速度的一面；随着流通性很强的创新产品如大额存单、货币市场互助基金等被归入广义货币，它们有可能把非货币资产吸引过来，从而又有增加广义货币需求的另一面。从短期看，金融创新使金融资产之间替代性空前增大，并降低了其转换成本，一旦经济环境稍有变化就会引起各项货币资产之间、货币与非货币资产之间的大规模转移，从而使各货币总量的流通速度越来越不稳定。

（3）部分地削弱了中央银行控制货币供给的能力。它表现在：首先，欧洲货币市场的存在与发展，削弱了各国中央银行对国内货币的控制，因为欧洲货币正成为国内货币的近似替代品，当国内货币政策存在一系列管制时，将导致国内资金转向欧洲货币市场以绕过中央银行的货币控制。其次，金融服务的同质化、经营活期存款的金融机构越来越多，它们都具有货币派生的能力，货币创造主体不再限于中央银行和商业银行而趋于多元化了，因而以控制商业银行派生乘数为中心而设计的传统货币控制方法显然难以奏效。再次，融资证券化使存款越来越多地用于证券投资，存款准备金机制覆盖面减少，削弱了货币控制的基础。最后，金融创新可能使货币政策工具失灵。其一，金融创新削弱了金融管制的效果，使利率限制、法定准备金、信贷配给等选择性工具失效，迫使中央银行放弃或很少使用这些货币政策工具。其二，金融创新弱化了存款准备金制度的威力。因为准备金是无息的，银行缴存准备金就意味着增加了融资成本，从而刺激银行通过金融创新，来回避法定存款准备金的限制。其三，金融创新使融资渠道多样化，存款机构尽量少向甚至不向中央银行申请贴现或贷款，从而使中央银行贴现率的作用也下降了。

从各国的实际情况观察，金融创新越多，对金融政策冲击越大，金融政策的实施效果越趋于弱化。进入 20 世纪 80 年代以后，金融创新最为活跃的美国和英国的金融政策目标屡屡不能实现，加拿大已于 1982 年放弃了对货币量指标的控制，这说明如何排除或减弱金融创新的困扰以维持货币政策的有效性，正成为西方各国中央银行考虑的核心课题。对于发展中国家，国际金融市场上大量的创新金融工具对它们改善对外资产负债的管理具有非常重大的现实意义，如不及时通过这些新金融工具或技术对其国外资产及负债进行合理调整，就会遭到严重损失。因此，如何调整对外负债与资产的结构，使之趋于合理，采取何种保值方式以减少风险，已成为发展中国家必须认真对待的一个重要问题。

2. 金融创新使金融机构所面临的风险加大

金融创新在转移和分散金融风险方面已起到很大的作用。金融机构通过各种金融创新工具和业务把所有风险或部分风险转移给愿意承担的一方，使金融风险得以转移或适当地分散。但是从全球或全国的角度看，金融创新仅仅是转移或分散了某种风险，并不意味着减少风险；相反，金融机构在利益机制驱动下会在更广的范围内和更大的数量上承担风险，一旦潜在风险转变为现实损失，其破坏性远远超出传统意义上的金融风险。具体而言，金融创新作为资产价格、利率、汇率及金融市场反复易变性的产物，它反过来又进一步加剧资产价格和金融市场的易变性。先进技术应用和新工具效率的提高，国际资本流动性的加强，巨大的国际游资在交易成本日益降低的情况下对利率、汇率的变化越来越敏感，引起资产价格易变性加剧，这就使金融业不稳定性增强。同时在竞争中，为更多地吸引业务，各交易所往往提高甚至取消最高的波动限制，或者降低保证金要求。实际上，许多场外交易已经成为无保证金交易。过度的竞争，往往引起错误的合同定价，由此带来的风险是很难控制的。更重要的是，创新工具场外交易的规模不断扩大，一些传统上在场内交易的产品，如与股权相连的创新产品现在更多地在场外进行交易。场外交易产品日趋复杂，品种不断增加，由此产生的风险也越来越明显。20 世纪 90年代以来，几乎每一次全球金融危机都与金融创新产品有关。

3. 金融创新加大了金融管理的难度

前面所讲的两方面的挑战，即货币政策失灵和风险的增大，其结果都加大了金融管理的难度。比如，金融创新使中央银行观测本国金融流量结构失去了稳定基准，使传统的三大货币政策中的贴现率、法定存款准备金率都难以发挥作用，利率限制、法定保证金等选择性货币市场的存在，使国内资金可以轻易地转向欧洲货币市场，从而逃避国内的货币管制；只有货币派生能力的经营活期存款的金融机构越来越多，使原来以控制商业银行派生乘数为中心的传统货币控制方法难以奏效；货币需求函数变得越来越不稳定，从而使货币政策赖以决定的依据变得不可靠，导致了货币政策的多变；而金融机构面临的利率风险、衍生金融产品交易风险、资产证券化风险等稍有失误就可能造成巨大损失，而且由于支付与信息系统的创新，使得这些风险瞬息之间就可能变成严酷的现实，使金融监管更加困难。

（三）金融创新促使金融管制进行调整

银行业务创新是为了逃避金融管制，而金融管制的目的是为了保持银行体系的稳定与安全。但是，当银行业务创新的许多工具和做法被越来越多地仿效时，金融管理当局只得被迫进行金融管制的调整，即一方面放松某些管制，例如，美国在1980年取消《存款机构管制和货币控制法案》，1982年颁布的《高恩—圣·杰曼存款机构法》，实际上就是承认银行业务创新所采取的一种补救措施，也是对既成事实予以法律上的承认；另一方面，又促使金融管理当局在对银行业务创新本身进行全面的、慎重的评估基础上，采取一些有利于银行体系走向稳定的措施。这些措施主要包括以下几方面：

① 建立风险度保险费率制，改变以往的存款统一保险费率制，并扩大保险范围，实行各种存款保险，包括储蓄保险。

② 改革会计核算，改变那种只反映资产账面价值的核算方法，采用以市场价值进行核算的会计核算制度，以便真实地反映银行的流动性及其面临的风险。

③ 顺应创新潮流，提出银行改革方案。例如，英国1977年提出的《新银行法》，美国于1991年提出的银行改革方案及1994年通过的《跨州银行法》等，都对银行业务经营范围进一步放宽。

④ 加大监管范围。一是要将金融创新过程中出现的新型金融机构纳入监管范围，二是将表外业务纳入监管范围。20世纪80年代金融创新的一大特征是创新交易多为表外业务，以躲避金融监管当局的监管。90年代加强金融监管后将这些表外业务纳入监管范围。例如，增加对会计报表附录的审查，将表外资产按一定比例折算计入资本充足性比率的分母等。同时，要不断健全财务公开和报告制度，加强对金融机构表外业务的统计与申报。

⑤ 加强电子转账与信息系统的安全管制。随着金融市场的国际化和电子化，现代计算机技术和通讯技术的广泛运用，使金融创新交易的规模和成交速度都发生了根本性变化。与此同时，如果金融市场出现机器故障，其损害和影响都将非常巨大。因此要从技术上采取安全措施，防止出现机器故障风险。

⑥ 加强金融监管的国际合作。随着金融市场全球化，金融创新交易实行统一的监管标准，确保金融创新交易既有效率又安全可靠。20世纪90年代以来，国际金融界在加强金融创新的国际监管合作方面已做了不少努力。如1992年，美国成立了全球衍生性金融商品研究小组，专门深入研究金融创新交易的各类风险及风险管理，1993年，该小组提出金融创新管理的20项建议，供各国交易商和立法、监管人员参考；1995年，巴塞尔委员会和国际证监会组织技术委员会向世界各国金融证券监管当局发表了有关银行及

证券公司进行金融衍生交易的信息监管制度，协调各国对金融创新交易的监管；2011 年支付结算体系委员会与国际证监会组织联合发布了《金融市场基础设施原则》，以进一步提高金融市场支付、清算和交割系统的安全和有效性。

二、金融管制失灵及策略安排

从管制的一般理论发展来看，管制必要性主要可以归入所谓管制的公共利益说，即认为市场是脆弱的，如果放任自流就会趋向不公正和低效率，而公共管制正是对社会的公正和效率需求所做的无代价的、有效的和仁慈的反应。强调管制带来社会收益的一面，却无视政府施加干预时也会发生各项成本，而忽略管制的成本是不明智的。许多经验证据表明，管制的结果可能与其最初的目标相距甚远，或者可能刚好相反。也就是说，管制不仅耗费大量的直接成本，而且所引起的间接效率损失也很大。管制的失灵或无效指的是设定的目标没能实现，即没能实现公共利益。但是，它还有另外一层含义，即更进一步地认为，管制不但不能实现公共利益，反而事与愿违，会损害公共利益；或者说，管制以公共利益为代价，反而会帮助某些人牟取一己私利。下面分别对一些西方主要派别加以介绍和评论，再提出相应的策略。

（一）管制的俘获说

与管制的公共利益说相抗衡，俘获说认为管制与公共利益无关，管制机构不过是被管制者俘获的猎物或俘虏而已。对管制的俘获理论有不同的解释。

一种最简单化的解释基于一个三段论推理而得：（1）大企业或者说资本家控制着资本主义制度；（2）管制是资本主义制度的一部分；（3）所以，大企业或资本家必然控制着管制。然而这一推理无法解释现实中存在的大量的并非服务于大企业或资本家的经济管制。比如有些管制条例实际上惠及的对象可能是乳牛养殖者、药剂师、理发师、卡车司机，特别是工会会员，不用说，还有保护消费者的管制条例。针对现实中的这些情况，需要更为全面的解释。

另一种有影响的解释，认为管制措施在实施之初可能还是有效的，但随着时间的推移，当被管制的行业变得对立法和行政的程序极其熟悉时，情况就变了，管制机构会逐渐被它所管制的行业控制和主导，被后者利用来给自己带来更高的收入。因此一般说来，管制机构的生命循环开始于有力地保护消费者，而终止于僵化地保护生产者。这一解释留下了很多漏洞，经济学家波斯纳认为它缺少理论基础，充其量只是一种假说。对此，他提出以下几点质疑：

第一，该理论的基本点虽然也放在"俘获"二字上，但实际上，它并未与管制的公共利益说的某些解释划清界限。此外，它所描述的管制过程可能更像是被管制者与管制机构之间的谈判或讨价还价，而不是谁俘获谁。

第二，没有理由说被管制者是唯一可以影响管制机构的利益集团。比如，被管制厂商的消费者的利益也会明显受到管制过程的结果的影响，他们为什么不能同样有效地俘获管制机构呢？

第三，也没有理由说，一个行业只能俘获现有的机构，而不能设法创造一家监管机构以促进自己的利益。进而，人们还可以追问，为什么一个行业能够强大到足以俘获对其进行监管的机构并且驯服它，但却不能在最初阻止这一监管机构的设立呢？

第四，这一解释与许多经验证据相矛盾。比如，现实中显然不是所有监管机构都可以被俘获；又如，该理论也不能解释一个监管机构为什么可以对不同的、利益相互冲突的行业同时实行管制；再如，由管制机构促进的利益很可能是消费者群体的，而不是被管制行业本身的。

如果说，管制的公共利益说的主要不足是没有给出一种将公共利益转化为立法行动的联系或机制，那么，管制的俘获说虽然试图找到这种机制，但是不够准确和清晰。在波斯纳看来，只有经济学家运用他们常用的分析工具对管制所做的解剖才最有说服力，能够更好地面对和接受现实的检验。

（二）管制的供求说

西方经济学家认为，经济管制可以被看做一种产品，因为政府的强制力量可以被用来给特定的个人或集团带来有价值的收益，所以，管制可以被看做由政府供给、为特定个人与集团所需求的产品。它同样受供求法则或规律的支配，现行的管制安排是供求两种力量相互作用的结果。

被称为管制经济学新的重要研究领域的主要创始人的诺贝尔经济学奖得主乔治·斯蒂格勒（George Joseph Stigler, 1911—1991 年）最早将公共选择理论套用在研究政府管制上。虽然初看上去，他的观点不过是一种更加精致的俘获理论而已，并且也正因为如此，有时他也被归入持俘获说的经济学家之列。但实际上，斯蒂格勒只是不否认管制机构被"俘获"的可能性。在分析中，他宁愿去掉那个具有军事色彩的称谓，转而使用更加中性化的，也是经济学中最常用的供求分析来处理管制问题。

在需求方面，斯蒂格勒讨论了影响一个政府管制需求的主要因素，即管制可以提供的多种收益，包括直接的货币补贴、控制新竞争者进入、干预替代品和补充品的生产、实行固定价格，等等。金融领域的例子有前面介绍过的市场准入的管制，对业务活动的限制，还有曾经实施过的利率上限的规定，禁止对活期存款支付利息的规定，等等。

在供给方面，斯蒂格勒指出，政府部门提供一种管制的行动时并非如公共利益说所认为的那样是毫无成本、毫不犹豫地按照公共利益来提供产品。在民主政治的决策过程中，"谋求政治权力的产业必须去找合适的'卖主'，那就是政党"。政党在决定是否支持某项管制行动时要考虑这一行动是否有助于自己当选或再当选。因此，需求管制的产业"必须支付两项政党所需要的东西：选票和资源。资源包括竞选经费、筹集经费的服务以及较间接的方式，比如为政党雇佣工作人员，通过一些开支很大的项目，训练、说服该产业和其他有关产业的人员，使支持票增加，反对票减少"。用另一位经济学家佩茨曼的话说，这基本上像是一种政治拍卖，报价最高的人得到权力，向其他每一个人的财富征税。

最后究竟是否采取某种管制政策，管制的范围有多大、程度有多深，完全取决于上述需求与供给两方面的互动。但显然，有着最高有效需求的集团往往是生产者集团。因为，按照斯蒂格勒的说法，存在与某种利益集团规模的收益递减法则，集团规模越大，则须付出的信息成本、组织成本以及克服"免费搭车"等成本也就越大。所以，人们认为斯蒂格勒也持俘获观是有道理的。在其《经济管制理论》一文中，斯蒂格勒指出，管制或许正是一个产业所积极寻求的东西，它通常是该产业自己争取来的，它的设计和实施主要是为受管制产业利益服务的，还认为管制只不过是财富在不同利益集团之间的转移而已。

但斯蒂格勒在同一篇文章中也指出了另一种可能性，即管制也可能是强加于一个产业的，并且的确会给受管制的产业带来很多麻烦。在该文的补充说明中，他更是明确地写道："说一个生产者集团，即使是最有力的集团，能从政治过程中得到它所希冀的一切，是不正确的。"

佩茨曼在他 1976 年发表的同样产生广泛影响的论述管制的文章中，对斯蒂格勒思路的一般性作了更明确的表述。他假定政治家们寻求最大化多数派对他们的支持，并根据这种支持决定提供管制的种类和数量，设用 M 表示这种支持，它可以表示为如下的函数形式：

$$M = nf - (N - n)h \tag{3.1}$$

式中，n 表示受益于管制的人数，他们是潜在的投票者；f 表示受益者给予政治家支持的概率；N 为潜在投票者总数，故 $N - n$ 为被管制所伤害的人数，h 为这些人去投反对票的概率。进一步，设 f 是人均净收入 g 的函数，$f = f(g)$，而 g 又取决于转移给获益集团的受益总量 T，减去受益者在游说过程中为平息和消解反对意见而花掉的数量 K，以及组织一个有凝聚力的集团的成本 C，显然，C 再次取决于集团的规模 n，即 $C = C(n)$。由上，可以把 g 写成下式：

$$g = T - K - C(n) \tag{3.2}$$

再看投反对票的可能性 h，它首先取决于要求被管制者作出转让的税率 t，其次也要看用于平息反对意见的人均支出 z，即有

$$h = h(t, z) \tag{3.3}$$

式中，
$$z = K/(N - n) \tag{3.4}$$

佩茨曼利用拉格朗日乘子法求解一个有约束条件的极大值问题，即在式（3.2）至式（3.4）的约束下求解可以最大化式（3.1）中的 n、T、K。正如所预期的那样，基本结论为：（1）得自转让的边际政治收益刚好等于相关的税收引起的边际政治成本；（2）政治财富最大化者只能使一部分人受益；（3）即使管制的利益都为一种经济利益集团独占，其得益也要小于私人组织的卡特尔。

佩茨曼以上述分析为基础进一步分析之后，还得到若干推论，包括：（1）在萧条时期，管制更加偏重于保护生产者；而在扩张时期，管制则更加侧重于保护消费者；（2）对生产者加以保护的收入弹性应该小于保护消费者的收入弹性；（3）在一个增长的、技术不断进步的产业中，对生产者的保护应该能够导致对消费者的保护，从长期来看，存在这样的效应；（4）有弹性的需求和规模经济会创造偏爱消费者的偏见，原因是这类需求和成本形势下提高的消费者剩余大于因降价而减少的生产者剩余；（5）管制会降低传统的所有者风险，通过缓和企业面对的需求和成本变化的冲击，利润的可变性也

下降了，在一定程度上，成本和需求的变化是整个经济范围的，所以，管制会减少系统的以及多变的风险；等等。

在经济学家中，运用供求分析阐释管制问题的还大有人在，特别是公共选择学派。同样从对公共管制的供给与需求入手，研究不同利益集团在公共决策过程中的力量对比，也是以其支持"保护生产者"的观点而为更多的人所知。主要的一种逻辑是，生产者集团可以更有优势地形成对政府决策的有效影响，而像消费者这样的人数众多、利益分散的群体则难以有效地组织起来捍卫自己的利益。

（三）管制的寻租理论

寻租是一种形象的说法，简单地说，它指的是寻求政府干预以谋取私利的行为。一般来说，只要存在政府对资源配置的影响，对私人部门而言，就相当于有租可寻，就会产生对政府管制的需求。相应地，政府部门在面对这种需求时就成为了供给一方。在早期的寻租理论中，政府还可能出于公共利益而设计提供哪些以及提供多少管制商品，后来则有学者指出，政府部门往往乐于人为地创租、设租，主动地提供管制商品。早期寻租理论的基本结论是，管制更有可能使生产者受益而不是使消费者得益，这一结论应该说与俘获理论相同，但寻租理论的发展已经更多地考虑了消费者群体在寻租活动中的力量，亦即，寻求阻止政府授予厂商垄断权，不让厂商将本属于消费者的福利拿走。但无论是消费者还是生产者的影响更大，寻租行为本身都没有任何创造性，而只是消耗社会资源。因此，寻租活动越猖獗，则社会付出的代价也就越大。

从这一新的理论背景考虑，虽然管制的寻租理论实际上与斯蒂格勒一派有相同的出发点和结论，即都从供求分析入手，而结论也都是两种可能性，并且从倾向性上看，二者也都更倾向于认为生产者能够更有力地左右政策的制定，但是，之所以没有将管制的寻租理论列于管制的供求说的大标题下，主要是由于寻租理论更侧重于揭示这一过程中所发生的社会成本，或者说更加强调这一供求作用过程中必然发生的社会的效率损失，即寻租成本。引入这一新型成本之后，在考虑管制目标及其约束条件时又多了几分复杂性。

以上介绍的几种对管制的理论解释，可以看做是对管制的公共利益说的一种平衡。如前所述，它是一种管制失灵的理论。而如果从公共部门一般理论来看，它也可以说是一种政府失灵理论。正像市场失灵的一般理论有助于理解金融市场的失灵一样，有关政府失灵的一般理论同样有助于理解金融监管的失灵。

（四）政府失灵一般理论与管制失灵

与市场失灵的各项主要表现相对应，政府部门活动的内在特点决定了政府也有可能出现种种失灵。

第一，政府活动有可能引起新的外部效应。具体地说，可能会产生预料之内和预料之外两类副作用。就前者而言，比如多数表决制下通过的公共支出项目虽可使多数人受益，但对少数人来说就要遭遇外部不经济。就后者而言，一项公共政策的后果有时会极为复杂和难以预测。比如沃尔夫在他的《市场或政府》一书中举的例子："当环保机构为弥补市场的缺陷而建立起一套噪音污染标准，用以解决这些外部性的时候，却没有想到会造成美国与法国和英国在超音速商业飞机上的外交政策的紧张。"在公共管制方面的一个著名的例子是所谓阿弗奇—约翰逊（Averch-Johnson）效应，即对企业报酬率的管制可能在达到了保护消费者利益目标的同时，却造成了被管制企业的过度资本化。因为限制了资本的报酬率意味着资本的相对价格下降了，所以导致了资本运用的增加。在金融监管方面同样可以找到不少这样的派生外部效应的例子，比如对交付给存款者利率的限制导致了吸收存款机构之间在非价格方面的竞争，包括过多地建立分支行。

第二，政府部门活动本身具有某种内部性，这导致它们很可能过分地回避风险。所谓内部性指的是，政府活动的目标并不是或并不仅仅是公共利益的最大化，而是各部门都有自己的组织目标。与此相适应，官僚部门还会使自己的行为遵循某种组织程序和规则，并发展某种自己的标准来评估其行为的绩效，这些特点使政府部门具有了某种类似私人组织的内在目标，可以称为内部性，它与外部性的发生有着性质相同的来源。在外部性发生时，造成外部性的一方并不顾及其行为给他人带来的成本和收益；在内部性发生时，政府部门同样不顾及其行为引起的社会成本和收益，而只关心其所在部门的成本和收益。在非市场失灵问题中，内部性可以说是核心的概念，它内在地决定了官僚及其部门的行为动机与日程安排。金融监管的一大特点是它不像其他公共支出项目那样占用大规模的预算，因此，对监管者的考核主要是看金融领域是否出现严重问题。一旦他监管不慎，发生了问题，那么他所要承担的责任或者说所要付出的代价，远远大于他采取保守姿态、偏严地执法可能给他带来的代价。甚至后一种做法一般来说根本不会遭到非议，反而有可能得到维护公共利益的美名。因此，管制者会算计他采取两种对策的预期净收益，除非社会普遍极力推崇自由放任，或者在制度安排上，受不利影响者能够有效地弹劾监管者，否则，在前述内部性的作用之下，监管者总会乐于采取更为保守的姿态。

第三，政府部门同样面临信息不对称问题，前面提到了管制者作为委托人，从社会利益出发，与被管制者之间达成一种经济学上的委托—代理关系。在这种关系中，管制者是信息劣势的一方，这意味着监管者即使主观愿望很好，也有可能力不从心，无法全面及时地行使其监管职能。然而，除此之外，还存在另一层次的委托—代理关系，即管制者是代理人，而委托人是社会、公众或存款者集团加上投资者集团，等等。在这层关系中，管制者又是信息优势的一方，这意味着有可能发生管制者的道德风险，即管制者可能会不惜以更大的社会代价实现本可以更小的代价就能实现的目标，而广大的委托人由于不了解管制过程的技术复杂性，因而无从判断代理人的绩效。管制者之所以这样做是因为他有自己的成本—收益分析，或者说，上述内部性会发挥作用。

第四，政府活动本身是不完全竞争的，政府部门之间，乃至不同官僚之间，很大程度上其职能都是不可相互替代的。这意味着，政府提供的公共服务往往是垄断性的，斯蒂格利茨称为真正的自然垄断。由于内部性的存在，政府部门在承担一项经济活动时，与私人厂商一样，也有强烈的偏好做一个垄断者，而与私人厂商不一样的是，政府往往有条件成为它想成为的垄断者。一旦如此，将使政府活动缺少可供比较的基础，人们无从判断它的运行是否有效，政府官员也缺少有效的激励来更好地满足社会的需要。

以上是西方经济学家指出的政府失灵的几点主要表现，加上前面提到的几种管制的经济理论，已经足以使我们提出一个严肃的问题，那就是，既然政府管制有可能不尽如人意，那么，就有必要设法对管制部门也加以监管。

（五）策略：对监管者的监管

政府失灵的主要表现可能多种多样，但体现在管制的数量或程度上的特点却主要是两个：或者是管制过度，多管了不该管的；或者是管制松懈，该管好的却放任不管。对监管者的监管不妨从这两方面入手，即防止监管者管制过度，或防止监管者管制松懈。

1. 防止管制过度

管制过度通常与不健全的市场机制有关。由于市场机制不健全，消费者无法发出信号，表明他想要什么或愿意支付多少，它所造成的损害不仅是无法获得作出决策所必需的信息，而且还会给人们留下管制是免费品的印象。而后者是导致管制过度的主要原因，特别是如果管制者自己的利益和声望面临危险的话，他们更会倾向于强化管制，这也可以说是非价格的行政机制的内在趋势，即提供过多的管制，哪怕管制的成本超过其收益。

莱维林（Llewellyn）曾经举包办旅游（Package Holidays）的例子说明管制官员过度管制的倾向。在英国这类旅游项目在很大程度上不受管制，而在德国则受到严厉的管制。结果是，同样到地中海海滩的假日安排，在英国的价格只相当于在德国的 35% ~ 50%，每年吸引了比德国同行多得多的游客。但是同时出的问题也更多，每年投诉抱怨的人数也更多。尽管考虑投诉者之后，英国每年还是有比德国更多的游客享受了内容相同但价格更低的服务，但是，鲜有游客赞扬英国在这方面的制度安排。莱维林说，如果你是一个管制者，而且既想有个好名声又想有个安静的生活，那么，就应该抑制竞争。

那么，如何限制政府部门管制过度呢？现行监管制度并非没有对监管部门的约束。以英国为例，《1987 年银行法》要求设立一个银行监管委员会，由英格兰银行官员和外部专家组成，负责向英格兰银行就监管问题提出建议，并可独立地向财政部汇报。如果该委员会觉得自己的建议受到忽视，有权直接找财政大臣说话，从而构成对英格兰银行决策的一种制约。另外再看一个英国非银行业的例子，在 1986 年的《金融服务法》之下，一家金融机构可能要向几家自我监管组织（SRO）汇报。从一个角度看，这似乎有点过分，同样的资料上报不同的监管部门，造成不必要的重复和浪费；但从另一个角度看，也可以收到一定的互相监督的效果，因为没有一家监督机构垄断有关的金融机构的信息，这或多或少可以促使监管机构保持对问题的敏感性，并尽快作出适当的反应。

不少经济学家提出了通过建立竞争性的监管机构来避免监管机构的管制过度，但不是要求金融机构向多家监督部门报告，而是允许金融机构选择受哪一家监管部门的管辖，亦即允许金融机构"用脚投票"。这样一来，如果某家监管机构的管制措施过于严厉，那么，被管制的金融机构就会转入别的管制较为松弛的监管部门的管辖权之下。而一个监管部门下面若没有金融机构可供监管，则毫无疑问会危及其权力、影响、地位或者为公众服务的机会，因此，管制部门会变得内在地、有动力地约束自己的过度管制倾向。

　　但问题都有两面性，这种竞争发展到极端，会导致竞相放松管制（Competition in Laxity）的不好景象。简而言之，更会进一步导致管制机构什么都不要做了。高兰德（Gowland）曾经用生动的例子说明了这种竞相放松管制的后果：在20世纪50年代早期，西班牙、意大利和希腊对于人们在海滩上的着装方式有着严格的条例加以管制，旨在维护公共道德。但随着各国之间旅游业竞争的加剧，为了吸引更多的游客，纷纷降低管制标准，从禁止比基尼和露背泳装终于发展到允许裸体日光浴。高兰德评论说，无论具体的管制条例是否合意，这种放松管制的方法看来是不合意的，因为竞相放松管制意味着不仅无法实现其初衷，而且连管制机构的存在也变成多余的了。

　　不过，现实中的管制安排，特别是金融监管，还不至于发展到这样极端的地步。即使是公共管制在美国受到严厉攻击的时代，金融监管的必要性也很少受到非议，英国的经济学家则对公共管制一向持有更为容忍甚至是支持的态度。当然，一国的不同金融领域之间，竞相放松管制的压力也是存在的。一个典型的例子是，英国的房屋互助协会（Building Society）在一个专门委员会的监管之下，相对而言，规矩颇多。1989年，其下属的一个重要成员艾比国民（Abbey National）决定改组为公共有限公司（Plc），这一身份使它得以转归英格兰银行的管辖权之下，活动余地随之扩大。此举直接或间接地促使了房屋互助协会的监管机构不得不重新考虑进一步修订其管制条例，尽管该条例于1986年修订过。新修订后的《房屋互助协会法案》于1995年正式实施，允许房屋互助协会从事范围更广的金融业务。

　　2. 防止管制松懈

　　监管机构并不仅仅是在相互竞争之下才会放松管制。在其日常工作中，可能有种种因素诱使管制机构将金融纪律放松下来。比如管制者如果在某种程度上被"俘获"，那就很有可能会这样行事：即使不被"俘获"，在危机发生后，管制者与被管制者之间也往往越发变得相互依赖。道理十分简单，被管制者希望得到救助，而管制者则希望救助能够成功，双方的合作而不是敌视对任何一方都没有害处。古德哈特等人列出了导致监管部门倾向于放松原本严厉的管制条例的若干可能的原因：存款保险基金可能不足以支付存款者的全部损失，或者政府部门可能正好遭遇财政赤字，或者可能正好大选在即，或者担心本国会丧失在国际金融市场上应有的地位和竞争力等，都有可能促使监管部门决定推迟执行原本应该立刻执行的严格措施，转而采取宽限（Forbearance）的办法，重新与被管制者谈判达成契约。对监管机构在关键时刻不执行原有管制条例的担心并非空穴来风，世界各国都不乏"大而不倒"（Too Big To Fail）的例子。比如美国对大陆伊利诺伊银行的全力拯救，又如日本政府对其银行业危机采取的"银行不倒"对策，再如法国政府对里昂信贷银行的拨款，等等，都属这方面的典型案例。

　　这种宽限的做法并非完全不对，监管部门有种种理由如此行动，比如立即关闭一家大银行或几家小银行可能会引致系统性危机。在有些情况下，如果整个银行被迫立即清算，那么它的价值会变得比其实际价值低得多。然而，同样不可否认，采取这种时间不一致的做法也蕴含着极大的风险，有可能造成更大的损害。有两方面最为明显：一是如若展期之后证明仍不可救药，额外投入的流动性资金可能会全部损失，银行可能会更深地陷在贷款损失的泥淖之中，而纳税人的损失将会更加巨大；二是金融监管部门会因此而丧失其严格监管、迅速反应的声望，而这会进一步影响人们对金融市场的预期，从而改变人们以后的行为方式。

为避免滥用宽限的政策，保持监管部门的声望，也使管制部门免予陷入难以自拔的危机，一方面，有必要对监管部门提出更高的要求，增强责任心和监管能力；另一方面，也需要适当设计激励机制，或者说建立某种自动反应机制，保证监管部门的介入能够及时和有效。比如，美国1991年的《联邦存款保险公司改进法》设计了根据银行资本化的程度自动作出不同反应的"即时矫正行动"（Prompt Corrective Action）。按资本化的程度分为5个级别，对资本化程度好的银行给予照顾，而对于资本化程度一再落后的银行，则逐渐施加越来越沉重的管制。一旦银行的净值占资产总值的比率开始小于2%，即进入第5级，监管部门就应该关闭该银行，而不是等着其净值完全耗尽以尽量减少存款保险公司的损失。从表面上看，这是对银行采取的一种"胡萝卜加大棒"政策，但实际上，这一办法也起到了对管制者的制约作用。按照该改进法的要求，对给联邦存款保险公司（FDIC）带来成本的银行倒闭必须进行强制性的复查，最终报告须按照要求提供给任何一位议员和向公众公开，会计总署必须对这些报告进行年度的全面审查。日本大藏省设立的一个研究小组在1996年也建议区别三级资本化程度，采取类似的"即时矫正行动"。

此外，也能够找到堪与竞相放松管制相抗衡的好办法，高兰德举例说，可以向投资者提供管制程度宽严不一的监管机构，任由投资者选择。如果更希望心里踏实，那就可以选择管制较为严格的监管机构，否则就选择一个较为宽松的监管机构。在科威特的一家股票交易所（Souqal—Manakh）里，在巴林注册的公司的股票与在阿联酋注册的公司的股票相比有一个额外的贴水，因为巴林的法律比阿联酋的要严格得多。

三、金融监管成本、管制边界

先不考虑管制失灵的种种观点，假定众口一词地都拥护管制，并且假定管制的理想目标在技术上可以实现，那么，是不是就只剩下按照技术上的要求来贯彻和实施有关的管制措施了呢？答案是否定的。

经济学的基本原则之一提醒我们必须考虑资源约束，即必须认识到实施监管也是需要耗费资源的。这首先意味着存在一种可能性：实施管制可能是不合算的，即在贯彻实施管制条例的过程中所耗费掉的资源成本有可能大于实现监管目标后的收益。或者运用机会成本的概念，管制过程中所耗费的资源原本可以有更好的、更合算的用处，能够带来更大的收益。由于存在这种可能性，在追求理想的监管目标时就必须考虑管制成本的因素。

当然，可能会有这样的观点，认为系统性危机或崩溃对社会的危害极大，所以应该不惜代价地采取措施予以防止。但是，如果能够以更小的成本同样实现系统性风险最小化的目标，那么，有什么必要付出更大的代价呢？特别是这种代价最终也是要由社会负担的。因此无论怎么说，管制目标与监管措施都应该在充分考虑了管制可能引起的成本基础上设计。那么，怎样理解和研究管制的成本呢？一般而言，可以将管制引起的成本分为两大类：一是管制引起的直接资源成本，包括管制机构执行监管过程中所耗费的资源与被监管者因遵守管制条例而耗费的资源；二是管制引起的间接效率损失，主要指因被管制者改变了原来的行为方式而造成的福利损失。

（一）直接的资源成本

如果将管制引起的直接资源成本分为由政府负担的和由企业负担的两部分，那么，前者可以称为行政成本，后者可以称为奉行成本（Compliance Costs）。

先看行政成本。管制需要由政府设立监管部门来专门负责制定和实施有关条例和细则，这一过程中当然要耗费人力、物力。一份较早的研究表明：在20世纪70年代的美国，各类管制机构的运行成本一直在上升。1971—1979财政年度，按1970年不变美元价值计算，美国57个管制机构的行政费用增长了一倍多，由1971年的12亿美元上升到1979年的30亿美元。其中，金融和银行业的管制机构的行政费用由1971年的1亿美元上升到3亿美元。这份研究还提到两个数字，一是20世纪70年代的前4年，登载联邦法规的《联邦录》的篇幅增加了1倍；二是1979年，美国57个管制机构职员总数约为87 500人，几乎是1971年的3倍。这些数字使人们得以从不同的侧面了解管制的直接成本之大。在英国也有类似的研究。针对1986年英国"爆炸式"的金融改革，古德哈特在其1988年的一篇专门谈管制成本的文章中首先举例说，在他写作该文之前的12个月中，英国证券与投资署（SIB）反反复复地对有关管制条例进行修改和补正，仅仅其成文的《投资业管制条例》这一手册就大约有4.5磅重。这当然只是管制成本的一个例子。另一位经济学家拉麦斯（D. Lomax）的研究更为全面。他写道，随着新制度的实施，将有成千上万张纸片在市内飘荡，仅是SIB的行政费用就将高达800万英镑；加上其他自我管理组织（SROs）的费用，这一成本估计在2 000万英镑；而如果再加上其他监管机构的运行费用，这一数字在1亿英镑以上。成本之高可能会超过近年来在各桩公开了的丑闻中投资者遭受的损失之和。

再看奉行成本。从被监管者一方看，因奉行管制条例而付出的直接成本包括很多方面：为按照规定保留记录而雇用专人，提供办公设施和材料等方面的费用；聘请专门律师的费用；还要按照规定缴纳各种费用，比如向中央银行缴纳存款准备金，向存款保险公司或其他类似机构缴纳的存款保险金，向本行业监管机构为客户建立的补偿基金缴款，还要自觉按规定提取坏账准备金等。

不过，被监督者承担的管制成本与前述行政成本大不一样，至少可以指出两点。第一，让被管制者承担一定数量的成本正是金融监管借以实现其监管目标的主要手段之一。正如利用税收的方法矫正负外部效应那样，通过施加管制令被管制者从事活动的成本上升，从而促使他自发地将他的行为带来的负外部效应内部化，达到约束被管制者行为的目的。第二，被管制者有可能通过提高其金融服务的价格将自己负担的成本转嫁给他们的客户，当然，究竟是否真能转嫁以及转嫁的程度高低，要取决于有关金融服务的供求弹性等多种因素。不过，存在这种可能性的事实本身提醒监管者，在制定和实施监管规定时，有必要对这种可能性予以考虑，否则就无法保证管制的效果。

上述管制的直接成本的一个主要特点是，被管制者的行为方式并未因管制的实施而改变，而是承受了这种新的外部施加的成本，无论是实际上自己消化了还是转嫁出去了。但是除了这类成本之外，实际上，管制还会产生改变当事人行为方式的效果，这会引发一些新的成本发生，可以称为间接的效率损失。

（二）间接的效率损失

所谓间接的效率损失指的是这种成本是不易观察到的，它不表现在政府预算支出的增加上，也不表现为个人直接支付的成本的加大，但是整个社会的福利水平由于这种管制的实施而降低了。在税收经济学中经常用英国历史上曾经一度征课的窗户税来解释这类效率损失，或者也可称为超额负担。在这种税征课以后，人们纷纷将窗户封死以回避税收，结果，政府没有收到税，而个人的福利水平却下降了。这类因政府的某种行动而造成的公私双方的福利水平比采取行动前减少的额度可以看做是因政府的行动而导致的效率损失。

金融监管有可能通过以下途径导致效率损失。

第一，来自经济学家通常所谓的道德风险。比如，在前面列举的很多情形下，管制会促使私人部门改变行为，或者有意去冒更大的风险以谋取厚利，或者虽无意主动冒险但却疏于防范，使损失发生的可能性更大。这方面的例子很多，如购买火灾保险后人们可能更不注意小心地处理烟头。又如，有学者指出管制条例可能给人一种错觉，以为只要未突破管制规定的标准就是安全的。如规定时速不得超过每小时 30 英里，那么司机会有一种倾向，使车速保持在每小时 29 英里，而疏于注意路面状况；银行的经理则可能倾向于相信，只要他给某类借款人的放款低于官方限制性规定就肯定是安全的，而不那么注意认真考察借款人的资信状况。这些例子意味着，管制可能反而会加强了管制措施本想加以避免的危险。

第二，管制有可能削弱竞争，导致静态低效率。管制本身的特点就是限制金融机构的行动，从市场准入的限制到进入以后的业务范围和收费标准的规定，等等，都有可能人为地抑制金融机构之间的竞争。尽管这些措施的本意是防止金融领域内出现恶性竞争，维护正常和公平的业务环境并保护消费者的利益。但是，把握好分寸并不容易，不能排除可能会有一些合理的、有助于增进金融体系效率的竞争也遭到遏制。

第三，有可能妨碍金融中介的创新，导致动态低效率。一些管制条例可能在它们出台之际是合适的，比如可能是按照当时的最佳惯例制定实施的，但是，金融领域的形势发展很可能使得原有的最佳惯例不再是最佳。这时就需要顺应形势的最新发展而改变相应过时的管制条例。否则，如果管制机构继续坚持严格实施这些管制措施，那么，不仅仅是会妨碍金融创新的问题，而且这意味着如若处理不当，则会导致在动态来看严重的低效率。

第四，来自管制过于严厉。相比其他金融中心，过严的管制会促使金融机构重新考虑其从事业务的选址，以使自身奉行管制的成本最小化。英国的吉米·高尔（Jim Gower）在他著名的报告《投资者保护评论》中指出，施加过于严厉的管制措施会弄巧成拙，要想使这些条例得到遵从，可能需付出相当大的代价。特别是如果与其他金融中心相比，管制措施过于严厉的话，业务就会转移到其他金融中心，从而造成国家利益的损失。

（三）管制的边界

既然管制会引致前述种种成本，从经济学的基本原则出发，在追求金融监管的理想目标时就不应无视这些成本，无论它们是明显的还是暗含的。如果成本过高，那么，就存在着管制的边界，越过这一边界，即使在技术上可行也不应一味强求。当然，这并不意味着一定要放弃原有的理想目标，而是应该设法找到降低成本的办法。那么，如何判断成本高低呢？原则性的回答是进行成本—收益分析，找到加强金融监管带来的边际社会收益刚好等于它引致的边际社会成本的那一点，这一点决定了管制边界的所在。

不过，在金融监管这一问题上，准确衡量收益的大小要比衡量其成本的大小难上百倍。首先，因为像诸如金融体系的稳定、知情较少者利益的维护究竟会在多大程度上增进社会福利实在不易量化。其次，即使可以量化，也不大说得清究竟在多大程度上是有效金融监管之功，抑或是经济发展总体形势使然，抑或干脆就是天公作美。再退一步，即使说得清金融监管的功劳有多大，也不便公开张扬以求赢得对加强金融监管的舆论支持，因为本来已经存在种种道德风险的可能表现了，愈是宣传金融监管部门如何有效地化解了多家金融机构的危机，就愈会加大金融机构的道德风险。此外，这种张扬如果更有说服力地引述了被拯救的金融机构的案例，那么，对这些金融机构的信誉也会造成极大的伤害，从而又潜伏下更多几分未来的不稳定因素。如此，使得进行通常意义上的那种成本—收益分析可以说是行不通的。

在公共品生产问题上，难以评估公共品的收益是它有别于私人品的基本特点之一。一种替代的决策思路是进行成本有效性分析，这指的是在无法确定某公共项目具体收益的大小时，可以用目标的完成程度取而代之，并计算它与付出的成本之间的比例。如果能够同样有效地完成目标，那么毫无疑问，成本更小的方案要优于成本较高的方案。可以举美国的登月计划为例，登上月球就是100%有效地实现了目标，在此前提下当然成本越低就越令人满意。因此，可以用有效程度与成本之比的最大化替代原来成本—收益分析下收益与成本之比最大化的目标。

运用成本有效性标准分析金融监管的适度与否，不失为一种好办法。因为，虽然难以量化有效金融监管的社会收益，但是大体上总还是能够判断金融监管是不是成功。比如发生危机的金融机构的数目是否比往年减少，是否及时遏制了系统性风险，是否比往年有更少的对金融机构的投诉，等等，这些还是易于获知的。不过，要想真正运用这一方法对金融监管进行全面评估其实也不是件简单的事。比如，金融形势的动态发展，如金融交易业务量的增加，金融机构数目的增加，金融交易复杂程度的增加，等等，都必须考虑进去。此外，管制的成本方面虽然比较易于量化，但包括哪些项目、一些无形的项目如何处理等，也还是令人颇感棘手的问题。

但无论如何，成本有效性分析为我们提供了最优原则之外的更为现实的分析和解决问题的思路。不妨尝试运用这一基本思路简单分析一下，在新的金融形势下，哪种金融监管的制度结构更合适？在以自律为主的制度结构下，金融监管的费用由行业内部吸收了，无须由政府预算承担，如果能够做到同样有效，那么，当然不失为一种很好的制度安排，正像英国的金融监管历史那样。实际上，不妨说，在英国金融监管历史中是按照成本有效性原则作出抉择的，在私人实施能够做到有效程度与费用之比最大化的时候，就选择了自律为主的金融监管的制度安排。而随着金融自由化的发展，英国传统的那种中央银行监管官员与业内相关人士之间极易达成的默契变成明日黄花了。原来那种做法已经日益显出不能适应形势发展之处。这是因为，需要加以监管的金融交易业务量、金融机构数目以及金融交易复杂程度等都大大增加了，金融领域里竞争形势的加剧使得金融机构接受央行协调的要价也相应地提高。或者说，不那么愿意加强自我约束了，而央行可以作出的妥协总是有限的，那就是以公认的金融监管的一定有效程度为限。当自律为主的制度安排在成本有效性方面相对于规范化的监管制度已经不再具有优势的情况下，英国采取金融监管制度安排的根本性变革仍然是历史的必然。

不过，并不是说严格的、规范化的监管方式就是适应今日金融形势的最佳选择，英格兰银行一向引以为傲的有弹性的监管手段在特定情况下，仍然不失为备选或辅助的解决方案。即使是那些以规范化著称的国家，也已经开始更加注意适当利用非正式的制度安排来提高金融监管的成本有效性了。也正是出于此种考虑，《1987年银行法》不仅仅赋予了英格兰银行前所未有的依法监管的法律地位，而且也包括相机抉择的处分权，目的无非还是保证监管的成本有效性。由本节的讨论，可以总结几点基本结论：

① 管制最优目标的实现不是没有约束条件的，这一约束条件就是管制的成本。现实的目标是，给定管制引起的各种成本使系统性风险最小化，或者给定系统性风险使管制的各种成本能够做到最小。

② 管制成本中除了直接的资源成本之外，还有很重要的一个方面，就是会对当事人造成反向的激励，发生效率损失。这意味着，管制如果过于严厉，即使能够消除全部或大部分风险也不见得可取。因为伴随而来的可能是道德风险，也可能是静态、动态的低效率。

③ 考虑管制的各种成本，它应该存在适可而止的边界。标准的成本—收益分析表明，在这一边界，管制的边际成本刚好等于其边际收益。不过，由于事实上特别是管制的收益难以精确地量化，寻找管制边界的更为可行的指导原则是成本有效性分析。

本章小结

金融创新可以分为狭义和广义两种含义。狭义的金融创新是指近二三十年来的微观金融主体的金融创新，特别是20世纪70年代西方发达国家在放松金融管制之后引发的一系列金融业务创新。广义的金融创新不仅包括微观意义上的金融创新，还包括宏观意义上的金融创新，不仅包括近二三十年来的金融创新，还包括金融发展史上曾发生的所有金融创新。

金融创新的直接原因包括国际金融业的飞速发展和日趋激烈的竞争、经济环境中的风险性增大、技术进步、金融管理环境的变化等方面。

金融创新的种类有传统业务创新、支付和清算方式创新、金融机构创新、金融工具创新四种。金融创新的内容包括逃避金融管制型的金融创新、规避风险型的金融创新、技术推动型的金融创新、迎合理财需要型的金融创新。金融创新会对金融发展产生积极效应但同时也会带来消极影响。金融安全是相对于金融风险而言的，实现金融安全的根本途径在于促进金融创新的不断演进。

金融创新与金融监管的辩证关系：金融管制刺激了金融创新的产生，金融创新对传统金融监管提出了挑战并促使金融管制进行调整。西方关于管制学的主要派别有管制的俘获说、管制的供求说、管制的寻租理论。对监管者的监管既要防止监管者管制过度，又要防止监管者管制松懈。

本章重要概念

金融创新　管制的俘获说　管制的供求说　管制的寻租理论
直接的资源成本　间接的效率损失　管制的边界

复习思考题

1. 金融创新的直接原因是什么？
2. 金融创新的种类有几种？具体内容是什么？
3. 试分析金融创新对金融发展的影响。
4. 说明金融创新与金融监管的辩证关系。
5. 在确定金融监管的管制边界时，应考虑哪些因素？

21世纪高等学校金融学系列教材

第二篇

金融监管体系

第四章

金融监管体制

金融监管体制是由一系列监管法律法规和监管组织机构组成的体系。它涉及金融监管当局、中央银行与金融监管对象等多个要素。本章着重讨论金融监管要素、监管体制的发展变迁、西方主要国家金融监管体制的现状和改革等问题。

第一节　金融监管当局

一、金融监管当局与监管对象

（一）金融监管当局

1. 金融监管当局的界定

金融监管当局是依法对金融业实施监督与管理权的政府机构，是金融业监督和管理的主体。金融监管是政府行为，其目的是维护公众对金融体系的信心，控制金融体系风险，提升金融系统运作效率，为国民经济和社会发展创造一个稳定的金融环境。

2. 金融监管当局的特性

金融监管当局是政府组织机构体系的构成部分，具有权威性、独立性和公共性。金融监管当局的权威性是指金融监管机构作为一国（或地区）的最高金融监管权力机构，履行金融监管法律赋予的职责和权力，其监管决策对金融业相应经济活动或行为主体具有强制力和不可逆性，被监管对象必须认真执行。

金融监管当局的独立性是指金融监管机构依法对其监管地域范围内的所有金融活动实施监督和管理，直接对中央政府或国家立法机构负责，其他任何组织、单位和个人都无权对金融监管当局的监管工作进行干预。

金融监管当局的公共性是指其履行的监管权力属于公共权力的范畴，金融监管机构是政府公共管理部门的一部分，代表了社会公众的利益，以维护金融稳定，并以促进经济发展和社会稳定为己任，服务于国家的整体利益，维护国家金融与经济安全。

3. 金融监管当局的组成机构

不同的金融监管体制对应不同的监管机构。所谓金融监管体制实际上就是金融监管权力在配制模式上的制度安排。公共权力的配置主要有集权和分权两种模式。金融监管的集权模式是将金融监管的权力在政府某一部门机构内垂直分配，形成单一的金融监管体系，充当这一监管体制主角的通常是一国的中央银行，也有专门设立的金融监管委员会或金融监管局。

金融监管的分权模式是将金融监管的权力在不同的政府部门或相关机构之间进行横向分配。在世界范围内，曾经与中央银行同时充当过金融监管主体的政府机构有财政部、货币政策委员会、人寿保险委员会、证券交易委员会等，甚至政府自己也履行一部分监管职能。分权监管体制中的监管主体之间是平等关系，不是隶属关系，分权的基本原则是按照金融业务的性质来确定监管对象，一般按照银行业、证券期货业和保险业来划分并设置对应的监管机构。

（二）金融监管对象

1. 金融监管对象的界定

金融监管对象，也称为被监管者，是专门从事金融业经营和投资经济活动的企业、组织、单位和个人，包括金融中介机构、工商企业、基金组织、投资者和金融活动的关系人等。

2. 金融监管对象的不同类别

（1）银行业监管对象。银行业监管对象是从事商业银行业务的金融机构，不管其称谓如何，凡是吸收存款、发放贷款、办理资金清算、信托投资、财务管理、参与货币市场融资交易活动等的机构都属于银行业的监管对象。这些机构包括商业银行、政策性银行、信用合作机构、专业储蓄机构、专业信贷机构、信托投资公司、财务公司、金融租赁公司、典当行等。如果其他非银行性金融机构参与货币市场融资和交易活动，如保险公司、证券公司等，也将作为银行业特定的监管对象。

（2）证券期货业监管对象。证券业监管的对象是从事证券融资和交易活动的企业、机构和个人，期货业监管的对象是从事期货投资交易活动的企业、机构和个人。另外，提供证券和期货交易场所的组织机构也是重要的监管对象。证券类监管对象主要包括证券经纪公司、上市公司、投资基金、投资者和证券交易所等。期货类监管对象主要包括期货经纪公司、期货投资者、期货交易所及其附属储备库等。

（3）保险业监管对象。保险业监管对象是从事保险经营和投资保险的企业、机构和个人，主要包括保险公司、人寿保险基金等。

二、金融监管当局与中央银行

（一）中央银行是最早的金融监管当局

中央银行是最早的金融监管当局，而且金融监管本身是推动中央银行制度建立的重要原因。中央银行制度的形成与完善经历了较长的历史时期，迄今已有 300 多年。从中央银行的发展历史看，中央银行职能形成的大致发展模式是：私人银行国有化后获得货币发行权、代理国库与政府融资权、组织资金清算、充当最后贷款人。货币发行是中央银行的第一特征，取得货币发行权并对银行业实施监管是早期中央银行监管的主要内容；组织资金清算是为了维护正常的经济秩序，保证资金周转的通畅，提高社会信用体系的效率，防止金融违约行为的发生；最后贷款人职能，确保了金融体系的稳定运行，防止金融危机的发生，对金融机构起到监督作用。中央银行职能的完善，都是与金融监管目标相关的，中央银行自然成为金融监管的主角。随着金融业的发展和在国民经济发展中重要性的提高，金融监管的主要方向转变为通过对金融体系中金融主体和金融市场及市场行为的监管，维护债权人利益，约束债务人行为，规范金融秩序，保证公平竞争，推动国民经济和社会发展。

（二）现代中央银行的金融监管职能

1914 年美国联邦储备体系的建立标志着现代中央银行制度的形成。现代中央银行的主要功能是制定和执行货币政策，通过宏观调控来维持金融和经济的稳定。从中央银行产生、发展和完善的历程看，金融监管是另一项重要功能，许多国家的中央银行承担金融监管或银行监管的职能。因为，中央银行是一国金融体系的核心，居于主导地位，其实施金融监管具有明显的信息优势。

中央银行制定和推行货币政策实际上就是金融调控决策和实施过程。金融调控与金融监管之间关系紧密，金融监管是货币政策有效性的重要保障。首先，中央银行实施金融监管能够确保金融统计数据和其他信息的真实性、准确性和及时性，为货币政策制定提供依据。其次，金融监管能够保证金融机构和金融市场的稳健运行，形成高效的货币政策传导机制。最后，中央银行进行金融监管能够为货币政策工具的有效实施提供保障。此外，金融监管关系使中央银行与金融机构之间联系紧密，中央银行的道义劝告和窗口指导等间接信用工具更容易被金融机构所理解和执行。

（三）中央银行与各国金融监管实践

20 世纪 80 年代以前，世界大部分国家的中央银行是金融业或者银行业的监管者。但此后，各国监管实践转变为更加强调对微观金融活动的监管，而中央银行作为国家的宏观经济管理部门，宏观调控是其职责的重心。因此，为了提高货币政策效率和金融监管力度，许多国家将金融监管职能从中央银行分离出来，设置专门的监管机构便成为一种趋势。1997 年英国设立了金融监管局来统一监管金融业。同年，波兰设立银行业监管委员会。1998 年澳大利亚设立审慎监管局，代替中央银行对银行业实施监管。1998 年 4 月韩国设立金融监管委员会。2000 年 7 月日本将 1998 年在大藏省设立的金融监督厅升级为日本金融厅，实行集中监管。在我国，1984—1991 年中国人民银行作为中央银行对金融业实施统一监管；1992 年设立中国证券监督管理委员会，证券监管职能从中国人民银行分离出来；1998 年中国保险监督管理委员会成立，保险监管职能也从中国人民银行分离出来；2003 年中国银行业监督管理委员会成立，中国人民银行基本上分离了金融监管职能。从各国实践比较来看，欧洲国家和加拿大的中央银行直接参与金融监管的程度比较低，但参与有关法律的制定和金融管理工作；美国、日本和亚洲新兴工业化国家和地区，以及大洋洲国家的中央银行仍负有一定的监管责任；发展中国家的中央银行在金融监管中发挥的作用较大，对银行业的控制和影响力较强。

这一时期从总体上看，虽然中央银行在金融监管方面的职能有所减弱，但仍直接或间接参与金融监管。英国的金融监管局不隶属于英格兰银行，但英格兰银行在金融监管局高层领导中有代表权。韩国中央银行的副行长担任金融监管委员会的非常委员，有权要求金融监管委员会在必要时监督某个金融机构或要求联合检查。波兰中央银行行长担任银行业监管委员会主席，但银行业监管委员会是独立于中央银行的。欧洲中央银行不直接负责金融监管，但仍在一定程度上参与金融监管工作，并享有一定的权力。在法国新的监管体制内，中央银行负责银行业监管，另设金融监管委员会、信用机构和投资公司委员会、银行委员会共同实施监管，这三个委员会办事机构设在中央银行内，均由央行行长任主席。美国中央银行是银行监管的主体，同时也是伞式监管人，负责对大型金融控股公司的监管。

2008 年金融危机爆发后，许多国家开始强调系统性风险防范和宏观审慎监管，并重新定位中央银行的金融监管角色，全部或有选择地部分恢复中央银行金融监管权力。例如，2010 年美国《多德—弗兰克华尔街改革与消费者保护法案》赋予美联储系统性风险监管者和全面市场稳定者的重要职责，并明确规定其维护金融稳定的责任。2013 年，英国在英格兰银行下设金融政策委员会、审慎管理局和金融行为管理局以取代金融服务管理局，监管职能回归于英格兰银行。2008 年，德国中央银行与德国联邦金融监管局签署备忘录，进一步明确各自责任，德国中央银行监管地位得到巩固。欧盟各成员国则在2012 年达成共识，计划设立统一银行业监管机制，这将大大加强欧洲中央银行的监管权力。不可置否，中央银行与金融监管彻底分离不利于识别系统风险，强化宏观审慎监管必然使增加中央银行监管职权成为趋势。这也进一步说明，中央银行作为最后贷款人不可能完全脱离金融监管，中央银行仍是维护一国经济和金融稳定的主角。

第二节　金融监管体制的发展变迁

一、金融监管体制

金融监管体制是由一系列监管法律法规和监管组织机构组成的体系。金融监管体制模式是金融监管模式决定的监管组织机构设置的模式，取决于监管对象的确定模式，也就是金融监管模式。

（一）金融监管模式

金融监管模式是指监管机构确定被监管对象的标准，一般分为两种模式：功能监管和机构监管。功能监管是按照经营业务的性质来划分监管对象的，如将金融业务划分为银行业务、证券业务和保险业务，监管机构针对业务进行监管，而不管从事这些业务经营的机构性质如何。机构监管则是按照不同机构来划分监管对象，如银行机构、证券机构、保险机构、信托机构等。

功能监管的优势在于：监管的协调性高，对监管中发现的问题能够及时处理和解决；金融机构资产组合总体风险容易判断；可以避免重复和交叉监管现象的出现，为金融机构创造公平竞争的市场环境。

机构监管的优势在于：当金融机构从事多项业务时易于评价金融机构产品系列的风险，尤其在越来越多的风险因素如市场风险、利率风险、法律风险等被发现时，机构监管的方法非常有效；机构监管也可避免不必要的重复监管，一定程度上提高了监管功效，降低了监管成本。

（二）金融监管体制模式

金融监管体制模式往往与金融业经营体制有一定的联系。金融业经营模式不外乎有两种：分业经营和混业经营。相应地，金融监管体制模式也有分业监管体制和集中监管体制（混业监管体制）模式，另外还有一种是介于完全分业监管和完全集中监管之间的过渡模式，称为不完全集中监管体制。

① 分业监管体制，也称为分头监管体制，在银行、证券和保险领域内分别设置独立的监管机构，专门负责本领域的监管，包括审慎监管和业务监管。实行分业监管体制的代表性国家有德国、波兰、中国等。

② 集中监管体制，也称为统一监管体制或混业监管体制，只设一个统一的金融监管机构，对金融机构、金融市场和金融业务进行全面的监管，监管机构可能是中央银行，也可能是其他专设监管机构。实行集中监管体制的代表性国家有日本、韩国和新加坡等。

③ 不完全集中监管体制，也称为不完全统一监管。这种监管体制又存在牵头监管体制、"双峰"监管体制等模式。牵头监管体制是指在分业监管机构之上设置一个牵头监管机构，负责不同监管机构之间的协调工作，在分业监管主体之间建立了一种合作、磋商与协调机制。"双峰"监管体制是依据金融监管目标设置两类监管机构，一类机构专门对金融机构和金融市场进行审慎监管，以控制金融业的系统性风险；另一类机构专门对金融机构的经营业务和相关机构的金融业务进行监管，以规范金融经营行为，保证金融稳健运行，维护正常的金融与经济秩序。实行不完全集中监管体制的代表性国家有澳大利亚等。

二、金融监管体制的变迁

（一）混业经营与集中监管

从全球视角看，20 世纪 30 年代以前，金融业基本上是混业经营的格局，银行业是金融业的核心，证券业、保险业不发达。19 世纪初期，美国的商业银行就开始兼营证券，尤其是证券承销，那时的州银行可以经营所有的证券业务，国民银行则受一定的限制。1900 年之后，大批国民银行把证券业务转交其附属的州银行经营。1927 年的《麦克法登法》授权国民银行承销和自营投资性证券，虽然通货监理署把投资性证券限定为可销售债券，但是无论国民银行还是州银行几乎都不受限制地继续经营所有的证券业务。在混业经营的金融体制下，金融监管职能基本上归中央银行履行，中央银行是唯一的监管机构，是典型的集中监管体制。英格兰银行、法兰西银行、德意志银行和美国联邦储备体系都承担了金融监管的职能。

（二）分业经营与分业监管

20 世纪 30 年代的大危机对银行业和证券业是一个毁灭性的打击，1933 年美国国会通过了《格拉斯—斯蒂格尔法》，该法案确立了银行与证券、银行与非银行机构分业经营的制度，成为划时代的一部金融立法，对全球金融经营体制的影响长达 66 年。《格拉斯—斯蒂格尔法》确立了美国金融业的分业经营格局，规定银行业与证券业分业经营，严禁商业银行认购企业股票和债券，更不能从事与银行业无关的商业活动。为了加强对证券业的监管，同年美国又颁布了《证券法》，1934 年出台了《证券交易法》，1939 年发布《信托契约法》，1940 年发布《投资公司法和投资顾问法》，于 1934 年特设了证券交易委员会，专司监管证券业之责。强有力的金融监管对维护金融业的稳健经营、确立公众信心发挥了重要作用，使各国经济在较为安全的金融环境中得到快速发展。美国的分业监管模式也是战后许多国家重建金融体系的参照。如日本、加拿大、澳大利亚、新西兰、韩国以及拉美的主要国家等都曾在 20 世纪中后期实行过分业经营，与此相适应，金融监管体制也逐步走向分业监管模式。在英国，1946 年英格兰银行被国有化以后，其独立性大大削弱，在金融监管方面，英格兰银行是作为财政部的执行机构来履行银行监管职能的，与英国证券与投资委员会（证券期货监管），以及英国贸易司工业部（保险监管）共同形成分业监管体制格局。这一阶段各国金融监管的基本特征是严格的限制性，通过法律实行分业经营和分业管理模式，严格限制金融机构业务交叉。当然，法国、德国等欧洲大陆国家的金融监管依然维持集中监管的体制模式。这一时期，世界金融体系大致可分成两种金融监管体制：一种是以美国为代表的分业经营、分业监管体制，另一种是以德国为代表的混业经营、集中监管体制。

（三）金融再度混业经营下的监管体制变革

从 20 世纪 70 年代末开始，随着新的竞争者崛起，商业银行由于面临着前所未有的生存危机，成为推动金融创新的重要力量。不断出现的金融创新模糊了不同金融机构的业务界限，银行、证券和保险三者的产品日益趋同，相互融合。金融机构在规避管制的创新中，再次走向了混业经营。20 世纪 90 年代以来，金融区域化、全球化发展进一步加剧国际金融机构之间的竞争，金融机构通过兼并重组来达到壮大资本实力、扩大市场份额的目的，出现了花旗集团、汇丰集团、瑞穗集团等巨型金融集团公司，它们已不再单纯是银行机构，而变成可以提供全方位金融服务的混业机构。1999 年 11 月，美国国会通过了《金融服务现代化法案》，允许金融持股公司下属子公司对银行、证券、保险兼业经营，证券和保险公司也可通过上述方式经营商业银行业务，美国金融重新进入混业经营的时代。在这种背景下，过去追随美国实行分业经营的国家，纷纷放弃分业经营，转向混业经营。英国在 20 世纪 80 年代中期到 1992 年期间完成这一过渡，日本在 1998 年 12 月彻底放弃分业经营，发展中国家如拉美的许多国家也取消了分业经营制度，韩国已基本完成了向混业经营的过渡，东欧转型国家中，除捷克外的大部分在转轨之时就实行了混业经营。

在混业经营的体制下，金融风险的传递非常快，影响也非常广，引发了诸如东南亚金融危机、墨西哥银行危机、美国次贷危机等一系列金融危机。在此背景下，许多国家进行了金融监管体制改革，建立监管机构之间的协调与合作机制，或者将建立集中统一的监管机构作为改革的目标。集中统一的监管体制再度成为一种国际潮流，这与金融混业经营发展的趋势是基本一致的。这一趋势在美国次贷危机以后尤为明显，例如2007年美国财政部发布的《改革蓝图》便致力于将金融机构、重要的支付和清算体系等都置于一个强大的单一机构监管之下以保证任何金融机构破产等事件不会威胁整个金融体系。当然，金融混业经营不一定完全对应集中监管，金融分业经营也不一定完全对应分业监管，选择是综合因素作用的结果。

三、金融监管体制的有效性分析

（一）不同金融经营体制下监管体制模式的选择

1. 分业经营下的监管体制选择

在金融业采用分业经营模式的前提下，监管体制可以选择集中监管体制或分业监管体制。集中监管体制由一个监管当局对金融各业实施统一监管，但各业内金融机构不能混业经营。分业监管体制由多个专门的监管机构分别对金融业内各业实施监管。集中监管体制适应于金融业发展水平比较低、金融产品相对简单、金融业务量相对较小、金融风险控制相对较易的国家和地区。由一个监管机构同时控制金融业内部风险，可降低监管成本，具有一定的规模经济效应。在金融业发展水平较高、金融品种丰富、金融产品特性相对较复杂、金融机构众多、金融业务量大、金融风险控制难的条件下，集中监管体制的有效性不强，分业监管体制比较合适，因为分业监管有利于不同金融机构和业务进行专业性监管，实现监管的专业化，积累监管经验，培养监管人才。不过，分业监管也有不足的地方，由于金融业务之间的关联性较强，风险在金融各业之间的传播也是不能避免的。解决这一问题需要建立分业监管机构之间的协调与合作机制。

2. 混业经营下的监管体制选择分析

在金融业采用混业经营模式的前提下，监管体制也可选择集中监管体制或分业监管体制。集中监管能够有效控制金融机构的总体风险，由于在混业经营模式下，金融机构经营的产品的风险来源比较复杂，分业监管可能忽略了由产品的复杂特性引发的风险，不利于对金融机构总体水平风险的控制。但是简单的集中监管也越来越不适应金融产品日趋复杂化的形势，因而理想的监管体制应该是有统有分、统分结合的体制。具体地，可以在集中监管框架下实行监管机构内部专业化分工，也可以在分业监管体制的基础上设立一个协调和风险综合控制机构，以实现专业化监管和集中监管的有效结合。

（二）不同监管模式的优势比较

在世界各国的实践中，金融经营体制和监管体制并不是完全与分业经营实施分业监管、混业经营实施集中监管相对应的。一些实行金融分业经营的国家采用混业监管体制，已经是混业经营的国家却继续坚持分业监管。两种监管体制模式各有优势，也有不足，不存在绝对有效和绝对无效之分。各国选择什么样的监管体制，必须与本国的政治、经济、文化和传统紧密结合起来，进行综合评判。

1. 集中监管体制的优势和不足

集中监管体制模式下，无论审慎监管还是业务监管，都是由一个机构负责监管，其典型代表是金融监管体制改革后的英国，由英国金融监管局全面负责金融监管。目前，采取统一监管模式的国家逐渐增多。这种监管模式有以下优势：第一，成本优势。集中监管不仅能节约人力和技术投入，而且可以大大地降低信息成本，改善信息质量，获得规模经济效益。第二，改善监管环境。避免由于监管者的监管水平和监管强度的不同，使不同的金融机构或业务面临不同的监管制度约束；避免监管重复、分歧和信息要求方面的不一致性，降低成本；可以使消费者在其利益受到损害时，能便利地进行投诉，降低相关信息的搜寻费用。第三，适应性强。随着技术的进步和人们对金融工具多样化要求的不断提高，集中监管能迅速适应新的金融业务发展要求，既可避免监管真空，降低金融创新形成的新的系统性风险，又可以避免多重监管，降低不适宜的制度安排对创新形成的阻碍。第四，责任明确。由于所有的监管对象被置于一个监管者的监管之下，监管者的责任认定非常明确。

这种监管模式的不足之处也很明显，即缺乏监管竞争，容易导致官僚主义。

2. 分业监管体制的优势和不足

在分业监管体制下，银行、证券、保险三个领域分别由一个专业的监管机构负责全面监管，包括审慎监管和业务监管。中国是这一监管体制模式的典型代表，意大利、荷兰等国家也实施类似的模式。这种监管体制模式的优点在于：一是有监管专业化优势。每个监管机构只负责相关监管事务，有利于细分每项监管工作，突出监管重点，监管的力度较强。二是有监管竞争优势。每个监管机构之间尽管监管对象不同，但相互之间也存在竞争压力，在竞争中可以提高监管效力。

这种监管模式的缺点是各监管机构之间协调性差，容易出现监管真空和重复监管，不可避免地产生摩擦。从整体上看，机构庞大，监管成本较高。

3. 不完全集中监管体制的优势和不足

（1）牵头监管模式。在实行分业监管的同时，随着金融业综合经营的发展，可能存在监管真空或相互交叉。几个主要监管机构为建立起及时磋商协调机制，相互交换信息，以防止监管机构之间相互推诿，特指定一个监管机构为牵头监管机构，负责不同监管主体之间的协调工作。其典型代表是法国。这种模式的优势在于：一是目标明确。金融监管很少只有单一的目标，监管目标往往是多重的，分业监管可以对多重目标进行合理的、科学的细分。不同的监管机构在对其所属业务领域实施监管时有特定的目标，能突出监管的重点。同时，在人员素质和技术水平有限的情况下，专业化的监管能使监管目标得以更好地实施。二是通过合作提高监管效率。多个监管机构的存在，有可能会导致对有利监管对象的争夺、对交叉责任的推诿等行为，但也会促进金融机构之间的竞争，提高监管效率。通过监管机构定期的磋商协调、相互交换信息以及密切配合，有可能将不利影响降到最低。

但这种模式最大的问题是整个金融体系的风险由谁来控制，牵头监管者并不能做到控制整个金融体系的风险。

（2）"双峰"监管模式。一般是设置两类监管机构，一类负责对所有金融机构进行审慎监管，控制金融体系的系统性金融风险；另一类负责对不同金融业务监管，从而达到双重保险作用。澳大利亚和奥地利是这种模式的代表。澳大利亚自1998年7月1日开始，实行了新的监管框架，所有的审慎监管交由一个新成立的机构——澳大利亚审慎监管局负责，接替了储备银行对银行业的监管职责和保险与退休金委员会对寿险、一般保险和退休金的审慎监管职责。1999年，澳大利亚金融机构委员会也将其审慎监管职责交给了澳大利亚审慎监管局。而澳大利亚证券与投资委员会则统一负责市场一体化和保护消费者方面的管理，包括制定和实施市场行为标准和投资、保险、退休金、储蓄等金融产品的交易标准，以及信息披露、客户保护、市场一致性等。奥地利在审慎监管方面，仍由奥地利证券监管局负责证券业监管，财政部负责银行业和保险业监管。但对经营业务则统一由一个监管机构负责。

这种模式的优势在于：第一，与分业监管相比，它降低了监管机构之间相互协调的成本和难度，同时，在审慎监管和业务监管两个层面内部，避免了监管真空或交叉、重复。第二，与集中监管模式相比，它在一定程度上保留了监管机构之间的竞争和制约关系。第三，在各自领域保证了监管规则的一致性。

（3）伞式＋功能监管模式。这是美国自1999年《金融服务现代化法案》颁布后，在改进原有分业监管体制的基础上形成的监管模式。这种监管模式与"双峰"模式的区别在于：伞式＋功能监管模式是由联邦储备理事会负责审慎监管，而澳大利亚则单独成立了审慎监管局负责审慎监管。根据《金融服务现代化法案》的规定，对于同时从事银行、证券、互助基金、保险与商人银行等业务的金融持股公司实行伞式监管制度，即从整体上指定联储为金融持股公司的伞形监管人，负责该公司的综合监管；同时，金融持股公司又按其所经营业务的种类接受不同行业主要功能监管人的监督。

（三）不同金融监管体制的监管效力比较

对不同监管体制的监管的有效性采用量化评分法进行比较，可以有一个总体认识。量化从十个方面加以考核，包括信息的共享程度、风险传递的控制程度、监管标准的一致性、监管的外部性、重复监管程度、监管真空程度、监管成本、监管竞争效率、监管机构官僚程度、单业监管的效力等指标。这10个指标可分为两类，一是正向指标，这类指标的程度越高越好，如信息共享程度；二是逆向指标，这类指标的程度越低越好，如监管的外部性、监管成本等。各指标的量化标准分值均为1，每一指标的程度判断均采用高、较高、较低、低的标准衡量，正向分值指标的高为1、较高为0.75、较低为0.5、低为0.25；逆向指标的高为0.25、较高为0.5、较低为0.75、低为1。将不同监管体制与不同的金融经营体制分别组合进行判断。各指标的量化见表4-1。

量化考核的结果是，在金融分业经营的体制下，集中监管体制比分业监管体制的总体监管效力高，但分业监管效力低。牵头监管、"双峰"监管等体制的总体效力和单业监管效力都比较高。在混业经营体制下，集中监管体制的效力要比分业监管体制的效力高很多，牵头监管、"双峰"监管等体制的监管效力最优。在混业经营体制下不宜选择分业监管体制，集中监管体制是次优选择，牵头监管、"双峰"监管等不完全集中监管是最优选择。在分业经营体制下，集中监管体制的效力优于分业监管体制的效力，但牵头监管、"双峰"监管等不完全集中的监管体制是最优选择。

表 4-1　　　　　　　　　　不同监管体制模式相对监管效力比较

监管体制	分业监管体制				集中监管体制				牵头、双峰、伞式 + 功能监管体制			
经营体制	分业经营		混业经营		分业经营		混业经营		分业经营		混业经营	
量化指标	程度	分值	程度	分值	程度	分值	程度	分值	程度	分值	程度	分值
1. 信息的共享程度	低	0.25	较低	0.5	较高	0.75	高	1	较高	0.75	高	1
2. 风险传递的控制程度	较低	0.5	低	0.25	高	1	较高	0.75	高	1	高	1
3. 监管标准的一致性	低	0.25	低	0.25	高	1	高	1	较高	0.75	较高	0.75
4. 监管的外部性	较高	0.5	高	0.25	较低	0.75	低	1	较低	0.75	低	1
5. 重复监管程度	较高	0.5	高	0.25	较低	0.75	低	1	较低	0.75	低	1
6. 监管真空程度	较高	0.5	高	0.25	低	1	低	1	低	1	低	1
7. 监管成本	较高	0.5	高	0.25	低	1	较低	0.75	较高	0.5	高	0.25
8. 监管竞争效率	高	1	较高	0.75	低	0.25	低	0.25	较高	0.75	较高	0.75
9. 监管机构官僚程度	低	1	低	1	高	0.25	高	0.25	较低	0.75	较低	0.75
10. 单业监管的效力	高	1	低	0.25	较高	0.75	低	1	高	1	较高	0.75
总体监管效力	较高	6	较低	4	较高	7.5	较高	7.25	高	8	高	8.25

第三节　各主要国家金融监管体系介绍

一、美国

20 世纪 30 年代经济大危机后，美国金融业逐步形成了分业经营和分业监管的体制，《格拉斯—斯蒂格尔法案》规定由不同机构对银行、证券和保险等各金融单业分别实行监管。此外，各单业内部也由不同的监管机构按照功能监管模式和机构监管模式实行交叉监管。20 世纪 80 年代，全球金融自由化加剧，金融混业经营趋势不断发展，美国在 1999 年推出《金融服务现代化法案》，以此取代《格拉斯—斯蒂格尔法案》，允许银行、证券公司、保险公司和其他金融服务提供者联合经营，保留和扩展金融监管机构并加强金融监管，它确立了美国伞式 + 功能监管体制模式。次贷危机后，美国政府对现行金融监管进行反思并着手金融监管体制改革。2010 年 7 月，《多德—弗兰克华尔街改革与消费者保护法案》获得签署，该法案将开启美国自"大萧条"最彻底的金融监管体系改革，并重新使金融市场进入加强监管的时代。

（一）《金融服务现代化法案》确立的伞式+功能监管模式

1. 伞式+功能监管模式确立的监管格局

伞式+功能监管的模式实际上是功能监管与机构监管的混合体，监管机构形成横向和纵向交叉的网状监管格局。

（1）银行业的监管。在银行业领域，财政部货币监理局（OCC）、联邦储备银行（FRB）、储蓄性金融机构监管局（OTS）、联邦存款保险公司（FDIC）以及各州的银行局（SBD）共同负责监管。美国是联邦制国家，金融市场准入实行联邦政府许可和州政府许可两级核准制度，经联邦政府批准的商业银行由财政部货币监理局负责监管，经州政府批准设立的商业银行则由州一级金融监管部门负责监管。参加联邦储备体系的银行由联邦储备银行理事会行使监管权，而未参加联邦储备体系但参加了联邦存款保险制度的银行则由联邦存款保险公司负责监管，银行控股公司由联邦储备银行理事会负责监管。对储蓄性金融机构监管的分工也较细。按照联邦法批准设立的商业银行由储蓄性金融机构监管局和联邦存款保险公司共同监管，经州法律批准成立的，并参加存款保险的储蓄性金融机构受储蓄性金融机构监管局、联邦存款保险公司、州银行局三方监管；经州法律批准成立的但没有参加存款保险的储蓄性金融机构只受储蓄性金融机构监管局、州银行局两方监管。此外，商业银行内部均设有相对独立的稽核委员会，银行监事会是专司监督职能的组织机构。

（2）证券期货业的监管。在证券期货业领域，证券交易委员会（SEC）对证券经营机构、证券信息披露、证券交易所、柜台交易和证券业协会等履行监管职能，商品期货交易委员会（CFTC）负责对期货经纪机构、期货市场信息披露、期货交易所等实施监管。《金融服务现代化法案》通过后，美国银行业允许经营证券业务，美联储、货币监理局及联邦存款保险公司等银行监管机构仍能继续对银行经营进行监管，而不仅仅是对银行业务监管，但是美国证券交易委员会表示证交会应为执行证券业务监管的主要机构，银行所从事的证券业务也应纳入证交会的监管范围。

（3）保险业的监管。在保险领域，保险机构由所在各州保险监管局（厅）负责。

2. 伞式+功能监管模式主要内容

《金融服务现代化法案》规定：同时从事银行、证券、互助基金、保险与商人银行等业务的金融持股公司实行伞式监管制度，指定联储为金融持股公司的伞式监管人，负责该公司的综合监管，金融持股公司又按其所经营业务的种类接受不同行业主要功能监管人的监督。伞式监管人与功能监管人必须相互协调，共同配合。为避免重复与过度监管，伞式监管人的权力受到严格的限制，美联储必须尊重金融持股公司内部不同附属公司监管当局的权限，尽可能采用其检查结果。在未得到功能监管人同意的情况下，美联储不得要求非银行类附属公司向濒临倒闭的银行注入资本。但在金融持股公司或其附属公司因风险管理不善及其他行为威胁其下属银行的稳定性时，美联储有权加以干预。通过这种特殊的监管框架，金融持股公司的稳健性与效率都可以得到一定的保障。

美国长期的分业经营的银行体制决定了美国分权监管的原则和监管体制的地域多样化和职能多样化。从其构成来看，由于分权式联邦政体等因素的作用，美国的监管体系也存在着政出多门、职能重叠等弊端。但总的来说，伞式＋功能监管的监管体制在美国金融体系的安全、稳健、高效及消费者权益保护等方面的确作出了重大的贡献。

（二）美国金融监管的手段及其改革

美国金融监管手段向自动化监管系统发展。监管信息的收集、报送、分析、评价与发布都已实现计算机化，无论是非现场监测还是现场检查都已全部通过统一的计算机程序与中心数据库操作。风险监督系统可以对金融机构的状况进行自动化初步分析，及时发现可能存在严重风险的领域和异常的变化动向，引导监管者对此进行重点分析与监测。美国储蓄性机构监理局和联邦存款保险公司等监管部门已开始建立网络银行中央信息库，以便更好地了解各家机构网上业务与技术的发展动向、制订现场检查计划和提供风险管理方面的指导与咨询。随着网上金融业务的迅猛发展，相应的金融监管也将越来越成为金融监管当局日常工作的重要组成部分。

美国联邦储备委员会在金融监管方面扮演着重要角色，拥有对银行机构的现场检查权和处罚权。在混业经营的大趋势下，美联储考虑在监管手段上进行改革，其主要内容是：提高审慎监管的灵活性，根据各银行的规模、业务范围和风险承受能力进行区别监管，避免简单化和模式化；对兼并形成的超大银行机构，应特别注意在加大监管力度和避免出现道德风险之间寻求适当的平衡点。为此，应更多地依赖市场约束机制，使商业银行不断加强自我管理，以提高自身在市场上的融资能力并降低融资成本；计划建立一套新的完整的信息披露标准及相应的评估机制，在此基础上，提高对银行内部的风险管理；对特大型银行的监管主要是对其风险管理体制进行宏观监控。美联储在美国 30 家特大银行机构建立了特派稽核小组制度，并要求前几名大型银行在客观衡量各自风险的基础上对资本充足率进行自我评估；计划对主要从事境内业务的银行制定统一的简单化的资本充足率标准。但对于国际性银行的改革问题，目前力度不是很大，只是弥补目前体制中存在的漏洞，使风险加权建立在外部信用评级的基础上。

（三）次贷危机后美国金融监管体制改革举措

次贷危机后，美国对其金融监管体制进行了反思，认为金融机构过低的资本和流动性要求、金融监管模式和金融经营模式的背离以及金融监管漏洞导致了此次金融危机。因此，美国政府发布了一系列致力于加强金融监管，弥补金融监管系统缺陷的改革方案，包括《现代金融监管架构改革蓝图》、金融监管改革白皮书《金融监管改革——新基础：重建金融监管》等。经过多次讨论修改，美国参众两院最终达成一致，并在 2010 年 6 月通过《多德—弗兰克华尔街改革与消费者保护法案》（以下简称《多德—弗兰克法案》）。《多德—弗兰克法案》确立了今后美国金融监管体制的改革方向。

《多德—弗兰克法案》的立法宗旨是完善美国金融系统的问责制并提高其透明度，结束"大而不能倒"现象，保护消费者避免其落入潜在金融服务陷阱等。其主要内容有：

1. 机构改革

机构设立方面，《多德—弗兰克法案》规定新设 7 个机构，包括新设金融稳定监督委员会（FSOC）、消费者金融保护局（CFPB）等。其中，FSOC 由 10 名有投票权的成员和 5 名无投票权的成员组成，负有指定系统性风险机构、发现并应对金融体系中的系统性风险、进行监管协调等职能。消费者金融保护局（CFPB）在美联储系统内，是一个独立的消费者金融保护机构，并对向消费者提供信用卡、按揭贷款等金融产品或服务的银行或非银行机构进行监管，从而大大加强了对消费者的保护。

在职能协调方面，2011 年 7 月，美国储蓄性金融机构监管局职能正式向货币监理局、联邦存款保险公司和美联储转交：美联储负责储蓄和贷款控股公司监管，货币监理局负责联邦储蓄银行监管，联邦存款保险公司负责州储蓄银行监管。2012 年 5 月，美联储、联邦存款保险公司、消费者金融保护局，货币监管局和全国信用社管理局五大金融监管机构签订监管备忘录，并根据《多德—弗兰克法案》协调各部门监管行为，促进监管的一致性和效率。

2. 提高宏观审慎监管标准

根据《多德—弗兰克法案》要求，美联储公布了一系列新的银行业监管规则，以加强对大型银行控股公司和系统性重要非银行金融机构监管。这些规则在风险资本、杠杆率、流动性、单一对手方信贷限额和早期修复方面都作出了更为严格的限制。

3. 改变"大而不能倒"的状况

《多德—弗兰克法案》设置了严厉的"沃克尔规则"[①]，限制具有联邦存款保险的大银行进行投机性自营业务，试图在银行传统业务和投行业务间建立"防火墙"。法案要求大银行在数年内剥离其大部分对冲基金和私募股权部门，并建立新体制以拆分经营不善的系统性重要银行。此外，法案要求财政部、联邦存款保险和美联储将倒闭的金融机构置于有序清算程序，降低金融机构倒闭给金融系统带来的危害。

4. 加强金融衍生产品监管

《多德—弗兰克法案》要求证券交易委员会和商品期货交易委员会对场外交易衍生产品进行监管，标准衍生金融产品必须在第三方交易所和清算中心进行清算，非标准或定制的衍生产品必须提高透明度并将相关数据集中到交易中心等。

5. 加强信用评级机构监管

《多德—弗兰克法案》在证券交易委员会成立了信用评级办公室，有权对信用评级机构进行罚款。同时，信用评级机构被要求进行更为充分的信息披露；为防止利益冲突，法案要求信用评级机构建立内部"防火墙"并保持独立性。

6. 加强对对冲基金的监管

虽然对冲基金未被认为是金融危机产生的主要原因，但由于其重要性和影响越来越明显，因此也被认为是产生系统性风险的重要因素。《多德—弗兰克法案》规定，资产规模达到 1.5 亿美元的对冲基金、私募股权基金在证券交易委员会登记，提供交易信息和头寸信息并接受证券交易委员会的检验和系统风险评估。

《多德—弗兰克法案》的各项改革措施使大型金融机构的抗风险能力大大增强，美

---

① "沃克尔规则"以前美联储主席保罗·沃克尔命名，指吸收存款的银行必须剥离各自的衍生品业务，以减少银行活动风险，确保受联邦担保的资金不被用于从事高风险活动。

国金融体系运行也更加稳健，但是由于其赋予美联储过多权力、改革目标达成时间较长以及配套规定众多，在美国国内仍然存在较大争议。

二、英国

（一）1979 年以前英国的金融监管体制

1979 年以前的英国基本上并没有正式的金融监管体系和监管机构，1946 年英格兰银行国有化后，作为中央银行的独立性大大降低，财政部对货币发行和整个金融体系进行监管。英格兰银行成为财政部的附属机构，同时也是金融监管的执行机构。在金融监管的职责分工方面是这样安排的：英格兰银行同英国证券与投资理事会以及英国贸易与工业部共同组成监管主体，相互之间有明确的分工：英格兰银行重点负责对银行部门进行监督管理；证券与投资委员会则负责对从事证券与投资业务的金融机构进行监督管理；贸易与工业部负责对普通保险公司和人寿保险公司进行监督管理（证券与投资委员会也参与管理）。1979 年以前英国银行监管的特点主要是以金融机构自律监管为主，英格兰银行的监管为辅，其监管不是依据严格的正式的法律法规，而是通过道义劝说的方式，建立在监管者与被监管者之间的相互信任、共同合作的基础上。这种自律监管方式的优点，在于灵活且富有弹性，而缺陷在于人为因素比较明显。

（二）1979—1996 年英国金融监管体制的建设

1979 年 10 月英国首次颁布了《1979 年银行法》，从立法的角度赋予英格兰银行金融监管权，实行金融机构审批双轨制，以区别获准银行和有牌照的银行，获准银行不用接受像有牌照的吸收存款机构那么多的法定要求。《1979 年银行法》使得英国的金融监管向法制化、正规化的道路上迈出了不小的一步，但从总体上讲，该银行法并不理想，也没有从根本上改变英格兰银行传统的监管方式。因为在处理具体事件时，银行法赋予了英格兰银行广泛的自决权，在解释、评价和管理等方面带有很大的随意性，监管活动在很大程度上要受英格兰银行高级管理人员观念的支配。

由于松散的监管缺乏效力，在防范银行危机方面的功能较差。1984 年 10 月发生引起国际轰动的约翰逊·马修银行（Johnson Matthey Bankers）倒闭事件（又称 JMB 事件），对银行监管产生了巨大冲击。JMB 是按《1979 年银行法》批准作为"获准银行"进行营业的。该银行的倒闭突出反映了"获准银行和有牌照的吸收存款机构"双轨制监管的弊端。JMB 倒闭的主要起因是它对单个借款人的贷款数量超过了公认的限额（银行资本的 10%），但《1979 年银行法》对此限额没有作出明确的规定，因此英格兰银行无法依据法律采取措施。按照《1979 年银行法》，英格兰银行对"获准银行"的监管更多的是依据被监管银行的内部规章，双方关系是建立在"相互信任"的基础之上，保留了传统的"君子协定"式的监督体制；而对"注册吸收存款机构"，则主要依据英格兰银行的法规标准进行直接监管。JMB 事件促使英国政府对银行法进行了修改，出台了《1987 年银行法》，该法在金融监管方面的主要变化是：第一，放弃了金融监管的双轨制，将原来的两级银行牌照合为一级，凡是银行，不论其大小，一律要接受严格要求的监督；第二，增加了英格兰银行对金融机构的人事监督权，建立了对银行股东和经理层的审核程序；第三，赋予英格兰银行向金融机构或经理、大股东索要资料的更大权力，允许英格兰银行向国内外其他监管机构提供有关信息；第四，规定金融机构从事或准备从事风险较大的业务，必须向英格兰银行报告；第五，授权英格兰银行对非法吸收存款的金融机构进行调查，并有权为客户追回存款；第六，增加了社会审计与银行监管之间关系的新条款。《1987 年银行法》进一步充实了英格兰银行的法律基础，但是在监管方式上，仍然保留了其原有的灵活性特点，没有过多地就具体问题作详细、强硬的规定，而是允许英格兰银行拥有了比较广泛的自决权，并为今后金融技术的创新和业务的发展留有足够的余地。

（三）1997 年英国建立集中监管体制

英国政府在 1997 年提出了改革金融监管体制的方案，将英格兰银行的监管权力剥离出去，银行监管的责任人由英格兰银行转移到证券投资委员会，并进一步将证券投资委员会改组成为新的金融服务监管局（Financial Services Authority），使之成为集银行、证券、保险三大监管责任于一身的多元化金融监管机构。1997 年 10 月 28 日金融服务监管局成立，标志着英国集中监管体制的形成。

1. 金融监管局与中央银行和财政部的关系

金融监管局负责对银行、投资公司、保险公司和住房信贷机构的审批和审慎监管以及对金融市场清算和结算体系的监管。英格兰银行主要负责执行货币政策和保证金融市场稳定，并在金融监管局的高层领导中有代表权。此外，英格兰银行通过直接介入支付体系，能够首先发现金融体系的潜在问题。财政部负责全面金融监管组织构架的制定和金融监管的立法，财政部虽无具体操作职能，但在很多情况下，金融监管局和英格兰银行有必要就可能发生的问题警示财政部。英国还于 1997 年 5 月宣布将债务和现金管理以及监管政府债券市场的职责从英格兰银行转移到财政部，并于 1998 年 4 月成立债务管理办公室负责接收此项工作，债务管理办公室虽然在法律上隶属财政部，但不受财政大臣管辖，而是直接对议会负责。

2. 金融监管局的监管职责

英国金融监管局内部机构由原来的 9 个专业监管机构合并而成。它们的职责分工分别是：银行监管局（S&S）负责银行业务监管，证券与投资管理局（SIS）负责对证券投资业务、交易所和清算所的监管，证券与期货管理局（SFA）负责对证券与金融期货业务的监管，互助金融机构注册部（RFS）负责互助金融机构登记、住房信贷机构登记和其他互助机构登记，个人投资管理局（PIA）负责私人投资业务监管，投资基金监管局（INRO）负责对基金管理公司监管，保险监管局（ID）负责保险业监管，互助金融机构委员会（FSC）负责对互助金融机构监管，住房信贷机构委员会（BSC）负责对住房信贷机构监管。

英国金融监管体制的改革顺应了金融经营体制由分业转为混业的需要，有利于规范政府债务及现金管理，提高了政府债务及现金管理的透明度。

（四）金融危机后英国金融监管体制改革措施及其准双峰金融监管体制

英国作为国际金融中心之一，2008 年金融危机使其不可避免遭受重创，英国金融监管也因此饱受质疑和批评。2009 年 7 月，英国财政部发布《改革金融市场》白皮书，提出金融危机主要原因是银行经营活动不负责而非监管体制失败，因此，改革方案维持了既有监管体制，并将重点放在建立正式合作机制以及扩大金融监管局的职权上。2010 年 4 月，《2010 年金融服务法》被紧急通过，金融稳定被明确规定为金融监管局的法定监管目标，其规则制定权也大大扩展。

但是随着新一届政府上台，政党交替使英国监管改革方案发生根本性逆转。2011 年 6 月，英国政府发布包括《2012 年金融服务法草案》在内的《金融监管新办法：改革蓝图》白皮书，全面阐述了政府的监管改革设想。该草案在 2012 年底获批，新的监管体制于 2013 年 4 月开始运作。新体制取消了金融服务管理局，并将其职能移交给英格兰银行下的三家机构，分别为金融政策委员会（FPC）、审慎监管局（PRA）和金融行为监管局（FCA）（见图 4 – 1）。

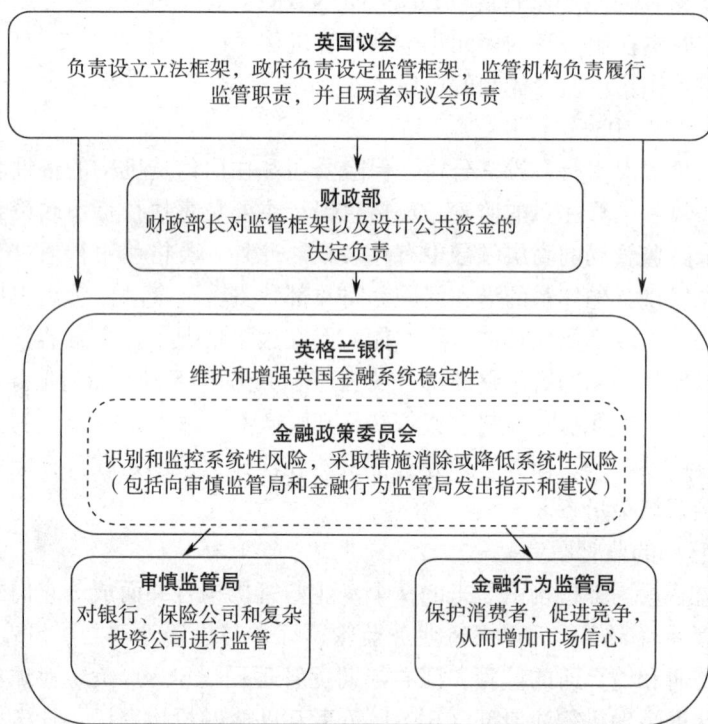

资料来源：英国财政部，《金融监管新办法：改革蓝图》，第 8 页，https://www.gov.uk/government/uploads/system/uploads/attachment_data/file/81403/consult_finreg_new_approach_blueprint.pdf。

图 4 – 1　英国金融监管体制

其中，金融政策委员会以英格兰银行董事会下设委员会的形式存在，取代《2009 年银行法案》设立的金融稳定委员会（FSC）。其主要职能是进行宏观审慎管理，包括四个方面：监控英国金融系统稳定性，并识别和评估系统性风险；向审慎监管局和金融行为监管局发出指示；向英格兰银行、财政部、审慎监管局、金融行为监管局和其他监管机构提出建议；编制《金融稳定报告》。

审慎监管局和金融行为监管局均在英格兰银行的指导下运作，其中，审慎监管局负责各类金融机构的监管，其目标分为一般监管目标和保险监管目标。一般监管目标指促进审慎监管局许可实体的安全性和稳健性，保险监管目标指确保保单持有人享有适当程度保护。金融行为监管局负责各类金融机构业务行为的监管，促进金融市场竞争，同时负责保护消费者。

当前英国金融监管模式既不是单一监管模式，也不是基于机构监管或功能监管理念的多头监管模式，而是更加接近按照不同监管目标（如审慎目标和消费者保护目标）来相应设立监管机构和划分监管权限的"双峰"模式。但是，在审慎监管局和金融行为监管局之上，还有总体监管者——英格兰银行——统领全局，并且英国财政部保留了最后时刻否决权。因此，目前英国金融监管体制也称为"准双峰"模式。

三、日本

（一）"二战"以前日本的金融监管体制

19世纪60年代的明治维新建立了西式金融制度，仿照英国建立了货币发行制度，在全国组建8家兑换行，但不久就衰退了。1872年日本模仿美国颁布了《国立银行条例》，设立国民银行。国民银行货币发行权集中在财政部，必须以公债担保才能取得等额发行权。1881年日本颁布了《日本银行条例》，并于次年建立了类似英格兰银行的中央银行——日本银行。1937年日本为保障对外战争资金的需要，颁布了《临时资金调整法》，根据该法，日本银行成为实施金融监管的机构。在"二战"后期，日本出于战时统治的需要，于1942年颁布了《日本银行法》，比较明确地规定了日本银行在金融管理和监督方面的内容。日本形成了集中监管的体制。

（二）"二战"后日本金融监管体制的变化

"二战"结束以后，日本在美国的扶持下逐步恢复了经济金融体制，金融监管带有浓郁的美国色彩，采取的模式是分业经营和分业监管。监管体制的最大特点是将金融业务与金融行政区分开来，金融业务的决策权属中央银行货币政策委员会，但金融行政工作则由大藏省负责，实际上大藏省才是金融工作的最高统帅。日本金融业的最高管理机构是大藏省和日本银行。日本的金融机构分为民间机构和政府部门的金融机构，前者包括存款金融机构和非存款金融机构，如商业银行、中小企业金融机构、农林渔业金融机构、保险公司、证券信托公司、风险资本公司等；后者包括日本的政策性银行、各种公库和其他政府金融部（如融资事业团和公团等）。大藏省和日本银行对上述机构监管进行了分工：大藏省对政府金融机构、民间金融机构以及日本银行的行政和业务进行监管，日本银行负责对民间金融机构进行业务监管。大藏省还设立国际金融局、证券局和银行局，负责对国际金融行政、证券发行、银行和保险行政的监管。另外，大藏省还设有各种金融审议会，如利率调查审议会、保险审议会、证券交易审议会、外资审议会等。实际上，到20世纪80年代后期受英国影响由分业经营转变为综合经营，日本金融监管体制也转变为混业经营下的集中监管体制。

（三）1998 年以来日本金融监管体制的改革

20 世纪 80 年代末的"金融大爆炸"以及 90 年代以来国际金融的混业经营趋势促使日本重新考虑金融监管的体制安排问题。为了提高监管效力，适应新的金融发展环境，1998 年 4 月，日本国会通过了《新日本银行法》，该法废除了长期以来大藏省拥有的一般性监管权、业务指令权、日本银行高级职员的任免权等，从而极大地提高了日本银行的独立性。从法律上明确了日本银行拥有对所有在日本银行开设账户、与日本银行存在交易行为的金融机构进行检查的权力。同年 6 月，日本成立金融监督厅，作为总理府的外设局，负责对民间金融机构的检查与监督。大藏省仍然负责金融制度方面的宏观决策、检查金融企业财务制度、监管存款保险机构等。1998 年 12 月日本组建金融再生委员会，作为临时机构，负责执行金融再生法、早期健全法以及金融机构破产和危机管理等方面的立案，并负责处置日本长期信用银行等几家大型金融机构的破产案件。金融监督厅归并到金融再生委员会之下，仍行使其原有的职能。2000 年 3 月，将对中小金融机构的监管权由地方政府收至中央政府，交由金融监督厅负责。2000 年 7 月，在金融监督厅的基础上正式成立金融厅，并将大藏省的金融制度决策权、企业财务制度检查等职能转移至金融厅，大藏省仅保留与金融厅一起对存款保险机构的协同监管权，以及参与破产处置和危机管理的制度性决策。2001 年 1 月，撤销金融再生委员会，将金融厅升格为内阁府的外设局。日本金融监管体制经过一系列重大改革，提高中央银行的独立性和决策透明度，将金融监督职能从大藏省中独立出来。

（四）日本集中监管体制的分工与运作

日本现阶段形成了集中监管的金融监管体制，金融行政监管的最高权力机构是金融厅，除政策性金融机构由财务省（原大藏省）负责监管以外，银行、证券、保险等商业性金融机构均由金融厅独立监管或与相关专业部门共管。金融厅为内阁的外设局，主要负责对金融机构的检查和监督、金融制度改革的重大决策、制定与民间金融机构的国际业务相关的金融制度（含金融破产处置制度和危机管理制度）、检查企业财务制度等。财务省以及劳动省、农林水产省等行政部门作为金融监管的协作机构，根据金融厅授权或相关法律规定对相关金融机构实施监管。日本银行和存款保险机构可依据交易合同对与其有交易行为的金融机构进行财务检查。

日本金融厅下设总务企划局、检查局、监督局三个职能部门和六个专门委员会。金融厅的专职监管职能：一是检查和监管民间金融机构；二是依据《早期金融增强法》（2001 年 3 月）向金融机构注入资本；三是根据《金融重建法》（2001 年 3 月）处置破产银行。金融厅的协同监管职能：一是策划和制定金融法规，包括金融破产处理和危机管理；二是对存款保险公司等实施监管。金融厅的监管方式以职能监管为主，各职能部门按照监管业务的性质进行设置；在职能分工的基础上，再依照行业细分设置科室，对不同性质和类型的金融机构进行分业监管，各局均设有总务课，专门负责检查与监督的协调工作和信息沟通。由于金融厅在地方没有设立分支机构，其直接监管对象主要限于大型金融机构，且以监管金融机构总部（一级法人）为主，很少对其分支机构进行直接检查，对地方性中小金融机构的监管工作则委托财务省下属的地方财务局代为实施。

金融危机对日本金融业影响分析

2008 年 9 月以雷曼兄弟破产为标志，爆发了席卷全球的金融海啸。此次金融危机对世界各国经济造成了严重冲击，日本也不例外，其实体经济受到严重冲击，但金融业所受冲击不大，其金融市场和秩序并未出现混乱。这反映出日美两国采取加强金融监管和放松金融监管的措施所产生的截然不同的结果。

虽然日本从事国际金融业务的金融机构都不同程度地受到次贷危机影响，但与欧美大型金融机构相比，其蒙受损失较小。如表 4 - 2 所示，截至 2008 年 11 月的累计损失，北美及欧洲主要银行均为三位数，日本各主要银行损失额则控制在两位数以内。

表 4 - 2　　　　欧美及日本大型金融机构 2007 年夏季以来的累计损失额　　　单位：亿美元

美国		欧洲		日本	
机构名称	损失额	机构名称	损失额	机构名称	损失额
美联银行	965	瑞士银行集团	486	瑞穗（FG）	68
花旗银行	657	汇丰银行	274	三菱（UFJFG）	18
美林银行	559	瑞士信贷	138	野村（HD）	15
美国银行	273	苏格兰皇家银行	124	三井住友（FG）	11

注：包括实际损失和预计损失。

资料来源：Bloomberg（2008 年 11 月 27 日）。

此次金融危机未对日本金融业造成太大损失，究其原因有以下几点。

首先，20 世纪 90 年代后期，日本对出现的金融混乱局面进行了严厉整顿，彻底处理了不良债权问题，并严格加强了对金融机构的风险控制。近年来，日本金融机构积极扩充风险管理部门，引入先进的风险管理技术，培养专业人才。这都使日本金融机构抗风险能力大幅提高。2007 年 3 月，日本先于欧美各国对所有金融机构实施《巴塞尔协议 II》，进一步强化了金融机构风险管理，从而降低了次贷危机的影响程度。

其次，较之欧美，日本金融业发展相对落后，特别是衍生金融产品发展步伐缓慢。日本银行业未从事 SIV 债券，日本金融机构从而在此次金融危机中得以保全。日本国内证券化市场的规模不大，虽然金融机构持有一定的 MBS，但是须通过住宅金融机构提供信用担保等措施，因此也未引发大规模金融危机。

最后，雷曼兄弟破产后，日本金融监管当局采取了积极应对措施。2008 年 9 月 15 日，日本金融厅向雷曼兄弟证券公司日本法人下达保全国内资产和至 9 月 26 日为止业务整改命令。此外，日本金融厅还要求国内金融机构提交与雷曼兄弟相关的负债报告以便当局采取及时措施防止危机蔓延。

2008 年 9 月，三菱日联金融集团对美国证券巨头摩根士丹利公司进行大规模出资事宜达成最终协议，野村控股集团也成功收购雷曼兄弟亚太地区业务。这是自 20 世纪 90

年代以来，一直陷入泡沫经济崩溃困境的日本金融机构首次对美国大型投资银行进行收购和救助。金融危机对日本金融业波及较小与近几十年来日本在金融体制改革、处理不良债权、强化金融监管力度所进行的不懈努力息息相关。

四、欧盟

欧盟金融监管体制可根据欧盟金融监管一体化进程分为三个阶段：莱姆法路西框架前的基础阶段（1985—2001 年）、莱姆法路西框架下的阶段（2001—2009 年）和金融危机金融监管体制改革后阶段（2009 年至今）。

（一）莱姆法路西框架前的基础阶段

欧盟金融一体化是欧盟金融监管一体化的动因。1985 年，欧共体在《关于建立内部市场白皮书》中确认"相互承认"① 和"最低限度协调"② 原则，以促进欧洲金融市场一体化，这两项原则也成为欧盟监管规则纲要的基础。1989 年，欧共体通过《第二银行指令》，在银行领域推行单一执照原则和母国控制原则，真正为欧洲金融一体化奠定了基础。

为配合欧元启动，1999 年欧盟委员会颁布《欧盟委员会金融服务行动计划》，对银行、证券、保险、混业经营、支付清算、会计准则、公司法、市场诚信、纳税等方面进行统一规定，力图规范金融服务业监管的各个方面。

这一阶段主要特点是，欧盟金融监管一体化有所起步，但金融监管大权仍旧分散于各个国家，各国之间也缺乏监管协调机制。

（二）莱姆法路西框架确立的金融监管体制

2001 年 3 月，欧盟特别首脑会议通过《莱姆法路西报告》，报告包括三个方面：（1）加速欧盟证券市场决策程序改革，使决策程序简单化；（2）修改欧盟金融监管指令，形成统一的欧盟金融监管原则；（3）推进欧盟各成员国金融监管体系改革，建立银行、证券和保险业的统一监管机制。2003 年 11 月，《莱姆法路西报告》所确立的四层级欧盟金融监管框架正式运作，这一框架也被称为莱姆法路西框架（见表 4 - 3）。

表 4 - 3　　　　　　　　　莱姆法路西框架下的欧盟金融监管体系

	欧盟机构	相应职责
第一层级	欧盟理事会、欧盟委员会、欧盟议会	制订欧盟层面的金融监管指令与规则，并推动立法
第二层级	管理委员会：欧洲银行委员会、欧洲证券委员会、欧洲保险和职业养老金委员会、金融联合委员会	按照第一层级法律，制订与市场一致的技术性条款

---

① 即任一欧洲共同体成员国银行在母国获得营业执照后，均可在其他成员国设立机构并开展母国所批准业务。
② 即欧洲共同体立法只对各成员国金融监管规则的基本要素进行协调。

续表

	欧盟机构	相应职责
第三层级	监管委员会：欧盟银行监管委员会、欧盟证券监管委员会、欧盟保险与职业养老金监管委员会	在一、二层级的法律基础上，促进欧盟各国监管当局的合作与联系，包括鼓励各国实施共同规章
第四层级	执行委员会	与成员国合作，加强共同法律的执行

资料来源：欧盟委员会，《莱姆法路西报告》，《莱姆法路西框架应用于欧盟证券市场的报告》，第16页，http：//ec. europa. eu/internal_ market/securities/docs/lamfalussy/sec－2004－1459_ en. pdf。

莱姆法路西框架大大强化了欧盟金融监管一体化程度，位于第二层级的管理委员会实际上拥有准规则制定权。但是，金融监管的主要权力和职能仍掌握在各成员国金融监管当局手中，欧盟层面的三个监管委员会更类似顾问指导机构，其发布的指引和建议并无强制力，在更多情况下仅负责各成员国之间的协调与沟通。随着欧盟一体化不断发展，日益统一的欧盟金融市场和分散的金融监管体制之间的矛盾也不断加深。

（三）金融危机后欧盟金融监管体系改革措施

继美国次贷危机引起全球金融危机后，欧洲各国金融部门和实体经济都受到很大影响。欧盟开始反思金融监管存在的疏漏，加强监管、强化协调以及增进监管一体化成为欧盟金融监管体制改革的主题。

2009年6月19日，欧盟理事会通过《欧盟金融监管体系改革》，并成立欧洲系统风险委员会（ESRB）和欧洲金融监管系统（ESFS）。欧洲系统风险委员会负责欧盟的宏观审慎监管，是一个独立但不具有法人地位的监管机构，主要职能是检测并评估影响金融稳定的风险。欧洲金融监管系统负责微观审慎监管，包括三个层次：在欧盟层面上，升级原来欧盟层面的银行、证券和保险监管委员会为欧盟监管局（ESA）；在各国层面上，各国监管当局依然承担对金融机构的监管责任；在相互配合的层面上，欧洲系统风险委员会的指导委员会（Steering Committee）负责建立与欧盟监管局三个机构的信息交流和监管合作机制。

在新的监管体制下，欧盟监管当局和各国监管当局的协调机制也发生了变化。欧盟监管局可以主动行使调解权，并且有权在相关国家不能达成共识的情况下，对有关金融机构和业务直接采取行动。此外，若发现不当之处，欧盟监管局可以对有关监管当局发出指令；若不当之处仍未改正，欧盟监管局可以直接命令相关金融机构采取措施纠正错误。

综上所述，在新的监管体制下，欧盟层面的金融监管机构地位得到加强，欧盟金融监管权限明显增大，过去以母国监管为主的欧盟平行监管模式正向强调以欧盟为主的垂直监管模式转变。

（四）欧盟金融监管体制未来的改革方向

金融危机后，冰岛、希腊、西班牙、爱尔兰、葡萄牙和意大利等欧洲主权国家相继爆发主权债务危机。为应对欧债危机，欧盟领导人于2010年5月临时设立欧洲金融稳定工具（EFSF）和欧洲金融稳定机制（EFSM），旨在向欧元区陷入危机的国家提供资金支持，维护欧元区金融稳定。但是，根据相关协议，欧洲金融稳定工具和欧洲金融稳定机制都在 2013 年 6 月到期，欧盟领导人因此在 2011 年 3 月设立永久性救助安排，即欧洲稳定机制（ESM），欧洲稳定机制于 2012 年 10 月正式生效。欧洲稳定机制资金由欧元区各成员国按国内生产总值份额认缴，主要职能是为欧元区成员国提供金融救助，理事会由欧元区 17 国财长组成。

2012 年 6 月，欧元区国家同意由欧洲稳定机制向需要救助的成员国银行注资，但前提是欧元区建立欧洲银行业联盟，以防止政府债务向银行转换。因此，欧盟金融监管体制改革的下一个目标即建立欧元区统一银行业监管机制。2012 年 10 月，欧盟 27 国领导人就建立统一业银行监管机制达成共识，并计划在 2013 年逐步构建相关法律框架和配套措施，将欧元区 6 000 多家银行纳入统一监管范围，欧元区以外的其他欧盟成员国可以自愿加入统一银行业监管机制。从组织框架看，统一银行业监管机制将由欧洲中央银行、欧洲银行监管局和欧元区各国银行监管当局组成。欧洲中央银行在统一银行业监管机制中将扮演核心角色，欧洲中央银行因此将同时具备货币政策制订和金融监管职能。总而言之，未来欧盟金融监管体系改革将更加强调欧盟监管当局的作用，宏观审慎监管趋势和监管一体化程度将不断加深。

本章小结

金融监管当局是依法对金融业实施监督与管理权的政府机构，是金融业监督和管理的主体，是政府的组织机构体系的构成部分，具有权威性、独立性和公共性特征。金融监管对象，也称为被监管者，是专门从事金融业经营和投资经济活动的企业、组织、单位和个人，包括金融中介机构、工商企业、基金组织、投资者和金融活动的关系人等。中央银行是最早的金融监管当局，而且金融监管是推动中央银行制度建立的重要原因。现代中央银行制度形成以来，中央银行的金融监管职能出现分离的趋势。但中央银行不可能完全脱离金融监管。中央银行仍然是维护一国经济和金融稳定的主角。

金融监管体制是由一系列监管法律法规和监管组织机构组成的体系。金融监管体制模式是金融监管模式决定的监管组织机构设置的模式，取决于监管对象的确定模式，也就是金融监管模式。在世界各国的实践中，金融经营体制和监管体制并不是完全按照分业经营实施分业监管、混业经营实施集中监管对应的。各国选择什么样的监管体制，必须与本国的政治、经济、文化和传统紧密结合起来，进行综合评判。在金融分业经营的体制下，集中监管体制比分业监管体制的总体监管效力高，但分业监管效力低。在混业经营体制下，集中监管体制的效力要比分业监管体制的效力高很多，牵头监管、"双峰"监管等体制的监管效力最优。

本章重要概念

金融监管当局　金融监管对象　金融监管体制　功能监管　机构监管
分业监管体制　集中监管体制　不完全集中监管体制

牵头监管模式　"双峰"监管模式　伞式+功能监管模式

复习思考题

1. 金融监管体制模式有哪些? 各有什么优缺点?
2. 分析中央银行在各国金融监管体制中的作用。
3. 简述金融混业经营下监管体制的模式选择。
4. 比较美国、英国、日本现行金融监管体制的特点。

第五章

中国金融监管体制

中国金融监管体制的变迁是与国内经济发展和金融体制改革紧密联系在一起的，并且是政府主导型的、主动的体制变迁模式。本章着重介绍了中国金融业经营体制模式的发展演变、中国金融监管体制的发展演变及中国金融监管体制的进一步改革等问题。

第一节　中国金融业经营体制模式的发展演变

从 20 世纪 80 年代到现在，中国金融业经营体制模式经历了"混业—分业—业务融合"的发展阶段，即从低效率的混业经营模式到安全的分业经营的转变，再到分业监管下的金融业务间相互交叉和融合。

一、1980—1993 年底前我国金融业经营模式

1980 年，国务院《关于推动经济联合体的暂行规定》中指出银行要试办各种信托业务，国有银行先后设立了信托投资公司，并相继开办了证券、信托、租赁、房地产、投资实业等业务。1986 年以后新成立的股份制银行也建立了信托投资部或信托投资公司。随着证券业的兴起，信托投资公司增设了证券部，银行通过举办信托参与了证券业务。专业信托投资公司、保险公司也在 20 世纪 80 年代末 90 年代初建立了证券部，许多地方财政局也设立了证券部，先期上市的企业也毫不例外地设立证券部。银行参与证券业务的主要形式是建立全资或参股的证券公司或信托投资公司的证券部。在国内恢复保险行业的过程中，不少银行还投资建立了保险公司。银行、证券、信托和保险走向混业经营的格局。

由于刚刚向商业银行机制迈进的国有银行缺乏应有的自律和风险约束机制，1992 年下半年开始，混业经营加速了风险的积聚、催化了证券市场与房地产市场泡沫的生成。这就使当时中国的混业经营虽然与欧洲银行业形似，但金融秩序相当混乱，这种混业还不是真正的混业，而是内部缺乏风险控制、外部缺乏有效监管的"乱营"。

二、1994 年后分业经营模式的形成

1993 年 7 月，中央政府开始大力整顿金融秩序。1993 年 11 月 14 日，十四届三中全会通过了《中共中央关于建立社会主义市场经济体制若干问题的决定》，该决定明确提出"银行业与证券业实行分业经营，分业管理"的原则。1993 年 12 月 25 日《国务院关于金融体制改革的决定》对分业经营作出了进一步规定："国有商业银行不得对非金融企业投资，国有商业银行对保险业、信托业和证券业的投资额不得超过其资本金的一定比例，并要在计算资本充足率时从其资本额中扣除。"但中国金融行业短暂的混业时代并没有就此结束。1994 年到 1996 年的 3 年中，金融界并没有彻底地贯彻分业原则，最典型的例子是国债回购市场。当时 700 多亿元规模的国债回购市场，基本上处于无人管理的状态。靠一纸协议，就可以做假回购、真拆借的交易，大量银行资金通过回购市场进入股票市场，甚至还有券商出租席位，诈骗资金，携款潜逃的事件发生。

从 1995 年开始，国家陆续颁布了《中国人民银行法》、《商业银行法》、《中华人民共和国保险法》（以下简称《保险法》）及《中华人民共和国证券法》（以下简称《证券法》），从法律上确立了我国金融业实行分业经营的机制。1995 年 7 月 1 日开始施行的《商业银行法》规定：商业银行在中华人民共和国境内不得从事信托投资和股票业务，不得投资于非自用不动产；商业银行在中华人民共和国境内不得向非银行金融机构和企业投资。同年通过的《保险法》也规定，经营商业保险业务，必须是依照本法设立的保险公司，其他单位和个人不得经营商业保险业务；同一保险人不得同时兼营财产保险和人身保险业务。1997 年年底，国务院进一步强调了分业经营、分业管理原则。1998 年通过的《证券法》规定，禁止银行资金违规流入股市；证券公司的自营业务必须采用自有资金和依法筹集的资金。

三、1999 年后分业经营的管理体制有所松动

1999 年 11 月美国通过了《金融服务现代化法案》，对世界金融经营体制的格局产生了深远的影响，标志着美国放弃了坚持 66 年的分业经营体制，允许金融业混业经营。实际上，20 世纪 90 年代中后期国际金融领域的兼并重组浪潮已经显示，混业经营是提升金融国际竞争力的重要途径。

为应对金融开放加深后外部金融的冲击，提升我国金融业的国际实力，国务院开始重新考虑中国金融经营体制的模式。1999 年 8 月国务院批准人民银行的决定，允许券商和基金管理公司进入银行间债券市场开展拆借业务和债券回购业务；同年 10 月，中国证监会和中国保监会决定，允许保险公司在二级市场上买卖已上市的证券投资基金。2001 年 7 月，中国人民银行明确了商业银行可以代理证券业务，发出了混业经营的信号。2002 年，国务院批准中信集团、光大集团、平安集团为三家综合金融控股集团试点，金融控股是从分业走向混业的过渡阶段。这一决定向业界传达出了强烈的混业经营信息。2003 年 12 月，修改后的《商业银行法》规定，商业银行不能从事证券和信托业务，但有条件的除外。这为混业经营留下了空间。

2008 年被认为是银行业混业经营"破冰"的关键一年，1 月 16 日，中国银监会和中国保监会在北京正式签署了《中国银监会与中国保监会关于加强银保深层次合作和跨业监管合作谅解备忘录》（以下简称《备忘录》）。在《备忘录》中，双方对准入条件、审批程序、机构数量、监管主体、风险处置与市场退出程序及信息交换六个方面达成一致意见。新年伊始，国务院批准了银监会和保监会联合上报的关于商业银行投资保险公司股权问题的请示文件，原则同意银行投资入股保险公司，试点范围为三至四家银行。《备忘录》的出台意味着银行盼望已久的参股保险公司获得实质突破。

2009 年 11 月 26 日，银监会发布《商业银行投资保险公司股权试点管理办法》，这意味着混业经营迈出实质性步伐。2010 年 8 月 25 日，国开证券正式挂牌，实现了我国银证互补的首个成功案例。2012 年 10 月 19 日，证监会发布了修改后的《证券公司客户资产管理业务试行办法》等三条新规，进一步松绑证券公司的资产管理业务，放宽投资渠道；10 月 22 日，保监会发布了《关于保险资产管理公司有关事项的通知》，剑指基金公司和证券公司的传统资产管理业务；11 月 1 日，证监会发布《证券投资基金管理公司管理办法》等三条新规，传达出放松管制的监管思路。

2013 年 3 月初，银监会发布消息称，将进一步扩大商业银行设立基金管理公司的试点范围，城商行首次进入试点范围。北京银行在 3 月中旬便设立了中加基金，成为首家设立基金公司的城商行。银监会公布城商行纳入设立基金公司试点范围之后，南京银行、宁波银行也加速了设立基金公司的布局。截至目前，16 家上市银行中，7 家银行设立了证券公司和保险公司，9 家银行设立了基金公司，11 家银行设立了金融租赁公司，3 家银行设立信托公司，3 家银行设立金融消费公司，1 家银行设立资产管理公司。

国际金融实践表明，混业经营是一把"双刃剑"，并非十全十美。当前，我国金融混业经营趋势日益凸显，金融控股公司已经出现并得到了一定的发展，我们应深刻认识到国外特别是本轮金融危机暴露出来的金融混业经营方面的缺陷与问题，科学把握金融混业经营的先决条件、出发点和着力点，努力构建风险可控、资源整合优势突出、整体竞争力强大的金融集团，稳步推进我国金融混业经营进程。

📖 阅读资料

金融控股公司

金融控股公司是金融业实现综合经营的一种组织形式，也是一种追求资本投资最优化、资本利润最大化的资本运作形式。在金融控股公司中，母公司可视为集团公司，其他金融企业可视为成员企业。集团公司与成员企业间通过产权关系或管理关系相互联系；各成员企业虽受集团公司的控制和影响，但要承担独立的民事责任。

作为多元化经营的金融企业集团，金融控股公司具有如下特点：

1. 集团控股，联合经营

集团控股是指存在一个控股公司作为集团的母体，控股公司既可能是一个单纯的投资机构，也可能是以一项金融业务为载体的经营机构，前者如金融控股公司，后者如银行控股公司、保险控股公司等。

2. 法人分业，规避风险

法人分业是金融控股公司的第二个重要特征，指不同金融业务分别由不同法人经营。它的作用是防止不同金融业务风险的相互传递，并对内部交易起到遏制作用。

3. 财务并表，自负盈亏

根据国际通行的会计准则，控股公司对控股51%以上的子公司，在会计核算时合并财务报表。合并报表的意义是防止各子公司资本金以及财务损益的重复计算，避免过高的财务杠杆。另一方面，在控股公司构架下，各子公司具有独立的法人地位，控股公司对子公司的责任、子公司相互之间的责任，仅限于出资额，而不是由控股公司统负盈亏，这就防止了个别高风险子公司拖垮整个集团。

目前我国金融控股公司分为四种类型：第一类，具有金融机构身份同时控制着银行、证券、保险、信托等机构的金融集团，如中信集团、光大集团、平安集团；第二类，国有商业银行通过在境外设立独资或合资投资银行转变成的金融控股集团，如我国四大金融资产管理公司；第三类，产业资本通过控股投行、证券公司等多类金融机构形成的企业集团，如招商局集团、东方集团；第四类，通过对控股的地方商业银行、信托公司、证券公司等进行重组组建的金融控股公司，如威海商业银行。

金融控股公司的出现，是中国金融业参与国际竞争的必然结果，也是当今分业体制下我国银行、证券、保险、信托等诸业合作、混业经营的最高形式。由于其"集团混业，法人分业"的特点，其子公司具有独立的法人资格，独立开展相关的业务，各自进行财务核算，独立承担民事责任。银行与其他子公司的业务分离可防止银行直接进行证券投机活动，进而有助于防止道德风险的发生，避免风险在机构内部的传递，也有利于政府按业务分类进行监管。但不可否认的是，与单个行业的金融机构相比，金融控股公司风险的整体性、关联性、交叉性更加突出，集中表现在以下方面：

1. 监管金融控股公司的真实资本水平更难

由于金融控股公司内部存在层层控股、交叉持股，导致同一笔资本在母子公司、子公司之间混用或重复计算。从单个行业看，金融控股公司子公司或许能满足资本监管要求，但整个集团公司的真实资本水平往往难以掌握且容易被忽略。在这种情况下，金融控股公司可能通过母公司对外发债向子公司注资，运用内部交易将资产转移至资本要求较低的子公司等方式来隐瞒其真实资本情况，过度扩张风险。为此，各国在现有行业并表监管、表外监管的同时，又对其提出了更加严格的整体资本充足监管要求，通过设定杠杆率、建立资本约束机制等方式，确保其真实资本能够覆盖集团整体风险。

2. 金融控股公司的关联交易风险更突出

一方面，金融控股公司可能通过关联交易任意挪用子公司资金，或利用子公司担保或子公司相互担保获取银行信贷，进而转移成本、操纵利润，掩盖其真实的财务状况和风险状况。另一方面，不受限制的内部关联交易，使得外部监管部门甚至金融控股公司自身都无法准确获悉其真实的流动性水平，一笔交易的失败或某一子公司的倒闭，可能会引发整个集团公司的流动性紧张甚至枯竭，造成一系列的突发连锁反应。因此，各国对金融控股公司监管的关联交易的规制，重点是要求关联交易必须遵循市场公允定价和透明度原则，建立重大关联交易信息披露和报告制度，严格限制不正当交易行为。

3. 金融控股公司内部控制问题影响更大

金融控股公司作为子公司的控股股东，对其人事任命、经营决策和内部管理等具有决定权，如果没有完善的公司内部治理，很容易滥用其控制地位，创造出复杂的投资管理层级，并通过交叉任职、任意调配资金等方式干预子公司的经营决策，使金融控股公司的内部"防火墙"流于形式。从各国的监管实践看，通过完善金融控股公司的内部治理，强化对控股股东和管理层的任职资格要求，简化投资管理层级，防范滥用控制权对其他股东和客户利益进行损害，可在其内部构建一道有效的系统性风险防线。

4. 金融控股公司的风险更易集中

由于交叉销售的存在，表面上看尽管行业监管对本行业机构的风险集中度有限制，但是金融控股公司的各个子公司可对同一客户开展多项金融业务而不违反规定，使金融控股公司整体的风险集中度大大增加。如果不对它进行控制和约束，一旦该客户出现问题将同时影响多个子公司甚至整个集团，不仅会使风险在母公司与子公司、子公司与子公司之间进行内部传递，而且还会通过跨行业、跨市场途径向整个金融体系传递，最终导致系统性风险产生。因此，对金融控股公司监管要严格控制金融控股公司中各项金融业务对同一客户的风险集中程度，避免同一或类似风险在整个集团内过度聚集。

第二节 中国金融监管体制的发展演变

中国金融监管体制的变迁是与国内经济发展和金融体制改革紧密联系在一起的，并且是政府主导型的、主动的体制变迁模式。从其发展历程看，大致可以分为以下四个阶段：1978年以前为计划经济时代的金融监管，1978—1992年为中国人民银行统一监管时期，1992—2003年为分业监管模式建立与调整时期，2003年以后为分业监管基础的发展与改进时期。

一、初始阶段：嵌入计划经济中的"大一统"管理（1949—1978年）

改革开放以前，与计划经济体制相适应，我国实行高度集中的"大一统"金融管理体制：全国基本上只有一家金融机构，即中国人民银行。当时，中国人民保险公司和中国银行，对内是中国人民银行一个职能部门，中国农业银行"三起三落"（1951—1965年，即三次成立三次撤销，其业务并入中国人民银行），中国建设银行是财政部的内部机构。

这一阶段的中国金融体系以银行业为主，主要经营活动是计划拨款、贷款和存款等，较少涉及证券、保险、外汇等业务。中国人民银行集货币政策、金融经营和管理等多项职能于一身，其工作重心是放在改革和完善信贷资金管理体制、加强中央银行宏观控制上，它对于金融体制的管理也是计划和行政性质的。可以说，在当时的计划经济体制下，不存在现代通行的"金融监管"概念，金融体系的运作和管理机制也与市场经济截然不同。客观地说，在当时的经济体制与金融发展水平条件下，这样一种以中国人民银行为单一主体的金融集中管理体制，虽然金融监管作用发挥得不是很理性，但其保证了当时一个崭新国家的金融体系的统一与高效，也为其日后以央行监管为主导的金融监管提供了一定的经验、组织机构和人员方面的准备。

二、过渡阶段：以银行监管为主的金融监管体系初步建立（1979—1991 年）

改革开放以后，为了提高金融市场的资源配置效率、促进金融市场发展，也为了使得金融体制能够为其他经济部门改革提供支持，政策当局将金融系统改革提上了日程。

1979 年 1 月，为了加强对农村经济的扶植，恢复了中国农业银行。同年 3 月，中国银行成为国家指定的外汇专业银行；同时设立了国家外汇管理局。此后，又恢复了国内保险业务，重新建立了中国人民保险公司；各地还相继组建了信托投资公司和城市信用合作社，出现了金融机构多元化和金融业务多样化的局面。在这种背景下，迫切需要加强金融业的统一管理和综合协调，由中国人民银行来专门承担中央银行职责，成为完善金融体制、更好发展金融业的紧迫议题。

1983 年 9 月，国务院决定中国人民银行专门履行中央银行职能，正式成为中国的货币金融管理当局。1984 年中国工商银行成立，中国人民银行成为现代意义上的中央银行，负责货币政策的制定和金融监管。从此，银行、信托、保险、证券等所有金融业务都归中国人民银行监管，形成了集中监管体制。事实上，中国人民银行的监管是在摸索中不断改进的，许多重要的监管决策都由国务院决定。所以，当时的集中监管并不是成熟的集中监管。

三、发展阶段："一行三会"金融分业监管体制确立 （1992—2003 年）

1990 年和 1991 年上海和深圳两大证券交易所的建立，大大推动了中国证券业的发展。由中国人民银行负责股票、债券的发行、上市的审批和交易监管已经不能适应证券业快速发展的需要。1992 年 10 月，国务院决定成立国务院证券委员会和中国证监会，负责股票发行上市的监管，中国人民银行仍然对债券和基金实施监管。

1995 年颁布的《中国人民银行法》第二条规定：中国人民银行在国务院领导下，制定和实施货币政策，对金融业实施监督和管理。这是我国第一次从立法角度明确了金融监管的主体。

1997 年受亚洲金融危机的影响，全国金融工作会议提前召开，并决定健全证券市场的"集中统一"监管体制。1998 年 6 月，国务院决定将证券委员会并入中国证监会，将中国人民银行的证券监管权全部移交证监会。同年 11 月，国务院决定成立中国保险监督管理委员会，将中国人民银行的保险监管权分离出来，由保监会统一行使。中国人民银行专门负责货币政策和对银行业的监管。至此，中国金融分业监管体制格局初步形成。

2003 年 3 月 10 日，关于组建中国银行业监督管理委员会的方案被十届全国人大一次会议审议通过，4 月 28 日银监会正式挂牌运作。它标志着中国金融业"三驾马车"式垂直分业监管体制的正式形成。

四、完善阶段：分业监管体制的进一步发展和完善（2004 年至今）

2004 年以来，中国金融分业监管的体制得到了进一步巩固与完善，监管协调与国际合作也有了新的发展。在全球金融危机之后，加强宏观审慎监管的尝试和其他改革探索也在逐步推进。这一阶段的中国金融监管改革与发展，与迎接金融全球化、金融创新、混业化经营以及金融危机的挑战密切相关。在此阶段，"一行三会"分业监管体制在以下几个方面得到了进一步的发展和完善：一是法律体系进一步完善，对《证券法》、《公司法》等多部法律进行了修订。二是加强监管执法和丰富监管内容，对现场检查、行政许可、行政处罚、行政复议等行为进行了规范，并加强了对金融创新和部分跨金融领域经营的监管。三是金融监管机构之间加强了协调配合，监管机构之间建立起联席会议制度。四是审慎性监管和功能型监管已被提到监管当局的监管改革议事日程上。

（一）监管机构的职责与分工

1. 中国人民银行

在当前金融监管框架下，中国人民银行主要负责制定和执行货币政策，对货币市场和外汇市场进行监管。其具体职责为：（1）起草有关法律和行政法规；完善有关金融机构运行规则；发布与履行职责有关的命令和规章；（2）依法制定和执行货币政策；（3）监督管理银行间同业拆解市场和银行间债券市场、外汇市场、黄金市场；（4）防范和化解系统性金融风险，维护国家金融稳定；（5）确定人民币汇率政策；维护合理的人民币汇率水平；实施外汇管理；持有、管理和经营国家外汇储备和黄金储备；（6）发行人民币，管理人民币流通；（7）经理国库；（8）会同有关部门制定支付结算规则，维护支付、清算系统的正常运行；（9）制定和组织实施金融业综合统计制度，负责数据汇总和宏观经济分析与预测；（10）组织协调国家反洗钱工作，指导、部署金融业反洗钱工作，承担反洗钱的资金监测职责；（11）管理信贷征信业，推动建立社会信用体系；（12）作为国家的中央银行，从事有关国际金融活动；（13）按照有关规定从事金融业业务活动；（14）承办国务院交办的其他事项。

2. 银监会

银监会负责统一监管全国银行、金融资产管理公司、信托投资公司及其他存款类金融机构。其监管目的为：通过审慎有效的监管，保护广大存款人和消费者的利益；通过宏观有效的监管，增进市场信心；通过宣传教育工作和相关信息披露，增进公众对现代金融的了解；努力减少金融犯罪。其主要执行以下职责：（1）依照法律、行政法规制定并发布对银行业金融机构及其业务活动监督管理的规章、规则；（2）依照法律、行政法规规定的条件和程序，审查批准银行业金融机构的设立、变更、终止以及业务范围；（3）对银行业金融机构的董事和高级管理人员实行任职资格管理；（4）依照法律、行政法规制定银行业金融机构的审慎经营规则；（5）对银行业金融机构的业务活动及其风险状况进行非现场监管，建立银行业金融机构监督管理信息系统，分析、评价银行业金融机构的风险状况；（6）对银行业金融机构的业务活动及其风险状况金融现场检查，制定现场检查程序，规范现场检查行为；（7）对银行业金融机构实行并表监督管理；（8）会同有关部门建立银行业突发事件处置制度，制定银行业突发事件处置预案，明确处置机构和人员及其职责、处置措施和处置程序，及时、有效地处置银行业突发事件；（9）负责统一编制全国银行业金融机构的统计数据、报表，并按照国家有关规定予以公布；对银行业自律组织的活动进行指导和监督；（10）开展与银行业监督管理有关的国家交流、合作活动；（11）对已经或者可能发生信用危机，严重影响存款人和其他客户合法权益的银行业金融机构实行管理接管或者促成机构重组；（12）对有违法经营、经营管理不善等情形的银行业金融机构予以撤销；（13）对涉嫌金融违法的银行业金融机构及其工作人员以及关联行为人的账户予以查询；对涉嫌转移或者隐匿违法资金的申请司法机关予以冻结；（14）对擅自设立银行业金融机构或者非法从事银行业金融机构业务活动予以取缔；（15）负责国有重点银行业金融机构监事会的日常管理工作；（16）承办国务院交办的其他事项。

　　3. 证监会

　　证监会依照法律、法规和国务院授权，统一监督管理全国证券期货市场，维护证券期货市场秩序，保障其合法运行。其主要职责为：（1）研究和拟定证券期货市场的方针政策、发展规划；起草证券期货市场的有关法律、法规，提出制定和修改的建议；制定有关证券期货市场监管的规章、规则和办法；（2）垂直领导全国证券期货管理机构，对证券期货市场实行统一监管；管理有关证券公司的领导班子和领导成员；（3）监管股票、可转换债券、证券公司债券和国务院确定由证监会负责的债券、证券的发行、上市、交易、托管和结算；监管证券投资基金活动；批准企业债券的上市；监管上市国债和企业债券的交易活动；（4）监管上市公司及其按照法律法规必须履行有关义务的股东的证券市场行为；（5）监管境内期货合约的上市、交易和结算；按规定监管境内机构从事境外期货业务；（6）管理证券期货交易所；按规定管理证券期货交易所的高级管理人员；归口管理证券业、期货业协会；（7）监管证券期货经营机构、证券投资基金管理公司、证券登记结算公司、期货结算机构、证券期货投资咨询机构、证券资信评级机构；审批基金托管机构的资格并监管其基金托管业务；制定有关机构高级管理人员任职资格的管理办法并组织实施；指导中国证券业、期货业协会开展证券期货从业人员资格管理工作；（8）监管境内企业直接或间接到境外发行股票、上市以及在境外上市的公司到境外发行可转换债券；监管境内证券、期货经营机构到境外设立证券、期货机构；监管境外机构到境内设立证券、期货机构，从事证券、期货业务；（9）监管证券期货信息传播活动，负责证券期货市场的统计与信息资源管理；（10）会同有关部门审批会计师事务所、律师及有资格的会计师事务所、资产评估机构及其成员从事证券期货相关业务的活动；（11）依法对证券期货违规行为进行调查、处罚；（12）归口管理证券期货行业的对外交往和国际合作事务；（13）承办国务院交办的其他事项。

4. 保监会

保监会根据国务院授权履行行政管理职能，依照法律、法规统一监督管理全国保险市场，维护保险业的合法、稳健运行。其主要职能为：（1）拟定保险业发展的方针政策，制定行业发展战略和规划；起草保险业监管的法律、法规；制定业内规章；（2）审批保险公司及其分支机构、保险集团公司、保险控股公司的设立；会同有关部门审批保险资产管理公司的设立；审批境外保险机构代表处的设立；审批保险代理公司、保险经纪公司、保险公估公司等保险中介机构及其分支机构的设立；审批境内保险机构和非保险机构在境外设立保险机构；审批保险机构的合并、分立、变更、解散，决定接管和制定接受；参与、组织保险公司的破产、清算；（3）审查、认定各类保险机构高级管理人员的任职资格；制定保险从业人员的基本资格标准；（4）审批关系社会公众利益的保险险种、依法实行强制保险的险种和新开发的人寿保险险种等的保险条款和保险费率，对其他保险险种的保险条款和保险费率实施备案管理；（5）依法监管保险公司的偿付能力和市场行为；负责保险保障基金的管理，监管保险保证金；根据法律和国家对保险资金的运用政策，制定有关规章制度，依法对保险公司的资金运用进行监管；（6）对政策性保险和强制保险进行业务监管；对专属自保、相互保险等组织形式和业务活动进行监管；归口管理保险行业协会、保险学会等行业社团组织；（7）依法对保险机构和保险人员的不正当竞争等违法、违规行为以及对非保险机构经营或变相经营保险业务进行调查、处罚；（8）依法对境内保险及非保险机构在境外设立的保险机构进行监管；（9）制定保险行业信息化标准；建立保险风险评价、预警和监督体系，跟踪分析、监测、预测保险市场运行状况，负责统一编制全国保险业的数据、报表，并按照国家有关规定予以发布；（10）承办国务院交办的其他事项。

（二）监管机构之间的合作

为明确金融监管职责，实现协调配合，避免监管真空和重复监管，提高监管效率，鼓励金融创新，以达到所有金融机构及其从事的金融业务都能得到持续有效的监管，保障金融业稳健运行和健康发展，银监会、证监会、保监会于2004年共同签署了金融监管分工合作备忘录。

1. 备忘录的监管指导原则

（1）分业监管。按照有关法规加强监管，各司其职，提高监管资源的有效使用。（2）职责明确。各监管机构明确职责范围，依法监管，监管行为符合规范的要求。（3）合作有序。各机构按一定程序交流合作，有利于加强协调、增强合力，符合运转协调的要求。（4）规则透明。让社会和公众了解各机构的运行规则，有利于增强信心，加强监督，符合公正透明的要求。（5）讲求实效。提高办事效率，提高服务质量，有利于降低行政成本，符合廉洁高效的要求。

2. 备忘录的主要内容

（1）银监会、证监会、保监会任何一方需要对他方的监管对象收集必要的信息，可委托他方进行。（2）对金融控股公司的监管应坚持分业经营、分业监管的原则，对金融控股公司的集团公司依据其主要业务性质，归属相应的监管机构，对金融控股公司内相关机构、业务的监管，按照业务性质实施分业监管；对产业资本投资形成的金融控股集团，在监管政策、标准和方式等方面认真研究、协调配合、加强管理。（3）银监会、证监会、保监会应与财政部、中国人民银行密切合作，共同维护金融体系的稳定和金融市场的信心。（4）银监会、证监会、保监会应密切合作，就重大监管事项和跨行业、跨境监管中复杂问题进行磋商，并建立定期信息交流制度，需定期交流的信息由三方协商确定。接受信息的一方应严格遵循客户保密原则，保证该信息使用仅限于其履行职责，除非法律规定，不得将信息提供给第三方。（5）建立银监会、证监会、保监会监管联席会议机制。监管联席会议成员由三方机构的主席组成，每季度召开一次例会，由主席或者授权的副主席参加，讨论和协调有关金融监管的重要事项、已出台政策的市场反应和效果评价以及其他需要协商、通报和交流的事项。监管联席会议仅协调有关三方监管的重要事宜，原三方监管机构的职责分工和日常工作机制不变。联席会议成员每半年轮流担任会议召集人。任何一方认为有必要讨论应对紧急情况时，均可随时提出召开会议，由召集人负责召集。监管联席会议三方分别设立联席会议秘书处作为日常联络机构，并指定专门联系人。在正常情况下，联系会议召开前五个工作日，三方日常联络机构应将拟议事项和各方意见建议等书面材料送达联席会议成员。会后由召集方负责拟订会议纪要，在征求参会方意见后发送各方。监管联席会议纪要报国务院领导审批后执行。（6）银监会、证监会、保监会任何一方与金融业监管相关的重要政策、事项发生变化。或其监管机构行为的重大变化将会对他方监管机构的业务活动产生重大影响时，应及时通告他方。若政策变化涉及他方的监管职责和监管机构，应在政策调整前通过会签方式征询他方意见。对监管活动中出现的不同意见，三方应及时协调解决。（7）建立银监会、证监会、保监会经常联系机制，由三方各指定一个综合部门负责人参加，综合相关职能部门的意见，为具体专业监管问题的讨论、协商提供联系渠道。

五、我国现阶段的金融监管目标

（1）一般目标：防范和化解金融风险，维护金融体系的稳定与安全，保护公平竞争和金融效率的提高，保证中国金融业的稳健运行和货币政策的有效实施。

（2）具体目标：经营的安全性、竞争的公平性和政策的一致性。经营的安全性包括两个方面：①保护存款人和其他债权人的合法权益；②规范金融机构的行为，提高信贷资产质量。竞争的公平性是指通过中央银行的监管，创造一个平等合作、有序竞争的金融环境，鼓励金融机构在公平竞争的基础上，增强经营活力，提高经营效率和生存发展能力。政策的一致性是指通过监管，使金融机构的经营行为与中央银行的货币政策目标保持一致。通过金融监管，促进和保证整个金融业和社会主义市场经济的健康发展。

第三节　中国金融监管体制评估与发展

一、中国金融监管体制现阶段面临的挑战

从监管体制的效力分析，分业经营体制下分业监管的监管效率最高，责任明晰。在本轮全球金融危机中，我国金融监管体系充分发挥了各自的监管职能，确保了我国金融体系的整体稳定。应该说，我国金融监管体系框架式基本合理，监管也是卓有成效的。但随着经济的不断发展，金融结构也变得日益复杂，一些新的金融工具如银证合作、银基合作、投资连接保险产品等在中国的不断涌现，混业经营初见端倪，中国金融市场国际化的不断发展，这对现行金融监管的有效性提出了严峻的挑战。

1. 分业监管体制存在缺陷

就中国当前的金融发展阶段而言，分业监管体制是有效的。在监管资源和经验有限的条件下，它允许监管者通过专业分工专注于各个明确的金融领域，从而提高监管绩效。但在这种监管模式下，由于各个监管机构自成体系，缺乏一套监管联动协调机制，金融监管支持系统薄弱，监管效率较低。

（1）在分业监管的实施中，缺乏一套合理有效的协调机制。由于各个监管机构的目标不一样，指标体系、操作方式不同，各监管机构的监管结果可能存在很大差别。从金融监管的主体角度来看，银监会、证监会和保监会及其派出机构是平级的，若一家金融机构经营不同业务，如既从事银行业务，还从事保险或证券业务，如某项业务发生风险，在确定哪家监管机构牵头、由哪家监管机构最后决定等方面存在一定现实困难。各监管部门之间协调难度较大，导致监管效率低。

（2）分业监管易产生监管真空和监管套利。金融业创新的发展使各金融机构和金融业务的界限越来越模糊，很难区分它们究竟属于何种类型机构以及何种类型业务，各金融机构往往利用监管盲区逃避监管或利用监管程度差异进行监管套利。尤其是，分业监管模式不利于监管机构明确监管职责，易形成监管真空，也容易造成监管机构之间的相互推诿，使监管对象有可乘之机，产生分业监管与跨行业违规经营的矛盾，出现业务交叉中的监管真空。

（3）分业监管易导致重复监管，增加监管成本。金融监管成本既包括维持监管活动费用的直接成本，也包括被监管行业执行成本以及监管活动对金融行业效率影响等在内的间接成本。在分业监管制度下，多个监管机构会增加机构设立的行政成本与相互合作信息成本，不利于实现规模经济和范围经济，加大金融机构受到重复和交叉监管。与多个监管机构打交道，提起多次授权审批程序，遵循多套监管规则，接受多轮监督和管理的成本支出，这会降低金融业的效率，也会降低社会整体福利。

2. 难以对金融控股公司进行有效监管

金融控股公司下属机构交叉持股导致法人结构复杂化，集团规模大和跨国经营导致

内部管理部门层次复杂化，集团业务涉及多种金融业务又使经营复杂化。这种状况，一方面加剧了信息不对称，对于金融控股公司的外部监管也造成了困难，易于造成监管真空。另一方面，因为涉及多个行业的监管机构，各监管机构的监管目的、方法和重点各不相同。只要在不同的专业金融监管体系之间存在着差异，金融控股公司就可能会采取规避监管的行为，建立一种经营阻力、成本最小的组织模式，从而增加各专业金融监管当局在对相对金融机构进行监管过程中的困难。同时，即使每个监管主体能够有效控制各自监管对象的风险，但由于不同监管主体之间信息交换不畅形成的信息阻塞，使金融控股公司整体的风险状况也难以掌握，也易于出现监管真空。

3. 金融监管的法律体系仍存在空白领域

目前，中国的金融法律体系已经初步建立，但还有一些金融发展急需的重要法律法规未能出台，例如存款保险制度仍未建立；金融机构市场退出制度仍未推出；互联网金融相关领域的法律文件仍未出台；私募基金、产业基金仍未取得相应的法律地位。

4. 难以对金融创新进行有效监管

难以对金融创新进行有效监管的原因在于：一是金融创新往往是从无到有，现行的监管法规及制度设计很难进行事前的预见及防范。二是新的金融工具应用后的优势与弊端往往需要经过一段时期后才能显现，这使得金融监管只能是事后的，而难以事前预判。三是金融创新的风险管理并不属于监管当局的直接监管范畴，更多的是金融机构自己的责任。

除此之外，中国现行的金融监管体制在某种程度上也存在着对金融创新的抑制。尤其是此次金融危机的爆发更加深了监管当局对金融创新的顾虑，中国金融业的创新步伐放缓，甚至在某种程度上处于停滞状态。如果这种情况不加以改变的话，必将会影响到中国金融业的整体竞争力。

中国当前实行的严格分业监管的金融监管体系，虽然在短期内不会发生根本性变革，但长期而言，由于其已经不能适应中国金融发展和金融国际化的需要，必须进一步改革与完善金融监管体系，保障中国金融业稳定和快速发展。

二、中国金融监管体制进一步改革

近年来，大部制改革成为讨论的热点。其中整合金融监管资源，成立金融部一度呼声很高。不可回避的是，我国目前有银监会、证监会和保监会，如果实现金融混业监管，必须三会合一。现在三会之间的政策和业务协调依靠一种协调机制，由于部门利益关系，这种协调机制的效率和效果并不理想。金融监管体制改革要比其他行政管理体制改革更慎重、更稳妥，是否实行"大部制"也值得探讨，但推进金融监管体制改革势在必行。

1. 建立实体化、法治化的监管协调机制

在中国目前分业监管格局中，监管部门之间的协调机制缺乏正式制度保障，仅处在原则性框架层面，监管联席会议制度也未能有效发挥作用。随着中国金融业综合经营和金融创新的进一步发展，以及中国金融体系的进一步开放，这一问题将显得更为严重。

就目前而言，分业监管的格局仍将继续，短期内不会发生根本性变革。因此，在现有的分业监管体制下，比较现实的选择应是将协调机制法治化、实体化。在时机成熟的情况下，可以考虑组建有明确法律权限、有实体组织的金融监管协调机构，监督指导金融监管工作。

2. 构建宏观审慎监管框架，加强对系统性风险的监管

在分业经营、分业监管体制下，中国的金融监管基本停留在微观审慎监管层面，对系统性风险关注不足。但随着混业经营的发展和金融体系的进一步开放，中国金融体系的系统性风险特征将会与当前发达国家，尤其是欧盟国家趋同。与此相适应，监管当局需要关注金融业经营模式变化、金融行业关联性、宏观经济对金融体系的影响及金融风险的新特点，将金融体系视作一个整体，运用宏观审慎监管理念和方法，应对各种可能出现的复杂情况。

3. 完善自律性监管和监管体系的自身建设

建立规范、系统、可靠的内控体系，通过金融机构的内部约束机制的保障，加之同业监督机制，确立起以银行内部控制为基础的自律性监管组织体系，是国外银行监管的成功经验。我国目前的银行监管过多依靠人民银行对商业银行的外部监管，而来自商业银行内部的监管、银行业协会的同业自律及来自社会中介的外部监管明显过于薄弱。为寻求事先的预防性监管措施，就必须发挥行业自律组织的作用，通过金融从业人员自律、金融机构自律、协会自律实现。

同时，应加快金融监管体系自身的建设。其中，金融监管当局的能力建设需要放在更加突出的位置，监管能力应与金融业务、金融创新的发展保持动态的协调。要加快金融监管法规、制度和机制建设，严防出现严重的监管真空和监管死角。要加强金融机构监管能力建设和人才储备，特别是要尽快提高监管当局对资产负债、投资策略和资产配置等的监管能力和对风险的预警、防范和控制能力。要逐步升级监管技术和改善监管方法，运用现代的科技手段与技术，对金融风险进行甄别、防范和处置。

4. 重点加强对大型金融机构和金融控股集团的风险管理

随着大型机构实力的增强以及大型金融控股集团的形成，我国已经呈现出混业经营的基本格局，这就是可能出现类似美国的分业监管和混业经营的制度性矛盾。所以，加强对大型金融机构的风险管理就显得更加重要和紧迫。要强化大型金融机构的资产负债管理，严防其杠杆率过度上升，确保大型金融机构的安全性。要建立相应的信息收集、风险评估和预警系统，定期或不定期地对大型金融机构进行风险评估，防范系统性风险。

5. 建立金融机构市场退出机制，保护消费者合法权益

为了保护消费者和投资者的合法权益，必须尽快健全金融体制，特别是市场的退出机制，解决金融机构市场推出的问题。在此情况下，建立存款保险制度就显得日益重要。存款保险制度，解决监管过程中出现的风险承担问题，是国际上银行监管的通行做法，是维护存款人对银行信心的保障手段，也是解决银行市场推出的有效措施。目前，美国、日本等国都通过加强存款保险机构的作用等方式来防范道德风险。我国应尽快建

立存款保险制度，这样，中央银行作为"最终贷款人"在提供救助资金时，就可以会同存款保险机构来实现，通过存款保险机构所特有的约束机制来达到防范道德风险，保护投资者和消费者的利益。

6. 建立与国际接轨的金融监管制度，积极参与国际金融监管合作

在全球金融危机爆发之后，国际金融监管合作又一次成为国际经济事务中的热点议题。尽管现阶段中国金融机构和企业对于国际金融市场的参与程度仍然非常有限，但是随着经济发展和金融体系的进一步开放，尤其是上海国际金融中心建设的推进，中国也将面临更大程度的传染性系统风险，对于它们的防范与处置也将越来越依赖于国际金融监管的协调与合作。中国需要积极地参加到国际金融监管合作之中，在为全球金融稳定作出贡献的同时，提高自身应对金融风险的经验和能力。

本章小结

从 20 世纪 80 年代到现在，中国金融业经营体制模式经历了混业—分业—业务融合的发展阶段，即从低效率的混业经营模式到安全的分业经营的转变，再到分业监管下的金融业务间相互交叉和融合。

中国金融监管体制的变迁是与国内经济发展和金融体制改革紧密联系在一起的，并且是政府主导型的、主动的体制变迁模式。从其发展历程看，大致可以分为以下四个阶段：1978 年以前为计划经济时代的金融监管，1978—1992 年为中国人民银行统一监管时期，1992—2003 年为分业监管模式建立与调整时期，2003 年以后为分业监管基础上的发展与改进时期。

从监管体制的效力分析，分业经营体制下分业监管的监管效率最高，责任明晰。在本轮全球金融危机中，我国金融监管体系充分发挥了各自的监管职能，确保了我国金融体系的整体稳定。应该说，我国金融监管体系框架是基本合理，监管也是卓有成效的。但随着经济的不断发展，金融结构也变得日益复杂，一些新的金融工具如银证合作、银基合作、投资连接保险产品等在中国的不断涌现，混业经营初见端倪，中国金融市场国际化的不断发展，这对现行金融监管的有效性提出了严峻的挑战。

本章重要概念

中国金融监管体制 "大一统"监管体制 "一行三会"分业监管体制
金融监管目标

复习思考题

1. 简述中国金融业经营体制模式的发展演变过程。
2. 中国现阶段的金融监管的一般目标是什么？具体目标是什么？
3. 中国现阶段金融监管存在的问题是什么？
4. 评述中国金融监管体制的改革方向。

第六章

金融机构内部控制制度

金融机构内部控制是金融机构安全运行的保障，包括内控目标、内控原则等内容。本章着重介绍了金融机构内部控制制度概况、国际比较及在我国的现实情况等问题。

第一节 金融机构内部控制制度概述

建立并不断完善内部控制，既是金融机构在追求自身经济利益过程中安全稳健运行的可靠保证，更关系到保障金融消费者利益、保障市场体系正常有序地运行和国民经济持续协调发展。金融机构内部控制理论对决策层的权力控制、组织设置中的权力制约和操作层的岗位监督，以及如何建立规范、系统、可靠的金融机构内部控制系统，从而有效防范金融机构巨大的经营风险，都有着至关重要的作用。

一、内部控制的含义

（一）内部控制的一般定义及其发展

理论是实践的概括和总结，并随着实践的发展而不断深化、丰富和提高。内部控制理论也不例外，它随着内部控制实践的不断发展而发展。

综观内部控制，它大致经历了下列过程：20 世纪 40 年代前的内部牵制，40 年代末至 70 年代初的内部控制，70 年代初至 90 年代末的内部控制结构，目前的内部控制一体化结构。

1. 内部牵制（Internal Check）

内部控制作为一个专用名词和完整概念被人们接受的时间并不长。但在 20 世纪 40 年代前的漫长岁月中，早已存在着内部控制的基本思想和初级形式——内部牵制。

《柯式会计辞典》将内部牵制定义为："以提供有效的组织和经营，并防止错误和非法业务发生的业务流程设计，其主要特点是以任何个人或部门不能单独控制任何一项或一部分业务权力的方式进行组织上的责任分工，每项业务通过正常发挥其他个人或部门的功能进行交叉检查或交叉控制。设计有效的内部牵制以便使每项业务能完整正确地经过规定的处理程序，而在这规定的处理程序中，内部牵制永远是一个不可缺少的组成部分。"

纵观各历史时期的内部牵制，它的基本方法是以查错防弊为目的，以职务分离和账目核对为手法，以钱、账、物等会计事项为主要控制对象。一般来说，内部牵制机能的执行大致分为以下四类：

（1）实物牵制；

（2）机械牵制；

（3）体制牵制；

（4）簿记牵制。

内部牵制是基于以下两个基本设想：

（1）两个或两个以上的人或部门无意识地犯同样错误的机会是很小的；

（2）两个或两个以上的人或部门有意识地合伙舞弊的可能性大大低于单独一个人或部门舞弊的可能性。

人们对上述内部牵制概念长期以来没有根本的异议，以致在现代的内部控制理论中，内部牵制仍占有相当重要的地位。总之，内部牵制着重组织内部分工的控制，它是现代内部控制理论中有关组织控制、职务分离控制的雏形。

2. 内部控制（Internal Control）

随着经济的发展，在 20 世纪 40 年代至 70 年代初，在内部牵制的基础上，产生了内部控制的概念。

1949 年，美国注册会计师协会的审计程序委员会（Committee on Auditing Procedure of the American Institute of Accountants）发布了《审计准则暂行文告》（*Tentative Statement of Auditing Standards*），其中现场工作准则第二条规定："要适当研究和评价现行的内部控制，以决定其可依赖和作为制定审计程序的依据。"在该准则首次发布时，虽然在审计文献和其他文献中已出现内部控制的名词，但均没有做出权威性的定义。为了弥补这一缺陷，该审计委员会的一个小组委员会于 1949 年做出题为《内部控制，一种协调制度要素及其对管理当局和独立注册会计师的重要性》的报告，对内部控制首次做了权威性定义："内部控制包括组织机构的设计和企业内部采取的所有相互协调的方法和措施。这些方法和措施都用于保护企业的财产，检查会计信息的准确性，提高经济效率，推动企业坚持执行既定的管理方针。"

该报告还对该定义范围作了解释："该定义可能要比有时所论述的内部控制意义来得更加广泛。我们承认，一个内部控制制度已超出了直接与会计和财务部门功能有关的内容范畴。这种内部控制制度可能包括预算控制、标准成本、期间经营报告、统计分析及其报告，和首先有助于职工符合其经营责任要求的培训计划，以及向这些管理当局恰当地提供附加保证的有关规定的程序，以及这些程序被有效贯彻的内部审计。它可能综合了其他领域的活动，例如，属于工程技术性质的时动研究（Time and Motion Study）以及基本上属于生产性质，适用于检验系统中的质量控制（Quality Control）。"

上述范围广泛的内部控制定义及其解释的发布，当时被普遍认为是对认识内部控制这一重要概念的重大贡献，因为在此之前内部控制概念几乎没有受到如此重视。

1949 年的内部控制概念定义对管理当局加强其管理工作来说，具有极其重要的意义。但对注册会计师来说，该定义似乎范围太广泛了。从内部控制评审作为注册会计师的一种法律责任考虑，注册会计师要求对内部控制定义进行修改。

为此，该委员会根据注册会计师进行审计的要求，将内部控制的四个目标分为两类：前两个目标的控制是内部会计控制（Internal Accounting Control），后两个目标的控制是内部管理控制（Internal Administrative Control）。这样，内部控制的定义就被概括为组织规定和企业内部采用的所有协调方法和措施，以便：

（1）保护企业财产；

（2）检查会计数据的正确性和可靠性；

（3）提高经营效率；

（4）坚持贯彻既定的管理方针。

而后，1958 年 10 月该委员会发布的《审计程序文告第 29 号》，正式以文告形式对内部控制定义重新表述：

"内部控制，从广义上讲包括下列既有会计又有管理特征的控制：会计控制包括组织规划的所有方法和程序，这些方法和程序与财产安全和财务记录可靠性有直接的联系。这些控制包括那些如授权和批准制度、从事财务记录和簿记与从事经营或财产保管职务分离的控制，财产的实物控制和内部审计。

管理控制包括组织规划的所有方法和程序，这些方法和程序主要与经营效率和贯彻方针有关，通常只与财务记录有间接的联系。这些控制一般包括如统计分析、时动研究、业绩报告、雇员培训计划和质量控制。"

由于内部控制定义做了如上修改，使得注册会计师对内部控制审查的范围进一步明确。注册会计师的责任一般是审查内部会计控制，而不是所有管理控制。只有当注册会计师考虑管理控制对审查的财务报表可靠性有重大影响时，他们才可能去检查管理控制。

上述内部控制定义的修改虽然明确了注册会计师的审计责任范围，但是由于对上述内部控制的两种目标内涵往往有不同的理解，还会在审计工作中引起某些争议。为此，美国注册会计师协会所属审计准则委员会于 1972 年 12 月颁布了《审计准则文告第 1 号》，其中重新解释了如下内部控制定义：

"管理控制包括（但不限于）组织规划以及与管理当局进行经济业务授权的决策过程有关的程序和记录。这种授权是与完成该组织目标的职责直接有关的一种管理职能，也是建立经济业务的会计控制的起点。

内部控制包括组织规划以及与保护财产安全和财务报表可靠性有关的程序和记录，因此它在设计上应能合理保证：

（1）按管理当局的一般的或特定的授权进行活动；

（2）经济业务的记录必须做到：编制财务报表要遵循公认会计原则，或适用于这些报表的其他标准，保持资产会计责任的记录；

（3）只有经济管理当局授权才能接近资产；

（4）账面载明的资产要和实存资产存在合理的间隔期间进行核对，对发生的任何差异采取适当的措施。"

从以上一系列对内部控制定义、解释、修改、再修改的过程，我们可以看到，内部控制概念是在审计职业蓬勃发展的情况下，随着审计作业中不断应用内部控制甚至审查技术，以及审计法律责任的增强、审计人员对自身职业安全的考虑而不断发展的。

内部控制的上述概念，现已被美国民间审计界所接受，而且也为各国国家审计、内部审计甚至为国际审计会计组织所承认和引用。

3. 内部控制结构

20 世纪 70 年代以来，西方会计审计界研究的重点逐步从一般含义向具体内容深化。1988 年 4 月美国注册会计师协会发布《审计准则文告第 55 号》，并规定从 1990 年 1 月起取代 1972 年发布的《审计准则文告第 1 号》。该文告首次以内部控制结构（Internal Control Structure）一词取代原有的内部控制一词。不仅如此，该文告提出的内部控制内容比以前更翔实，条理更清楚。该文告的颁布和实施可视为内部控制理论研究的一个新的突破性成果。其内部控制结构的内容与 1972 年颁布的内部控制定义相比，有两个明显的改动：一是正式将内部控制环境纳入内部控制范畴，二是不再区分会计控制和管理控制。在以"在财务报表审计中对内部控制结构的考虑"为题的《审计准则文告第 55 号》中指出："企业的内部控制结构包括为提供取得企业特定目标的合理保证而建立的各种政策和程序。"

并且该文告阐明了内部控制结构的内容，具体为：

（1）控制环境（Control Environment）。

所谓控制环境是指对建立、加强或削弱特定政策和程序效率发生影响的各种因素。具体包括：

①管理者的思想和经营作风；

②企业组织结构；

③董事会及其所属委员会，特别是审计委员会发挥的职能；

④确定职权和责任的方法；

⑤管理者监控和检查工作时所用的控制方法，包括经营计算、预算、预测、利润计划、责任会计和内部审计；

⑥人事工作方针及其执行；

⑦影响本企业业务的各种外部关系，例如由银行指定代理人的检查等。

环境控制反映了董事会、管理者、业主和其他人员对控制的态度、认识和行动。

（2）会计制度（Accounting System）。

会计制度规定各项经济业务的鉴定、分析、归类、登记和编报的方法，明确了各项资产和负债的经营管理责任。健全的会计制度应当包括下列内容：

①鉴定和登记一切合法的经济业务；

②对各项经济业务按时和适当的分类，作为编制财务报表的依据；

③将各项经济业务按适当的货币价值计价，以便列入财务报表；

④确定经济业务发生的日期，以便分会计期间记录；

⑤在财务报表中恰当表述经济业务以及有关的揭示内容。

（3）控制程序（Control Procedures）。

控制程序指管理当局制定的方针和程序，用于保证达到一定的目的。它包括下列内容：

①经济业务和经济活动的批准权。

②明确各个人员的职责分工，防止有关人员对正常业务进行图谋和隐匿各种错误及弊端。职责分工包括：指派不同人员分别批准业务、记录业务和保管财产的责任。

③凭证和账单的设置和使用，应保证业务和活动得到正确的记载。例如，出厂凭证要预先编号，以控制发货业务。

④财产及其记录的接触使用，要有保护措施，例如接触电脑程序和档案资料要经过批准。

⑤对已登记的业务及其计价要进行复核，例如，常规的账面复核，存款、借款的调节表的编制，账实的核对，电脑编程控制，以及管理者对明细报告的检查。

4. 内部控制一体化结构

国际内部审计师协会（IIA）、美国注册会计师协会（AICPA）、美国会计协会（AAA）、管理会计师协会（MAA）和财务执行官协会（FEI）共同组成的垂德威委员会于1994年发布了一个纲领性的内部控制理论的文件——《内部控制的整体框架》（CO-SO报告）。这是迄今为止对内部控制的最权威定义，该报告认为：内部控制是为了保证企业经营业务的效率性、财务报告的可靠性和相关法规、制度的遵从性，而由董事会、经营者及其他成员实施的一种过程。内部控制包含内部控制环境、风险识别与评估、内部控制措施、信息交流与反馈、监督评价与纠正五个要素。COSO报告赋予了内部控制新的内涵：

（1）明确组织中的每一个人对内部控制负有责任。内部控制制定与实施的责任人不仅仅是管理人员、内部审计人员和董事会，而是包括组织中的每一个人。

（2）强调内部控制应该与企业的经营管理过程相结合。内部控制是商业银行经营过程的一部分，与经营过程结合在一起，而不是凌驾于银行的基本活动之上；它使经营达到预期的效果，并监督银行经营过程的持续进行。

（3）强调内部控制是一个动态过程。内部控制是对银行整个经营管理活动进行监督与控制的过程，银行的经营活动是持续进行的，企业的内部控制过程也应是不断发展，随经营管理环境的变化而越来越趋于完善，即内部控制是一个发现问题、解决问题，发现新问题、解决新问题的循环往复的过程。

（4）强调人的重要性。内部控制受企业董事会、管理阶层及其他员工影响，通过行内员工所做的行为及所说的话而完成。只有人才可能制定目标，并设置控制的机制；反过来，内部控制影响着人的行动。

（5）强调软控制的作用。软控制主要是指那些属于精神层面的事物，高级管理阶层的管理风格、管理哲学、企业文化、内控意识等对内部控制有较大影响。

（6）强调风险意识。所有的银行，不论其规模和结构如何，其组织的不同层级都会遭遇风险，管理阶层须密切注意各层级的风险，并采取必要的管理措施。

（7）糅合了管理与控制的界限。控制已不再是管理的一部分，管理和控制的职能与界限已经模糊。

（8）强调了内部控制的分类及目标。商业银行制定目标的过程不是控制活动，但却直接影响到内部控制是否有存在的必要。内部控制目标分为三类：即与运营有关的目标、与财务报告有关的目标以及与法令遵循有关的目标等。这样的分类高度概括了商业银行的控制目标，有利于不同的人从不同的视角关注企业内部控制的不同方面。

（9）内部控制只能做到合理保证。不论设计及执行有多么完善，内部控制都只能为管理阶层及董事会提供达到目标的合理保证。而目标完成的可能性还受内控客观条件限制。

（10）坚持成本与效益原则。没有不花钱的内部控制，也不存在完美无缺的内部控制。

（二）金融机构内部控制含义

1. 金融机构内部控制的一般含义

（1）英国金融界认为，内部控制是金融机构管理层为了有效地开展业务而建立起来的各种控制机制，用于确保贯彻管理政策，保全金融机构资产或各种记录的完整与准确。

（2）新加坡金融界认为，内部控制是金融机构管理层为了把错误和虚假降到最低，并有效地进行监控而建立的对业务经营活动的检查和相互制约机制。

（3）巴塞尔银行监管委员会参照 COSO 报告和来自英国、加拿大等国的理论，于1998 年提出了金融机构内部控制系统的框架和 13 项原则。其中对金融机构内部控制的定义，进一步强调董事会和高级管理层对内部控制的影响，强调组织中所有各级人员都必须参加内部控制的过程。

（4）在我国，依据人民银行1997 年公布的《加强金融机构内部控制的指导原则》，金融机构的内部控制是金融机构的一种自律行为，是金融机构为完成既定的经营目标而制定和实施的涵盖各项业务活动，涉及内部各级机构、各职能部门及其工作人员的一系列具有控制职能的方法、措施和程序的总称。在 2007 年予以修订的《商业银行内部控制指引》中，中国银监会进一步指出内控制度是商业银行为实现经营目标，通过制定和实施一系列制度、程序和方法，对风险进行事前防范、事中控制和事后评价的动态过程和机制。2003 年 12 月 15 日，中国证监会修订了《证券公司内部控制指引》，具体探讨了证券公司内部控制制度相关的核心问题。同样，中国保监会也于 2010 年 8 月 10 日发布了《保险公司内部控制基本准则》，完善了保险公司内部控制的相关制度。

2. 金融机构内部控制的内涵

（1）金融机构内部控制的目标包括三个方面的层次：

①防范经营风险；

②保证资产的安全、会计记录的完整真实和经营环节的规范；

③为实现经营目标和经营效益提供合理保证。

（2）金融机构内部控制的客体是金融机构的全部经营管理活动，对金融机构的所有业务活动都要进行规范和控制，因此，金融机构内部控制是一个有特定目标的制度、组织、方法、程序的体系，而不是一种狭义的管理制度。

（3）金融机构内部控制的主体。金融机构内部控制涉及金融机构业务部门、内审部门、金融监管当局和外部审计机构四个方面，即：

①建立健全、有效的内部控制是金融机构董事会和高级管理层的基本职责；

②内审是对内部控制措施的补充，其职责在于独立地评价内部控制的完善程度、有效性和效率；

③金融监管当局作为外部监管部门，其职责在于，如果金融机构没有建立完善的内部控制或没有很好地执行，它将介入并采取监管措施；

④外部审计除独立评估金融机构的内部控制外，还要对内部审计的有效性作出评价。

二、内部控制的目标

（一）内部控制的一般目标

各国对内部控制的目标，一般都在内部控制定义中加以叙述。例如，美国注册会计师协会在1949年公布的内部控制定义中，就提出了四种内部控制目标。这四种目标已为许多其他西方国家所接受和应用。由安德逊编著的《外部审计》又增加了其他一些内部控制目标。按照安德逊的观点，内部控制目标可包括八个方面。

1. 保护资产（Safeguarding of Assets）

保护资产通常理解为对现金、有价证券和存货等资产的保护，以防止出现舞弊性错误，如顾客偷拿、雇员盗窃或篡改记录、多拿佣金或红利以及索取使用费等；也防止非故意性的错误，如偶然性少收货、多付购货款或财产损坏等。通常认为，保护资产不包括防止因鲁莽决策而造成的财产损失，例如赔本销售产品，在不妥当的地方开设仓库或是大做收效甚微的广告。

2. 保护会计记录的可靠性（Reliability of Accounting Record）

为提供可靠的财务报告，必须保证具有可靠的会计记录。可靠的会计记录是指那些可以用来编制可靠财务报表的记录，包括某些月末或年末的调整记录（如调整分录）。如果其他各方面都能做到准确无误，会计记录就可以按照设计要求提供可靠的信息。

3. 及时提供可靠的财务信息（Timely Preparation of Reliable Financial Information）

要求具有可靠的会计记录的目的之一，是及时提供可靠的财务信息。管理部门需要可靠的财务信息以便在企业经营活动中作出正确的经营决策；股东、贷款者和其他各方，需要可靠的财务信息以便进行正确的投资、贷款和其他决策。一般来说，审计人员直接关心提供给外部使用的财务报表可靠性的控制，而对内部管理报告可靠性的控制仅仅在审计人员认为其对他们审计工作产生影响时才予以关注。

4. 盈利和尽量减少不必要的花费（Profitability and Minimization of Unnecessary Costs）

在许多企业中，最重要的管理目标之一，就是与承担的风险程度相适应，达到其盈利水平。内部控制通过尽量减少不必要的花费（如防止未经批准的支出，向未经批准的客户发货等），为这一目标服务。

5. 避免无意地面临风险（Avoidance of Unintentional Exposure to Risk）

许多经济业务都要经历一些风险而取得盈利。内部控制目标并不是要消除所有风险，而是由管理部门采取措施有意识地避免面临风险。某一项内部控制的收益必须用该项控制的成本加以对照和衡量。

6. 预防或查明错误和不正常的现象（Prevention or Detection of Errors and Irregularities）

严格地说，预防或查明错误和不正常现象并不是一个单独的目标，它包括在上述目标之中。这里强调的目的是当外部审计人员需要查明错误和不正常的现象时，应该主要依靠良好的内部控制系统。内部控制的设计，就要根据避免减少因错误和不正常现象造成损失的风险的设计，同时要充分考虑控制成本的合理性。

7. 保证授予的职责得到正确履行（Assurance that Delegated Responsibilities Have Been Properly Discharged）

内部控制是管理部门实现其目标的工具之一。企业管理部门包括业务经营过程各层次，从工段长或部门经理一直到董事会。许多职责由每一级的管理人员授予下属各级去履行。设计良好的内部控制目标之一就是保证各级管理人员授予下属各级的职责能得到正确的履行。

8. 履行法律责任（Discharge of Statutory Responsibilities）

西方公司法明确规定，董事会对股东负有某些规定的职责，包括对股东负有明确地或含蓄地保持经管责任的职责。内部控制能够帮助董事会履行这些职责。一些比较普遍的要求如某些大额交易需要由董事会批准、关键管理人员的雇佣合同需由董事会高级委员会批准、财务报表和外部审计师的意见由董事会的审计委员会审阅，以及在某些情况下内部审计机构能够与董事会审计委员会保持联系等都是为这一目标服务的。此外，别的一些著作也提出了各自不同的内部会计控制目标，比较有代表性的有：

① 完整性（Completeness），所有发生的经济业务都要在会计记录中反映；

② 真实性（Validity），所有记录都要如实反映经济，并按照规定的程序处理；

③ 正确性（Accuracy），所有的业务以正确的数量、金额按正确的账户和处理程序记录处理；

④ 一致性（Maintenance），反映经济业务事项的会计记录适当方法应保持前后一致，以便正确反映企业经营状况，并可进行前后期比较；

⑤ 实务安全（Physical Security），限制职员接近未被授权处理的资产以及反映资产运动的各种文件资料。

（二）金融机构内部控制的目标

美国的垂德威委员会在总结了上述不同的内部控制目标后，在1994年的COSO报告中提出了内部控制的三大目标：经营的效果和效率，财会报告的可靠性和对现行法规的遵守。巴塞尔委员会（Basel）在此基础上并同时参考了其他西方国家的相关理论，提出了金融机构的内部控制三大目标，具体为运作性目标，信息性目标和合规性目标（见表6－1）。

表6－1 金融机构内部控制目标

Basel 目标	金融机构实践分析
运作性目标	各岗位运行的效率和各项经营活动的效果，是否存在无效运作
信息性目标	银行经营管理信息传递、反馈和财务运行信息全过程，是否可靠和完整
合规性目标	整体运作是否受制于法律、法规和内部规章制约，依法合规经营

1. 运作性目标

该项目标主要涉及金融机构利用其资产及其他资源同时免受损失的有效性和效率，确保金融机构全体员工，在实现经营目标时，无须付出不必要的、昂贵的代价，或避免受制于其他方面利益（政府、客户等）的侵害。这一目标要求从管理层到一线操作人员，必须始终围绕金融机构的自身利益，满足高效率和高效益的要求，克服不管是来自外部的客观影响，还是来自内部的主观行为，一切以效率、效益为中心。

2. 信息性目标

该项目标主要是指向金融机构内部决策部门提供及时、准确、完备报告前所做的一切准备。同时，信息性目标还包括年度性的报表、财务资料和有关财务公报，以及所能用于管理方面的报告和相关的其他外部用途的信息。这些信息存在于所有经营管理活动之中，是每一位员工为开展经营、从事管理和进行控制等项活动所必需的信息收集与交换。决策层将这些信息收集归并起来，以据此做出科学的可靠性的决策。

3. 合规性目标

该项目标主要是指在确保金融机构所有业务符合国家经济、金融政策法规，金融监管当局制定的各项金融规章制度、监管制度，以及金融机构自身制定的内部运作规范、程序和风险控制的措施。要想保护金融机构自身的合法权益，包括经营的专营权、决策的独立权、社会的信誉权，其自身就需围绕这一目标组织实施。

上述三大目标，既从不同的角度，满足不同层次、范围的需要，又相互进行交叉，具有很强的互融性。三者相辅相成、互为补充、互为条件、互相兼容，只有正确地把握三大目标的度与量，才能有效地实现金融机构内控目标。

（三）我国金融机构内部控制的目标

1. 保证国家法律法规、金融监管规章和金融机构内部规章制度的贯彻执行

这既是金融机构要达到的一个宏观目标，也是具体业务执行过程中要坚决实施的具体目标。国家法律法规和金融监管当局的监管规章都是为保障金融业稳健运行而制定的，金融机构执行这些法律规章，不仅使自身的业务经营有法律保障，而且还保证自身业务运营的审慎性。

2. 保证风险管理体系的有效性，确保将各种风险控制在适当的范围内

风险无处不在，无时不有，控制风险是金融机构经营的具体目标，也是内部控制的

110

核心目标。把风险控制在适当的范围内，能够保障金融机构的资金安全，减少或避免损失，增加利润，从而增强金融机构自身的资金实力，为稳健经营打下坚实的基础。

3. 保证自身发展战略和经营目标的全面实施和充分实现

这是内部控制的宏观目标。金融机构自身的发展战略和经营目标，是金融机构根据自身的实际和现实经济状况而制定的在一定时期内能够达到的目标，它必须切实可行，有针对性，内部控制则是实现这一目标的基础，是为这一目标服务的。

4. 保证业务记录、财务信息以及其他管理信息的及时、完整和真实

查错防漏、堵塞漏洞、消除隐患，这是内部控制的微观目标，是金融机构内部各部门和各岗位在具体的操作过程中要实现的目标。达到这一目标，可以有效地防止差错，减少错误和失误，从而为实现宏观目标提供保障。

三、建立内控机制的基本原则

（一）建立内控机制的一般原则

企业具体设计内部控制，应遵循以下原则：

① 相互牵制原则，即一项完整的经济业务活动，必须经过具有互相制约关系的两个或两个以上的控制环节方能完成。在横向关系上，至少由彼此独立的两个部门或人员办理以使该部门或人员的工作受另一个部门或人员的监督。在纵向关系上，至少经过互不隶属的两个或两个以上的岗位或环节，以使下级受上级监督，上级受下级牵制。

② 协调配合原则，指各部门或人员必须相互配合，各岗位和环节都应协调同步，各项业务程序和办理手续需要紧密衔接，从而避免扯皮和脱节现象，减少矛盾和内耗，保证经营管理活动的有效性和连续性。

③ 程式定位原则，指企业应该按照经济业务的性质和功能将其经营管理活动划分为若干具体工作岗位，并根据岗位性质相应地赋予工作任务和职责权限，规定操作规程和处理手续，明确纪律规则和检查标准，充分做到职、责、权、利相结合。

④ 成本—效益原则。贯彻成本—效益原则，即要求企业力争以最小的控制成本取得最大的控制效果。因此，在实行内部控制花费的成本和由此而产生的经济效益之间要保持适当的比例，也就是说，因实行内部控制所花费的代价不能超过由此而获得的效益，否则应舍弃该控制措施。

（二）金融机构建立内控机制的原则

一般来说，金融机构除了要按照上述原则建立内部控制外，由于金融行业自身的特殊性，还应当遵循下列原则。

1. 有效性原则

要使内部控制充分发挥控制作用，在各部门和各岗位得到贯彻实施，建立的内部控制必须具有有效性，即各种内控制度应当具有高度的权威性，要真正成为所有员工严格遵守的行动指南，并且要真正落到实处。此外，执行内控制度不能存在任何例外，任何人（包括董事长、总经理）不得拥有超越或违反制度的权力。对于现有的内部控制制度，要根据形势发展的需要和业务变化的新特点，适时进行修改，保证不落后于形势。

2. 审慎性原则

内部控制的核心是有效防范各种风险，为了使各种风险在许可的范围之内，建立内部控制必须以审慎经营为出发点，要充分考虑业务过程中各个环节存在的风险，容易发生的问题，设立适当的操作程序和控制步骤来避免和减少风险，并且设定在风险发生时要采取哪些措施来进行补救。

3. 全面性原则

内控机制必须全面、完整，渗透到各项业务过程中和操作环节，覆盖所有的部门、岗位和人员。各业务部门不能留有任何死角和空白点，做到无所不控。如果在业务过程中，有一个环节失控，即使其他各个环节控制再好，也有可能导致风险的发生。因此，只有坚持全面性原则，才能使内部控制完全发挥作用。

4. 相对独立性原则

内部控制的检查、评价部门应当独立于内部控制的建立和执行部门，并有直接向董事会和高级管理层报告的渠道。内部控制渗透到业务过程中的各个环节，它控制的是整个经营过程，因此与业务过程密不可分。从整个业务过程来看，各个环节都是整个业务的一部分，它们之间有操作上的连续性；从控制上来看，各个环节的操作又是相互独立的，它们之间是相互核查、相互控制的关系，因此，在建立业务过程的内部控制时，要保持各个环节的相对独立性，即坚持独立性原则。同时，内部控制作为一个独立的体系，必须独立于其所控制的业务操作系统，直接的操作人员和直接的控制人员向不同的管理人员负责。在存在管理人员职责相互交叉的情况下，要为负责控制的人员提供一条向最高管理层直接汇报的渠道。

四、巴塞尔核心监管原则的内控规定

金融体系出现问题及其严重的后果是各国金融监管当局不愿见到的。因此金融机构的业务范围、经营管理受到了重重限制，金融抑制现象普遍存在。这种过度牺牲金融机构的效率来保证金融体系的安全的做法，导致了金融机构效率低下。巴塞尔委员会提出"有效银行监管"，即立足于"提高市场对银行运行的约束"，而不是人为地替代或扭曲市场的作用，监管措施要适度进行，不能影响和抑制金融机构业务的正常发展以及金融创新活动的深化进行，其任务是确保银行安全稳定地运行，并保持足够储备抵御其业务风险。这与银行业保障其各项业务活动安全平稳运行，实现其经营目标的内部控制制度，存在着一致之处。巴塞尔委员会1997年9月通过了《有效银行监管核心原则》的国际性文件，第一次提出具有普遍意义的内部控制原则，以指导和加强银行业的内部控制。该原则在2006年出台了修订本。考虑到2008年以来的国际金融危机给银行业带来的挑战，巴塞尔委员会计划在2011年初启动《有效银行监管核心原则》的修订工作，27个国家（地区）和国际货币基金组织、世界银行等8个国际组织派员参加了修订工作。工作组研究了2006年以来全球金融市场和监管领域发生的重大变化，吸收借鉴了危机发生以后国际银行监管改革的最新成果，并结合历年来FSAP（国际货币基金组织和世界银行联合开展的金融部门评估规划）核心原则评估经验，对《有效银行监管核心原

则》的结构和内容进行了修改完善。中国银行业监督管理委员会派员参加了巴塞尔委员会《核心原则》修订工作组，提出的很多意见和建议得到采纳。2012 年 9 月，经第 17 次国际银行监督官大会审议通过，巴塞尔委员会正式发布第三版《有效银行监管核心原则》。

（一）内部控制在有效银行监管中的地位

1. 内部控制本身就可以防御风险

金融机构风险包括信用风险、流动性风险、利率风险、外汇风险、欺诈风险和操作风险等，金融机构的内控制度本身就是一道防线。在对以上风险的控制和化解中，离不了内部控制。

2. 内控制度有助于金融风险防范的"三道防线"有效运行

对金融风险防范的"三道防线"是建立预防管理、建立和健全风险补偿制度、建立特大风险应急制度。如预防管理中风险管理指标体系的建立和运行所需要的财务会计的信息，其可靠性要由内控制度予以保证，如果内部控制不当，会造成财务会计信息失真，使指标体系因为数据不可靠而失真，不能正常地运行，从而失去其预防风险的作用。

3. 内部控制与有效银行监管之间存在一种互补的机制

内部控制和外部监管一个从内、一个从外，对银行的经营风险和银行的安全稳定进行监控，两者之间存在互补性。银行内部控制可以增加银行的风险抵御能力，一方面使得对银行的监管可以在一定范围内放宽，进而使得金融机构可以在新的条件下开展更为广阔的业务，更好地提高银行的效率；另一方面有效的内部控制，减少了银行经营的风险，其资产质量有了提高，为金融危机的防范提供了一个较好的微观基础。

（二）有效银行监管对内部控制监管的要求

完善的内部控制可以有效地降低银行业经营的风险，从监管角度看则可以弥补其他监管手段不足而造成的监管缺陷，这正是有效银行监管体系的要求。在 1997 年《有效银行监管核心原则》中，巴塞尔委员会对有效银行监管提出了市场化原则、补充性原则、适度监管原则、动态原则、可行性边界原则。要达到这些要求，就要实现监管上的转变。而内部控制的监管，适合了这种监管的转变要求。1999 年 10 月，巴塞尔委员会在其发表的《有效银行监管核心原则》中又进一步指出"稽核应具有适当的独立性，在行内有一定地位"，"应有合格训练有素的工作人员进行有效的全面的内部稽查"，"内部稽核应形成直接向银行董事会或银行稽核委员会报告的机制"。

2012 年，巴塞尔委员会在其发布的第三版《有效银行监管核心原则》中强调"公司治理是确保银行安全稳健运行的关键要素，要求银行建设强有力的控制环境"；"银行在并表基础上，或适当时在单个法人基础上，定期发布容易获取的，公允反映其财务状况、业绩、风险暴露、风险管理策略与公司治理政策和程序的信息"，提高了对银行内部控制、公司治理、透明度等方面的要求。

银行内部控制本身就是为实现其业务正常运行和有效防范风险所设计的，从监管当局来看，对于内部控制的监管有利于从合规性为主的监管向风险监管为主的模式的转变；银行的内部控制存在于从开业、日常经营到退出的每一个方面，所以对于内部控制的监管，较其他监管方式更为全面；市场的发展也要求监管要不断地发展，银行的内部控制是随着其他业务的发展而不断发展的。内部控制监管可以更好地适应监管的动态化要求，监管活动在银行业日常经营活动之中，更为适应长期持续监管的要求；对于内部控制的监管，可能确保财务会计信息的可靠性和真实性，也可以提高监管当局对银行内部控制的信任，使其他监管得以经济有效地执行。内部控制监管还可以对其他监管方式不易监管的领域进行监管。

（三）《有效银行监管的核心原则》对内控规定的具体表述

1997年，巴塞尔委员会颁布了《有效银行监管的核心原则》，就银行内部控制提出了具体的原则和要求：内部控制的目的是确保银行的业务能根据银行董事会制定的政策以谨慎的方式经营。只有经过适当的授权方式方可进行交易，资产得到保护而负债受到控制，会计及其他记录能提供全面、准确和及时的信息，而且管理层能够发现、评估、管理和控制业务的风险。

自1997年发布第一版《核心原则》以来，巴塞尔委员会已对《核心原则》进行了两次修订。2006年10月，巴塞尔委员会发布第二版《核心原则》，强化了对银行风险管理的要求，增加了全面风险管理、流动性风险、操作风险和银行账户利率风险管理等原则，并提高了对金融机构内部控制等方面的要求。

巴塞尔委员会2012年9月发布的第三版《核心原则》，有一个原则涉及银行内部控制规定：

原则17：内部控制和审计——监管机构确定，银行具备完善的内部控制框架，以建立和保持一个控制得当并将风险状况考虑在内的运营环境。内部控制框架包括对授权和职责的明确规定；银行做出承诺、付款和资产负债账务处理方面的职能分离；上述流程的交叉核对；银行的资产保全；以及适当独立的内部审计和合规职能，以检查上述制度和相关法律法规的遵循情况。

由于各国在执行该原则时，对该原则的理解不同，评价的标准不同，从而造成评价的结果也不同。为了尽可能保证各国评估监管体系连续性和可比性的，巴塞尔委员会在第三版的《有效银行监管核心原则》中将《核心原则》与《核心原则评估方法》合并为一个综合性的文件，对每一条原则制订了必要标准和附加标准，供各国参考。

原则26的必要标准如下：

（1）法律法规或监管机构要求银行具备完善的内部控制框架，以建立一个控制得当并将风险状况考虑在内的运营环境。内部控制应由银行董事会和/或高级管理层负责，涉及银行的组织结构、会计政策和程序、制衡机制以及对资产和投资的保全（包括预防、早期识别和报告例如欺诈、贪污、未经授权的交易和计算机入侵等不规范行为的措施）。这些控制具体包括：

① 组织结构：岗位职责的确定，包括明确授权（例如明确的贷款审批权限）、决策制度和程序、关键职能的分离（例如业务发起、支付、对账、风险管理、会计、审计和合规等）；

② 会计政策和程序：对账、控制程序、向管理层提供的信息；

③ 制衡机制（或称"四眼原则"）：职能分离、交叉核对、双人控制资产、双人签字；

④ 资产和投资的保全：包括对实物及计算机系统访问权限的控制。

（2）监管机构确定，银行的后台、控制部门、运营管理部门与业务发起部门之间，在专业能力和资源方面保持适当的平衡。监管机构还确定，后台与控制部门的人员有充分的的专业能力和内部授权（适当时，控制部门需要与银行董事会有充分接触的渠道），从而对业务发起部门形成有效的制衡。

（3）监管机构确定，银行具备常设、独立且人员充足的合规职能，能帮助高级管理层有效管理银行面临的合规风险。监管机构确定，合规人员受过适当的培训，具有相关经验，并在银行内部拥有充分授权，以有效发挥其职能。监管机构确定，银行董事会对合规职能的管理进行监督。

（4）监管机构确定，银行具备独立、常设和有效的内部审计职能，其职责是：

① 评估现行政策、程序和内部控制（包括风险管理、合规和公司治理程序）是否有效、适当并能满足银行的业务需要；

② 确保遵循相关政策和程序。

（5）监管机构确定，银行的内部审计职能：

① 具有充足的资源，人员受过适当的培训，具有相关经验，能够理解和评估所审计的业务活动；

② 具有适当的独立性，有向银行董事会和董事会下设审计委员会的报告路线；在银行内部拥有足够的地位，以确保高级管理层能够对其提出的建议做出反应和采取行动；

③ 能够及时知晓银行风险管理战略、政策与程序的实质性变动；

④ 当履行职能需要时，能够充分接触银行及其关联机构的所有员工、所有记录、档案和数据；

⑤ 采用的审计方法能够识别银行承担的实质性风险；

⑥ 根据自己做出的风险评估来制定内审计划并相应配置资源，内审计划定期接受评估；

⑦ 有权对所有外包业务进行评估。

五、金融机构内部控制与外部监管的关系

金融机构内部控制是以银行业为主体的现代金融体系强化管理、规避风险的一种企业自律行为，它与金融监管当局实施的金融监管联系密切，二者产生于相同的根源——金融风险，但又有着本质的区别。通过对二者关系的探讨，我们可以更加准确地把握金融机构内部控制的内涵和特征，明确金融监管对建立和完善内部控制体系的重要意义。

（一）金融机构内部控制对外部监管的要求

内部控制可以帮助企业管理部门尽可能地实现业务活动有条不紊和高效率地运行，保证组织目标得到合理的实现。企业的规模越大、工作越复杂，内部控制就越有必要。现代金融业涉及经济活动的各个领域，同时内部之间的关系错综复杂，如果没有一个运

行有效的内部控制制度，不仅对金融机构自身，也会对金融体系产生影响。因此对金融机构内部控制就不能只停留在金融机构自身的要求上，而要从整个国家金融体系的安全和经济健康运行的宏观视角予以重视。这样对于金融机构内部控制的监管就成为必然的要求。

金融机构的内部控制可以提高金融机构自身的资产质量及金融体系的效率和稳定性，是外部监管的必要基础和保障。但内部控制制度就其设计与运行来说，要受到成本—收益、人员因素、外部条件等各方面因素的影响。所以要使金融机构的内部控制能够有效运行，为监管当局所信任，并能够在监管中发挥其作用，金融监管当局就有必要对之进行外部监管。

（二）金融机构内部控制与外部监管的联系

外部监管与金融机构内部控制有着相同的产生根源，作为一个事物对立统一的两个方面，二者密切联系、息息相关。这种相关性主要表现在实施目的与实施内容上。

（1）外部监管与金融机构内部控制的实施目的具有一致性。外部监管的目的是维护金融机构经营的安全，防范金融风险，从而保证国民经济体系健康稳定运行。金融机构内部控制制度是金融机构为规避风险、提高自身经营安全性的一项有效制度。因此，外部监管与金融机构内控制度在防范风险与维护金融机构的安全经营方面具有一致性。

（2）外部监管与金融机构内控制度在实施内容上具有一致性。金融机构内控制度建设是金融监管当局进行外部监管的内容之一，内控制度可以看成是外部监管的具体化。外部监管与内控制度在内容上的一致性、相承性也反映在二者实施目的的一致性上。

（三）外部监管与金融机构内部控制的区别

尽管外部监管与金融机构内部控制有着相同点，但二者在以下方面仍存在着根本的区别。

1. 外部监管与金融机构内部控制的管理主体不同

外部监管是一国的金融监管当局进行监管。一般来说，金融监管当局是一国管理金融业的权力部门，在我国则有中国人民银行、银监会、证监会和保监会（"一行三会"）四个政府机构。金融监管当局代表政府对本国的所有金融机构履行监督管理的职责。在资本主义时代早期，也曾出现过财政部实施金融监管的现象，这是与当时财政部拥有货币发行权相联系的。金融机构内部控制是金融机构的自律行为，从一定程度上讲，金融机构内控实际上与通常的企业管理是相近的。金融机构内控制度的提出，反映了在相当长的时间内，金融机构过多关注在业务扩张、市场竞争、市场拓展而忽视内部建设与控制的不良倾向，这种倾向的直接后果就是金融机构内部管理混乱、效率低下，人为风险增多、运营事故频频发生。对此，只能通过金融机构加强内部控制得以解决。因为，金融的外部监管作为一种来自外部金融监管当局的制衡力量，其作用的发挥毕竟不是决定性的。

2. 外部监管与金融机构内部控制的具体目标不同

外部监管作为一国金融监管当局的金融监管活动，是从全局出发的，兼顾了金融行业的发展与整个社会经济的稳定，而金融机构内控目标是从金融机构自身出发，即是对微观企业行为的自我控制，有别于金融监管的宏观规制特征。正是由于金融机构内控目标的自我约束、自我控制的特点，使金融机构内控的效果大小成为衡量一个金融机构经营管理水平高低的重要标志。

3. 外部监管与金融机构内控的内容不同

外部监管的内容主要有：监督管理金融机构的业务活动；管理境内金融市场；对上市证券的合法性进行审查、监督，对有上市股票、债券的公司的资信情况进行评估监督。显然，外部监管的内容之一就是加强对金融机构内部控制的要求，比如中央银行对商业银行的内部制度建设和内部管理提出原则性要求，因此，内部控制反映了外部监管的一个侧面。金融机构内部控制包括金融机构内部组织结构的控制、资金交易风险的控制、衍生工具交易的控制、信贷资金风险的控制、保险资金的风险控制、会计系统的控制、授权授信的控制和计算机业务系统的控制等。

4. 外部监管与金融机构内控实施的方式不同

金融监管当局实施金融监管的方式有两种。第一种是通过立法实施金融监管，第二种是制定各时期特定的金融政策。金融政策与金融立法不同，一方面，金融政策的制定必须依据现行的金融法规，不能与立法违背；另一方面，金融政策是一种短期的、临时的、适应特定时期特殊需要的指导性措施，具有比金融立法更大的灵活性、适应性，因而又可看做金融立法的必要补充和延伸。金融立法与金融政策都是金融机构必须严格遵守和严格执行的。金融机构内部控制是金融机构通过制定内部各种组织制度、工作程序、监督制度实施的，或者说通过制度化管理进行内部控制。金融机构内控制度是在金融监管当局的指导下由各金融机构自行制定的，具有显著的主动性、自主性和灵活性，而且这种制度只是一种企业管理制度，不同于金融立法或金融政策。金融机构内控制度的制定、执行、监督均由金融机构自主进行，因此，内控效果的实现是依靠金融机构的自觉执行，而金融监管则要求金融机构必须去履行。

5. 外部监管与金融机构内控的对象不同

外部监管是一种全局性、宏观性的管理活动，显然要把每一个金融机构作为一个有独立行为能力的"法人"或者独立的经济活动主体看待。金融机构内控的对象则是指向金融机构内部的各个相关群体乃至个人（自然人）。由此可见，金融机构内控的复杂性和困难性，因为群体中每个人的习性、品行、素质、能力、好恶各不相同，其行为的不可预测性更大，这要求金融机构内控不能只停留在制度化管理控制的表层，而应在激励制度、情感沟通与人际关系建立、员工素质培养等各方面深入进行，进而形成成功的企业文化，实现"文化制胜"，这也是现代金融机构内控制度的最高理想层次。

第二节　国际金融业内部控制制度的比较

健全的金融机构内部控制制度是金融机构安全、有序运作的前提和基础。境外金融机构内部控制制度包括金融机构为保证正常经营、规避和化解金融风险所采取的一系列必要的管理制度和措施。在长期的经营实践中，境外金融机构积累了丰富的、各有特点的内控管理经验，这对于正走向国际化、市场化的我国金融业来说，无疑具有十分重要的意义。

一、境外金融机构内控制度分析

（一）相互独立的业务部门和明确的职责分工

金融业务的性质要求每一项业务至少应有两人或两个部门参与记录、核算和管理，因此，各职能部门要具有相对的独立性，以达到内控制度所要求的双重控制和交叉检查效果。

（二）严格的决策程序

以信贷业务的决策为例。为避免决策失误，银行信贷业务的审贷过程，都遵循严格的管理程序，将借款人贷款申请的受理和评审分开，由不同的业务部门负责。如瑞士联合银行，由市场部门负责联系客户，贷款评估（评审）则由信贷部门负责。贷款评审时，严格按照银行的规定，根据不同授信，自下而上按权限层层审批。贷款发放后，由上而下对不同客户对象不定期进行抽查，并最后按复查的情况以动态管理方式来实现信贷监督。在荷兰，商业银行的信贷业务由项目经理和风险经理共同把关，审批程序分三个层次：第一层次是分行信贷委员会，借款人提交贷款申请书后，由第一线的项目经理根据银行规定起草贷款建议书，分行的风险经理负责审查贷款建议书是否符合银行规定，两者意见一致时，提交分行信贷委员会审批，在授信权限内，信贷委员会可以决定是否同意贷款；第二层次是总行信贷委员会，对超过分行授信权限的信贷业务，由分行报总行信贷分析部门，经专门信贷分析员审查，写出书面意见，报总行信贷委员会审批；第三层次是董事会、监事会，主要负责审批贷款金额特别大的信贷业务。

（三）科学的管理方法

（1）建立内部信息评级制度，实现客户风险控制指标化。如银行把客户的信用级别分为拒绝、不合格、放弃、怀疑、比较合格和合格等十个级别。在贷款之前，对客户诸多方面的情况进行汇总，确定其信用级别，以决定是否提供贷款。

（2）严格的授权审批制度。以安全经营为本，每一项交易一定要有不同的人进行审查和批准，任何人的权限都不能是无限的。

（3）对业务实行表格式管理。为了加强对业务的信用风险、产品风险、市场风险、经营风险和法律风险的管理，对业务实行表格式管理，即把业务分成几个大类，并在此基础上再分成几十种具体种类，形成纵向性分业管理，而总行各职能部门负责其功能管理。同时按经济区域设立几个管理机构，负责所在地区业务的行政管理，两者之间相互交叉，共同对总裁负责，也就是存在着专门的业务部门和风险部门，共同来管理业务。

（4）完善的稽核（审计）机制。在严格内控制度的同时，建立一整套比较完善的内部稽核（审计）机制。其一，在内部，设有专门的稽核监督部门，它独立于其他业务部门，直接对董事会、监事会负责。不仅在业务部门委派了专职监控员，而且从上到下，逐级设置稽核（审计）部门，上下相连，纵横贯通，从而形成了一套比较完整的内部监督机构体系。其二，审计工作重点由合规性审计转为风险防范审计，风险审计重点主要包括银行资产质量的审查，各业务部门工作内容、工作程序、工作质量的经常性检查，内部控制制度及其实施情况的监督，风险管理体系和风险预测体系的定期评定等。

（5）完善的会计控制体系。从某种意义上讲，会计部门是金融机构内部的第一监控部门，因此境外许多金融机构都赋予会计主管或财务总监以特别的权力和地位。

（6）合理有效的内部检查制度。内部检查是发现内部问题的有效手段，也是保障安全经营的必要措施。内部检查制度的具体内容包括：一是总部业务部门对分部的检查，包括按要求报送的各种财务报表、专题报告，以及召开分部门负责人座谈会听取汇报等；二是总部审计机构对分部的定期全面检查和不定期专项检查；三是内部的自我日常检查以及聘请外部会计师查账。

（7）行之有效的员工管理方式。①员工手册。员工入职伊始就必须认真学习员工手册，知道自己应该做什么，不该做什么，明确自己的责、权、利，这样员工在工作过程中就不会无所适从。②敞门办公制度，主要是增加业务处理的透明度。要求员工坚守自己的岗位，并对自己的岗位负责，如果经理人员越权或违反规定发布指令，员工可以不执行，并可向更高层管理人员报告。从而从体制上避免由于个人的独断专行可能给经营带来的风险。③员工休假制。境外机构员工每年都有一定时期的休假，并规定每个员工每年至少要连续休超过一周的假期。如此，可让员工从繁忙的工作中解脱出来，更重要的是使每个岗位每项业务都有被充分检查的时间和机会，而不伤害员工的自尊。这种制度对于防止业务人员长期作弊非常有效。④信息交流。境外机构比较重视员工之间信息的交流以及员工与管理者的沟通，以达到工作上的和谐。

二、美国内控制度

（一）美国内控制度特点

美国联邦储备体系十分注重银行业的内部控制工作，其对内部控制定义为：内部控制是组织计划和在业务中采用所有协调方法和手段，旨在保证资产的安全、检查其会计资料的精确性和可靠性、提高经营效率、鼓励坚持既定的管理政策。这一定义大大扩展了内部控制的范畴，它把内部控制的范畴延伸到与会计和财务部门间接或直接相关的职能中，使得内部控制不仅仅是对人员、风险、从业范围、制度和工作程序的监督管理，而且是一个包括预算控制、标准成本、定期经营报告、统计分析等在内的内部控制与稽核相统一的系统。因此，银行稽核职能的发挥是评价其内部控制系统的重要尺度。

1993年5月11日，联邦存款保险公司董事会批准执行1991年《联邦存款保险公司改进法》第12条中的内容，要求这些银行设立由独立的外部董事组成的稽核委员会，并就其内部控制和守法情况以及稽核过的财务报表档案向联邦存款保险公司和联储等管理机构报告。大银行和稽核委员会中至少有两名成员要具备商业和金融方面的管理经验，并且这些成员不能是该银行大客户中的雇主或雇员。

美联储要求银行内部的稽核审计人员负责监督银行在会计、经营和管理等方面是否健全和适当，以确保这些方面都正常运转，使银行资产免遭损失；同时，内部稽核还负有帮助制定新的政策和程序的义务，还应监督银行遵守法律法规，对现行的监控政策及程序有效性做出评价。为达到这一要求，美联储对银行内部稽核进行检查时，着重从内部稽核的独立性，内部稽核人员是否称职、内部稽核的充足性和有效性几个方面入手，强化了内部稽核的功能。从其工作程序、业绩，尤其是专业人员素质这些非常细致入微的指标检查中，促进了银行业对内部控制的重视。因为，一旦美联储认为某银行内部稽核报告不可信，那么，该银行的内部稽核工作在联储中将处于极低等级，这对该银行的经营发展来说是非常不利的。因此，迫使银行重视内部控制，由此来达到金融监管的目的，把风险降到最低。

（二）美国银行业的内部控制

美国银行业在长期的经营实践中，为了实现其经营目标，追求利润最大化，同时防止银行经营状况的恶化，形成了一套有效的内部控制管理策略及运作原则，即在各项业务中，注意同时兼顾盈利性、流动性、安全性，积极寻找三者之间的最佳组合。

根据美国银行业的经验，银行内部控制分为四种系统：

第一，信念系统，主要让雇员了解银行内部的规章制度。

第二，边界系统，主要指对经营活动进行控制，保证每个银行员工行为受到约束。

第三，驱动控制系统，该系统在整个经营环境中确定不确定因素。

第四，诊断控制系统，该系统主要依赖计算机在内部寻找各种变量。

在四种控制系统中，第一、第二种是文件、制度式，是用语言激励雇员。第三、第四种是通过计算机计算，对经营活动进行监测和控制。

美国的商业银行内部稽核组织体制与管理集中有力，审计形式与方法先进科学。它们实施强有力的内部稽核监督，对于加强银行的风险管理，降低经营风险程度，提高经济效益，起到了积极有效的监督保障作用。

1. 集中、权威、超脱的稽核组织结构

（1）建立总部一级制的内部稽核组织，直接实施全辖稽核监督。稽核部门设在总部，分行一律不设。

（2）首席审计官即是高级副总裁，但无须对总裁负责，不向总裁报告工作，而是直接向董事会报告稽核工作，向董事会负责。

（3）稽核人员可以从各业务部门中优先选聘，派驻稽核也可以在当地选聘，但必须由总行稽核部门直接选聘。

（4）稽核部门均有独立的财务核算，稽核的待遇从优，不低于业务部门。

（5）稽核部门的内部机构根据业务量大小及其经营业务品种的不同按业务种类、区域分类。

（6）总部稽核人员的配备均占相当大的比重。

美国的商业银行能够建立总部一级制的内部稽核机构，直接实施全辖稽核工作的根本原因在于其实现了银行业务计算机网络和稽核手段电脑化。由于所有业务经营的数据资料都进入计算机系统，因此，各业务稽核部和区域稽核部可以先查阅使用资料。稽核部门通过详细分析资料，科学确定业务经营的高风险区和具体的稽核对象，再实现现场稽核。银行业务与稽核手段的电子化减少了稽核机构层次，降低了稽核人力投入，扩大了稽核覆盖范围，加快了稽核信息时效，提高了稽核监督效率。

2. 统一、严密的稽核依据

美国的商业银行总部均规定各业务部门必须制定出一整套本业务部门统一规范的业务操作规章、规程，并编辑成册。各业务部门业务规章手册即是稽核部门的稽核依据。稽核部门在稽核实践中发现业务部门规章制度的漏洞和问题，可以向业务部门提出建议，要求修改完善。

3. 明确稽核目标，紧密围绕风险防范进行稽核监督

美国的商业银行非常重视风险防范。政府设有银行业务风险金，如果银行出现了风险，政府要承担最高10万美元的赔偿。所以政府特别重视对银行的监管和检查，保证银行能够正常经营。商业银行内控主要的目标就是防范风险，内部稽核是实现内控目标的主要手段。稽核部门通过对银行业务经营的政策执行及其运作过程进行严密的监控和检查，发现问题及时向管理层提出报告，促使业务部门及时修正。

一般来说，美国商业银行对风险管理检查主要从八个方面进行监督评审：战略风险，不利的业务决策或业务决策的错误执行所形成的风险；网络风险，系统和软件应用方面不足造成的风险；政治风险，主权国家和某一事件可能影响该国的客户无法实现承诺而造成的风险；信用风险，无法实现对客户或市场的承诺而造成的风险；市场风险，主要指资金经营决策不符合市场规律而造成的风险；操作风险，主要指违反银行内部业务操作而形成的风险；用人风险，指银行职员能否在合适的工作环境和职位发挥其应有的能力，不致因消极工作影响银行经营的风险；法令风险，国家的政策法规可能给银行经营造成的风险。稽核部门通过风险评定，对风险打分比较高的业务经营稽核的频率高，对风险打分比较低的业务经营稽核的频率低。

4. 灵活、有效的稽核手段和方法

美国商业银行的稽核部门正在积极实施稽核方式的转变，使稽核部门最终变为实行开放式、能动式的稽核监督。稽核部门通过帮助业务部门控制风险来转变工作角色，这样业务部门愿意把稽核人员当做伙伴，并会在意识到有问题、有风险时，主动与稽核部门联系，要求其发挥咨询作用。稽核部门也与业务部门保持密切联系，发现问题及时解决，不做事后诸葛亮。

5. 稽核内容的科学性和严格性

美国的商业银行一般每隔三年对所有分行进行一次稽核。但这种稽核并非面面俱到，而是有针对性、有价值的稽核。具体地说，就是从制定政策和执行政策两大方面进行稽核评价和监督。一是从系统的管理上，检查评价总部制定的各项经营政策、决策、制度、办法是否符合金融法规和商业银行经营原则，因为总部的决策在整个银行管理中是至关重要的，一旦失误就会造成系统的风险损失；二是检查监督全系统在业务经营过程中是否认真执行了总部制定的政策、决策、制度、办法，如对信贷风险管理的稽核，不是对每一被检查单位的每个客户、每笔贷款进行检查，而主要是对执行信贷风险管理政策规定的贷款审批过程、资产搭配管理、信贷政策的实施、坏账损失准备、单个贷款

比率等程序和操作进行检查监督，做出审计结论，提交银行管理层。同时，他们还适时与银行管理层紧密联系，预测将要发生的问题，并制定预防措施。美国的商业银行内部稽核已经摆脱了事后复核性质的稽核监督，步入了较高层次的审计监督阶段。

6. 管理层高度重视稽核结果

美国商业银行稽核一律采取查处分离的方式，稽核部门不提处理意见，更不直接处理查出的任何问题。但管理者十分重视稽核，稽核部门提出的稽核报告均能引起管理者的高度重视，无一搁置的情况。对稽核发生的问题，管理层一般的利用程序是：责成稽核对象落实逐一纠正的时间表，再交由稽核部门进行后续跟踪检查。纠正不力或问题严重的当时即予以解职、调岗、解雇。从而使稽核部门及其工作人员始终保持了高度的权威性，也促使业务部门真正重视稽核部门的作用。

7. 高度重视稽核人员的素质更新

美国商业银行的稽核人员每年都要集中受训，学习掌握业务部门新的规章制度（即新的稽核依据），同时也学习掌握稽核技巧。

三、德国内控制度

（一）德国全能银行制下的内控制度特点

在战后欧洲的金融发展史中，德国堪称稳健发展的典范，其金融机构的内部控制具有其鲜明的特点，主要表现在两个方面。

1. 分工明确、互相协作的金融监管组织体系

德国的银行业虽然实行全能银行制，银行除了经营传统的业务外，还兼营保险、证券、投资等其他非银行业务。然而，银行的兼营业务与银行业务是分开进行、单独核算的，所以政府对其监管也分别由不同的部门进行。如对保险业和证券业的日常监管，由联邦保险监管局和联邦证券监管委员会来施行，而联邦金融监管局，则负责对银行和其他非银行金融机构（保险、证券除外）实施监管。它们均隶属于财政部。此外，德意志联邦银行（中央银行）、州中央银行协助联邦金融监管局实行监管。联邦金融监管局、联邦保险监管局、联邦证券监管委员会和中央银行既明确分工，又互相配合，构成了德国完备和多层次的金融监管体系。

2. 健全完善的金融机构内部控制制度

长期以来，德国非常重视金融机构内控机制的建立，为了防范经营风险，各金融机构都建立了健全的内部控制体系和有关制度，主要是建立内部审计机构、风险管理机构和证券监察机构。

（1）内部审计机构。各金融机构一般均设有内部审计部，通过内部稽核，及时发现问题。金融机构所有权人可以监督经理人，以此实施有效的监督，防范经营风险。

（2）风险管理机构。金融机构建立了一套有效的风险管理机制，金融机构董事会、市场风险管理部、各业务部门、审计部门都分别对风险负有明确的职责。董事长负责整个金融机构的风险管理，确定风险及其上限。金融机构每天通过数学计算的办法确定风险的大小，如超过规定的风险上限，董事会将马上采取措施降低风险。市场风险管理部

是金融机构专门负责风险管理的职能部门，负责制定衡量市场风险的指标，对各业务部门进行检查、监督，随时提供风险信息；同时，建立一些数学模型来预测和计算风险；通过进行量的分析到质的定性，提出降低风险的措施，及时向董事会报告。各业务部门要预测本部门业务范围内的风险上限，定时进行检查，发现风险及时采取措施，并向风险管理部门报告。内部审计部门则通过每天计算风险情况，对当时风险所处的状态报告给有关部门和董事会。

（3）证券监察部。德国 1995 年实施《证券交易法》，并成立了联邦证券监管委员会。为了配合实施《证券交易法》和联邦证券监管委员会的规定，各商业银行都依法成立了证券监察部，具体负责对本银行证券经营业务活动的监督。

（二）德国银行的内部控制

1. 监管部门在内部控制中的职责

德国金融业的监管机构是联邦银行监管委员会。早在1974年该委员会就提出了加强金融机构内部控制机制建设的问题，并在实践中不断总结和完善，形成了自己独特的内控建设管理模式：政策导向侧重于从某一业务领域，并以文本形式向金融机构提出一些内控建设的基本原则和基本要求，先后在内审、外汇、证券、信贷等方面做出了相应规定，各金融机构在这个总体内控框架下制定有关规定和制度以及进行具体业务操作；借助社会审计力量，除特殊情况外，监管委员会借助社会审计力量对金融机构进行内控检查，由于社会审计机构从资格的核准、经营范围的确定以及审计报告的发布完全受控于监管委员会，因此，任何一家社会审计机构在现场检查时，必须严格按照监管委员会的要求进行，而对内控情况的检查是其不可或缺的部分；特别情况下的现场检查，监管委员会通过对联邦银行以及社会审计机构上报的情况分析，对重大问题，如洗钱、内控不严可能造成的巨大损失等问题进行现场检查。

德意志联邦银行和银行监管委员会在实施对金融机构的监管中包括对机构内控方面的检查。从总体上说，监管部门实行的是非现场监控，即通过非现场分析，如感到某金融机构有问题时，它们首先找这家机构的高层管理人员会晤，通过下个月的报表分析仍感到问题存在，它们就会考虑这家金融机构是否在内部控制方面出了问题。随后，它们就要调阅社会审计部门对这家机构所做的年审报告，如果年审报告没有反映这方面的问题，它们就会建议另找一家社会审计部门进行现场检查。可见，在德国，对金融机构的现场稽核是通过社会审计机构进行的。

2. 关于对经营金融交易的内部控制

德国银行监管委员会颁布的《对经营金融交易的信用机构业务管理的基本要求》主要体现在四个方面。

（1）管理层的自我监督和控制。①管理人员必须深知交易业务的风险内涵，并能采取有组织的措施来控制风险。②金融交易必须严格遵守管理层制定的操作规程，其内容包括内部控制、监管系统、内部报告制度等十三个方面。管理层还必须制定贯彻执行这些制度的指导细则，诸如业务文件的处理、工作流程及岗位对指导细则的执行情况也应定期检查或根据需要进行修改补充，并要确保业务人员熟知这些规程和细则。③在试验阶段，新金融工具或新金融市场交易必须经管理人员授权批准方可进行，只有在试验阶段取得成功、人员和设备配备齐全并建立了风险控制系统才能全面展开新金融工具或新金融市场的交易。

（2）风险控制和风险管理。德国建立了比较完善的银行业风险管理体系。德国各家银行都设置风险管理委员会，将风险管理与收益管理、本金管理并称为银行经营中的三大管理。为了加强对风险的管理，德国银行业通过确定明确的任务目标、科学的风险测量、准确的风险防范政策。为控制与交易业务相关的风险，每个业务部门必须建立一个用于测量和监控风险头寸、分析潜在亏损风险大小和能对其进行控制和管理的系统。风险控制人员要与一线交易人员分开，头寸权限由管理人员授予，交易产生的风险要及时得到监控，要有一名管理人员专门负责风险控制和管理工作，并且他本人不介入每天的前线交易。①风险控制和风险管理系统的设计要参照交易业务开展的广泛程度、复杂程度、风险内涵和银行总体的业务战略，当然总的交易策略及其他市场情况在设计系统时也应考虑在内。②管理层应参照本银行的净资本和盈利能力制定一个风险交易止损上限，在对风险控制结果进行分析的基础上建立风险控制系统来监控交易对手的信用风险和市场价格风险，确定风险额度，各类风险的总额度由管理层制定和批准，未经管理层同意，不得开展任何未予授权的交易。交易一经批准展开后，不得超越止损权限，交易员要熟知自己的权限以及使用情况。不同业务、不同种类风险涉及的头寸，至少在每天交易结束后汇总到总的风险头寸中，并于第二个交易开始前按不同种类风险分项记录下来。③法律风险管理。交易协议和各类从属协议要以正式文件为准，一笔交易一旦成功后，所有交易内容必须经双方确认并记录在案，发放隔夜交易指令尤其如此。④操作风险管理。数据处理系统必须适合不同交易品种的特点和交易数量的需要。数据库的市场价格、价格变动等数据要合理可信并做定期检查以确保它们之间相互吻合。要制订一个应急的书面计划，以应付在可能发生的交易设备失灵的情况下，备用设备能及时投入使用。

（3）操作程序的监督和牵制。德国金融机构在内部控制上最突出的特点是"四眼原则"（双人原则），就是业务交叉核对，资产双重控制和双人签字。在德国联邦金融监管局颁布的《对经营金融交易的信用机构业务管理的基本要求》（以下简称《基本要求》）中，详尽地阐释了这种"分而治之"的原则。该要求关于操作程序的监督与牵制中规定：各项交易活动必须有明确的职能分工，包括四个层次：一是一线交易，二是后线结算，三是会计审核，四是监控。一线交易与其他职能部门要分开，即使是交易管理人员也必须遵守这个原则。在一个职能部门中，相关但不同的工作要由不同的人员做，以确保相互的业务监督牵制。使用自动数据处理系统时，要有相应的程序来保证实施监督数据处理系统中输入人员与交易、后线结算分开，会计审核与业务监控人员分开。任何数据内容的修改，由处理系统自动记录在案。为控制与交易业务相关的风险，每个业务部门必须建立一个用于测量和监控风险头寸和分析潜在亏损风险大小并对其进行改进控制和管理的系统。风险控制人员要与一线交易人员分开，头寸权限由管理人员授予，交易产生的风险要及时得到监控，要有一名管理人员专门负责风险控制和管理工具，并且他本人不介入每天的前线交易。

（4）内部审计人员的再监督。德国银行对内部审计非常重视，并具有较先进的理念和手段。各金融机构一般均设有内部审计部，通过内部稽核，及时发现问题。德国银行的内部审计从20世纪50年代开始至今，其理念和功能大致经历了四个发展阶段：最高会计——财务检查；企业警察——合规性检查和个别检查；内部咨询——针对风险的过程检查和个别检查；管理咨询——管理检查和递进式现状检查。内部审计是对风险的评估和监控，也是对检查体系、领导层和监控体系的评估过程。他们将银行内部审计分为三个维度：第一个维度为内部审计的产品组合，第二个维度为上级检查领域，第三个维度为检查方法的审计。对于《基本要求》的遵守情况要由内部审计人员进行检查，其中风险审计至少每年一次。对《基本要求》中每一部分的审计至少每三年一次，主要包括：风险额度；头寸及交易结果和确认核对；自动数据处理系统中的变化；内部报告体制的完整性、准确性和及时性；职能分工原则，交易条款符合市场正常条件的程序；交易证实以及对方的反证实。审计后将审计结果通报给审计部门并报送给所有管理人员。被审计业务领域的主管人员要就审计报告中提出的问题和建议提交书面答复。每年对经审计未被纠正的错误和未被执行的建议要提请所有管理人员注意。当前，德国银行业注重将内部审计与外部审计相结合，有的领域比如财务审计，主要依赖于外部审计。金融机构所有权人可以监督经理人，以此实施有效的监督，防范经营风险。

3. 对银行内部审计工作的要求

内部审计是内部控制工作的重要组成部分，联邦银行监管委员会对银行内部审计也明确提出了要求。

（1）银行的业务状况由设在该银行的内部审计部门进行审核。内部审计部门开展审计的前提是获得完整、详细的本行业务及运行程序手册。该手册还应包括划分每一位银行职员的职责范围。内部审计人员将检查是否遵守此手册中的各项条例规定。如果银行的规模小，可不设内部审计部门，但必须由一位高层管理人员主管内部审计。银行内部审计工作也可以部分或全部由指定的外部审计人员或机构承担。

（2）银行内部审计部门的人员设置及其资历要求，将根据被审核的业务性质和数量而定。

（3）银行内部审计部门在确定其工作方法和范围时应考虑到银行业务的管理及银行的薄弱环节和存在的风险。内部审计部门的职员不得在其部门之外兼职，审计员不承担任何与审计无关的工作，其他部门的职员也不得被临时借用从事内部审计工作。

（4）审核范围将包括银行各个领域的业务。高层管理人员对发布的与审核有关的指令都应通过内部审计部门。

（5）银行的所有高层管理人员都有义务支持内部审计部门开展业务，并尽可能提高其运作水平。这一要求同样适合于各个业务部门的领导。

（6）银行内部审计部门不受非主管的高层管理人员干涉，在制定审计范围、内容和进行审计时完全独立。

（7）书面审计报告将定期按时上报高层管理人员，在突发情况下立即呈交审计报告。书面审计报告，不应局限于总结审核中发现的问题，还应包括对审核领域的业务状况进行评估。

（8）审计人员有义务确保审核结论的正确性，如果审核报告内容与事实有出入，内部审计部门的领导应向被审核的业务部门领导作出书面解释。如果审核过程中发现涉及高层管理人员的重大问题，应立即以书面形式向所有领导通报。所有领导将有义务立即将报告呈交监管委员会主席，这样可以防止个别高级管理人员隐瞒不报。

（9）所有审计报告和审计案头文件将向公共审计部门或机构公开。公共审计机构应在其审计报告中对各银行的内部审计部门的设置和工作是否符合上述要求进行说明。

第三节　我国金融机构内部控制的分析与评价

一、我国金融机构内部控制发展现状

同我国金融业的迅速发展相比，我国的金融机构内控制度建设显得相对滞后。金融机构公司治理结构不完善，战略投资人匮乏，加上社会诚信的危机和法律体系的不完善、执行混乱，这都不利于内部控制建设。随着我国金融市场化程度不断提高，必须进一步健全和完善内控制度。为了改变我国金融机构中内部控制制度没有得到有效执行的情况，中国人民银行于1997年5月发布了《加强金融机构内部指导原则》，对金融机构内部控制的原则与目标、基本内容与要求，管理与检查等方面均有明确的指导性规定。其中第二十二条指出，内部稽查部门要实行综合性内部监督职责，实行对一级法人负责，以保证其独立地履行监督检查职能。建立制度规章，保证内部稽查部门独立性和权威性，按下查一级要求实行派驻制。在各商业银行都普遍设立一个副行级的总稽核职位，保证稽核工作相对的权威性与独立性，这对我国金融机构内部控制的建设有着积极的意义。我国金融机构基本上都制定了一套内部控制制度，主要有商业银行内部控制、证券公司内部控制和保险公司内部控制。这对有效防范金融风险，保证金融业安全稳健运行会起到积极作用。

（一）商业银行内部控制

为促进商业银行建立和健全内部控制，防范金融风险，保障银行体系安全稳健运行，2002年9月7日，中国人民银行颁布实施了《商业银行内部控制指引》，2006年12月8日，中国银监会公布新的《商业银行内部控制指引》，对我国商业银行内部控制制度做了进一步的指导和探索。在《商业银行内部控制指引》中内部控制的概念、要求得到了更加清晰的解释，在概念上更加突出了对内部风险的动态处理特征。《商业银行内部控制指引》具体探讨了商业银行内部控制制度若干核心问题，具体表述如下。

1. 完善商业银行公司治理结构，重构组织机构的内外体系

内部控制作为一个制度范畴，就必须具备制度框架和传导路径。有效的内部控制必须建立在分立制衡的权力体系基础之上，并且通过分工明确、责任明确、稽核明确的结

构体系来落实。《商业银行内部控制指引》明确指出这一点，并对银行董事会、高级管理层以及监事会的权责做了简要区分。

2. 内审监督与自身纠正的结合

《商业银行内部控制指引》在第二章基本要求部分最后着重强调了银行内部审计的要求，作为内部控制的重要约束力量，内部审计部门的权限、设置、人员等有了明文规定：商业银行的内部审计部门应当有权获得商业银行的所有经营信息和管理信息，并对各个部门、岗位和各项业务实施全面的监控和评价。同时，商业银行的内部审计应当具有充分的独立性，实行全行系统的垂直管理。商业银行应当配备充足的具备相应的专业从业资格的内部审计人员，为了及时发现问题、解决问题，商业银行应当建立有效的内部控制报告和纠正机制，应当建立内部控制的报告和信息反馈制度。

3. 严格实施授信内部控制

《商业银行内部控制指引》从第三章到第八章分别列举了授信、资金业务、存款及柜台业务、中间业务、会计、计算机信息系统六个银行专门领域的内部控制要求。这其中，授信内部控制要求共二十五条，篇幅最长，目的性很强，就是针对目前我国银行内部控制最主要环节——信贷管理。现在，银行不良资产问题已经得到了广泛的重视，而由此引发的慎贷又连带产生了中小企业融资难的问题。抛开体制、微观经济等外部因素，长期以来，银行自身缺乏监督、约束的信贷管理体制对此责任不小。《指引》规定更加细致，其中一些规定体现了新的指导思想。

（1）明确统一授信管理原则，并完善信贷管理的机构、体系建设。银行应建立严格的授信风险垂直管理体制，对授信实行统一管理设立独立的授信风险管理部门，对不同币种、不同客户对象、不同种类的授信进行统一管理；制定统一的各类授信品种的管理办法。

（2）强化了信贷管理体制的量化分析和信息化建设。比如银行应当以风险量化评估的方法和模型为基础，开发和运用统一的客户信用评级体系；健全客户信用风险识别与监测体系；建立资产质量监测、预警体系；建立完善的授信管理信息系统；建立完善的客户管理信息系统等。

（3）完善授信决策机制、明确授信风险责任制。《指引》明确规定：行长不得担任授信审查委员会的成员。同时，在《贷款通则》基础上，《指引》不仅重申了调查人员、审批人员、贷后管理人员的责任归属，而且明确了放款操作人员应当对操作性风险负责，高级管理层应当对重大贷款损失承担相应的责任。

（4）商业银行应当对单一客户的贷款、贸易融资、票据承兑和贴现、透支、保理、担保、贷款承诺、开立信用证等各类授信实行一揽子管理，确定总体授信额度；对集团客户实行统一授信管理，合理确定对集团客户的总体授信额度，防止多头授信、多头借款、多头互保套取银行资金。

（二）证券公司内部控制

为引导证券公司规范经营，完善证券公司内部控制机制，增强证券公司的自我约束能力，推动证券公司现代企业制度建设，防范和化解金融风险，2003年12月15日，中国证监会发布了《证券公司内部控制指引》。《证券公司内部控制指引》共5章142条，是对2001年中国证监会发布的《证券公司内部控制指引》进行修订后的新文件。《证券公司内部控制指引》具体探讨了证券公司内部控制制度若干核心问题，具体表述如下：

1. 健全证券公司治理结构，建立清晰合理的组织结构

有效的内部控制应贯彻健全、合理、制衡、独立的原则，根据不同的工作岗位及其性质，赋予其相应的职责和权限。建立健全责任明确、程序清晰的组织结构是有效实施内部控制的基础。《证券公司内部控制指引》第四章基本要求部分着重强调了这一点，明确了证券公司董事会、监事会、经理人员的内部控制职责。证券公司应与其股东、实际控制人、关联方之间保持资产、财务、人事、业务、机构等方面的独立性，确保证券公司独立运作。

2. 严格实施业务内部控制

《证券公司内部控制指引》第三章列举了业务、投资、咨询、创新、机构、财务、系统、资源八个证券公司专门领域的内部控制要求。这其中，业务内部控制要求共三十条，投资活动内部控制要求共二十条，主要针对我国证券公司内部控制最主要的环节——业务管理和投资活动。这些规定体现了新的证券公司内部控制指导思想。

（1）建立实时监控系统。业务管理上对重要岗位适当实施岗位分离制，加强经济业务整体规划，制定统一完善的经济业务标准化服务规程、操作规范和相关管理制度，重点防范挪用客户交易结算资金及其他客户资产、非法融入融出资金以及结算风险，确保自营资金来源的合法性。

（2）建立统一的发行人质量评价体系和投资银行项目管理制度。完善各类投资银行项目的业务流程、作业标准和风险控制措施，提高投资银行项目的整体质量水平，重点防范因管理不善、全责不明、未勤勉尽责等原因导致的法律风险、财务风险及道德风险。

（三）保险公司内部控制

为加强保险公司内部控制建设，提高保险公司风险防范能力和经营管理水平，促进保险公司合规、稳健、有效经营，保护保险公司和被保险人等其他利益相关者合法权益，2010年8月10日，中国保险监督管理委员会制定了《保险公司内部控制基本准则》（以下简称《基本准则》），对我国保险公司内部控制制度进行了进一步的指导和探索。在《基本准则》中对保险公司内部控制的概念、目标、所遵循的原则和内部控制体系得到了更加清晰的解释。《基本准则》具体探讨了证券公司内部控制制度若干核心问题，具体内容如下。

（1）建立全面、系统、规范化的内部控制体系，覆盖所有业务流程和操作环节，贯穿经营管理全过程，在组织架构、岗位设置、权责分配、业务流程等方面，通过适当的职责分离、授权和层级审批等机制，形成合理制约和有效监督。内部控制应与绩效考核和问责相挂钩，与公司实际风险状况相匹配，合理配置资源，防范和有效控制经营管理中的各种风险，实现公司的发展战略和经营目标。

（2）建立内部控制活动的层次。《基本准则》第二章列举了销售、运营、基础管理和资金运用四个保险公司业务领域的内部控制要求。这包括直接面对市场和客户的销售

活动的内部控制；对业务处理和后援支持等运营活动的内部控制；对公司经营运作提供决策支持和资源保障等基础管理活动和资金运用控制活动的内部控制。具体规定如下：

① 严格实施销售控制。建立并实施科学统一的销售管理制度，规范各渠道销售人员的培训和管理工作，建立代理机构合作管理制度，规范业务流程。规范销售宣传、展业行为，严格按照规定进行各类宣传活动，确保宣传广告内容真实，合法。建立销售过程和销售品质风险控制机制，提升业务品质。严格实施佣金手续费控制，杜绝任何形式的商业贿赂行为。

② 组织实施运营控制。保险公司应当以效率和风险控制为中心，按照集中化、专业化的要求，明确产品开发流程、建立清晰的承保操作流程、建立标准的理赔操作流程和高校的理赔机制、规范统一的保全管理制度、建立统一的收付费管理制度、规范再保险管理、建立业务单证管理制度、规范会计核算流程、建立客户电话中心管理制度、建立健全反洗钱控制制度。

③ 保险公司应当按照制度化、规范化的要求，组织实施基础管理控制活动。基础管理控制主要包括战略规划、人力资源管理、计划财务、信息系统管理、行政管理、精算法律、分支机构管理和风险管理等活动的全过程控制。其中，风险管理既是保险公司基础管理的重要组成部分，也是内部控制监控的重要环节。

④ 保险公司应当以安全性、收益性、流动性为中心，按照集中、统一、专业、规范的要求，组织实施资金运用控制活动。保险资金运用是保险公司经营活动中相对独立的组成部分，是内部控制的重点领域。资金运用控制包括资产战略配置、资产负债匹配、投资决策管理、投资交易管理和资产托管等活动的全过程控制。

（3）制定内部控制评价制度，编制内部控制评估报告。每年保险公司内部审计部门、内控管理职能部门和业务单位应分工协作对内部控制体系的健全性、合理性和有效性进行综合评估，根据监管部门的评价标准，对评价结果进行分类，最终报送中国保险监督管理委员会。

二、我国金融机构内控存在的主要问题

在《加强金融机构内部指导原则》、《商业银行内部控制指引》、《证券公司内部控制指引》和《保险公司内部控制基本准则》的指导下，我国的金融机构在内部控制建设上有了长足的进步，但内部控制毕竟在我国的发展较晚，属于一个较新的领域，因此无论在理论准备和实践经验上都存在许多问题，归纳起来主要有以下几个方面。

（1）对内控制度的认识和理解存在偏差。一是对内部控制的认识不全面、不科学。我国金融业从业人员对内控制度的认识和理解不尽一致，没有把它看作是现代金融内部管理必不可分的重要组成部分，即忽视了内部控制是一种机制，是一种业务运作过程中环环相扣、监督制约的动态控制，这种认识上的差异性，导致相当一部分的经营管理人员对内控制度建设重视不够，缺乏自觉性。二是内部控制的氛围不浓，相当一部分金融机构中，业务拓展的欲望强烈，对加强内部控制的研究很少，致使制度流于形式，有章不循的现象屡禁不止。

（2）制度不够完善和健全，体系间存在脱节现象。目前，绝大多数金融机构在业务工作中都建立了基本的规章制度，但不够完善和健全，有些制度已经过时而不适应发展的需要，未能随着业务状况和客观环境的变化及时进行修订；有些则是新型业务已经开展，但制度尚未建立，致使运作上带有盲目性；有些制度过于概括、简单和条文化，操作性不强，不能为业务提供实际的指导；有些制度偏重于强调纪律约束，缺乏必要的程序控制；有些制度缺乏必要的处罚措施。

（3）有章不循，违章操作。在经营管理中，许多内控制度是有的，行之即有效。问题在于一些制度流于形式，没有真正得到贯彻落实。由于人为地减少控制点作业和逆程序操作，以致金融机构内部控制机制变形，失去了应有的刚性。当前金融机构内部各岗位不同程度地存在有章不循的问题。

（4）内部管理机制不完善，缺乏必要的办事程序。主要表现在业务的审批和授权随意性较大，甚至滥用职权，业务处理上出现反向运作状态，造成必要的审批和经办过程走过场，为徇私舞弊创造了可乘之机，使银行资产面临较大的风险。

（5）内部组织机构不尽科学，部门之间业务分工不明确，权力制衡在运作中失灵。主要表现在缺乏严格的授权管理和集体决策程序，对各分支机构及部门的管理授权不清、责任不明，有些分支机构权力过大，有些部门身兼数职；部门内各岗位之间职责不清、内部权责脱节、检查走形式。由于对授权授信没有统一的管理，权力得不到有效制约，岗位操作无有效控制，加之一些监管部门不能有效地发挥监督作用，从而造成内部侵吞、挪用和外部盗窃、诈骗等案件时有发生。上下级各部门自成体系，各自为政，部门之间缺乏协调、制约和监督功能，这是国有金融机构普遍存在的问题。

（6）风险防范意识薄弱，只注重经营，忽视了内部管理。由于自我防范意识较差，自我约束机制不健全，结果是内部管理跟不上业务发展的需要。另外，风险控制系统不健全及事前、事中预警预报机制差也是一个值得重视的难点问题、薄弱环节。

（7）法人管理不健全，自控不力。内部控制是否健全与有效的关键是人，特别是高级管理人员。从现行的制约监督机制来看，对掌握一定决策权的高层管理人员制约力不强，使一些高层管理者甚至一些机构的法人，缺乏法律、政策观念，按个人意志办事，使内部控制规章制度落不到实处。

（8）安全防范措施不完备，手段落后。一些必要的监控监测机制不健全，预警、预报机制差。部分基层网点业务档案管理混乱，防火、防盗措施不完备，缺乏有限接触和存取登记制度，缺乏对资产质量、资金交易业务及经营效果定期的分析，重大问题报告不及时。在金融电子化普遍应用的情况下，编制计算机应用程序时，未将内部控制的要点有效地渗透到系统的关键环节，甚至系统本身就不太完整。

（9）内部监督层次不高，权威不够。由于各金融机构行使内部监管的职能部门主要是稽核部门，在设有稽核部门的机构，大多数都由一位副总经理分管，这样稽核部门对该位副总经理分管范围以外的业务部门进行稽核时可能会受到不必要的干预，内部稽核发现的问题可能超出了该位副总经理的分管范围而无法及时、妥当地处理，且总经理也难以通过执行系统以外的渠道，及时了解和把握业务运作过程中存在的问题。而且，内部监督力量配备不足，监管人员素质适应不了日益扩大和更新的内部监管工作的需要，频率偏低，覆盖面不够。

（10）金融风险预警机制不健全。很长一段时间内，我国金融业没有形成健全和完善的风险监督机制，没有健全的规范化、科学化的风险监管体系，金融机构防范和承担风险的能力较差。尽管经过多年改革发展，金融风险预警机制已有较大改善，但仍有不足之处。

阅读资料

基金经理"老鼠仓"案

"老鼠仓"，是指庄家用公有资金拉升股价之前，先用自己个人或者亲友的资金在低位建仓，待用公有资金拉升到高位后，个人或者关系仓位率先卖出获利的行为。近年来，基金经理通过"老鼠仓"损害中小投资者，为个人牟利的案件层出不穷。2009年8月19日，深圳证监局对基金公司进行突击检查后发现，韩某、涂某、刘某三名基金经理涉嫌利用非公开信息买卖股票，涉嫌账户金额从几十万元到几百万元不等。

在这三起基金经理违法违规的案件中，涂某是最早参与的。2006年9月18日，涂某担任景顺长城动力平衡基金经理，在其任职期间，通过网络下单的方式，操作其亲属赵某、王某开立的两个证券账户，先于或同步于涂某管理的动力平衡等基金买入卖出相同个股，涉及浦发银行等23只股票，为赵某、王某账户非法获利37.95万元。

原长城基金旗下长城稳健增利债券型证券投资基金（以下简称债券基金）的基金经理刘某从2008年8月27日任债券基金经理起，通过电话下单等方式，操作妻子黄某于国泰君安证券深圳蔡屋围金华街营业部开立的同名证券账户从事股票交易，先于其管理的债券基金买入并卖出相关个股，涉及鞍钢股份、海通证券、东百集团3只股票，为黄某账户非法获利134 683.57元。

原久富基金经理韩某利用职务便利及所获取的基金投资决策信息，与妻子史某等人通过网络下单的方式，共同操作韩某表妹王某与招商证券深圳沙头角金融路营业部开立的同名证券账户从事股票交易，先于或与韩某管理的久富基金同步买入并先于或与久富基金同步卖出相关个股，或在久富基金建仓阶段买卖相关个股，涉及"金马集团"、"宁波华翔"、"澳洋科技"、"江南高纤"等15只股票，2009年2月28日《刑法修正案（七）》公布施行后至8月21日期间，前述交易涉及"金马集团"等14只股票。

2010年9月16日下午，中国证监会公布涂某、刘某和韩某三名基金经理违法违规处理结果。涂某被取消基金从业资格，除没收违法所得外，另罚款200万元，并终身禁入市场；刘某被取消基金从业资格，没收违法所得外加罚款50万元，并罚三年禁入市场；此外，通报称，韩某自2009年1月6日任长城久富证券投资基金经理至其违法行为被发现期间，利用任职优势与他人共同操作其亲属开立的证券账户，获利较大，涉及27万元，情节严重。证监会将其涉嫌犯罪的证据资料移送公安司法机关追究刑事责任。

2011 年 1 月，深圳市福田区人民法院对韩某做出公开判决，判处韩某有期徒刑一年，没收其违法所得并处罚金 31 万元。

近年来，基金市场"老鼠仓"事件的不断发生，极大地损害了投资者的利益，影响了行业信誉。这些"老鼠仓"案件充分暴露了我国基金公司内部控制的薄弱。首先，基金业内部控制监督机制亟待建立和完善；其次，基金公司对高级管理人员缺乏有效的内部控制监督机制；最后，证监会对金融市场监管的实际执行中还存在着不足，《证券法》对违法人员制定的处罚远远不够，基金从业人员从事违法活动的机会成本太低。

作为现代管理的一项重要内容，健全有效的内控制度已成为金融机构防范风险的第一道防线，对于任何一家基金公司而言，内部控制问题都不可掉以轻心。因此，建立、完善基金业自身的内部控制制度，设计一套与之相适应的制衡机制，以切实有效地防范风险，保证基金业正常有序地运作，是促进金融业健康、稳健发展的必要手段。

三、我国金融机构内部控制制度的改革与完善

内控制度建设是金融机构的一项基础性工作，也是建立现代企业制度，实现自我调节、自我约束的重要环节。健全和完善内控制度建设，是金融机构实现稳健经营政策、防范化解风险、确保金融安全的需要。金融机构改革建立合理的规章制度，完善现有的内部控制制度，并在实际工作中加以应用，应加强以下几个方面的工作。

1. 充分认识加强内控制度建设的重要性和必要性

金融业发展速度越快，越需要缜密的内控制度来巩固成果，严格管理，强化控制。坚持依法遵章管理，把金融机构的各项工作纳入法制化、规范化的轨道，这是金融机构健康发展的长久之计。

第一，强化内控意识。在内部制度面前，人人平等，无论是普通员工还是领导干部都必须严格遵守，一旦违反就要追究责任。只有切实解决好这些认识问题，才能克服内部制度管理中的随意性，提高内控制度的权威性，增强贯彻实施的自觉性，构筑起风险防范的"铜墙铁壁"。

第二，在具体工作中，深入研究分析，完善内部控制制度体系，推进内控体系标准化。一是要把好重要岗位人员审核关，切实加强监督制约。部门领导要加强对本部门人员的日常管理，及时掌握和了解人员的思想动态，善于发现不安全隐患，及时进行整改。二是要把好思想教育关，对员工经常进行人生观、价值观、道德观、法律法规、爱岗敬业等方面的教育，提高全员遵纪守法、拒腐防变的自觉性，使得思想教育形成强烈示范效应和相互影响的效应，构成看得见的内控制度之外的看不见的软约束力量。三是要有奉献意识，要有"理解岗位，服务岗位，奉献岗位"的思想，既要维护内控制度的严肃性，又要关心员工的疾苦。

2. 逐步健全内控制度

金融监管当局的内控制度建设是一套完整的系统性工作，需要在执行中逐步加以改进和完善。

（1）梳理工作流程，建立完善的岗位责任制和规范的岗位管理措施。合理有效的岗位分工是实施内部控制制度的基础。岗位分工是根据劳动组织形式来确定的，对于一些不相容的岗位，必须实行岗位分离，以达到相互制约，预防风险的目的。岗位责任制就是明确每个岗位工作人员的工作范围、职责和权限，实现定岗、定人、定责，使他们各司其职，各负其责，分工协作，互相监督。

（2）突出重点岗位，实施重点监控。要选择在一个业务流程中起关键性作用的一些控制环节，对其进行重点监控。如商业银行中的管库员"三同操作"、双人武装守卫值班、会计账单核对等，要定时与不定时进行监控，确保内部控制的重点不出现问题，加强职能部门的相对独立性和相互制衡性，达到内部控制制度所要求的双重控制和交叉检查效果。

（3）实行授权授信控制。授权授信是指金融机构的各部门在处理经济业务、金融机构问题解答、下级部门的请示时，必须经过授权授信批准以便进行控制。其中包括：授权批准的范围，要根据工作重要性的不同，授权相应的批准层次，以保证每个管理层既有权又有责；授权批准的责任，应当明确被授权者在履行权力时应对哪些方面负责，应避免授权责任不清、一旦出现问题难究其责的情况发生；授权批准的程序，应规定每一类业务的审批程序，以便按程序办理审批，避免发生越级或违规审批的问题。

（4）完善商业银行内部信用评级系统。根据自身情况加强对信贷相关基础数据的收集整理，对西方现存的信用风险管理计量模型和方法结合我国商业银行实际运作状况进行必要的改进、调整和尝试，加深对信用风险管理和控制手段的认识，逐步向运用计量方法管理信用风险过渡。

（5）建立事前、事中、事后监督体系。为及时有效地对授权授信实行控制，出现差错及时发现和纠正，应建立事前、事中、事后监督体系。对风险进行事前防范、事中控制、事后监督和纠正的动态过程和机制，及时发现问题纠正错误，有选择、有重点地对重点岗位进行补偿性控制，以保证内部控制机制的高效性和可靠性。

（6）文件记录控制。对要求进行内部控制的各个环节和措施，要形成文字材料，达到有章可查。其主要内容有：①建立全员岗位说明书，制定一套完整的业务岗位说明书，明确各岗位的职责和操作规程，对每个岗位都应有相应的书面材料，其内容包括岗位内容、岗位职责、岗位上下关系和岗位任职条件等；②建立业务操作规程手册，业务操作流程要让每个相关人员了解，使其知道自己在处理业务时所处的位置、前后作业环节、上下之间的联系，优化业务流程。

3. 维护内控制度的权威性和严肃性

（1）建立内控监督机构，加强内控队伍建设。内控监督机构对每个岗位、每个部门和各项业务实施全面监督反馈制度，实现与行政管理交叉控制，内控监督机构必须在形式上和实质上保持相对独立。形式上独立是指监督人员应独立于本行业务和管理人员，不能自己监督自己；实质上监督是指站在党的政策和全行利益上实施稽核。监督工作要制定科学、合理、统一的监督审计程序，要有一定的覆盖率和检查频率，涵盖主要业务和重要风险点。内控监督机构应由熟悉业务、有责任心、作风正派的人员构成。

（2）严格责任追究制度，加大责任追查力度。一是每次检查要有目的性，有计划，查效果，绝不能讲形式、走过场，要善于发现隐患和漏洞，敢于提出整改意见和建议，及时进行整改。二是建立"对事不对人"的处罚规定，实行统一标准，防止重检查轻整改。必须树立规章制度的权威性和严肃性，对于违反规定的应坚决按标准处罚，对屡查屡犯的应从重处罚。三是高度追究一般违规行为的蔓延，从小处着手，把隐患遏止在萌芽的状态，防微杜渐，形成内控的严密风险。四是建立领导人责任追究机制，由于各个金融机构的负责人，各个内部监督检查机构、自律管理部门，既是内控制度的贯彻执行者，又是内部各项制度的监督检查者，所以要重点追究在内控制度执行过程中的失职、渎职行为，追究有关领导人的责任。

（3）加大科技投入，提高内控技术含量。科学技术的迅速发展，特别是计算机在银行业务中应用的不断深入，为我们进行内部控制提供了新的武器。通过软件开发，将内部控制的一些规定编入程序，由软件程序进行控制，建立起信息管理系统，可以起到人控物所起不到的作用。人控物只能起到使人不想违和不敢违的作用，但起不到使个别人想违而不能违的作用，要真正解决不能违规问题则需要程序控制。员工无意或有意的错误都将被电脑程序发现而难以通过。例如，会计密码的定期更换，重要业务换人复核和授权等。

4. 认清加强内控制度建设的艰巨性和长期性

（1）正确对待执行内控制度中出现的问题。与前些年相比，内控制度建设迈出了可喜的一步，并不断进行完善，对化解风险、确保依法遵章治行起到了很大的作用，但仍有许多不足之处，需要正确对待。

（2）提高认识，加强对内控制度工作的领导。各级领导要高度重视内控制度的建设，充分认识搞好内控制度的建设对促进业务发展、提高经营管理的重大意义。把内控制度的建设纳入日常管理的重要内容，常抓不懈。结合本单位实际，认真解决工作中存在的问题，消除事故隐患，防止各类案件的发生。

（3）进一步加强员工队伍职业道德、法律、法规及风险意识的教育，采取多种形式对员工进行经常性的内控制度教育，增强法纪观念，提高防范能力。教育员工树立正确的世界观、人生观、价值观，热爱金融事业，热爱本职工作，敢于同不法分子作斗争，自觉抵制各种腐朽思想的侵蚀，杜绝各种违规操作的不良行为。养成拒腐防变、遵纪守法、按章办事的良好习惯。

（4）强化内部管理，完善检查机制，抓好各项制度的落实。为预防案件发生，一要对现有的规章制度不折不扣地坚决执行；二要在执行现有制度的基础上，善于发现新情况、新问题，及时完善补充并制定新的规定和措施；三要加大对执行制度情况的检查力度，完善检查机制，实行检查责任追究制，对应检查而未检查，检查中应发现而未发现问题或发现问题督促整改不力的检查人员要追究其责任，造成案件事故的，要从重处理，彻底解决监督检查不到位的问题。

（5）在执行内控制度上要牢固树立五种意识：一是岗位意识。要求员工熟悉岗位性质、岗位职责和具体工作任务，切实履行好岗位职能。二是大局意识。从维护一方金融秩序稳定的全局角度来考虑，把执行规章制度作为提高金融服务水平的一项基础工作来抓，把抓好本部门工作和本辖区工作联系起来。三是主动意识。把落实上级精神的过程，作为研究新形势、找出新工作方法、制定新内控制度的过程，打好主动仗。四是规范意识。要以严密的制度、规范的管理和扎实的工作作风确保安全万无一失。五是奉献意识。以积极的心态对待事业，对待工作，对待自己，对待他人，淡泊名利，乐于奉献，在平凡的工作岗位上做出不平凡的业绩，为金融事业的发展多作贡献。

本章小结

内部控制的一般目标是：保护资产、保护会计记录的可靠性、及时提供可靠的财务信息、盈利和尽量减少不必要的花费、避免无意地面临风险、预防或查明错误和不正常的现象、保证授予的职责得到正确履行、履行法律责任。

金融机构内部控制的目标包括：运作性目标，信息性目标，合规性目标。我国金融机构内部控制的目标是：保证国家法律法规、金融监管规章和金融机构内部规章制度的贯彻执行，保证风险管理体系的有效性，保证自身发展战略和经营目标的全面实施和充分实现，保证业务记录、财务信息以及其他管理信息的及时、完整和真实。

建立内控机制的一般原则：相互牵制原则、协调配合原则、程式定位原则、成本效益原则。金融机构建立内控机制的原则：有效性原则、审慎性原则、全面性原则、相对独立性原则。境外金融机构内控制度包括：相互独立的业务部门和明确的职责分工、严格的决策程序、科学的管理方法等几方面的内容。

本章重要概念

金融机构内部控制　　内部牵制　　内部控制结构　　合规性目标

复习思考题

1. 金融机构内部控制的内涵是什么？

2. 境外金融机构内部控制的目标包括哪几方面？试与我国金融机构内部控制目标相比较。

3. 如何理解金融机构建立内控机制的四项原则？

4. 简述外部监管与金融机构内部控制的区别。

5. 境外金融机构内控制度包含哪几方面内容？

6. 结合当前实际，谈谈如何完善我国金融机构内部控制制度。

第七章

其他监管防线

各国金融监管实践都证明，要对金融业实施有效的监管仅仅依靠政府监管当局的审慎监管与金融业的内部控制是不够的，还需要行业自律、市场约束机制和存款保险制度等其他监管防线的补充与配合。其他监管防线作用的有效发挥对于维护金融稳定与金融安全具有重要意义。本章着重介绍了行业自律、市场约束机制、存款保险制度等内容。

第一节 行业自律

一、行业自律组织

行业自律组织历史悠久，早在封建社会就已经存在各种类型的行会组织。那时的行会组织较为松散，一般采取自愿结合的方式，其职责多局限于制定本行业的行为规范以及产品的最低价格，以防止本行业内部的价格恶性竞争以致损害本行业的整体利益。而在现代经济中的行业自律组织，大多为本行业的非营利性社团法人，举办本行业的各种交流活动，召开本行业的研讨会等，其职责一般为制定本行业的行业标准、维护本行业的竞争秩序。在大多数国家，行业组织多代表本行业同政府进行交涉，同时也对本行业成员的行为进行规范并向社会负责。行业组织的存在及其自律行为对行业的稳定发展必不可少，它能够防止过度竞争，减少社会的交易成本，降低政府的监管费用，在保护生产者与消费者的利益方面发挥着积极的作用。

成立金融业自律组织是各国加强金融业行业自律和服务的普遍做法。金融业自律组织一般由金融业同业自愿组成，以谋取和增进全体会员机构的共同利益为宗旨。金融业自律组织是金融监管体系的重要组成部分，它不仅可以解决金融同业之间的约束和自律问题，而且有助于加强金融业的监管，改善金融机构的经营环境。我国金融业面临着金融开放与金融深化的挑战，为了配合金融监管的有效性以及金融稳定的需要，建立金融业同业组织非常必要。

（一）建立良好金融秩序的需要

随着我国金融改革的日益深化，金融市场发展迅速，金融技术、业务和制度创新日新月异，市场主体日益增多，竞争日趋激烈。部分金融机构由于自律意识欠缺，往往盲目竞争、冒险经营甚至违规操作，加大了金融机构运作的风险。虽然近年来，国家相继颁布实施了多部法律法规，但金融机构的经营秩序依然不太理想，不合理竞争依然存在。建立良好的金融秩序需要各方面的共同努力，除了继续加强审慎监管和完善金融机构的自身内控机制以外，通过建立行业自律组织，可以督促会员机构自觉执行国家金融法律法规和规章，协调金融同业在竞争和发展中的关系，从而为金融业的发展创建一个公平、合理、规范的竞争新秩序。

（二）改善金融机构市场环境的需要

目前，我国法律体系及相应的政策配套措施还不很健全，金融市场不很成熟。通过建立金融业同业组织，一方面有助于加强金融机构与政府部门、中央银行、监管当局、企业界、经济界的联系，反映金融业的意愿和要求；另一方面也有助于加强金融同业之间的信息交流与合作，降低金融机构的经营风险。

（三）实行对外开放和参与国际市场竞争的需要

加入世界贸易组织以来，金融市场逐步扩大开放领域，我国金融业的发展面临着前所未有的机遇和挑战。成立金融同业组织不仅可以促进金融同业间的合作，提高行业的整体竞争力，而且有助于进一步组织和推动我国金融业扩大国际交流与合作，参与国际金融市场竞争。

二、行业自律组织的一般功能

（一）充当金融业的行业自律管理机构

这是金融业行业自律组织的基本功能。金融市场的参与者都有自发维护市场竞争秩序的内在动力，金融业通过制定同业自律公约以及有关业务规章和收费标准，可以加强会员机构的自我约束能力，监督其遵守国家的有关法律法规，建立公正、合理、平等的市场竞争秩序，维护金融市场的安全与稳定。

（二）充当金融业同业之间的协调机构

这主要包括四个方面的内容：一是行业内部的协调，行业组织可以依法公正地处理会员机构之间的业务纠纷和矛盾，确保会员机构之间保持良好的业务关系，建立公正、合理、平等的市场竞争秩序；二是负责行业与公众的协调，一方面可以使公众及时准确了解各家金融机构及整个行业的经营和发展状况，另一方面可以向会员机构及时反映社会公众对金融服务的意见和要求，增进会员机构与广大客户的联系；三是与其他行业的协调，协会可以代表整个行业与其他行业开展对话与合作，维护金融业的利益；四是与立法和司法机关、政府相关部门、金融当局及监管当局的沟通协调，协会可以向这些部门提供有关金融业的咨询，反映金融业的意愿和要求，为金融业的健康稳定发展争取一个良好的法律和政策环境。

（三）充当金融业的服务机构

这个作用的涵盖面很广，搞好行业自律，做好协调工作都是服务。这里要讲的服务主要包括：一是提供信息服务，协会通过建立信息共享机制来加强会员机构间的信息沟通和交流，并为会员机构提供法律法规和政策制度的咨询服务；二是提供培训服务，协会可以参照国际惯例，并结合本国国情制定金融从业人员专业培训和考试办法，还可以进行针对高级管理人员和专业技术人员的培训，定期举行以提高业务水平为目的的研讨会；三是提供对外交流服务，可以广泛开展国际交流与合作，积极推动本国金融机构参与国际竞争。

（四）充当监管当局的助手

金融业行业管理是一种内行管理，要针对本行业的业务特点与风险特征进行有针对性的管理，因此，自律管理的效率较高，可通过监督会员机构自觉遵守国家有关法律、法规和政策，履行行业自律公约，规范业务活动，协助监管当局共同维护金融市场秩序。

三、我国金融业的行业自律

随着我国金融机构多元化的发展，金融机构行业自律的作用正逐渐加强。1997年，全国金融工作会议决定，加快银行、信托、证券、保险、信用社等行业自律制度建设，建立健全同业公会，制定同业公约，规范、协调同业经营行为。近年来，我国银行业、证券业、保险业、信托业和期货业等分别建立了各自的地方性和全国性的同业自律组织。

（一）银行业的行业自律

商业银行的行业自律行为在世界范围内都比较普遍。目前，境外发达国家或地区基本上都成立了银行业协会或类似组织。它们主要通过制定各项业务规章和举办各种活动，来规范行业行为、进行行业交流、协调内部关系等，同时，还出面组织培训银行业员工、维护行业利益等工作。有些国家和地区的银行同业组织得到了政府和监管当局的支持，成为政府对银行业实施监管的一个重要组成部分。

20世纪90年代，我国银行业在发展中逐渐认识到行业自律组织的重要性。在中国人民银行的指导帮助下，全国银行业开始积极探索加强行业自律的途径和方法，收到了较好的效果。1996年，中国工商银行、中国农业银行、中国银行、中国建设银行、交通银行5家银行共同制定了《制止存款业务中不正当竞争行为的若干规定》。在中国人民银行的协助下，筹建中国银行业协会的步伐有所加快。但适逢我国整顿社团组织，全国银行业协会的筹备工作被迫暂时搁置下来。在此期间，上海、天津、福建、湖南、江西等省市相继成立了地方性银行同业自律组织，通过制定同业公约、共同协议，规范同业行为，防止恶性竞争。1999年年初，上海银行同业公会所属会员银行协商制定统一的收费标准，保证了当地中外资银行的平等竞争，获得了广泛的好评。虽然地方性银行同业自律组织在约束同业行为、制止不正当竞争等方面发挥了较好的作用，但也存在一定的问题。比如，银行同业组织的收费标准问题、加入资格问题、违规处置效能问题等。正是在这样的背景下，我国开始进行全国性银行同业自律组织的筹建工作，并于2000年5月10日宣告正式成立中国银行业协会，拥有22家会员单位，包括国家政策性银行、国有独资商业银行、股份制商业银行、城市商业银行。2003年中国银监会成立后，中国银行业协会主管单位由中国人民银行变更为中国银监会。凡经中国银监会批准设立的、具有独立法人资格的银行业金融机构（含在华外资银行业金融机构）以及经相关监管机构批准、具有独立法人资格、在民政部门登记注册的各省（自治区、直辖市、计划单列市）银行业协会均可申请加入中国银行业协会成为会员单位。经相关监管机构批准设立的、非法人外资银行分行和在华代表处等，承认《中国银行业协会章程》，均可申请加入中国银行业协会成为观察员单位。

中国银行业协会网站数据显示，截至 2013 年 9 月，中国银行业协会共有 349 家会员单位和 3 家观察员单位。会员单位包括政策性银行、国有商业银行、股份制商业银行、城市商业银行、资产管理公司、中央国债登记结算有限责任公司、中国邮政储蓄银行、农村商业银行、农村合作银行、农村信用社联合社、外资银行、村镇银行、各省（自治区、直辖市、计划单列市）银行业协会、金融租赁公司、货币经纪公司、汽车金融公司。观察员单位为中国银联股份有限公司和农信银资金清算中心。

根据工作需要，中国银行业协会设立 17 个专业委员会，包括法律工作委员会、自律工作委员会、银行业从业人员资格认证委员会、农村合作金融工作委员会、银团贷款与交易专业委员会、外资银行工作委员会、托管业务专业委员会、保理专业委员会、金融租赁专业委员会、银行卡专业委员会、行业发展研究委员会、消费者保护委员会、养老金业务专业委员会、贸易金融专业委员会、理财业务专业委员会、货币经纪专业委员会、城市商业银行工作委员会。

中国银行业协会的宗旨是促进实现会员单位共同利益，履行自律、维权、协调、服务职能，维护银行业合法权益，维护银行业市场秩序，提高银行业从业人员素质，提高为会员服务的水平，促进银行业的健康发展。

银行业协会的主要职能有如下几个方面：

1. 行业自律职责

（1）组织会员签订自律公约及其实施细则，建立自律公约执行情况检查和披露制度，受理会员单位和社会公众的投诉，采取自律惩戒措施，督促会员依法合规经营，共同维护公平竞争的市场环境；

（2）受政府有关部门委托，组织制定行业标准、业务规范及银行从业人员资格考试，推动实施并监督会员执行，提高行业服务水平；

（3）建立健全银行业诚信制度以及银行机构和从业人员信用信息体系，加强诚信监督，协助推进银行业信用体系建设；

（4）制定银行从业人员道德和行为准则，对从业人员进行自律管理，组织银行从业人员的相关培训，提高从业人员素质；

（5）对于违反银行业协会章程、自律公约、管理制度等致使行业利益受损的会员，可按有关规定实施自律性处罚，并及时告知中国银监会；

（6）对涉嫌银行业金融机构和从业人员违法违规的投诉件和发现的业内涉嫌违法违规的行为，要及时报告中国银监会，并做好中国银监会批转投诉件的调查处理工作。

2. 行业维权职责

（1）组织会员制定维权公约，通过开展区域信用环境评级，发布诚实守信客户或违约客户名单，实施行业联合制裁等措施，制止各种侵权行为，维护银行业合法权益；

（2）参与中国银监会等部门组织的有关银行业改革发展以及与行业权益相关的决策论证，提出银行业有关政策、立法和行业规划等方面的建议；

（3）向中国银监会等部门反映妨碍银行业改革和发展的问题，建立与有关部门的沟通机制，争取有利于银行业发展的外部环境；

（4）组织会员开展行业维权调查，及时向会员进行风险提示，促进会员加强债权维护和风险管理。

3. 行业协调职责

（1）接受会员委托，协调与政府及其有关部门之间的关系，协助中国银监会等部门落实有关政策、措施；

（2）协调会员之间的关系，建立和完善行业内部争议调解处理机制，公正、合理解决各种矛盾争端，营造良好的业内环境；

（3）协调会员与社会公众的关系，加强会员与社会公众的沟通，维护会员与客户的合法权益；提高社会公众的金融意识和风险意识；

（4）加强与新闻媒体的沟通和联系，制定实施银行业舆情监测、引导及应对机制，正确引导社会舆论，自觉接受舆论监督，维护银行业声誉和经营秩序。

4. 行业服务职责

（1）建立会员间信息沟通机制，组织开展会员间的业务、技术、信息等方面的交流与合作，为会员提供信息服务；

（2）组织开展银行业国际交流与合作，参加相关国际组织，推动和其他国家及地区的相关资质互认工作；

（3）加强与证券业、保险业等行业协会的沟通和协调；

（4）发挥行业整体宣传功能，协调、组织会员共同开展新业务、新政策的宣传和咨询活动，大力普及金融知识，提高公众的金融意识；

（5）组织开展业务竞技活动，增进会员间的了解和友谊，培育健康向上的行业文化。

5. 法律法规规定的其他职责或中国银监会等有关部门和会员交办、委托的其他事项。

（二）证券业的行业自律

中国证券业协会成立于1991年8月28日，是伴随着我国证券市场的建立与发展而逐步发展起来的。中国证券业协会是依据《证券法》和《社会团体登记管理条例》的有关规定设立的证券业自律性组织，是非营利性社会团体法人，接受中国证监会和民政部的业务指导和监督管理。

在中国证券市场的起步阶段，协会在普及证券知识、开展国际交流以及提供行业发展信息等方面做了大量服务工作。1999年，按照《证券法》的要求，协会进行了改组，在行业自律方面开始了有益的探索。

2011 年 6 月，中国证券业协会召开第五次会员大会。协会在推进行业自律管理、反映行业意见建议、改善行业发展环境等方面做了有益的工作，发挥了行业自律组织应有的作用。中国证券业协会的最高权力机构是由全体会员组成的会员大会，理事会为其执行机构。中国证券业协会实行会长负责制。截至 2011 年 6 月，协会共有会员 239 家，其中，证券公司 107 家，证券投资咨询公司 86 家，金融资产管理公司 2 家，资信评估机构 5 家，特别会员 39 家（其中地方证券业协会 36 家，证券交易所 2 家，证券登记结算公司 1 家）。

协会的主要职责有如下三方面：

（1）依据《证券法》的有关规定，行使下列职责：教育和组织会员遵守证券法律、行政法规；依法维护会员的合法权益，向中国证监会反映会员的建议和要求；收集整理证券信息，为会员提供服务；制定会员应遵守的规则，组织会员单位的从业人员的业务培训，开展会员间的业务交流；对会员之间、会员与客户之间发生的证券业务纠纷进行调解；组织会员就证券业的发展、运作及有关内容进行研究；监督、检查会员行为，对违反法律、行政法规或者协会章程的，按照规定给予纪律处分。

（2）依据行政法规、中国证监会规范性文件规定，行使下列职责：制定自律规则、执业标准和业务规范，对会员及其从业人员进行自律管理；负责证券业从业人员资格考试、认定和执业注册管理；负责组织证券公司高级管理人员资质测试和保荐代表人胜任能力考试，并对其进行持续教育和培训；负责做好证券信息技术的交流和培训工作，组织、协调会员做好信息安全保障工作，对证券公司重要信息系统进行信息安全风险评估，组织对交易系统事故的调查和鉴定；行政法规、中国证监会规范性文件规定的其他职责。

（3）依据行业规范发展的需要，行使其他涉及自律、服务、传导的自律管理职责：推动行业诚信建设，督促会员依法履行公告义务，对会员信息披露的诚信状况进行评估和检查；制定证券从业人员职业标准，组织证券从业人员水平考试和水平认证；组织开展证券业国际交流与合作，代表中国证券业加入相关国际组织，推动相关资质互认；其他自律、服务、传导职责。

（三）保险业的行业自律

中国保险行业协会成立于 2001 年 3 月 12 日，是经审查同意并在民政部登记注册的中国保险业的全国性自律组织，是自愿结成的非营利性社会团体法人。中国保险行业协会会员有：保险公司、保险中介机构、地方保险行业协会和精算师。截至 2013 年 9 月，中国保险行业协会共有会员 225 家，其中保险公司 152 家、保险中介机构 37 家、地方保险行业协会 36 家（见表 7-1）。

中国保险行业协会的最高权力机构是会员代表大会。理事会是会员代表大会的执行机构，理事会选举产生会长、副会长、常务理事。协会实行专职会长负责制，由专职会长负责协会日常工作。协会根据工作需要聘任秘书长和副秘书长。协会通过每年度召开理事会的形式共同商讨协会的工作。协会下设财产保险工作委员会、人身保险工作委员会、保险中介工作委员会、保险营销工作委员会和公司治理专业委员会五个分支机构，各分支机构的日常工作由协会相应工作部承担。协会还通过定期召开全国地方协会秘书长联席会议，交流情况，协调工作。目前，协会日常办事机构由办公室、法律事务部、信息部、培训部四个部门组成。

表 7 - 1　　　　　　　　　保险业协会会员一览表（截至 2013 年 9 月）

会员	组成	分计	合计
公司会员	集团公司	7 家	189 家
	资产管理公司	11 家	
	财产保险公司	61 家	
	人身保险公司	65 家	
	再保险公司	8 家	
	保险中介公司	37 家	
地方协会会员	地方协会		36 家

资料来源：中国保险行业协会网站，http：//www.iachina.cn/indexl.htm。

（四）信托业协会

中国信托业协会（China Trustee Association）成立于 2005 年 5 月，是全国性信托业自律组织，是经中国银行业监督管理委员会同意并在中华人民共和国民政部登记注册的非营利性社会团体法人。接受业务主管单位中国银监会和社团登记管理机关民政部的指导、监督和管理。中国信托业协会的宗旨：协会以促进会员单位实现共同利益为宗旨，遵守宪法、法律、法规和国家政策，依据《中华人民共和国信托法》、《中华人民共和国银行业监督管理法》等法律法规，认真履行自律、维权、协调、服务职能，发挥相关管理部门与信托业间的桥梁和纽带作用，维护信托业合法权益，维护信托业市场秩序，提高信托业从业人员素质，提高为会员服务的水平，促进信托业的健康发展。

中国信托业协会主要职责如下：

（1）组织会员签订自律公约及其实施细则，建立自律公约执行情况检查和披露制度，受理会员单位和社会公众的投诉，采取自律惩戒措施，督促会员依法合规经营，共同维护公平竞争的市场环境；

（2）受主管部门委托，组织制定行业标准和业务规范，推动实施并监督会员执行，提高行业服务水平；

（3）建立健全信托业诚信制度以及信托公司和从业人员信用信息体系，加强诚信监督，协助推进信托业信用体系建设；

（4）制定从业人员道德和行为准则，对信托从业人员进行自律管理，组织信托从业人员资格考试和相关培训，提高从业人员素质；

（5）对于违反信托业协会章程、自律公约、管理制度等致使行业利益受损的会员，可按有关规定实施自律性处罚，并及时告知中国银监会；

（6）对涉嫌信托公司和从业人员违法违规的投诉件和发现的业内涉嫌违法违规的行为，要及时报告中国银监会，并做好中国银监会批转投诉件的调查处理工作；

（7）组织会员制定维权公约，通过开展区域信用环境评级，发布诚实守信客户或违约客户名单，实施行业联合制裁等措施，制止各种侵权行为，维护信托公司合法权益；

（8）参与中国银监会等部门组织的有关信托公司改革发展以及与行业权益相关的决策论证，提出信托业有关政策、立法和行业规划等方面的建议；

（9）向中国银监会等相关部门反映涉及信托业改革和发展的问题，建立与有关部门的沟通机制，争取有利于信托业健康发展的外部环境；

（10）组织会员开展行业维权调查，及时向会员进行风险提示，促进会员加强债权维护和风险管理；持续推动信托行业法律法规及配套制度的建立与完善；

（11）接受会员委托，协调与政府及其有关部门之间的关系，协助中国银监会等部门落实有关政策、措施；

（12）协调会员之间的关系，建立和完善行业内部争议调解处理机构，公正、合理解决各种矛盾争端，营造良好的业内环境；

（13）协调会员与社会公众的关系，加强会员与社会公众的沟通，维护会员与客户的合法权益；

（14）加强同新闻媒体的沟通和联系，制定突发事件新闻处理机制，及时有效引导社会舆论，维护信托业声誉；

（15）建立会员间信息沟通机制，组织开展会员间的业务、技术、信息等方面的交流与合作，为会员提供信息服务，根据授权开展统计；

（16）组织开展与境内外信托公司以及信托业协会间的交流与合作；

（17）加强与各相关行业协会的沟通和协调；发挥行业整体宣传功能，协调、组织会员共同开展新业务、新政策的宣传和咨询活动，大力普及金融知识，提高公众的金融意识；

（18）组织开展业务竞技活动，增进会员间的了解和友谊，培育健康向上的行业文化；

（19）有关法律法规规定的其他职责和中国银监会、民政部等有关部门及会员交办、委托的其他事项。

（五）中国期货业协会

中国期货业协会成立于2000年12月29日，是根据《社会团体登记管理条例》设立的全国期货行业自律性组织，为非营利性的社会团体法人。协会的注册地和常设机构在北京。协会接受中国证监会和国家社会团体登记管理机关的业务指导和管理。

协会由期货公司等从事期货业务的会员、期货交易所特别会员和地方期货业协会联系会员组成。会员大会是协会的最高权力机构，每四年举行一次。理事会是会员大会闭会期间的协会常设权力机构，对会员大会负责，理事会每年至少召开一次会议。理事会由会员理事、特别会员理事和非会员理事组成。理事任期四年，可连选连任。理事会根据工作需要下设专业委员会，专业委员会为理事会议事机构，对理事会负责。

协会设会长一名，专职副会长若干名，兼职副会长若干名，秘书长一名，副秘书长若干名。会长、副会长和秘书长任期四年，可连选连任。协会实行会长负责制，会长为协会法定代表人。协会设会长办公会，由会长、专职副会长、秘书长、副秘书长以及会长指定的其他人员组成，在理事会闭会期间行使理事会授权的职责。目前协会常设办事机构设办公室、党委办公室（纪检办）、会员部、培训部、投资者教育部、研究部、合规调查部、资格考试与认证部、信息技术部九个部门。

协会宗旨是：在国家对期货业实行集中统一监督管理的前提下，进行期货业自律管理；发挥政府与期货行业间的桥梁和纽带作用，为会员服务，维护会员的合法权益；坚持期货市场的公开、公平、公正，维护期货业的正当竞争秩序，保护投资者利益，推动期货市场的健康稳定发展。

协会主要职能有：

（1）教育和组织会员及期货从业人员遵守期货法律法规和政策，制定行业自律性规则，建立健全期货业诚信评价制度，进行诚信监督。

（2）负责期货从业人员资格的认定、管理以及撤销工作，负责组织期货从业资格考试、期货公司高级管理人员资质测试及行政法规、中国证监会规范性文件授权的其他专业资格胜任能力考试。

（3）监督、检查会员和期货从业人员的执业行为，受理对会员和期货从业人员的举报、投诉并进行调查处理，对违反本章程及自律规则的会员和期货从业人员给予纪律惩戒；向中国证监会反映和报告会员和期货从业人员执业状况，为期货监管工作提供意见和建议。

（4）制定期货业行为准则、业务规范，参与开展行业资信评级，参与拟订与期货相关的行业和技术标准。

（5）受理客户与期货业务有关的投诉，对会员之间、会员与客户之间发生的纠纷进行调解。

（6）为会员服务，依法维护会员的合法权益，积极向中国证监会及国家有关部门反映会员在经营活动中的问题、建议和要求。

（7）制定并实施期货业人才发展战略，加强期货业人才队伍建设，对期货从业人员进行持续教育和业务培训，提高期货从业人员的业务技能和职业道德水平。

（8）设立专项基金，为期货业人才培养、投资者教育或其他特定事业提供资金支持。

（9）负责行业信息安全保障工作的自律性组织协调，提高行业信息安全保障和信息技术水平。

（10）收集、整理期货信息，开展会员间的业务交流，推动会员按现代金融企业要求完善法人治理结构和内控机制，促进业务创新，为会员创造更大市场空间和发展机会。

（11）组织会员对期货业的发展进行研究，参与有关期货业规范、发展的政策论证，对相关方针政策、法律法规提出建议。

（12）加强与新闻媒体的沟通与联系，广泛开展期货市场宣传和投资者教育，为行业发展创造良好的环境。

（13）表彰、奖励行业内有突出贡献的会员和个人，组织开展业务竞赛和文化活动，加强会员间沟通与交流，培育健康向上的行业文化。

（14）开展期货业的国际交流与合作，代表中国期货业加入国际组织，推动相关资质互认，对期货涉外业务进行自律性规范与管理。

（15）法律、行政法规规定以及中国证监会赋予的其他职责。

四、中国银行间市场交易商协会

中国银行间市场交易商协会（National Association of Financial Market Institutional Investors，NAFMII），是银行间债券市场、拆借市场、票据市场、外汇市场和黄金市场参与者共同的自律组织，协会业务主管单位为中国人民银行。协会经国务院同意、民政部批准于2007年9月3日成立，为全国性的非营利性社会团体法人，其业务主管部门为中国人民银行。协会会员包括单位会员和个人会员，银行间债券市场、拆借市场、外汇市场、票据市场和黄金市场的参与者、中介机构及相关领域的从业人员和专家学者均可自愿申请成为协会会员。协会单位会员将涵盖政策性银行、商业银行、信用社、保险公司、证券公司、信托公司、投资基金、财务公司、信用评级公司、大中型工商企业等各类金融机构和非金融机构。

在发行方式上，中国银行间市场交易商协会改变了以往监管机制的审批发行方式，而改为采取注册制。注册制发行方式的效率要远高于审批发行方式，并且注册制能够匹配和适应企业的需求，可以使企业根据自身情况，通过注册发行非金融企业债务融资工具建立稳定的可预期的融资计划，提高企业融资效率，降低企业融资成本，给中国债券市场真正带来了一种全新的市场化的制度安排。近年来，着眼于推动债券市场的快速发展，在大力推动市场创新的同时，交易商协会自身的职能也不断得到强化和扩展，在融资工具创新、市场增信、信用评级、风险分散等诸多领域发挥着日益重要的作用。银行间市场交易商协会的主要作用如下：

1. 非金融企业债务融资工具创新

2007年交易商协会成立后，2008年4月9日，人民银行正式颁布《银行间债券市场非金融企业债务融资工具管理办法》，推出一种名为非金融企业债务融资工具（以下简称债务融资工具）的金融产品，是指具有法人资格的非金融企业通过交易商协会注册发行的信用债，包括短期融资券、中期票据、超短期融资券和定向工具等品种，有利于满足不同企业的个性化债务融资需求。

2. 市场增信

2009年9月21日，交易商协会联合6家银行间市场成员单位共同发起设立中债信用增进投资股份有限公司（中债增信）。根据公司的战略规划，在业务发展初期，其业务对象主要为优质中小企业、部分低信用级别的大型企业。未来随着债券市场发展及公司内部风险控制机制的完善，中债增信将通过适当扩大增进服务范围、创新信用增进手段等方式扩大服务范围，逐步实现多方式全方位提供债券信用增进业务的经营目标。

3. 信用评级

2010 年 9 月 29 日，中债资信评估有限责任公司（中债资信）挂牌。该公司由中国银行间市场交易商协会代表全体会员出资设立，为投资者提供债券再评级、双评级等服务。这种股权安排使该公司具有较强的中立性，能广泛代表市场各方利益，也顺应了评级作为准公共品的客观要求，有效保护投资者利益。同时，在经营上采取投资人付费模式，切断了评级机构与发行人的利益链条，更加具有公信力。

4. 风险分散

2009 年交易商协会发布银行间市场金融衍生品交易主协议，2010 年交易商协会推出了信用风险缓释工具——CRM。通过推出衍生品合约、用风险缓释工具等风险管理手段，使投资者可以采用市场化的手段分散和转移风险。目前交易商协会正积极研究在黄金和外汇市场推出相应的风险管理工具，未来将积极培育基于人民币汇率的金融衍生产品，逐步拓展以亚洲日元、亚洲欧元、亚洲美元和国际债券、银行贷款为基础的金融衍生产品，并将有序推出全球全球能源和大宗商品类的场外衍生品市场。

据交易商协会统计，截至 2013 年 6 月底，债务融资工具累计发行量达到 9.89 万亿元，占我国企业直接债务融资规模的 80.5%；存量规模过 5 万亿元，约占我国企业直接债务融资产品存量的 60%。

在我国，金融市场自律管理的实践刚刚展开，还有许多重要问题有待探索，包括如何厘定行政监管和自律管理的边界，如何从法理上巩固自律管理的地位，如何丰富自律管理的职能和手段等问题都还需要进一步明确，但开展这些探索的基础前提就是要坚定我们对市场化道路的选择，加深对自律管理作用的认识。因为只有这样，我们才能够把握规律，找准方向，稳健前行，最终引导金融市场发展走上符合一般发展规律的正确道路。

第二节　市场约束机制

随着金融业现代企业制度的逐步建立，金融机构接受市场的监督与约束成为必然的趋势，也是市场经济发展的必然要求。市场机制的约束和淘汰作用是保证整个金融体系长期稳健运行的必要条件，是现代金融监管体系中不可或缺的一个组成部分。

一、市场约束的含义

金融监管中的市场约束（Market Discipline）是指通过信息披露的方式由金融机构所赖以生存的市场和客户来约束其经营行为，影响金融机构的市场份额，以迫使金融机构努力提高经营管理水平和竞争能力，维持整个金融业的稳健运行。信息披露是对金融机构实施监督的重要环节，而公开的信息披露使市场得以发挥约束作用。信息披露的透明度取决于金融机构所披露的信息充分、准确、连贯，具有可靠性和可比性，能够真实地反映其经营成果和财务状况，而且任何会影响投资者或债权人作出正确决策的信息都能及时披露出来。规范信息披露并增加透明度，有利于金融市场的高效运转以及市场参与各方实施有效的监督。

市场约束作为金融监管的有效补充并不是一个新的概念。早在20世纪30年代以前的自由银行业制度中，市场约束便是当时银行业监管的主要方式。只是在20世纪30年代的经济大危机之后，官方监管才开始逐渐取代市场的自我管理，市场约束才逐渐被人们所疏忽。1997年，巴塞尔委员会在公布的《有效银行监管的核心原则》中把有效的市场约束作为有效银行监管的先决条件之一，人们又开始重新关注市场约束的地位和作用。巴塞尔银行监管委员会2001年制订的《巴塞尔协议Ⅱ》已把市场约束与最低资本要求和内部管理并列为银行业稳健运行的三大支柱。《巴塞尔协议Ⅱ》所体现出来的商业银行市场约束理念同样适用于金融业的其他金融机构。在2010年提出的《巴塞尔协议Ⅲ》中，委员会力求鼓励市场纪律发挥作用，其手段是制定一套信息披露规定，使市场参与者掌握有关银行的风险轮廓和资本水平的信息。

目前，我国的市场约束机制正在逐步完善，金融监管除依靠官方监管外，行业自律组织也发挥了很大的作用，金融监管效率逐步提高。

二、市场约束与官方监管

市场机制虽然有其积极的方面，但也并非完美无缺，它有很大的盲目性，会由于竞争过度或垄断导致比例失调、资源浪费，也无法建立和维护正常的市场秩序，无法解决整个金融的协调发展。从20世纪30年代欧美经济大萧条到21世纪初的几次金融危机都说明了这一点。

著名经济学家萨缪尔森曾说："我所做的全部事情，就是为说明凡是市场做不了的一定要交给政府去做。"但是，市场失灵的情况并不意味着可以推出政府干预必然导致情况改善，如果政府监管并不比没有市场约束时的状况更好，即存在所谓的"监管失灵"，那么这也是不可取的。与萨缪尔森同为诺贝尔经济学奖得主的弗里德曼则说："我的全部论证只在说明一个问题，就是凡是市场能做的一定要交给市场去做。"这些经济学巨匠的话，说明了在政府的金融监管与市场约束机制之间的关系。概括地说，两者的区别表现在以下方面：

（一）监管的不足与监管真空

虽然政府在金融监管中承担着首要的责任，但从各国金融危机的救助中可以看出，由于政府本身的利益偏好，它们在对待有问题的金融机构时，往往竭力掩盖而非果断采取行动来解决问题。在这种情况下，市场约束机制的积极性就发挥了它对金融监管的补充和完善的作用。

（二）政府监管的寻租行为

由于监管者手中握有一定的监管权力，加之掌握的监管标准的高低宽松等都有可能成为寻租的资源，使其成为被监管者的俘虏，导致官方监管失灵。在这种情况下，如果有适当的激励机制，市场参与者（包括股东、债权人、其他利益相关者）和市场中介机构的监督和"用脚投票"的选择机制将发挥重要作用，从而显示出市场约束的补充作用。

（三）在监管手段上的异同

官方监管依据的是监管法律，使用的是行政手段，很难跟得上金融自由化、全球化和金融创新的要求，监管效率存在一定的滞后，而那些参与者直接在金融市场上与各类金融机构打交道，他们通过收集、分析有关金融机构的各种信息，借助于市场的力量对其进行约束，如果市场的参与者一旦发现某些金融机构存在问题，那么客户或投资者便会迅速采取行动，或转移资产或抛售股票、债券，从而使金融机构面临严峻的压力。这在客观上也起到了金融监管的效果。

（四）在监管的参与主体和可用资源方面

官方监管的资源有限，主要依靠政府制定的监管机构单方面的力量来对较多的金融机构实施监管。以一对多，监管力量和效果都有限。而市场约束的监管主体则包括金融机构的债权人、股东、客户、会计师事务所、审计师事务所、市场分析家和新闻媒体等，他们分布在市场的各个领域，通过所了解和掌握的信息并对信息加以分析，对经营不稳健的金融机构施加压力，就在客观上起到了对金融机构的有效监督。

（五）在监管的灵活性和适用性方面

官方监管对所有的金融机构都一视同仁，它所采用的是"一刀切"的方式，即同一标准适用于所有的同类金融机构。而市场约束则不同，市场约束起作用的一个前提就是投资者具有不同的风险收益偏好。一些投资者偏好于低风险、低收益的投资，而另一些投资者则偏好于高风险、高收益的投资。投资者可根据自身的实际情况选择不同的金融机构进行投资，客户也可根据自身的实际情况来选择不同的金融机构。

因此，这五个方面的关系决定了市场约束在金融监管中的重要地位，它是官方监管的重要补充，具有其他监管手段无法替代的作用。

三、市场约束发挥作用的前提条件

市场机制虽然对完善金融监管具有重要的作用，但要它真正发挥作用还是需要很多条件的。

（一）行为一致性：理性经济人假设

在经济生活中，理性的经济人做那个是受个人利益即利己动机的驱使，在做一项经济决策时，要对各种可能的抉择权衡利弊，以最小的代价换取最大的利益。因此，理性的行为同最优化的行为是相一致的。如果没有企业的利润最大化和消费者效用最大化的导向功能，经济行为主题的行为就会发生变化，而难以满足市场竞争情况下的价值规律发挥作用的要求。

（二）众多的购买者和参与者：完全竞争市场假设

市场机制发生作用的前提条件之二是完全竞争市场假设，这一假设由五个特征性条件构成：

（1）市场上有许多的企业，每个企业都出售无差别的产品；

（2）市场上有许多买者；

（3）对任何企业进退某一行业不存在任何限制；

（4）原有企业并不比新进入者有任何优势；

（5）企业和买者是市场价格的接受者，而不是市场价格的影响者，即他们的决策和行为不会引起市场价格的变化。完全竞争市场假设保证了价格机制的有效发挥。

（三）生产要素的充分流动：无交易成本

要有效的发挥市场机制的作用，必然要求生产要素的流动同决策一样，能够迅速转移，无转换成本地去追求出现的盈利机会。生产要素的充分流动，造成产品供应对市场需求的完全适应，这样才能作用于市场价格。如果生产要素无法充分流动，或者其流动要形成相应的各种成本，那么，市场机制就会大打折扣，难以有效地发挥作用。

（四）充分信息：完全信息假设

信息成本是交易成本最主要组成部分，信息成本为零是交易成本为零的必要条件。如果信息完备，市场加以及其前景就是确定的。信息完备和确定性保证了经济行为人的理性——最大化效用的实现。然而现实中的真实情况是信息并不充分。由于在现代市场经济条件下，未来具有不确定性，市场上的每个交易者掌握的信息并不完全，寻找信息需要时间，信息获取要花费成本，这些都与完全竞争下的市场机制运行特征有很大的差异。

（五）经济利益的可分性和所有权的确定性

经济人的理性是完全的，没有必要区分经济人的动机、决策和结果三方面的理性与否以及程度如何，三者是一致的，不受限制的。所以，信息完备，不存在获取信息的激励、交易成本为零、理性完全、商品同质、资源进出市场无障碍，使经济人成为无差异的同质人。现实经济人的差异性、他们私人信息的不完备性或不对称性、个体行为人之间的竞争等相互作用而被综合，从而化解、消融于市场价格这个公共信息之中。竞争的差异性、多样性和风险性这个竞争完全性的本来意蕴被竞争的同一性和确定性的异化意蕴替代了。

上述问题共同构成了市场机制发挥作用的几个前提条件，也使市场交易的一般均衡能够达成，进而帕累托最优状态可以实现，市场约束机制不会失灵。

四、发挥市场约束机制作用的具体措施

要发挥市场约束机制的作用，除前述关于加强金融业信息披露制度外，还需要在以下几个方面加以完善。

（一）进一步提高金融市场尤其是资本市场的有效性

1. 增强金融产品价格的信号显示功能

对于已上市的金融机构而言，资本市场是市场约束机制发挥作用的基本平台。我国的资本市场是一个不很成熟、不很规范的市场，其对金融机构的约束作用还有待完善。我国资本市场运作的不规范性首先表现为市场价格并不能真实地反映上市金融机构的经营业绩。这种价格形成的扭曲会导致金融市场信号失真，进而使市场约束机制作用的发挥受到制约。

2. 规范控制权市场产权交易机制

控制权的转移是资本市场约束机制发挥作用的另一条有效渠道。控制权市场的存在使市场价值趋于下降的金融机构面临着被收购的威胁，而被并购机构的经理阶层往往在并购之后失去相应的管理岗位。一般而言，经理层的地位与薪酬随着金融机构规模的扩张而相应提高，因此经理阶层为了自身的利益都有一种使本部门规模不断扩张的内在动机，总是在不断积极地寻找并购机会。为了推动我国金融业控制权市场的良性发展，发挥并购市场约束机制的积极作用，就要进一步规范控制权市场运作的框架，减少政府的行政干预，让金融机构真正能够按照市场化的准则办事，在规范的市场竞争中形成有效的市场约束机制。

（二）加强金融监管，居安思危，增进社会公众的风险意识

社会公众的风险意识低下，容易破坏市场约束机制效应的发挥，从而产生较高的社会成本。具体表现在：一是如果公众的风险意识低下，那么他们就不会把安全性作为其选择金融机构的决定性因素，而会过分注重价格水平与服务质量等因素，这就为那些低效率的金融机构进入市场提供了方便，从而导致金融风险的加大与金融资源的浪费；二是如果公众的风险意识低下，在一定程度上使得金融机构的经营者缺乏相应的监督和激励机制，容易导致经营行为的非理性化，引发道德风险问题。

改革开放以来，特别是20世纪90年代以来，随着我国金融改革的深化和对外交流的日益增多，国内旧体制下沉积的金融风险也日益暴露出来，加之国外的金融危机时有发生，这些都需要我们加强社会公众的金融风险意识。

（三）建立、健全和完善金融市场中介机构

由于一般的客户和个人投资者往往缺乏专门的技能来分析金融机构的各种信息，也难以判断这些信息是否真实、准确。因此，市场约束机制的有效发挥需要拥有专业人才并能规范运作的中介机构（包括会计师事务所和信用企业评级机构等）的广泛参与。为此，需要做好以下几个方面的工作：

1. 必须重建会计师行业在社会公众中的形象

会计师事务所对银行进行外部审计，不仅可以对金融机构的年度财务报表作出评价，而且可以深入了解金融机构的风险管理和内部控制状况，帮助金融机构及时发现和解决问题，它们可以在监管当局与被监管机构之间发挥重要的桥梁和纽带作用。

确保被审计对象的财务经营状况的信息真实、透明和完整，应该是会计师事务所的职业准则和立业之本。为了增强公众对会计行业的信心，在进一步提高会计师行业的监管和行业自律的同时，应一方面加强市场约束机制对会计师事务所的监管力量，充分发挥市场参与者在整个市场的每一个角落、每一个时点的作用；另一方面要加快建立健全公司的法人治理结构，使委托人、审计人、被审计人三方之间确实存在有效的制约关系。

2. 加强金融机构信用评级体系的建设

信用评级是指社会（监管机构和中介机构）通过建立一套科学严谨的评估指标体系和标准，采用定量和定性分析相结合的方法，对金融机构的资本金状况、经营绩效、风

险管理、外部监管、市场环境等进行客观、科学、公正的评估，然后用简单、直观的评级符号来表述其优劣，并向公众公布的一种评价行为，其实质就是对金融机构债务偿付能力和违约风险的评估。国外的信用评级至今已有近百年的历史。巴塞尔银行监管委员会在《巴塞尔协议Ⅱ》中提出了将信用评级运用于金融监管之中的具体建议，并鼓励各国金融监管当局运用信用评级，加强金融监管。自此信用评级备受各国金融监管当局的青睐，信用评级业也因此迅速发展。

然而 2007 年美国次贷危机爆发以来，数以百万计的被给予很高安全等级的金融产品转瞬之间一文不值。在大规模金融证券化过程中，信用评级机构不但没有及时揭示该类产品存在的巨大风险，反而在危机爆发后不负责任地大幅度下调这类产品的信用评级，造成市场恐慌气氛，加剧市场波动，对次贷危机的发生和蔓延起到了推波助澜的作用。国际信用评级行业暴露的固有缺陷，引起了世界各国监管部门的高度重视与关注。全球金融危机下国际信用评级行业暴露的主要问题有：

（1）评估方法和评估模型存在缺陷

由于美国次贷危机中，投资级以上的公司债券的信用评级表现相对稳定，理论界普遍认为信用评级机构在债券市场上的信用评级方法比较有效，但是在结构化金融产品领域，其评估方法却广受质疑。一是没有足够长时间的数据去评估目标资产池的绩效表现，也没有合适的方法去构建违约相关关系模型，信用评级机构错误地使用传统的评估债券的方法去评估结构化产品，有欠仔细考虑，最终损害了自己的信誉。二是在证券化产品和金融组织评级时，信用评级机构本身必须依靠信用评分机构的信用得分，去测算目标抵押品池和贷款组合背后的借款人的信用品质。而这些信用得分又有赖于债务人自己的陈述，这些陈述大都被证明不可靠。三是偏好借款人的硬信息忽视软信息的补充作用，导致借款人类别在统计方法上难以严格区分，信用评级机构违约模型的输入数据质量下降。四是由于市场上结构金融分析师紧缺，信用评级机构很难招募和雇用到足够的专业人才，导致其风险评估分析能力下降。

（2）利益冲突和评级购买（ratings shopping）缺陷

信用评级最初是由投资者付费，但自 1975 年美国首先采用国家认可统计评估组织（NRSROs）认可制度后，评级结果有了官方权威性，其收费模式也随之发生了根本性的逆转，向受评对象收取评级费用成为信用评级机构的主要收入来源。发行人付费模式导致了信用评级机构与投资者之间的利益冲突，即信用评级机构为买方的投资者提供关于金融产品的风险参考，可是其却从该产品的卖方处获得报酬。从评级机构和受评对象之间不适当的友好亲密关系到评级购买现象，再到信用评级机构越来越多地参与结构性金融产品的开发创新活动，信用评级机构的角色迅速异化，导致其评级结果的客观性、独立性和公正性受到严重侵蚀。

（3）规则引入导致市场参与者过度信赖问题

1975 年，美国证券会（SEC）发布了对银行和证券销售商的净资产要求，规定外国筹资者在美国金融市场融资时，必须接受国家认可统计评估组织（NRSROs）的评估，并将 NRSROs 的评级作为监管的依据。此后，这种类似的规定被广泛地引入各国监管法律和机构投资者的投资指南，成为触发各种交易合约的自动扳机。监管政策的扶持造成了市场对信用评级的过度需求和对评级机构的过度依赖，降低了银行、机构投资者和其他市场参与者对信用风险的自我评估能力。而这种市场依赖反过来导致了悬崖效应。在最近的金融危机期间，信用评级机构评级的下调正是通过这种悬崖效应放大政策效应，造成系统性紊乱。与此同时，由于各种管理规定的明确要求或鼓励暗示，大多数市场参与者按照同样的模式行动，也造成了市场上的羊群效应。

（4）评级结果缺乏多样性

评级结果多样性的缺乏，主要表现在给定时点信用等级的无差别性和信用等级调整的同步性上。发行人在不同信用评级机构的信用评级结果往往高度一致，即使有差别也不会超过一个小等级。这一方面反映了当前信用评级行业评估方法的大同小异，市场结构的高度集中。另一方面，也反映出评级机构在主观上不愿特立独行。因为分析师必须对自己评级结果的可靠性以及与其他评级结果的偏离给出合理解释，否则，将面临来自发行人的质疑和压力。

由于金融危机中信用评级暴露出许多问题，《巴塞尔协议Ⅲ》规定合格的外部评级机构必须满足以下全部六条标准。

（1）客观性：信用评级的方法必须是严格的、系统的，并且可以根据历史数据进行某种形式的检验。此外，必须定期对评级进行审查，根据财务状况的变化予以更新。在监管当局认定之前，必须已经建立了对市场各个组成部分的评级方法，包括严格的返回检验，评级方法的使用时间至少一年，最好是三年以上。

（2）独立性：外部评级机构应该是独立的，不会迫于政治或经济上的压力而影响评级。当评级机构的董事会构成或股东结构中出现利益冲突时，评级过程也应当尽可能不受到任何影响。

（3）国际通用性和透明度：凡是有合理要求的国内和国外机构，都可以以同等的条件获得每个评级结果。此外，外部评级机构所采用的基本评级方法应该对外公开。

（4）披露：外部评级机构应当披露以下信息：评级方法，包括违约的定义、评级的时间跨度及每一级别的含义，每一级别实际的违约概率，评级的变化趋势，如一段时间之后从 AA 级转为 A 级的可能性。

（5）资源：外部评级机构应当有足够的资源，确保提供高质量的评级结果。这些资源包括，外部评级机构与被评级机构的高级管理层和营运层次的人员保持实质性的经常联系，以便提高评级结果的价值。评级方法还应该将定性和定量分析结合起来。

（6）可信度：在某种程度上，可信度建立在上述标准的基础上。此外，独立主体（如投资者、保险人、贸易伙伴）对于外部评级的依赖程度，也是外部评级可信度的证明。外部评级机构的可信度也在于其建立了防止机密信息被不当使用的内部程序。外部评级机构在申请监管当局的认定时，不一定需要对多个国家的公司进行评级。

（四）充分发挥并正确引导大众传媒的监督作用

伴随着金融市场的日益发展，对金融市场进行专门报道的大众传媒也日渐增多。它们与金融市场共生共荣、相互影响，已经成为金融市场上不可或缺的重要成员。人们也开始逐渐认识到大众媒体在金融监管体系中所发挥的不可替代的作用。

（1）要加强大众传媒的信息披露功能。新闻媒传递的金融机构信息以及发表的相关评论，无论是对于金融监管部门还是对于金融机构的客户、债权人以及投资者等都是进行决策的重要参考。一方面，大众传媒现已成为各国监管部门必备的信息来源和重要参考，监管部门通过大众传媒，可以及时广泛地听取社会各界的意见和反应，从而有利于提高监管决策的准确性；另一方面，存款人和债权人可以根据大众媒体提供的信息对金融机构的经营现状和前景作出相应判断，一旦发现该金融机构存在问题，就可以及时采取应对措施，从而发挥市场机制的约束作用。

（2）要加强大众传媒的舆论监督功能，充分动员各种力量与监管部门一起对金融机构实施监管，提高金融监管的有效性。由于市场上金融机构数量众多，官方监管部门有限的人力、物力无法适应，这就需要借助社会和市场的力量。大众传媒作为各类行为主体披露和传递信息的主要载体，能够影响和反映广大投资者和金融机构以及金融市场的方方面面，因此，充分发挥大众传媒的功能能够起到辅助监管的作用。

（3）要通过新闻媒体加强对金融监管部门的监管，促进其依法行使监管权力，防止腐败产生。由于金融监管部门拥有对金融机构的经营进行规范和实施监管的权力，这就产生了"谁来对监管者实施监管"的问题。实践表明，加大新闻媒体的曝光力度，如对公职人员违法行为进行报道和评论，有助于对监管者进行监管。不可否认，大众传媒对金融监管有时也会产生一些负面影响。因此，要更好地发挥大众传媒的积极作用，除了加强行业的自律机制以外，政府应进一步完善相关法律法规和管理条例的建设，以规范大众传媒的行为，同时有关部门还应加大行政执法力度，更好地实施金融监管。

第三节　存款保险制度

一、存款保险制度

存款保险制度是为了保护存款人的合法利益，维护金融体系的安全与稳定，设立专门的存款保险机构，规定经办存款的金融机构必须或自愿根据存款额大小按一定的费率向存款保险机构投保。当投保的存款机构出现经营危机或陷入破产境地时，由存款保险机构向其提供流动性支持或直接向其存款人支付部分或全部存款的一种制度。

各国的存款保护方式分通常为两类：隐性存款保险制度及显性存款保险制度。在纾缓大型银行危机时，世界各国都存在事实上的隐性存款保险制度（Implicit Deposit Insurance Scheme）。显性存款保险制度区别于隐性存款保险制度主要基于三个特质：一是存款人赔付的正式立法；二是额外工具规则的存在，如风险调整保费制度等；三是不对称信息的政府救助政策被削弱。为避免产生歧义，如无特殊指明，本文中的存款保险制度即指显性存款保险制度。

到目前为止，从已经实行存款保险制度的国家来看，有三种具体组织形式：一是由官方建立存款保险机构，如美国、英国、加拿大等；二是由官方和银行界共同建立存款保险机构，如日本、比利时等；三是在官方的支持下，由银行同业合建存款保险机构，如德国、法国、荷兰等。实行正式存款保险制度的国家，都设立有存款保险基金。正常情况下的存款保险基金来源：一是初始出资，即由财政部和中央银行出资以及成员机构一次性的入会费；二是常规以及专项保费，即向受保机构定期征收的一定比率的保费；三是保费的投资收益，一般是投资政府债券的收益；四是清算倒闭存款机构而回收的资金。

从存款保险的范围来看，可参加存款保险的机构范围可以是境内所有存款机构，也可以是其中的部分机构。在现行的存款保险体系中，只有日本、奥地利等少数国家把境内的外国银行分支机构排除在存款保险体系之外。对于本国银行在境外的分支机构，除德国、日本、意大利、挪威和芬兰等少数国家提供存款保险外，一般不对其提供存款保险。历史上，日本、韩国、土耳其、墨西哥、哥伦比亚和厄瓜多尔 6 个国家实行过完全的存款保险。随着时间的推移，其中多数国家都陆续取消了完全保护，目前只有土耳其仍在继续实行完全的存款保护制度。绝大多数国家只对一定额度之下的存款进行保护。

二、存款保险制度的功能与问题

从功能角度来看，存款保险制度的核心就在于为金融体系提供一张安全网，防止存款人因个别金融机构倒闭而对整个金融体系失去信心，由此导致挤兑，引发银行恐慌和金融危机。

（1）存款保险制度有利于防止银行挤兑，避免因银行破产而引起的整个银行体系发生支付危机，增强金融体系的稳定性。在没有存款保险的情况下，如果一家银行倒闭，可能导致更多的银行受到牵连。存款保险加强了社会公众对金融体系的信心，由此防止出现更大范围、更大规模的挤兑风潮，从而有效地控制恐慌的传染，维护整个金融体系的稳定。

（2）存款保险制度能够保护存款人的利益。由于信息不对称，存款人在金融合约中与银行相比处于不利地位，不可能掌握足够的信息。而且，就每一个存款人而言，由于专业化的制约，也不具备良好的分析能力来选择业绩优良的和最为安全的金融机构。银行的倒闭可能会使存款人的积蓄瞬间化为乌有，存款保险制度有利于保护社会弱势群体和维护社会稳定。

（3）存款保险制度能够为陷入困境的银行提供流动性。在正常的时候，银行的流动性都能得到满足。当发生挤兑或者由于其他突发原因需要大量现金时，银行往往无法在很短的时间内筹集到足够的资金，这时就不得不变现其长期资产，或者被迫中止贷款。提前变现会给银行带来损失，中止贷款会阻碍正常的社会投资活动，降低整个社会的福利水平，如果能够及时为银行提供足够的流动性，就可以避免这种损失。存款保险制度提供了一种救助机制，用保险基金向问题银行进行必要的救助，缓解流动性需求压力。实践证明，存款保险制度的建立，在提高公众对金融体系的信心、抑制个别金融机构倒闭造成的"多米诺骨牌效应"和维护金融业高效稳健运行等方面都发挥了巨大的作用。

（4）不容忽视的是，存款保险制度存在引发道德风险的可能性，国际上一般将存款保护制度、中央银行的最后贷款人和官方的审慎监管公认为构建金融安全网的三大基本要素，但所有这些东西都容易引发激励机制问题，因而产生道德风险。存款保险制度和中央银行的最后贷款人支持，可能削弱存款人及其他债权人监督银行经营的积极性，因为他们认为，存款人的潜在损失将由存款保险公司来承担，陷入危机的银行也能得到存款保险公司和中央银行的流动性支持。另外，如果存款人及银行的其他债权人都认为官方监管可以保证银行的稳健运行，因而不对银行的经营业绩和前景进行评估，那么，官方监管也可能产生同样的问题。针对这些缺陷，国际上通行的做法是大力加强市场机制的约束力度，通过向存款人、债权人、银行经理和银行股东们提供适当的激励和惩罚机制，来实现对道德风险的防范。

📖 阅读资料

金融危机中美联储最后贷款人职能

最后贷款人（Lender of Last Resort，LLR）是指在危急时刻，中央银行应尽到融通责任，它应满足对高能货币的需求，以防止由恐慌引起的货币存量的收缩（《新帕尔格雷夫货币金融大辞典》）。

最后贷款人制度的产生源于现代货币制度的两个重要特点，即银行的部分准备金制度和政府发行法定货币的垄断权。货币发行的垄断权使中央银行能够成为货币的最终提供者，继而也是存款兑换为通货的保证人。一旦银行相信自己在发生危机时总能从货币垄断发行人那里获得货币，他们就会减持准备金，转而持有他们认为能够容易的转化成准备金（或法定货币）的资产。这种现象导致了中央银行对存款准备金的集中管理，即将存款准备金置于中央银行的看管之下。

成立最后贷款人法律制度的目的是通过中央银行提供紧急流动性支持，防止暂时流动性危机向清偿危机和系统性危机转化，使陷入困境的银行走出困境。中央银行作为最后贷款人，向可能或已经发生信用危机的银行提供流动性支持是世界各国的普遍做法。

2007年7月美国次贷危机爆发，2008年3月由于大量涉足抵押担保证券业务，美国第五大投行——贝尔斯登出现了严重的资金短缺，贝尔斯登属优先级市场交易商，管理着大量的客户资产，在债券市场被称为"聪明的交易者"，交易规模在投行中位居前茅，同时为大批中小券商提供担保和清算服务。如果贝尔斯登因流动性不足倒闭的话，美国的债券市场将受到冲击，数以万计的投资者资金将被冻结而停滞。为此，美联储通过摩根大通向其提供了为期28天、利率为3.5%的紧急资金援助。2008年4月，由于看不到贝尔斯登起死回生的希望，美联储决定让摩根大通收购贝尔斯登。2008年9月继贝尔斯登之后陷入绝境的华尔街第四大投行——雷曼兄弟由于未能得到美国政府和美联储的援助，只好申请破产保护。雷曼兄弟是一家大型国际性投资银行，其资产规模高达6390亿美元，约占美国金融业16万亿美元的4%，具有158年的悠久历史，经历过数次金融危机的考验，被业者称为"一条有着19条命的猫"，曾经在美国抵押贷款债券业务上连续40年独占鳌头，是美国抵押贷款证券市场上最大的承销商。尽管这样，美联储并没有像对待贝尔斯登那样对雷曼兄弟伸出援助之手，以致本来对其有收购意向的英国第三大银行——巴莱克银行和美国银行先后弃它而去，终使其不得不申请破产保护。次贷危机也重创了美国保险业巨头——美国国际集团（American International Group，AIG）。受投资评级下调预期及公司大幅举债等消息的影响，AIG股价大幅下跌，单日跌幅高达61%，市值一天内蒸发近180亿美元。投资评级下调和股价跳水使得世界各地投保人对美国国际集团的信心大减，骤增的解约压力使美国国际集团陷入了流动性困境。美联储向AIG提供了为期2年、利率为3月期Libor利率再加850个基点的850亿美元的紧急贷款。分析人士认为，美联储之所以对AIG实施救助，是因为AIG属于那种"大而不能倒"的企业，拯救AIG就是在拯救其遍布全球的交易伙伴。当然，美联储对AIG的拯救并不是无条件的，AIG要以其全部资产为该紧急贷款提供抵押；美国政府可获得AIG几乎80%的股权，有权否决普通股股东和优先股股东的派息收益，有权撤换其高管等。

从美联储在此次金融危机中行使最后贷款人职能的情况看，其行使最后贷款人职能有以下特点：

（1）受援助的金融机构是因流动性不足而非资不抵债的金融机构，该金融机构的危机对其他金融机构具有传染性，对金融体系的整体安全已构成威胁。

（2）金融机构发生的流动性而非清算性危机以及该危机对金融体系的整体安全构成威胁这两个条件只是金融机构获得最后贷款人救助的必要条件，而非充分条件。最后贷款人在决定是否对发生危机的金融机构实施救助时，不仅要考虑危机的类型以及其是否具有传染性，同时还要考虑其他因素。

（3）在决定是否对发生危机的金融机构实施救助时，美联储具有完全自主权。

（4）接受援助的金融机构及其管理层要受到惩罚。金融机构受到的惩罚是其要为紧急贷款支付高于普通贷款的利息，管理层受到的惩罚将是被撤换。

（5）作为最后贷款人的美联储提供给金融机构的援助资金一般都是短期的。

（6）美联储对危机金融机构的救助仅限于解决其流动性不足，并不保证其不被兼并或破产。

（7）接受最后贷款人援助的金融机构都要为此提供抵押。

三、主要国家的存款保险制度

（一）美国的存款保险制度

存款保险制度最早产生于美国。在20世纪30年代的大危机中，美国由于股票市场的崩溃，爆发了史无前例的银行业倒闭浪潮。1930年，银行倒闭数字开始达到4位数，1933年达到最高峰，倒闭的银行数目为4 000家，超过了全国银行机构总数的20%。在这种背景下，为了重振公众对银行体系的信心，保护存款人的利益，监督并促使银行在保证安全的前提下进行经营活动，美国国会于1933年通过《格拉斯—斯蒂格尔法》，要求设立联邦存款保险公司（FDIC）。美国联邦存款保险公司的最初资本由美国财政部及12家联邦储备银行提供。其中，财政部提供1.5亿美元，各储备银行按1933年1月1日资本盈余的50%认购股本。1934年根据《国民住房法案》，美国建立了联邦储蓄信贷保险公司（FSLIC），在联邦注册的储蓄信贷协会等金融机构必须向FSLIC投保，其他的州注册的银行则自愿参加。FSLIC的资金来源一是参加保险的储蓄机构缴纳的保费，二是发型债券，三是在紧急情况下拥有向财政部借款7.5亿美元的法定权利。20世纪80年代起至90年代初发生储贷协会危机，大量储蓄信贷协会在放开利率管制后出现利率倒挂、资金错位问题，FSLCI由于资金不足，无法及时偿付倒闭机构的存款，拖延了处置时间，造成大量储贷协会破产，1987年FSLCI已资不抵债。1989年8月，美国国会通过了《金融机构改革、复兴和实施法案》，决定解散FSLCI，由FDCI向储蓄信贷协会提供存款保险，并成立处置信托公司（RTC），这是一家独立的、临时性的联邦政府机构，负责有关储蓄信贷机构的存款保险、管制和监管体制的重建。1995年12月30日RTC提前关闭，由FDIC接管其遗留工作，FDIC的存款保险制度如下。

（1）承保对象：根据《联邦存款保险法案》和《2002年联邦存款保险改革法》等法律规定，所有联邦储备体系成员的银行，必须参加联邦存款保险公司的存款保险，非联邦储备体系的州银行以及其他金融机构，可以自愿参加存款保险。凡自愿参加联邦存款保险的非会员银行或其他金融机构，必须提出投保申请，经联邦存款保险公司审查合格予以保险资格，美国商业银行全部参加了联邦存款保险。

（2）承保范围：所有活期存款账户，定期存款账户、储蓄存款账户。

（3）承保限额：每一存款账户最高保险保额为10万美元。即当投保银行破产倒闭时，FDIC对储户存款的清偿额以10万美元为限。

（4）保险费：保险费率为0.83%。

（5）投保银行的报告制度：为了维护存款人利益，维护金融稳定秩序，要求投保银行必须按存款保险营运主体的要求上交各种经营报告和统计报告，并随时准备接受存款保险营运主体对经营风险的检查或调查。

（6）取消存款保险资格：美国法律规定，FDIC有权取消它认为经营不好的银行的保险资格。同时规定，被取消保险的银行，必须立即将被取消保险资格的决定通知它的每个存款户。为了避免由于银行被取消保险资格而引起挤兑或金融恐慌，FDIC对被取消保险资格银行的原有存款仍实行为期两年的存款保险，但对其新吸收存款不提供保险。在为被取消保险资格银行的原有存款继续提供保险的两年期间内，FDIC仍有检查、监督其业务经营的权力。

（7）对濒临破产或破产银行的处理：为了确保存款人利益不受损失，经营完善、管理有序的银行吸收合并面临破产或已破产的银行，或者帮助面临破产的银行调整经营方向，组织资金，甚至通过贷款方式进行资金援助。对那些不适于采取挽救措施或挽救无效的银行，由存款保险经营主体通过法院宣告其破产，并具体负责破产财产的清算和债务清偿，同时应对其保险的存款进行赔付。

（二）日本的存款保险制度

存款保险制度被日本接受是在 20 世纪 70 年代初。当时的日本金融制度调查会提出，为了谋求金融效率化，希望适当引入金融机构竞争机制，与之相关的保护存款者的措施是必要的，为此应创设存款保险制度。随后，日本于 1971 年公布了《存款保险法》，设立了存款保险机构并强制金融机构加入存款保险体系。存款保险机构的最初资本是 4.5 亿日元，由日本银行、政府和民间机构各负担 1.5 亿日元。它提供每个账户的最高保险金额为 1 000 万日元，保险费率为 0.012%。在非常时期，它可以向日本银行借款的最高限额是 5 000 亿日元。随着经济环境的变迁，相对于日本整体资金需求的现状来看，日本的金融机构数量过多且银行不良资产问题非常突出。

为了改善金融机构经营状况和进行金融结构改革，从 2002 年 4 月 1 日起，日本正式解除银行存款保险制度，转而实行有限的存款保险制度。目的是要提高银行的素质，让客户来选择银行，让不良的银行自行破产。然而此举造成了公众信息的急剧下降和一定程度的金融恐慌。随后，日本政府又宣布有限保额的存款保险制度推迟至 2005 年 3 月实施。2005 年 4 月，随着特定存款的全额保护过渡期结束，日本的存款保险制度基本上实现了从全额保险向限额保险的转换。日本存款保险法律制度在降低金融风险、协助金融监管、维护金融市场稳定等方面的作用在不断扩大。时至今日，日本的存款保险法律制度仍未完全定型。但可以预见的是，日本的金融自由化和国际化趋势将继续下去，因此日本存款保险法律制度的发展和完善还有很大空间，当然也有很多不确定性。

（三）英国的存款保险制度

存款保险制度在英国建立较晚，此前存在过隐形的存款保障计划。根据 1979 年银行法的规定，英国于 1982 年 2 月设立由英格兰银行领导下的存款保险委员会，负责对不同金融主体的存款进行分类保护。英国《金融服务和市场法》（FSMA）2001 年 12 月 1 日生效后，以前分类的存款保险制度、保险单持有人的保护制度和投资人补偿制度同意合并为金融服务补偿制度（FSCS）。与大多数国家相同，英国采取部分保险的存款保险制度，但其理赔标准和方式很特殊：当一个投保机构倒闭时，对存款人的赔偿是按比例计算的，同时又规定了最高赔偿限额，即存款人最终只能得到其存款余额 75% 的赔偿，且最高不超过 2 万英镑。

但是，在金融危机中 FSCS 的作用受到了质疑。2007 年 9 月 13 日，受美国次贷危机的影响，英国第五大抵押贷款机构北岩银行发生挤兑事件。在北岩银行挤提过程中，许多客户致电 FSCS，询问 FSCS 的角色及他们的存款能否得到保护，而 FSCS 只能说明其仅在收到保险的机构不能支付其债务时介入。FSCS 的表现并没有缓解公众的恐慌心理。英国现行存款保险制度在北岩银行事件中失灵，是由其存款保险赔付限额偏低、存款赔付时间偏长、初期资金和继增资金有限、不具有金融检查权等内在的缺陷决定的。

尽管从危机开始时英国存款保险制度的作用即被认定为十分有限，但金融服务补偿计划在这次危机中也得到了一些调整，以帮助金融市场恢复稳定。包括提高存款保险限额；尝试新的基金安排；对临时高额存款提供额外保护。

此次危机爆发后，英国积极针对危机暴露出的金融监管问题进行了改革。英国议会分别于2009年2月12日和2010年4月8日，通过了《2009年银行法》和《2010年金融服务法》。而这两部法律都有一些条款对金融服务补偿计划进行修订：

1. 《2009年银行法》对金融服务补偿计划的改革

（1）要求FSCS建立事前基金

FSCS一直采用按需支付的标准来筹集资金，金融机构每年交纳的资金以下一年的预期支出（包括补偿金）为标准。尽管FSCS可以通过借款来弥补赤字，但如果补偿金比预期金额高时，消费者则需要等待较长时间才能获得其应有的补偿。该法案要求增加FSCS的清偿能力，使FSCS即使在补偿金明显超过预期的情况下也能快速地解决所有赔偿请求。法案提出财政部可以制定FSCS事前基金的有关规则，授权FSCS向金融机构收取资金，以建立应急基金应对潜在的倒闭事件。

（2）要求尽快向存款人支付保险金

鉴于危机中过长的存款赔付时间严重影响了金融服务补偿计划的功能，侵害了存款人的利益，该法案要求FSCS尽快向存款人支付保险金。值得一提的是，2009年7月24日FSA宣布调整金融服务补偿计划，建立快速赔偿制度，确保个人和小企业能得到快速赔偿。该快速赔偿制度于2010年12月31日生效，保证许多存款人能在7天内获得赔偿，而存款保证计划指令下的所有赔偿会在20天内支付。

（3）建立银行破产程序

该法案建立了整套的银行破产程序，规定银行破产的基本条件有三个：已经无力或者将无力偿付债务、银行破产符合公共利益以及银行破产合乎公平。当银行出现破产事由时，只能由英格兰银行、金融服务局和财政部向法院递交破产申请，并同时指定具体的清算人。在法院决定银行破产清算人后，应由英格兰银行、金融服务局、财政部、FSCS派员组成清算委员会，来监督破产清算人。而破产清算人的目标是为银行的合格存款人做出安排，使他们的账户顺利转移，或让他们尽快获得FSCS的赔偿。

2. 《2010年金融服务法》对金融服务补偿计划的补充规定

根据《2009年银行法》，财政部可以要求金融服务补偿计划在一定程度上承担对破产银行采取特别解决机制发生的费用。《2010年金融服务法》对金融服务补偿计划支付该费用的条件、计算方法及金额等进行了规定。另外，该法案赋予了金融服务补偿计划管理人制定并实施与赔偿金支付相关的计划，同时还规定了金融服务补偿计划管理人可以拒绝采取行动的情形和理由。

四、我国建立存款保险制度的必要性分析

随着我国金融改革的进一步深入，将会涌现出大量的股份制银行、民营银行以及外资银行等。在这种形势下，建立存款保险制度对于稳定金融体系、保证储户利益乃至加强银行监管、促进金融改革都有着十分重要的意义。尽管我国早在1993年《国务院关于金融体制改革的决定》中就明确指出要建立存款保险基金，以保障社会公众的合法利益。从我国目前的情况来看，建立存款保险制度，不仅十分必要，而且十分迫切，应该

尽快研究建立适合我国国情的存款保险制度。

（一）改变目前隐含的存款保险制度的需要

我国虽然没有建立公开的存款保险制度，但从近年来我国处理有问题金融机构的实践来看，我国政府自始至终对存款人的利益都是给予保护的，这说明我国其实存在着一种以国家信用为担保的隐含的存款保险制度。随着我国金融改革的不断深入，这种制度越来越不适应形势的发展。首先，容易干扰货币政策的独立性与实施效果。在隐含的存款保险制度下，中央银行将被迫向有问题的银行提供流动性支持，从而带来基础货币的投放，货币供应量增加。如果当时中央银行实行的是一种紧缩性的货币政策，那么这种资金援助无疑会使货币政策的实施效果有所弱化。其次，不能有效维护社会公众的信心。隐含的存款保险制度缺乏一个明确的游戏规则，中央银行是否愿意对有问题的银行施以援手，往往带有很大的随意性和模糊性。因此某家银行一有风吹草动，在社会上就难免会引起一定程度的恐慌，进而影响公众对该银行甚至整个金融体系的信心。最后，在隐含的存款保险制度下，损失最终由国家负担，而金融机构基本上不承担经营失败的成本，这既不合理也不利于金融机构建立有效的风险约束机制。而公开的存款保险制度则具有明确的游戏规则，对存款人利益的保护更加明显，也更加具有刚性，可以更好地维护社会公众的信心。因此，建立明确、公开的存款保险制度已显得十分迫切。

（二）完善金融机构市场退出机制的需要

建立完善的市场退出机制是社会主义市场经济的客观要求，也是提高金融运行效率和优化资源配置的必由之路。近年来，我国已有一些金融机构因经营不善、亏损巨大而被中国人民银行宣布破产和关闭，如中农信、海南发展银行、中银信托和广东国际信托等。但由于没有当的市场退出机制，在存款人中间造成了一定程度的恐慌，严重影响了公众对金融体系的信心，同时中央银行在处理这些问题金融机构时也困难重重，处处被动。建立存款保险制度，通过对存款人利益给予必要的保护，能为金融机构的市场退出创造一个相对稳定的环境。通过赋予存款保险机构一定的金融机构市场退出的处置权，可以缓解中央银行的压力，使中央银行不必事必躬亲，从而可以一心一意维护货币币值的稳定。

（三）建立公平竞争环境的需要

人们普遍认为大银行要比小银行安全得多，即使出现问题，国家也不会袖手旁观，即存在所谓的"大而不倒"现象，这就使得大银行具有天生的竞争优势。我国的国有控股银行不仅规模巨大，而且有国家信用作担保，在竞争中就更加具有优势。相比之下，中小银行规模较小，也无国家信用作担保，在竞争中处于非常不利的地位。建立存款保险制度，可以在一定程度上淡化国有商业银行的特殊优势，为中小银行的发展创造一个相对公平的发展环境，这对于完善我国的金融体系，提高金融市场效率具有重要的意义。

（四）保护存款人的合法利益，维护社会稳定的需要

改革开放以来，居民储蓄存款增加很快，现已成为银行最大的资金来源。因此，如

何保护存款人的合法利益和维护社会公众对金融体系的信心就显得格外重要。近年来，一些金融机构的风险日益突出，面临着较严重的信心危机。虽然存款保险制度本身存在着很多弊端，例如容易引发道德风险等，但至今它依然是各国公认的维护公众信心和社会稳定最有效的制度之一。

（五）加强和改善金融监管的需要

一方面，存款保险制度的职能不仅在于事后及时补救，更重要的是它具有事前风险防范的机制。一般情况下，存款保险公司为避免在有问题银行破产倒闭时被迫支付大量的赔偿金，它势必要通过建立一套完善的风险发现和防范机制来对投保银行进行监督，一旦发现其风险超过警戒线，就会立即采取相应的对策，如要求银行迅速调整资产结构或向其提供流动性支持。另一方面，存款保险制度非常注重金融业的独特性和内在运行规律，它可以在一定程度上实现外部监管与银行内在特质的协调统一，并能克服官方监管的局限，以市场化的手法把金融监管引向更有效率的方向。

（六）银行天然的内在不稳定性的需要

银行的负债来源和资产运用具有结构上的缺陷。银行负债一般以存款为主，负债结构单一，且长期负债比重较低；资产品种也相对缺乏，以贷款为主，且中长期贷款比重较高。银行资产负债存在流动性不对称，对银行来讲，到期负债是必须归还的，即使没有到期，只要存款人要求提前变现，银行也得满足，如定期存款等。银行的贷款由于缺乏二级市场，在银行需要流动性时，一般不能通过出售贷款来获取，因此，从贷款的期限约束和市场性角度来说，贷款的流动性差。银行的资产负债率很高，与工商企业相比，银行是高负债经营企业，自有资本很少，而自有资本是银行抵御金融风险的重要屏障。银行经营一旦发生亏损，自有资本根本不够抵补负债。正是由于银行业的这些特性，使银行不可避免地会发生不同程度的暂时的流动性危机。存款人一旦得知银行面临流动性危机，在没有存款保险的情况下，极易发生挤兑现象，暂时的流动性危机也会给银行带来灭顶之灾。

五、我国存款保险制度的模式设计

（一）存款保险机构设计

存款保险机构功能定位不仅决定存款保险制度在金融安全网中的作用，决定存款保险机构的权力大小，也决定危机处理模式等关键因素，因此在存款保险制度设计中居于首要和核心地位。从各国实践看，存款保险机构存在四种不同的功能定位，即付款箱型、强付款箱型、损失最小化型、风险最小化型，其中付款箱型机构功能最为简单，责任最小，对应权力也不大；而风险最小化型机构功能最为复杂，责任最大，对应权力也较大。从我国实际情况看，我国市场经济机制处在初建阶段，各项法律制度特别是金融、税收等方面的法律法规仍不完善，而且当前经济已降至中速增长阶段，政府融资平台、民间融资、影子银行以及特定行业的风险初步显现，金融不稳定因素相对较多。在此背景下，如我国存款保险机构采用付款箱型，显然难以达到维护金融稳定的重任。因此，预计我国存款保险机构将采用风险最小化型，赋予独立的风险处置权限和一定的监管职能，便于其对金融机构进行风险检查和评估以及制定并执行危机处理方案，而且存款保险机构需要独立设置，为便于进行资产处置，将采用公司制模式。存款保险机构未来将与金融监管部门、最后贷款人一起构筑金融安全网络，最大程度地维护我国金融体系安全。

（二）保险覆盖范围设计

为了避免出现逆向选择问题，我国应采取强制保险政策，即要求所有吸收存款的金融机构都应加入存款保险制度，这意味着我国存款保险制度将涵盖所有存款类金融机构，如商业银行、合作银行、城市信用社、农村信用社和邮政储蓄银行等。但是，为了避免道德风险问题，存款类金融机构不能自动地加入存款保险，而需要通过存款保险机构对其进行风险等方面的评估，如能符合事先设定的标准，方能成为存款保险的对象。保险覆盖范围设计还涉及币种问题。鉴于我国对外贸易程度较高，外币使用量和存量都较大，我国存款保险制度应涵盖所有存款类金融机构中存款人的外币账户，以避免存款人通过结汇方式规避政策风险，造成不必要的金融混乱。同理，我国存款保险制度应涵盖所有在华的外资银行及其分支机构。

（三）保险赔付限额设计

存款保险制度只能对限额以下的存款提供担保。问题是，如果存款保险赔付限额设定得过高，会降低存款人的风险防范意识，进而加大投保金融机构的道德风险和存款保险机构赔付压力；如果限额设定得过低，则会大幅降低保护存款人的作用，容易产生挤兑等金融恐慌事件，将无助于维护金融体系的稳定。因此，需要对保险赔付限额进行精确计量。国际上通常做法是，首先根据金融安全需要和公众接受程度，设定一个全额偿付存款人的比率（一般在90%以上），而后根据存款人的概率分布情况确定保险赔付限额。还有一种粗略计算方法，是按照人均 GDP 的经验倍数来估算存款保险赔付限额。从当前情况来看，全球存款保险限额一般为人均 GDP 的 4～6 倍。考虑到我国储蓄率一直很高，存款也是居民持有财富的一个主要手段，存款保险赔付限额可采用更高倍数如人均 GDP 的 8～10 倍来制定。以 2012 年我国人均 GDP 3.84 万元进行估算，2012 年我国存款保险赔付限额约为 31 万元至 38 万元。当然，随着一国经济发展和收入增长，存款保险赔付限额需做动态调整。同时，为了避免存款人通过多开账户方式规避政策，存款保险赔付限额应针对每个存款人而非每个存款账户进行设定；考虑到实际操作难度，存款保险赔付限额应针对每家金融机构设定，而不是针对所有金融机构设定。综合上述因素，由于我国经济增长相对较快并考虑公众接受程度，在建立存款保险制度初期，我国应设计相对较高的存款保险赔付限额。根据上文估算数，预计我国存款保险赔付限额初期将设定为每家金融机构的每个存款人 40 万元至 50 万元。

（四）存款保险基金设计

存款保险基金是存款人能否得到有效保护的基石。存款保险基金规模不仅关系到存款保险机构能否独立稳健运营并发挥维护金融稳定的作用，也关系到投保金融机构的保费缴纳水平并对其当期利润的影响程度，因此需要统筹考虑和设计。一种粗略计算方法就是参照其他国家进行确定。以美国为例，2012 年底美国银行业总资产和总负债分别为 13.4 万亿美元和 11.9 万亿美元，联邦存款保险公司（FDIC）基金余额为 330 亿美元。2012 年底，我国银行业金融机构总资产和总负债为 134 万亿元和 125 万亿元人民币。如参照美国现有银行业情况，我国现有存款保险基金规模可设计为 3 300 亿元至 3 500 亿元人民币。当然，随着我国存款类金融机构规模不断扩大，存款保险基金规模也要随之扩大。存款保险基金需要有明确的资金来源。从各国实践看，存款保险基金主要来源于财政拨款、投保金融机构缴纳保费以及基金产生的投资收益。从我国实际看，近年来积极财政政策使得财政负担较重，财政拨款方式显然力不从心。如果仅通过存款类金融机构缴费形成存款保险基金，各家机构负担过重，将会大幅影响当期利润并产生金融不稳定因素。一个可行的解决方案是借鉴商业银行股份制改革做法，即通过动用外汇储备向存款保险机构进行注资，形成该公司的注册资本金，并构成基本的存款保险基金，其增长部分将由各家投保金融机构按期缴纳保费构成。这充分体现历史问题由政府承担而新增问题交由行业负责的政策含义，易于被投保金融机构与公众所理解和接受。

（五）存款保险费率设计

作为一项保险制度，投保存款类金融机构必须缴纳一定的保险费，体现金融机构共同为风险事件承担责任的基本保险原则。从各国实践看，投保金融机构均按其存款规模的一定比率缴纳存款保险费，而保险费率可分为单一费率和基于风险调整的差别费率两种。基于当前金融体系风险较大和法律规范不完善的考虑，我国存款保险费率宜采用基于风险调整的差别费率，使存款保险费与投保金融机构风险直接挂钩，风险越大则费率越高，从而有效地防范投保金融机构的道德风险。在存款保险费率标准设计上，世界上大多数国家的保险费率大都低于 0.1%，平均约为 0.05%，其中德国保险费率较低，综合比率约为 0.03%，美国保险费率相对较高，从 0.00% 到 0.27% 设计九个档次。根据上述经验，考虑银行成本负担能力，我国如果能够采用外汇储备注资方式构成基本存款保险基金，在建立存款保险制度初期保险费率可设计较低比率，综合比率宜保持在 0.03% 左右。按 2012 年末各项存款规模计算，每年缴纳的存款保险费约为 282 亿元，占 2012 年商业银行利润的比重约为 2.3%，总体影响相对较小，容易被投保金融机构所接受。同时，需要适当拉开金融机构保险费率的差异，风险最低的金融机构保险费率可低至 0.02%，风险最高的金融机构保险费率可高过 0.1%。

（六）早期纠正机制设计

早期纠正机制是指在投保金融机构出现重大风险问题，存款保险机构通过及时处理或救助，防范可能产生的金融风险。早期纠正机制是风险最小化型存款保险机构的必备工具。既然我国存款保险机构功能极有可能定位风险最小化型，也需要进行相关机制设计。早期纠正机制设计主要包括机制启动条件和早期纠正工具两个方面。鉴于实际情况，我国早期纠正机制启动条件可以设定为投保金融机构出现重大风险问题，而且风险可能将继续放大，进而威胁其经营乃至整个金融体系的安全。在满足启动条件下，我国早期纠正工具可包括存款保险机构向金融机构注资、有毒资产置换等，帮助其恢复流动性；向金融机构派驻人员，协助进行风险处置；要求金融机构补充资本金，并限制其进行分红；限制高风险资产和业务的扩张，防止经营层铤而走险等。为了保证早期纠正机制有效实施，我国存款保险机构还需要通过现场检查和非现场监管，对投保金融机构的风险情况进行持续评估，以充分了解金融机构风险状况。同时，鉴于早期纠正机制与监管部门职能有所交叉，在实施早期纠正措施过程中，存款保险机构需要切实加强与相关监管部门的沟通和协调，合作维护金融体系安全。此外，为了防范道德风险，存款保险机构在对金融机构实施早期纠正措施后，必须向该机构征收特殊保险费，对其风险防控失误行为进行惩罚。

（七）破产机构处置设计

破产机构处置是维护存款人权益和金融体系信心的基本手段，是存款保险机构最重要的一项基础职能。从各国经验看，破产机构处置程序主要包括金融机构破产、存款人债权清偿、金融资产处置和责任追究等环节。在金融机构破产环节，作为破产银行的接管人和清算人，存款保险机构需要最大程度地降低机构退出成本以及对金融市场的不良影响。借鉴国际经验，我国存款保险机构对金融机构破产，可采取重组兼并、清算与偿付、收购与承接交易、提供资金援助等方式进行。其中，由另一家机构进行重组兼并方式的退出成本最低，而提供资金援助方式一般适用于市场影响力较大的金融机构。在存款人债权清偿环节，我国存款保险机构需要准确及时清偿存款人债权。为此，存款保险机构调取破产金融机构的相关存款人记录，在经存款人确认后，按照保险赔付限额规定予以赔付。如存款人对存款记录有异议，须向存款保险机构提供相关证明。同时，存款保险机构需要将处理程序等相关安排及时告知公众，并通过电话等方式与存款人进行良好沟通，以稳定存款人情绪和信心，避免发生金融恐慌事件。在金融资产处置和责任追究环节，存款保险机构需要最大程度地提高资产处置收益。根据这一原则，我国存款保险机构可选择合适的资产处置方式，如资产置换、资产拍卖、资产池、资产证券化等，也可将资产委托给资产管理公司等机构处理。同时，为了严肃市场纪律，我国存款保险机构需要追究破产金融机构相关人员的法律责任，追讨可能的隐匿资产或过失补偿金。

本章小结

金融监管的其他防线包括行业自律、市场约束机制和存款保险制度等。其他监管防线作用的有效发挥对于维护金融稳定与金融安全具有重要意义。

金融业自律组织一般由金融业同业自愿组成，以谋取和增进全体会员机构的共同利益为宗旨。金融业自律组织是金融监管体系的重要组成部分，它不仅可以解决金融同业之间的约束和自律问题，而且有助于加强金融业的监管，改善金融机构的经营环境。

金融监管中的市场约束是指通过信息披露的方式由金融机构所赖以生存的市场和客户来约束其经营行为，影响金融机构的市场份额，以迫使金融机构努力提高经营管理水平和竞争能力，维持整个金融业的稳健运行。

存款保险制度是通过设立专门的存款保险机构，规定经办存款的金融机构必须或自愿根据存款额大小按一定的费率向存款保险机构投保，当投保的存款机构出现经营危机或陷入破产境地时，由存款保险机构向其提供流动性支持或直接向其存款人支付部分或全部存款的一种制度。存款保险制度建立的目的在于维护存款人的利益、维护金融体系的稳定，但是存款保险制度本身也会带来道德风险问题。

本章重要概念

市场约束　信用评级　存款保险制度

复习思考题

1. 行业自律在金融机构监管体系中处于什么位置？
2. 我国有哪些重要的金融行业自律组织？我国金融行业自律组织的职能有哪些？
3. 为什么市场约束对于金融机构的稳健运行非常重要？
4. 《巴塞尔协议Ⅲ》中对合格的外部评级机构规定了哪些标准？
5. 什么是存款保险制度？存款保险制度的功能与局限性是什么？
6. 你对我国未来是否要设立存款保险制度以及存款保险制度的模式设计如何认识？

第八章

金融监管的外部支持

金融监管的外部支持是一个包含法律、会计、统计、企业与社会信用等诸多内容的复杂系统，这些内容之间既相互联系又有所区别。本章仅从相对独立的角度将法律、会计、统计视为金融监管外部支持系统的子系统，并介绍相应的内容。

第一节 金融监管的法律支持系统

金融监管的法律支持系统主要包括两个子系统：一是金融基础法律支持系统，二是金融监管法律法规支持系统。其中，金融监管法律法规又包含于金融基础法律之中。

一、金融基础法律支持系统

金融基础法律支持系统是调整金融关系的法律规范的总称。

金融基础法律调整的金融关系包括金融监管关系和金融业务关系。调整金融业务关系的法律规范总称为金融业务法，调整金融监管关系的法律规范总称为金融监管法。

（一）金融基础法律支持系统的主要特点

金融基础法律支持系统的特点主要表现在：

1. 调整对象广泛

金融基础法律调整的对象主要有以下四种：

（1）银行等金融机构与非金融机构的法人、其他组织和自然人之间的间接融资关系；

（2）非金融机构的公司、企业和个人之间及其与证券、信托等银行金融机构之间因股票、债券等有价证券的发行、交易活动而产生的直接融资关系；

（3）银行等金融机构与非金融机构的法人、其他组织和自然人之间因金融中介服务活动而产生的金融中介服务关系；

（4）国家金融管理机构与金融机构、非金融机构和个人之间的金融管理关系。

2. 属于宪法以及民法、经济法等法律之后的第三层次法律

3. 涉及范围广泛

金融基础法律既包括金融法律和金融行政法规，又包括金融行政规章、金融地方性

法规以及自律性规范。

（二）金融基础法律和金融监管法律的关系

金融监管法律作为各部金融法律法规中具有金融监管性质的法律规范的总称，与金融基础法律的关系非常密切。

1. 两者密切联系

（1）金融基础法律和金融监管法律是包含关系，金融监管法律包含在金融基础法律当中。

（2）金融基础法律是制定金融监管法律的基础，金融监管法律的具体条款都以金融基础法律为前提；金融监管法律为金融基础法律贯彻实施提供保障，金融监管法律的建立、健全对金融基础法律正常发挥起着重要作用。

2. 两者存在一定的区别

（1）两者的目的和作用不同。金融基础法律的作用是为金融机构的业务顺利开展提供法律支持；金融监管法律的作用在于维护金融体系的安全和稳定并保护存款人、投资者及其他社会公众的利益。

（2）两者行使的主体不同。金融基础法律的行使主体为各类金融机构以及政府机构；金融监管法律的行使主体是金融监管当局。

（3）两者的内容不同，特别是在权利和义务的规定上，金融监管法律强调规制和约束的一面，而金融基础法律还包括权利的一面。

（4）两者的地位不同。金融基础法律是一个独立的法律；而金融监管法律则有附属性，它附属于金融基础法律。

（三）金融基础法律的具体制度

1. 银行法。银行法是调整银行业务关系的金融法律规范的总称。它是金融法律的最基本的内容。银行法的内容包括中央银行法、商业银行法等金融法律。

2. 证券法。证券法是指调整证券法律关系和证券业务关系的金融法律规范的总称，具体是指调整证券发行关系和证券交易关系的总称。

3. 信托法。信托法是指调整信托关系的金融法律规范的总称。它一方面规定信托财产的范围、信托关系的权利和义务；另一方面规定信托机构的设立、运作的程序等。

4. 保险法。保险法是指调整在保险活动中形成的社会关系的金融法律规范的总称，规定保险合同、保险经营、保险业监管、保险代理人和保险经纪人等内容。

5. 票据法。票据法是指调整票据管理和票据流通关系的金融法律规范的总称，集中规定票据的种类、签发、转让和票据当事人的权利和义务等内容。

6. 担保法。担保法是指调整机构或个人之间担保关系的金融法律规范的总称。

二、金融监管法律法规的内容

从一般意义来看，金融监管法律法规的内容主要包括市场准入监管、有关市场运作的监管、有关市场退出的监管三个方面。

（一）市场准入监管

市场准入监管，即对设立金融机构审批的监管。这项监管的内容通常包括：最低注册资本金，高层管理人员的素质和资格，业务范围的界定，必要的服务设施、设备及其他条件等。

加强金融机构市场准入监管已成为各国通例，其目的有：一是将那些素质较差，有可能对存款人利益或金融业的安全和稳定造成危害的金融机构拒之门外；二是确保金融机构布局合理，符合经济发展需要，为金融业公平合理竞争创造良好环境，既防止金融机构集中于少数集团，不利于竞争，又保持合理的规模，提高市场竞争性。

各国（地区）金融监管法律法规对金融机构市场准入都有严格的条件规定，大体包括以下几个方面。

（1）资本充足标准。金融机构的设立必须具有法定的最低资本额。这一最低资本额各国（地区）规定不同。比如，在英国，银行最低注册资本为 500 万英镑；在美国，国民银行最低注册资本为 100 万美元；在日本，商业银行最低注册资本为 10 亿日元。另外，不同性质的金融机构的最低注册资本额也不同。比如，在进入欧元区前，芬兰对各类金融机构的要求是：商业银行，最低注册资本额为 500 万芬兰马克；储蓄银行的最低注册资本额为 50 万芬兰马克。又如，中国香港曾把主要金融机构分为三类，即持牌银行、持牌接受存款公司、注册接受存款公司，其最低注册资本分别是 1.5 亿港元、1 亿港元和 2 500 万港元。

（2）高级、称职的管理人员。合格的经理人员也是成立金融机构的重要条件。各国银行法一般都规定在审批银行时，要考察管理人员的品行、能力、工作经验和信誉等。例如，英国要求银行管理和决策层的全体人员具有良好的信誉、职业技能、知识和经验，能够很好地履行其职责和义务等。

（3）经营范围的规定。许多国家都对金融机构的经营范围作了强制规定。比如，有些国家要求分业经营，有些国家要求有限制的混业经营等。

（4）其他条件。如有健全的组织结构、管理制度和章程，有符合要求的营业场所、设施等。

（二）有关市场运作的监管

（1）业务经营监管。它主要包括对金融机构的吸收存款业务、发放贷款业务、证券业务、保险业务、外汇业务、储蓄业务、票据贴现业务、同业拆借业务、办理担保业务、信托业务、金融租赁业务等的监管。

（2）业务范围监管。业务范围不仅在申请审批时要作相应的规定，在成立金融机构后仍然有相应要求。

（3）风险监管。各种金融机构在从事金融活动中会遇到许多风险，如信用风险、收益风险、流动性风险、管理风险、经营性风险等。针对各种金融风险，金融监管的内容包括以下几个方面：

① 对资本的要求。根据《巴塞尔协议 Ⅲ》的要求，全球各商业银行的一级资本充足率下限将从现行的 4% 上调至 6%，由普通股构成的核心一级资本占银行风险资产的下

限将从现行的2%提高至4.5%。另外，各家银行应设立资本防护缓冲资金，总额不得低于银行风险资产的2.5%。

② 资产质量的要求。金融机构主要资产的收益性要高，可转换性要强。

③ 流动性要求。金融机构的现金流量和流动性资产的存量要能偿付到期负债。巴塞尔协议Ⅲ要求建立流动性风险量化监管标准，引入了流动性覆盖率（LCR）等流动性风险监管的量化指标。

④ 风险分散的要求。要注意资产的多样化，对一个客户或单位的贷款不能超过其总资产的一定比例。这是对贷款集中风险的一种回避。

⑤ 对管理者的要求。高层管理者的素质和水平应达到规定的标准和条件。

（三）有关市场退出的监管

金融机构市场退出，即金融机构终止，是指由于管理不善或其他原因而停止其经营活动的行为。导致市场退出的原因很多，比如，严重违反国家的法律、法规和政策；已丧失金融机构要求必须具备的条件；被其他金融机构收购或兼并；等等。

三、我国的金融监管法律法规

《中华人民共和国银行业监督管理法》（以下简称《银行业监督管理法》）于2004年2月1日正式施行，2006年10月31日进行了修订。作为我国第一部关于金融业监管的专门法律，《银行业监督管理法》规范了金融监管制度，加强了监管力度（我国其他金融监管法律法规见表8-1）。在这部法律中特别强调了监管理念，要求建立一个公开透明、高效运作的银行业监管体系，通过审慎有效的监管，提升银行业监管的专业化水平，促进银行业合法稳健运行，维护公众对银行业的信心。

表8-1　　　　　　　　　我国主要金融监管法律法规编年表

法律法规	颁布实施时间	修改时间
中华人民共和国中国人民银行法	1995 年	2003 年
中华人民共和国商业银行法	1995 年	2003 年
中华人民共和国证券法	1998 年	2013 年
中华人民共和国保险法	1995 年	2009 年
中华人民共和国信托法	2001 年	无
中华人民共和国票据法	1995 年	2004 年
中华人民共和国担保法	1995 年	无
中华人民共和国银行业监督管理法	2004 年	2006 年

可以看出，目前及将来的监管重心应在"管法人、管风险、管内控和提高透明度"这四个方面。其中，"管法人、管风险、提高透明度"都有相应的法律支持，而内控更多的是一种机构内部的自律。因此，本书在介绍我国的金融监管法律法规时从"法人、

风险和提高透明度"这三个方面入手。

（一）"管法人"，即对金融机构的监管

我国的金融机构分为银行金融机构以及非银行金融机构。银行金融机构包括商业银行、合作金融机构、政策性银行等；非银行金融机构包括证券公司、保险公司、信托机构等。

1. 对商业银行的监管

（1）对商业银行设立审批的监管。根据《商业银行法》的规定，任何商业银行的设立，都必须经国务院银行业监督管理机构审查批准。商业银行设立后发生分立、合并或者名称、注册资本、所在地等事项发生变更，也必须报经国务院银行业监督管理机构批准。商业银行因分立、合并或者出现公司章程规定的解散事由需要解散的，在国务院银行业监督管理机构批准后方可清算，国务院银行业监督管理机构有权监督清算过程。商业银行经营不善导致破产的，经国务院银行业监督管理机构同意后方可宣告破产。

我国对金融机构市场准入条件规定有：首先，资本充足标准：《商业银行法》第十三条规定，设立全国性商业银行、城市商业银行、农村商业银行的注册资本的最低限额分别为人民币 10 亿元、1 亿元、5 000 万元。其次，有合格的经理人员，符合法定的营业范围要求，有健全的组织结构、管理制度和章程，有符合要求的营业场所、设施等其他条件。

（2）商业银行业务范围监管。《商业银行法》规定了银行业的从业范围，商业银行的经营范围由商业银行章程规定，报国务院银行业监督管理机构。商业银行经中国人民银行批准，可以经营结汇、售汇业务。

（3）根据《中华人民共和国商业银行法》，商业银行依法接受国务院银行业监督管理机构的监督管理，但法律规定其有关业务也接受其他监督管理部门或者机构监督管理。依照其规定，国务院银行业监督管理机构有权随时对商业银行的存款、贷款、结算、呆账等情况进行检查监督。另外，中国人民银行有权依照《中华人民共和国中国人民银行法》的规定对商业银行进行检查监督。

（4）商业银行财务会计监管。监管部门对商业银行的业务活动进行稽核、检查监督不可能是经常的，对商业银行的日常管理主要借助于会计资料。监管部门通过审查商业银行的资产负债表、利润表和其他会计报表，可以了解商业银行经营过程中存在的问题，严防商业银行弄虚作假，隐瞒其业务活动和财务状况。

2. 对保险公司的监管

（1）保险公司的设立、变更、终止由国务院保险监督管理机构批准。《保险法》第七十一条规定，设立保险公司，必须经保险监督管理机构批准。依第七十四条、第七十九条的规定，保险公司在境内外设立分支机构和代表机构，也须经保险监督管理机构批准。经批准设立的保险公司，变更公司名称、实收货币资本金、营业场所以及修改公司章程、发生分立或合并等，须经保险监督管理机构批准；保险公司解散时，也须报经批准。

（2）保险公司的业务范围由国务院保险监督管理机构核定。《保险法》对保险业的经营范围做了规定，但具体到一家保险公司可以从事哪些业务，需由国务院保险监督管理机构依法核定，保险公司只能在核定的范围内进行经营。

（3）保险公司的经营接受保险监督管理机构的检查。保险公司的业务状况、财务状况及资金运用状况要接受保险监督管理机构的检查，以保证保险公司的偿付能力。

（4）保险公司主要险种的基本条款和保险费率要由保险监督管理机构审批。关系到社会公众利益的保险险种，依法实行强制保险的险种和新开发的人寿保险险种等的保险条款和保险费率，应当报保险监督管理机构审批。其他保险险种的保险条款和保险费率，应当报保险监督管理机构备案。

（5）保险公司要按规定向保险监督管理机构报送偿付能力营业报告、财务会计报告及有关报表、文件，接受保险监督管理机构的日常监督。

（6）对违法经营的保险公司进行整顿、接管。整顿是指为纠正保险公司违法经营行为而采取的强制措施，其目的是纠正违法经营行为，恢复正常经营。接管是指金融监管部门对违反《保险法》规定，损害社会公共利益，可能危及或已经危及保险公司偿付能力的保险公司采取的强制整顿改组的措施。

由于保险公司的特殊性，所以对保险公司轻易不作破产处理，而由保险监督管理机构对保险公司进行整顿和接管，尽量使之恢复经营能力，以保护保险人和社会公共利益。

3. 对证券公司的监管

（1）证券机构的设立、变更与终止要由国务院证券监督管理机构批准。

（2）证券公司的业务范围要由国务院证券监督管理机构核准。

（3）证券公司要根据国务院证券监督管理机构制定和认可的业务管理制度，开展业务活动。

（4）证券公司要按照规定向国务院证券监督管理机构报送业务报表、财务等经营管理信息和资料。

（5）国务院证券监督管理机构在必要时，有权要求证券公司提交该公司的交易和资产状况的资料，有权派人员检查公司的营业、财务状况、账簿文件及其他相关文件，并向社会公布检查结果。

（6）国务院证券监督管理机构有权对违反规定的证券公司实施行政处罚。

4. 对信托公司的监管

（1）信托公司的设立、变更、终止由银监会审核批准。根据规定，信托公司的设立，必须由银监会批准，其注册资本不得少于3亿元；已经批准设立的信托公司因调整业务范围、变更名称、机构分立、合并等需要变更时，应事先报经银监会批准；信托投资公司因分立、合并或者公司章程规定解散的事由出现，申请解散的，经银监会批准后解散；信托投资公司不能支付到期债务，经银监会同意，可向人民法院提出破产申请。

（2）信托公司的业务经营要接受监管。

（3）信托公司的业务范围要经银监会批准，并接受监管。

（4）信托公司应按规定报送资产负债表、损益表以及其他财务会计报表和资料，接受银监会的日常监督管理。

（5）信托公司违反规定后应接受银监会依法作出的处罚。

5. 对其他金融机构的监管

对其他金融机构的监管主要包括对合作金融机构的监管和对政策性银行的监管两部分。

（1）对合作金融机构的监管。合作金融机构主要是农村信用合作社。对这种金融机构的监管包括市场准入监管、负债比例监管、财务及业务监管和风险管理，等等。

（2）对政策性银行的监管。政策性银行既受到中国人民银行宏观调控政策的约束，也受到银监会等部门的微观监管。政策性银行的设立和终止、业务范围变更、新业务准入等事项均由银监会会同有关部门进行审批。银监会负责对政策性银行进行现场检查和非现场监管。

（二）"管风险"，即对风险的监管

我国的风险指标管理制度主要包括以下几个方面。

1. 商业银行风险指标制度

《商业银行法》第三十九条规定：商业银行贷款，应遵守下列资产负债比例管理的规定：资本充足率不得低于8%；贷款余额与存款余额的比例不得超过75%；流动性资产余额与流动性负债余额的比例不得低于25%；对同一借款人的贷款余额与商业银行资本余额的比例不得超过10%；国务院银行业监督管理机构对资产负债管理的其他规定。

2. 保险公司风险指标制度

根据《保险公司偿付能力管理规定》，保险公司应当具有与其风险和业务规模相适应的资本，确保偿付能力充足率不低于100%。其中，偿付能力充足率即资本充足率，是指保险公司的实际资本与最低资本的比率。中国保监会根据保险公司偿付能力状况将保险公司分为下列三类，实施分类监管：（1）不足类公司，指偿付能力充足率低于100%的保险公司；（2）充足Ⅰ类公司，指偿付能力充足率在100%到150%之间的保险公司；（3）充足Ⅱ类公司，指偿付能力充足率高于150%的保险公司。

3. 证券机构风险指标制度

证券公司必须持续符合下列风险控制指标标准：

（1）净资本与各项风险准备之和的比例不得低于100%。

（2）净资本与净资产的比例不得低于40%。

（3）净资本与负债的比例不得低于8%。

（4）净资产与负债的比例不得低于20%。

（5）流动资产与流动负债的比例不得低于100%。

（6）对于证券公司所经营的业务不同，又有相应的规定。

（三）"提高透明度"

根据履行职责人需要，有权要求金融机构报送资产负债表、利润表以及其他财务会计报表和资料。这条规定就是要求金融机构应有一定的透明度。

各类金融机构有必要及时向公众发布其经营活动和财务状况的有关信息。良好的信息披露制度可以促进投资者和存款人对金融机构运作的了解，影响他们的投资和存款行为，从而促使金融机构的经营者加强经营管理。

金融机构披露信息，要达到以下要求：

（1）全面性，指凡是监管机构规定要公布的信息，应全部记载于法定文件中。

（2）真实性，指金融机构公布的信息资料应当准确、真实，不得虚伪记载、误导或欺诈。

（3）时效性，指金融机构应当公布最新的信息资料。

（4）易得性，指公开资料容易为一般公众所获得。

（5）易解性，要求信息披露的表述应当简明扼要，通俗易懂，避免使用冗长、技术性用法。

第二节　金融监管的审慎会计支持

一般而言，对于任何国家来讲，金融会计核算均是金融监管的一个重要信息支持系统。随着金融市场化和金融全球化进程的推进，各国均把焦点转移到审慎监管上，而金融会计的审慎化也构成其关注的一个主题。本节试从审慎会计的角度来讨论金融监管问题。

一、审慎会计制度的主要内容

（一）审慎会计制度的内涵

审慎会计制度是指针对不确定因素进行会计确认、计量和报告应保持必要的谨慎，不高估资产或收益，不低估负债或费用，合理估计可能发生的损失和费用，即要求在会计核算中坚持审慎原则（又称为稳健原则）。

审慎会计制度是会计适应经济不确定因素的必然选择。在市场经济条件下，企业激烈竞争使其经营活动面临很大的不确定性。会计要核算和监督企业的生产经营活动，不得不考虑企业所面临的不确定因素及对企业的影响。只要存在不确定性因素，审慎原则就应该在会计处理中有所体现。总体上看，审慎会计制度是用于指导选择会计方法和会计程序的一个基本要求，要求人们在进行会计处理时保持谨慎小心的态度。"宁可预计可能的损失，不可预计可能的收益"，收益尽量少计，费用充分核算，充分利用会计信息，增加决策的稳健性。

（二）审慎会计制度的作用

审慎会计制度主要发挥着两个方面的作用：一方面，审慎会计制度对制定会计制度发挥着观念上的指导作用。世界各国的会计制度总体上都趋于保守和稳健，应用审慎会计原则的处理方法越来越多地出现在会计制度中。另一方面，审慎会计制度成为指导会计人员进行职业判断的一项重要依据。会计人员在对某些经济业务或会计事项进行核算处理时，如果存在多种不同处理方法或程序可供选择，在不影响合理选择的前提下，应尽可能选用一种不虚增利润和夸大所有者权益的做法来合理核算可能发生的损失、费用和收入。

二、审慎会计制度与金融监管

（一）审慎会计制度与金融监管的一般关系

审慎会计制度在金融监管中的应用是在具备一系列前提条件下，由一系列审慎的监管标准和监管手段组成。从国际上看，最具代表性的莫过于巴塞尔银行监管委员会公布的有关原则。在该委员会 2012 年发布的最新版《有效银行监管核心原则》中，不论是其提出的审慎法规要求，还是收集和披露信息要求，在很大程度上均使用了大量篇幅论及审慎会计问题。如该委员会明确要求：监管机构制定审慎、适当的资本充足率标准，要求所有商业银行计算并始终遵循所规定的资本要求。在监管报告上，该委员会强调：监管当局对银行集团实施并表监管，具备在单个和并表的基础上收集和分析银行集团的财务和其他信息，有效监测并在适当时对银行集团全球业务的各个方面提出审慎要求。在会计处理与披露上，该委员会更是强调监管当局应确保银行和银行集团保持完备可靠的记录，按照国际公认的会计政策和实践编制财务报表，并且具备簿记系统的支持以获得完整、可靠的数据，每年发布公允反映其财务和业绩状况的信息，并由独立的外部审计签署意见。监管机构还确定，银行采用与国际公认的会计标准一致的估值方法，银行公允价值的估值框架、结构和程序接受独立检验与验证，并且银行对财务报告估值与监管报告估值之间的重大差异有文档记录。银行和银行集团的母公司对外审计职能进行充分管控和监督。它强调从会计确认、计量和报告的角度将监管当局的立场、观点运用其中，判断、评价商业银行是否执行央行标准或其认可标准，如资本充足率是否达到规定要求、贷款损失准备计提是否充足，是否需要补提等。在外延上，审慎监管是一个比审慎会计监管更广泛的概念，但离开了审慎会计监管，审慎监管将显得空泛并缺少说服力。在充分关注、利用会计信息的基础上，使审慎监管落在实处。可以毫不夸张地说，审慎会计监管是审慎监管的核心内容。

（二）审慎会计制度在金融监管中的作用

下面围绕 2012 年巴塞尔银行监管委员会公布的《有效银行监管核心原则》来谈一下审慎会计制度在金融监管中的具体应用。

1. 资本充足率

《有效银行监管核心原则》原则 16 规定：监管机构制度必须制定审慎、适当的资本充足率规定。资本要求应反映银行自身承担的风险及其给所在市场和宏观经济环境带来的风险。监管机构根据吸收损失能力界定资本的构成要素。至少对国际活跃银行而言，资本要求不应低于适用的巴塞尔资本协议。

制定最低的资本充足率有助于降低存款者、债权人和其他有关利益方遭受损失的风险，有助于监管者实现整个银行体系的稳定。监管者要制定出最低的资本比率，鼓励银行高于最低要求持有更多的资本金。如果银行的资产质量、风险集中程度和其他财务状况存在不确定因素，监管人员应对个别银行制定高于最低要求的资本充足率。如果银行的资本充足率低于最低标准，银行监管者应确保银行有切实可行的计划来及时恢复最低资本。监管者还应考虑在这种情况下是否需要施加额外的限制。

1988 年，巴塞尔银行监管委员会的成员国就计量银行资本充足率的方法达成了新的协议。

此条协议对银行的两类业务具有重要意义：一是它考虑到了银行资产负债表上的各类不同程度的信贷风险，二是考虑到可构成银行大规模风险暴露的表外业务。

同时资本充足率协议界定了为监管当局所接受的各类形式的资本，强调了需要有规模适度的核心资本（在协议里称为一级资本），其内容包括永久性的股东权益以及现已公开的从留存收益或其他盈余（即股票溢价、留存利润、一般准备金和法定准备金）中划拨的准备金。公开的准备金还包括满足如下标准的各类资金：（1）划拨的资金应出自税后留存收益或调整各项税收后的税前收益；（2）划入和拨出的资金必须在银行公开的账目上单独公布；（3）资金可随时用于弥补损失；（4）损失不能从上述资金中直接冲销，必须从资金损益账户中冲销。

协议同时还承认其他形式的补充资本（在协议中称为二级资本），如各种准备金和混合型资本工具，它们是银行资本的组成部分，因此应被列入资本计量体系中。

此外资本充足率协议还根据相对风险大小规定了表内和表外业务的风险权数。权数的基本框架仅有 5 个权数，分别为 0、10%、20%、50%、100%。

最后，根据其风险资产的种类，协议对活跃的国际性银行规定了 4% 的一级资本和 8% 的总资本（一级资本与二级资本之和）的最低资本比率要求。这一要求按并表的原则计算（根据监管者的要求，也可针对单个银行）。必须强调，这些比率应被视为最低标准，而且许多监管者应采用比该协议更高的比率，适用更严格的资本定义或更高的风险权重。

2004 年，巴塞尔委员会对 1988 年的《巴塞尔协议》进行了修订，发布了《资本计量和资本标准的国际协议：修订框架》，一般称为《巴塞尔协议Ⅱ》。最低资本规定未发生变化，即资本比例要求仍为核心资本充足率不低于 4%，资本（包括核心资本和附属资本）充足率不低于 8%。

在雷曼兄弟破产两周年之际，《巴塞尔协议Ⅲ》在 2010 年 11 月在韩国首尔举行的 G20 峰会上获得正式批准实施。《巴塞尔协议Ⅲ》大大提高了对银行一级资本充足率的要求。根据自下而上的定量影响测算和自上而下的监管标准校准的结果，巴塞尔委员会确定了三个最低资本充足率监管标准，普通股充足率为 4.5%，一级资本充足率为 6%，总资本充足率为 8%。为缓解银行体系的亲周期效应，打破银行体系与实体经济之间的正反馈循环，巴塞尔委员还建立了两个超额资本要求：一是要求银行建立留存超额资本（Capital Conservation Buffer），用于吸收严重经济和金融衰退给银行体系带来的损失。留存超额资本全部由普通股构成，最低要求为 2.5%。二是建立与信贷过快增长挂钩的反周期超额资本（Counter - cyclical Buffer），要求银行在信贷高速扩张时期积累充足的经济资源，用于经济下行时期吸收损失，保持信贷跨周期供给平稳，最低要求为 0 ~ 2.5%。待新标准实施后，正常情况下，商业银行的普通股、一级资本和总资本充足率应分别达到 7%、8.5% 和 10.5%。此外，巴塞尔委员会还与会计标准制定机构密切对话，推动建立前瞻性的动态损失拨备制度。

不过，《核心原则》并不要求各国遵循第一版、第二版或第三版巴塞尔协议。巴塞尔委员会不认为实施巴塞尔资本协议是符合《核心原则》的前提条件，而仅对已宣布自愿实施的国家评估其与某一版巴塞尔协议的符合情况。

2. 信贷风险管理

（1）信用审批标准和信用监测程序。由于独立评估银行贷款发放、投资以及贷款和投资组合持续管理的政策和程序是监管制度的一个必要组成部分，所以监管者必须保证银行的信贷和投资职能客观并建立在稳健原则的基础上。建立并保持审慎的借贷政策、贷款审批和管理程序以及完善的贷款文档对银行信贷部门的管理是必要的。信贷和投资活动应当建立在银行董事会批准的审慎业务标准之上，并能清楚地传达到银行信贷官员和其他职员。需要特别指出的是，监管者应确定每家机构在信贷决策时能否不发生利益冲突，不受外部压力的干扰。

银行也必须具备一整套管理信用风险的程序，该程序要考虑到银行的风险状况，涵盖识别、计量、监测和控制信用风险（包括交易对手风险）的审慎政策与程序。这应包括发放贷款、开展投资、贷款和投资质量的评估以及对贷款和投资的持续管理。

（2）对资产质量和贷款损失准备金充足性的评估。金融监管者应对银行有关单项信贷、资产分类和提取呆账准备金进行定期检查的政策进行评估。这些政策要定期审查并得到统一的执行，监管者也应保证银行建立监测有问题信贷和回收逾期贷款的程序。当有问题贷款已引起监管者的注意时，他们必须要求该银行强化贷款程序、授信标准和总的财务实力。

在已提供了担保或抵押的情况下，银行应建立一套机制，以持续评估这些担保的可靠性和抵押品的价值。监管者应保证银行妥善地记录表外业务的风险，并针对这部分潜在风险持有充足的资本。

（3）风险集中和大额暴露。监管当局必须保证银行的各项程序和政策能协助管理层和管理风险集中。监管者必须制定审慎限额，以限制银行对单一交易对手或关联交易对于集团的风险暴露。这类限额通常是以占银行资本的百分比来表示，尽管它们各有不同，一家银行或银行集团可不经监管当局批准而向某一私人部门、非银行借款人或密切相关的借款人群体放贷的最高限额通常是资本金的 25%。众所周知，新建或规模很小的银行实际上难以实现分散风险，由此应保持更多的资本以反映当前风险水平。

同时监管者应监测银行对风险集中的处理情况，并要求各家银行向监管者通报超过特定比例（如资本金的 10%）的风险暴露或监管者认定的大额借款风险暴露。在有些国家，此类大额风险贷款的总额也被限定了一定的比例。

（4）对关联方的风险暴露。为防止对关联方的风险暴露（表内外）所带来的问题并解决利益冲突问题，银行监管当局必须规定，银行应按商业原则向关联企业和个人发放贷款，对这部分贷款要进行有效的监测；要采取适当的措施控制或缓解各项风险，冲销关联贷款要按标准的政策和程序进行。

银行监管者必须能够阻止向关联和相关团体发放贷款时滥用权力。这就要求确保这种信贷是在银行力所能及的基础上发放的，并且信贷发放的金额能得到监测。通过要求发放这类贷款的条件不比类似情况下对非关联借款人的贷款条件更优惠和对这类贷款实行严格的限额这两种方法，可以很容易地实施这种控制。在合适的情况下，监管者有权力更进一步地对这种贷款的种类设立绝对的限额、在评估资本金充足性时从资本中扣除这种信贷，或要求对这种信贷进行抵押。这种给银行带来特殊风险的与相关团体的交易应由银行董事会批准，并向监管者报告，否则应予以禁止。在综合并表的基础上，监管银行组织有时可发现并减少因关联贷款而出现的风险。

同时监管者应有权对银行和其他团体之间的关联作谨慎的判断。当银行与相关团体采取措施掩盖这些联系时，这一点尤为必要。

（5）国家风险或转移风险。协议要求银行监管者应确保银行制定出各项完善的政策与程序，具备在国际信贷和投资活动中识别、计量、监测和控制国家风险及转移风险的有效政策和程序，并针对这两类风险建立充足的准备和储备。

3. 市场风险管理

市场风险是要求实行金融监管的一个很重要的原因，因此银行监管者必须要求银行具备准确识别、计量、监测和控制市场风险的各种政策和程序；监管者有权在必要时针对市场风险暴露制定出具体的限额和（或）具体的资本金要求。

同时，银行监管者必须确信银行能精确衡量和充分控制市场风险。在存在重大风险的情况下，应为银行暴露的价格风险，尤其是对产生于交易业务活动的价格风险提供明确的资本金准备。引入此方面的资本金要求是加强金融市场稳定的重要步骤。同时银行监管者也必须对与市场风险有关的风险管理程序设置系统的定量和定性标准，保证银行管理层为该项业务设置合适的限额，实施充分的内部控制。

4. 其他风险管理

由于金融工具和风险衡量技术越来越复杂，风险管理的标准成为银行监管的一项日益重要的因素。而且，新技术对金融市场发展的影响，也可以允许和要求许多银行迅速调整它们的资产组合和风险暴露，以响应市场和客户的需求。在这种环境下，管理人员、投资者和监管人员都需要密切关注这家银行的正确、丰富、及时的信息，监管者可通过实施合理的政策和程序来保证能获得必要的信息。

（1）利率风险监管者应要求银行具备与该项风险的规模及复杂程度相匹配的识别、计量、监测和控制银行账户利率风险的有效系统，其中包括经董事会批准由高级管理层予以实施的明确战略。

（2）流动性管理的目的是确保银行具备反映其自身风险状况的管理流动性战略，并建立了识别、评价、监测和控制流动性风险及日常管理流动性的审慎政策和程序。银行监管当局应要求银行建立处理流动性问题的应急预案。

（3）操作风险监管人员应确保银行具备与其规模及复杂程度相匹配的识别、评价、监测和缓解操作风险的风险管理政策和程序。

5. 内部控制

银行应具备与其业务规模和复杂程度相匹配的内部控制。内部控制的目的是确保一家银行的业务能根据银行董事会制定的政策以谨慎的方式经营，如只有经过适当的授权方可进行交易；资产得到保护而负债受到控制；会计及其他记录能提供全面、准确和及时的信息；管理层能够发现、评估、管理和控制业务的风险。

内部控制包括四个主要内容：（1）组织结构（职责的界定、贷款审批的权限分离和决策程序）；（2）会计规则（对账、控制单、定期试算等）；（3）"双人原则"（不同职责的分离、交叉核对、资产双重控制和双人签字等）；（4）对资产和投资的实际控制。

这类控制措施必须有内部审计职能进行补充，通过内部审计职能在机构内部独立地评价控制系统的完善程度、有效性和效率。因而，为了确保其独立性，内部审计必须在银行中有适当的地位和适当的报告程序；外部审计对该程序的有效性进行交叉检查。银行监管者必须要求有效的政策和做法能得到执行，而且管理者应对内部和外部审计师所发现的问题采取适当的补救措施。

银行要遵守各种银行和非银行的法律和法规。必须制定出确保遵守上述法律和法规的政策和程序，违背已确定的要求会损害银行的声誉并招致巨额的罚款，严重时甚至导致银行资不抵债。违反合规性要求也表明该银行不能按银行组织应具备的技能和诚信水平进行管理。尤其是大的银行，应该有独立的检查合规性的职能，银行监管者应确定这些职能能够有效地运行。

假如银行与毒品贩子或其他罪犯有联系，尽管它们通常对此类犯罪活动不负责任，但公众对银行的信心仍可能遭到损害。因此，尽管银行监管者一般不负责对洗钱犯罪进行起诉，但他们应保证银行的工作程序可以避免与毒品贩子或其他犯罪发生联系，其中包括严格的"了解你的客户"政策，以及普遍加强金融部门的职业道德和从业标准的教育。特别是监管者应鼓励银行采纳适用于银行的金融特别行动工作组（FATF）关于反洗钱的建议。这些建议涉及客户的身份以及有关记录的保存、促进金融机构发现并报告可疑交易、提供与反洗钱措施尚不完善的或根本没有反洗钱措施的国家打交道的方法。银行的欺诈行为或者被卷入欺诈行为应引起银行监管者的注意，因为：首先，它会极大地威胁银行的安全以及金融体系的安定与稳健；其次，它可能意味着内部控制薄弱，因而需要加强监管；最后，它对该机构乃至整个体系的声誉与信心都会形成潜在的影响。基于以上原因，银行的管理层和内部安全或保卫应建立专线电话，以便沟通情况。应要求职员向上级或内部安全部门报告可疑或出现问题的行为，而且应要求银行向监管者报告可疑行为和重大的欺诈行为。这并不需要监管者调查银行的欺诈案，从事这方面的工作需要专门的技术，但监管者确实需要确保有关当局注意到问题的存在。他们还需要研究并在必要时采取行动保护其他银行不受影响，并使银行界了解正在出现或可能发生的各种欺诈行为，从而使银行能够采取适当的措施加以防范。

三、我国金融审慎会计制度的改革与发展

（一）我国金融业审慎会计制度沿革

从我国监管的实践看，金融监管机构本身并不负责会计制度的制定，这些制度是由国家财政机关制定的，其基本出发点通常是从财政的角度出发，这样不可避免地出现制度性缺陷，产生监管信息失真，包括：

（1）贷款呆账准备金制度不合理。我国于 1988 年开始建立贷款呆账准备金制度，最初分行业按年初贷款余额的 1‰～2‰ 提取。从 1998 年 1 月 1 日起，改按年末贷款余额的 1% 提取。从实际情况来看，按此规定计提造成呆账准备金严重不足，银行贷款的实际损失长期无法得到承认。

（2）应收未收利息的计提规定不合理，坏账准备金严重不足。

（3）权责发生制在操作过程中出现偏差。由于企业效益差、社会信用环境恶化等原因造成银行收息率低下，长期积累的巨额应收未收利息相当部分未能实现，加之按准备金制度计提的坏账准备金又严重不足，结果形成严重的虚盈问题。

（4）税收与分红从未能实现的应收未收利息中透支，使虚盈问题进一步突出。

（5）受到不审慎会计制度的影响，导致金融机构实际资本远远低于账面资本。

为了解决上述制度缺陷所带来的问题，2000 年后，修改后的《中华人民共和国会计法》和《企业财务会计报告条例》、《金融企业会计制度》、新的《企业会计制度》、《企业内部控制基本规范》（2008 年 5 月 22 日财政部、证监会、审计署、银监会、保监会发布）相继出台。随着我国金融市场的蓬勃发展，特别是衍生金融工具如雨后春笋般的发展时，《金融企业会计制度》中的会计处理显得相对落后，对金融工具的相关规定，没有形成准则，散见于各项制度。在国际会计准则趋同和金融市场快速发展的今天，针对此情况，我国财政部在 2006 年 2 月 15 日颁布了新的企业会计准则，新准则中涉及金融企业的准则就有四项，这四项会计准则分别是《企业会计准则第 22 号——金融工具确认和计量》、《企业会计准则第 23 号——金融资产转移》、《企业会计准则第 24 号——套期保值》和《企业会计准则第 37 号——金融工具列报》（以下简称新准则）。2006 年 10 月 30 日，财政部发布财会〔2006〕18 号令，印发《企业会计准则——应用指南》。金融企业会计准则及指南最大的特点是基本做到了与国际会计准则的趋同，弥补了《金融企业会计制度》对衍生金融工具未能明确计量的缺陷，填补了我国会计标准在这些业务领域的空白。2007 年 1 月 1 日开始实行的《企业会计准则》与之前的金融企业会计准则相比，主要变化如下：

（1）公允价值计量成为此次会计准则变革中的亮点。新准则的体系中，坚持历史成本会计要素计量属性的基础上，引入了重置成本、可变现净值、现值和公允价值等与历史成本相对应的计量属性。例如新准则中明确规定，交易性金融资产和可供出售类资产以公允价值计量。公允价值计量要求企业在交易事项的市场价值变化时，及时将这些价值变动在报表中确认，如发生未预期的利率变动、金融资产信用质量严重恶化、权益价格大幅度调整以及较大房地产危机等情况，其相对于历史成本而言，具有

很强的时间概念。公允价值的任何变化都将在损益表中反应。当活跃市场中没有报价或市场交易不活跃、缺乏市场价格时，需要利用其他信息和估值技术确定公允价值，这就要求企业增加投资以改进内部系统和程序，使其能实现对复杂金融工具的估值和处理。

（2）严格要求信息披露。金融工具会计准则主要从信息质量、内容两方面规范会计信息披露的行为。

（3）提高对衍生金融工具进行表内确认和计量的要求。新准则规定，衍生金融工具一律采用公允价值计量，并从表外披露移到财务报表内反映。要求金融机构建立完善的风险管理政策、金融工具估值技术、有效的内部控制制度。同时，套期会计要求对套期行为的有效性进行持续评价、要求提供每笔套期业务的风险管理书面文件。

不过，2007年，始于美国次级住房抵押贷款债券市场的危机到2008年演变成了自20世纪30年代大萧条以来最严重的一场全球性金融危机。本轮危机暴露出公允价值为基础的盯市会计规则等适用于金融机构的会计外部规则扩大了金融体系的亲周期性，通过金融机构的激励机制和行为模式，在一定程度上强化了经济周期的波动性，助推了危机的发展。公允价值运用产生的问题表现在：

（1）公允价值的运用增加了金融机构资产和负债的波动性，并因为交易性金融资产以公允价值计量且其变动计入所有者权益、可供出售类金融资产的公允价值变动计入所有者权益（资本公积——其他资本公积）而增加了收益和资本的波动性。现行会计准则允许金融机构根据资产负债的不同特性和持有意图来对不同类型资产负债采用公允价值或初始入账金额计价，进一步增加了财务报表的波动性。

（2）加剧了金融体系的顺周期性。在经济繁荣阶段，资产价格持续上涨，以市场价格计量的金融机构资产、收入、利润和资本随之增长，使得金融业扩张信贷，从而刺激经济高涨；在经济衰退阶段，资产价格下跌导致资产缩水，造成亏损并打击市场信心。

（3）在经济低迷时，由于流动性不足，导致某些金融产品或复杂金融产品组合估值变得尤为困难。即使金融产品可以变现，其公允价值也不能真实反映资产的实际价值，从而引发市场恐慌心理，加剧市场的恐慌性抛售和"钱荒"。

为此，G20领导人呼吁建立全球统一的、高质量全球会计标准，要求国际会计准则理事会（IASB）和美国财务会计标准理事会（FASB）在2011年底前完成会计标准的趋同。金融稳定理事会和巴塞尔委员会先后发布了对会计准则改革的原则性建议。2010年6月，两大会计机构宣布调整趋同计划，大部分项目将于2011年6月前实现趋同，但部分项目将延至2011年下半年或2012年。目前两大会计机构在金融资产减值、终止确认、公允价值估值不确定性处理、金融工具的净额结算/冲销等方面的趋同取得了实质性进展，但公允价值运用范围这一核心问题上还存在一定分歧。

（二）完善我国金融业审慎会计监管的对策

（1）按照审慎监管要求，完善金融企业会计制度和金融监管指标体系。建立审慎会计标准是实施审慎会计监管的前提。新的《企业会计准则》的颁布和在上市金融机构的实施，为审慎会计监管创造了条件。所有的金融机构都必须严格实施审慎会计制度，按照审慎会计制度，客观、准确地记录和反映资产价值与负债、收入与支出、盈利与亏损，及时、足额提取资产损失准备金、应付利息准备金以及费用核算等。监管部门在实施审慎监管和督促金融机构严格实施审慎会计制度的过程中，应鼓励金融机构做好如下工作。

① 建立和完善资产损失准备金提取与核销制度。当金融机构的金融资产按照当前市场价值定价时，监管部门、税务部门在通过协商的基础上，应明确要求或鼓励金融机构按照资产质量的分类，提取一般性准备金或特别资产损失准备金，并允许其计入成本。当出现金融资产损失时，监管部门应要求和鼓励金融机构及时、足额核销已形成的坏账，不允许出现长期挂账。当金融机构未能足额提取或者未能及时足额核销已形成的坏账，应要求其用当年收益抵扣；若当年没有利润或当年利润不足时，应径直冲减资本。

② 按照权责发生制要求，完善利息收入与支出核算制度。权责发生制是国际公认的以业务发生时间为依据对收入和费用进行确认与核算的一项基本会计原则。从理论上讲，这一原则是比较合理和科学的，但运用不当也会有负面影响，如导致虚盈实亏。为解决这一问题，在实施权责发生制时，国际通行做法是将超过 3 个月的应收未收利息不再纳入表内核算，而将其列入表外核算。目前我国金融企业会计制度将时间标准暂定为 6 个月。这一规定比国际通行做法要宽松，但较过去而言，仍是一大进步。用发展的眼光看，我国应积极向国际惯例靠拢。

③ 建立存款保险制度。存款保险制度作为谨慎性监管体制的组成部分，通常是强制性的。存款保险的首要目的是避免挤兑，保护中小储户利益，保护银行体系的稳定。如果运用得当，存款保险制度有利于强化谨慎监管体制、提高银行管理效率和理顺银行重组机制。现阶段，从审慎监管角度，我国应尽快建立和实施这一制度。

④ 建立和完善并表监管制度。审慎监管标准不仅适用于单个金融机构，而且适用于金融（银行）控股集团。随着我国金融（银行）控股集团的出现，实施并表监管已是趋势。在并表的基础上实施审慎监管，有利于真实、充分地反映金融机构的整体风险，防止出现监管真空和漏洞。为适应形势变化，监管部门应对金融机构的本外币业务、境内外业务、所有的分支机构和附属公司，按照审慎监管原则实施并表监管。

⑤ 继续完善金融风险的监测与评价系统。金融业是风险性行业，经营特点决定其在经营中将承担各种风险。监管者应了解并确保这些风险能妥善计量和管理。对于信用风险，监管部门应确保金融机构建立和完善信用审批标准和信用监测程序——独立评估银行贷款发放、投资以及贷款和投资组合持续管理状况；对于市场风险，监管部门应确保金融机构建立准确计量并充分控制市场风险的体系，针对市场风险暴露，必要时监管部门应制定出具体限额、转移风险和具体的资本金要求；对于其他风险，监管部门应确保金融机构建立全面的风险管理程序以识别、计量、监测和控制这些风险，并为此设立适当的资本金。

⑥ 在金融体系中建立适当的逆周期机制，如建立良好的公允价值估值治理和内部控制程序，缓解公允价值会计准则的顺周期性。明确在不活跃市场运用公允价值准则的指引，合理恰当地使用公允价值，确保估值的客观性和准确性。特别是明确对流动性不足

的复杂金融产品的估值方法，对使用公允价值存在困难的金融工具建立估值储备或进行估值调整。

（2）完善信息采集制度和增强信息披露、透明度。为确保金融机构提供的信息具有客观性、可比性、明晰性，监管部门需对报告的格式、内容做出规定，制定或指导制定明确的会计准则，以适用于监管报表的信息采集和报送。这类准则应建立在借鉴国际会计准则的基础上。为确保信息采集的准确性，金融机构管理层应有责任保证报送给监管者的财务及其他报告的准确性、完整性和及时性。

信息披露是监管的必要补充。金融机构应当按照监管部门的监管要求向社会公众公布其经营活动状况及其发生的重大事项，并接受社会监督。记载和反映其业务活动情况的这些信息，应真实、公允地说明其财务状况，此类信息披露应当及时、充分，使市场参与者及时了解其风险状况。必须指出，尽管市场参与者有权获得正确、及时的信息，但监管部门对某些敏感信息仍有权要求金融机构不予公布。

（3）完善审慎监管手段。审慎监管手段重点强调并表监管，强调通过非现场监管和现场检查或利用外部审计师对监管信息进行分析、核实。在审慎监管手段的制度规范方面，我国仍需进一步完善。

① 建立对提供虚假信息行为的惩处制度。当金融机构有意或由于疏忽而提供具有实质性错误的信息时，监管部门会因此受到蒙蔽或误导。为避免产生这种情形，监管部门应有权对有关个人或机构从严监管或提请进行刑事方面的处理。目前我国有一些相关规定，但并未系统化和规范化。为树立权威性，建立对提供虚假信息行为的惩处制度是非常迫切和必要的。

② 监管强制权。当出现极端情况时，如果监管部门对年度报告或监管报告的质量或外部审计师所做的工作不满意，监管部门应运用监管手段采取纠正行动，并保留批准向公众公布报表的权力。在评估审计师所做工作的质量和完善程度以及对其工作的依赖程度时，监管部门将考虑审计工作者对诸如贷款构成、贷款损失准备、非营业性资产、资产估值、交易和其他证券业务、衍生业务、资产证券化和报告系统的内部控制是否适宜等方面的审查水平。

为惩处不称职或滥用所有权和管理权行为，站在法律体系的高度，监管部门应建立和完善一系列强制措施，主要包括：罢免管理层负责人；对个人及机构违反法规的行为处以罚款或予以制裁；对从事冒险的业务的个人处以民事罚款；限制和推迟发放股利的权力；对分支机构和其他公司批准的保留权；终止金融机构业务的权力；金融机构违法行为造成损失，追究董事会集体或个人的财务责任等。

③ 完善社会监督机制。行业自律、监管部门、社会监督是确保金融机构稳健经营的三大支柱。社会监督机制的完善程度和效率对会计信息的可靠性、真实性具有重大影响。目前我国的社会监督机制不健全，会计市场条块分割，存在不正当竞争。监管部门为了在保证质量的前提下，充分利用社会中介力量，曾对我国现有的社会中介机构进行分类筛选并分次公布了具有金融机构审计资格的机构名单。

④ 破产处置机制。在我国，金融机构破产程序缺乏独立的司法处置机制。这种状况

为监管带来了相当多的问题，因为它缺少迅速干预破产银行的权力。为此，必须建立相关法规，赋予监管部门摆脱一般公司破产程序来宣布破产、关闭和清算的权力，这既保护了储户利益，又可使央行有序和有效地应付金融危机。

第三节　金融监管的统计支持

金融监管统计是金融统计的重要组成部分，主要任务是根据国家对金融活动监管的需要，提供系统数据和分析。这就需要明了：（1）宏观金融监管统计体系的基本构架是什么？（2）目前可供资金融监管活动利用的不同统计体系之间究竟是什么样的关系？具体而言，宏观审慎监管指标体系（MPIs）准则与国民账户体系（SNA）、货币金融统计（MFS）标准及巴塞尔标准之间有哪些异同？（3）中国金融监管统计还存在什么问题，如何改进？

一、金融监管统计的基本数据构架——宏观审慎监管指标体系（MPIs）

金融监管的目的和任务是维护金融系统稳定，防范金融风险。20 世纪 90 年代相继爆发的巴林银行倒闭、墨西哥金融危机、亚洲金融危机等触目惊心的事件，特别是 2008 年，全球金融危机爆发后，引起了国际上对金融机构稳健运作和金融安全问题的广泛和深刻的反思。众多讨论所形成的共识之一是：危机表明，系统性风险呈现出跨行业、跨市场、跨国界传染等新特征；银行信贷投放的增加或减少，与经济增长率的上升或下降呈正向相关作用，金融体系的这种顺周期波动对经济周期的冲击效应比预想的要更强。因此，要建立一个更完善的统计指标，来度量金融系统的脆弱性，即宏观审慎指标（MPIs），以防范系统性风险、降低顺周期效应。金融稳定理事会、国际货币基金组织和国际清算银行（2011）也对宏观审慎这个概念做出了界定，认为它主要为了减少系统性金融风险或者说这个系统范围的风险。这套宏观审慎监管指标体系包括加总的微观审慎指标和宏观经济指标两个部分，其中微观审慎指标主要包括资本充足率、资产质量、管理和流动性指标等单个机构稳健的金融指标；而宏观经济指标则包括经济增长、国际收支平衡、通货膨胀率等影响金融失衡的重要指标，这被纳入了后来的金融部门评价计划。这两类基础指标通过保证单个金融机构的稳定为目标的微观审慎监管和保证整个金融体系稳定的宏观审慎监管，在微观审慎和宏观审慎之间达到平衡，将二者有机地结合起来即构成了宏观金融监管统计最基本的数据框架。原因在于：（1）统计的每项指标均是对特定方面的数量特征的反应，而由一组互相联系的指标所构成的指标体系，则能比较全面和真实地反映现象总体的数量特征。金融体系稳健性作为一个综合性的宏观经济现象，需要能对综合反映各方面数量特征的指标体系进行全面评估。（2）理论研究表明，在金融风险演变为金融危机之前，相关的经济与金融指标都会出现异常。如能及时发现征兆并采取相应措施，金融危机是可以防范和规避的。（3）金融风险可区分为宏观层次的金融风险和微观层次的金融风险。宏观金融风险监管侧重于金融风险的共同方面和非具体方面，具有全面性、区域性以及行业性的特征。将金融监管的数据构架划分成与金融体系稳健有关的子指标体系和与个别金融机构审慎汇总有关的子指标体系，既照顾了宏观金融监管的特征，同时也考虑了宏观与微观金融风险的密切联系及相互传递的特性。（4）构建有效的金融风险监测与预警系统是金融业进行风险管理的关键环节，而金融风险监测预警系统构建的基本前提是：是否有一套完善的识别并评测风险的指标体系，是否有一组能够有效地预报风险的由先行指标、同步指标、滞后指标组成的指标集。金融监管统计应该为金融风险预测与监管提供最基本的数据框架，而且理论上具备这种可能性。

在明确了金融监管统计基本数据构架的一般性要求后，需要进一步探讨其内容确定和形式规范等具体的构建问题。由于不同国家监管统计实践的特殊性，以及不同理论研究的差异性，因此，该问题的解决并非简易之事，有必要做一番认真的研讨。经过多方面比较研究，我们认为，由国际货币基金组织（IMF）经过多年努力研究开发和推广应用的、被广义定义为金融体系的健康性和稳定性指标的宏观审慎监管指标体系（MPIs）是一个极富成效的结果，与上述要求基本符合。

我国在2010年10月18日通过的《关于制定国民经济和社会发展第十二个五年规划的建议》中，在关于深化金融体制改革的部分，也率先强调的是"构建逆周期的金融宏观审慎管理制度框架"。

宏观审慎监管指标体系包括微观审慎指标汇总和有关宏观经济变量两大子系统。前者主要是同期或滞后的稳健性指标；后者因其可能影响金融体系不平衡，为相关信号，属于先行指标。当这两种指标都表明脆弱时，即当金融机构处于脆弱状态并面临宏观经济冲击时，通常就会爆发金融危机。需要指出的是，宏观审慎监管指标体系（MPIs）是宏观审慎分析（MPA）的基础，它为宏观审慎分析提供了基本的数据来源（见图8-1）和分析范式，具体表现为：通过汇总微观审慎数据来获得金融机构当前健康性和合理性的直接信息；通过压力测试和情景预测分析来确定金融系统对宏观经济冲击反应的灵敏度。在分析中，金融市场信息，如金融工具的价格和产出、信用评级等，作为辅助变量

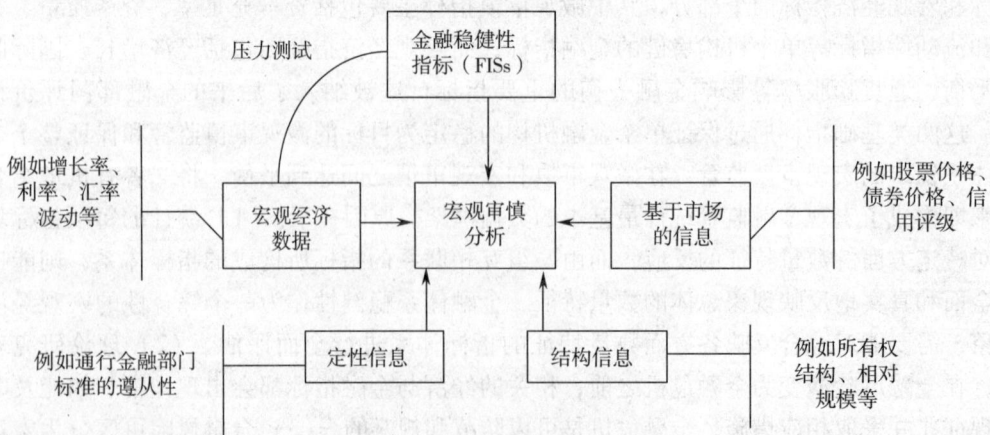

图8-1 宏观审慎分析框架图

传达市场对金融机构当前健康性和合理性的认知信息；制度和调控体系的定性信息则用做解释审慎变量的最新状况；结构数据包括金融系统子部门相对于 GDP 或整个金融资产的规模、所有权结构和集中程度等，用做解析典型的补充性分析。

二、MPIs 与有关核算方法和监管标准的关系及展望

（一）MPIs 与有关核算方法和监管标准的关系

在经济金融全球化背景之下，IMF 就统一宏观金融监管数据构架所做的努力无疑是富有建设意义的。

MPIs 涵盖面颇为广泛，与现有的国民经济核算体系和金融监管指标多有重合之处，因此，尽可能地利用现有数据采集和分析系统，提高统计效率，便成为构造和完善 MPIs 中一个需要认真研究的问题。我们首先需要厘清 MPIs 与现有核算体系、金融监管指标的关系，判明相互之间的异同。

1. MPIs 与国民账户体系（SNA）

SNA 是联合国制定的、对国民经济总体最具综合性的核算体系，能够提供 MPIs 所需要的绝大多数宏观经济指标。但必须看到，MPIs 不仅仅是一组相互独立的指标体系，更是一组强调指标间有机联系的数据构架。也就是说，MPIs 不仅要求单个指标的统计规范，更重要的是能显现特定时空状态上各指标之间的相互联系，揭示其牵一发而动全身的内在规律性。这就派生出如下问题：各指标间相关变动合理区间的量化标准如何确定？是因情形而异还是设立一般性的标准？例如，资产价格与一般物价水平之间的关系，利率与汇率波动以及贷款规模和质量之间的关系，蔓延效应的评价，等等。换言之，MPIs 与 SNA 既密切联系，又在目的、视角、统计规范和结构诸方面有所不同，是另一种独立的数据架构。

2. MPIs 与货币金融统计（MFS）

MFS 是 IMF 制定的用以核算总体金融活动和货币量的统计体系，既有 SNA 在货币金融统计方面细划的特性，又因其金融统计架构上的完整性而自成独立的体系。由于 MPIs 包括许多与金融活动密切相关的宏观经济指标（金融宏观统计资料）和汇总的微观审慎数据，且二者都来自单个金融机构的资产负债表和特别的具体财务信息，因此，MFS 中的不少金融宏观统计资料和汇总的微观审慎数据可直接为 MPIs 所采用。

可直接从 MFS 中选取的宏观金融审慎指标具体有：中央银行对商业银行的信贷、存款与货币供应量的比率、贷款与资本的比率、贷款与存款总额的比率、对非常驻者的贷款、外汇贷款与贷款总额的比率、外汇债务与资本总额的比率以及信贷的部门分布，等等。根据 MFS 2000 标准，MFS 还可为 MPIs 进一步提供更多的宏观审慎信息资料，例如，债权的损害、信贷集度、债务的期限、次级债务、资本充足率、关联贷款以及与国外附属企业有关的信息。

由于目的与视角不同，像 SNA 一样，MFS 也不能为 MPIs 提供全部的信息资源，特别是在汇总的微观审慎指标方面，缺少一些重要而特殊的指标。例如，着重于风险控制的资本充足率指标、信用评级的有用指标等均未列入 MFS 指标体系之中。

3. MPIs 与《巴塞尔协议》

为更好地适应当今国际金融领域的发展新趋势，改进对国际银行业的资本充足率监管，在总结近多年来国际金融监管经验的基础上，2010 年 10 月在韩国首尔举行的 G20 峰会上正式批准实施的《巴塞尔协议Ⅲ》对 1999 年 6 月巴塞尔银行监管委员会发布的《新资本充足框架（征求意见稿）》和 1988 年制定的《资本充足协议》以及有关监管规定进行了重大修改和补充，成为有关银行资本充足率监管的新的纲领文件。

考虑到国际金融业近几年的发展，特别是 2008 年以来爆发的全球金融危机的影响，在征求意见稿的基础上广泛吸收各方面意见后，巴塞尔银行监管委员会于 2010 年 12 月公布了《巴塞尔协议Ⅲ：稳健银行业的全球监管框架》和《巴塞尔协议Ⅲ：流动性计量、标准和监测的国际框架》，从实证的角度对新资本监管要求和流动性要求的合理性予以论证。这促使人们对原有的金融机构业务模式、发展战略和治理结构等方面存在的根本性缺陷，以及金融监管方面存在的漏洞进行全面反思。按照二十国集团领导人确定的金融监管改革目标和要求，在金融稳定理事会（FSB）主导下有关国家组织在主要经济体参与和支持下，相继出台了一系列改革措施，分别从微观、中观和宏观层面对金融监管体制进行改进和完善。

与以前的巴塞尔资本协议相比，巴塞尔协议Ⅲ认识到了单个金融机构的稳健不能保证整个金融系统的稳健，从而引入了关注系统性金融风险的宏观审慎监管观念，将单个金融机构行为对整个系统性风险积聚的影响作为一个重要的视角。将流动性问题重新引入银行监管的框架中，同时对运用内部评级法等模型进行估计的历史数据提出更严格的要求，使顺周期问题得到缓解。

需要指出的是，尽管巴塞尔协议Ⅲ的出台开启了国际金融监管的新时代，但就全球金融风险和金融体系稳健性的监控需要而言，仍只是做了部分反应。

第一，巴塞尔协议Ⅲ的许多监管工具都是基于发达国家金融市场而设计的。例如，针对各种混合资本工具的运用，提出普通股资本的要求，针对影子银行和复杂金融衍生品泛滥，提出杠杆率等工具，针对银行业过多依赖于批发性资金保持流动性，提出加强流动性监管标准并根据多种金融资产设定不同的流动系数等。但这些工具过于偏重欧美金融体系。在这个意义上，这将影响巴塞尔协议Ⅲ在很多金融发展处于相对落后阶段的国家和地区的应用。

第二，巴塞尔委员会对实施新协议的影响进行的定量评估中的一系列假设条件和较长时间的过渡时期安排（8 年过渡期，到 2019 年开始全面达标），使实施的真正效果如何评估，有待进一步观察。而且巴塞尔协议Ⅲ未能建立起一种机制，使金融机构自身能够改变过度追求高风险、高盈利的偏好，使在金融全球化的情况下，各国监管部门能相互协作，避免监管套利。

第三，金融监管改革未能充分解决西方商业银行经营模式的根本缺陷，难以阻止金融危机的再次爆发。一是它没有触及危机的根源。本轮危机中西方银行业暴露出的资本和流动性不足只是表象，本质在于西方商业银行经营模式的根本性缺陷——日益复杂的组织体系和业务结构、过度依赖资本市场不仅导致银行过度承担风险，而且扩大了风险的传染性。彻底解决该问题必须借助于强有力的结构化监管措施，包括建立防火墙安排，降低银行体系对资本市场的依赖性，严格限制商业银行资本投资，降低金融机构之间的相互关联性等。即便在危机中遭受重创，欧美国家依然奉行"有效市场假说"并且不愿意损害本国金融体系的竞争力，因而不会触及这些根本性缺陷，只能寄希望于提高资本和流动性监管标准等事后成本机制改革来推动金融机构审慎经营，显然不可能实现改革的目标。二是量化监管标准偏离了预期目标。资本和流动性监管标准改革过程中，由于初始改革方案对发达经济体的负面影响较大，迫于政治和业界的压力少数国家强烈要求巴塞尔委员会不断下调改革的底线，有关各方进行了激烈的讨价还价，最终监管标准很大程度上是博弈与妥协的结果，"短板法则"在改革过程中发挥了相当大的作用，导致最终方案一定程度上偏离了 G20 领导人确定的改革目标。三是重在组织架构层面调整。国际金融危机的教训反复证明，金融监管有效性并不取决于"谁监管"（who regulate），而是取决于"如何监管"（how to regulate）。但是，从美国、英国和欧盟公布的金融监管改革法案来看，金融监管改革的重点过于关注金融监管组织架构的调整，而不是通过强化监管能力建设来解决危机暴露出的根本性问题，仅从技术层面调整金融监管的组织架构不可能阻止金融危机的卷土重来。

总之，《巴塞尔协议》对于金融监管而言，必要却不充分。

（二）进一步完善宏观审慎监管指标体系的展望

从宏观审慎指标 MPIs 的内容来看，除涉及上述三大核算标准外，还与国际收支统计、政府统计、多种层次的信用评级标准等有关。在 MPIs 的构建和完善中，必然面临着许多疑难之处。

首先，MPIs 与现有的核算与标准之间的关系如何处理？这个问题的产生是由于：一方面，MPIs 专注于衡量和评价金融体系稳健性，有其特别目的和独特视角，需要构建独立的数据构架，非其他核算标准所能替代；另一方面，一国的宏观统计实际存在着成本—收益比和效率的问题，从减轻人力、物力、财力消耗等经济方面考虑，应尽可能地利用和嫁接已有的数据指标体系。是否存在着这样一种可能，即通过建立 MPIs 的核心指标，以协调 MPIs 的特殊性和现有数据构架的广泛性之间的关系，从而平衡以上两方面的要求。目前看来，MPIs 于此尚未有很成熟的设计。

其次，MPIs 的构建主体是谁？由于 MPIs 所含内容与诸多核算标准多有交集，内在决定了 MPIs 只能是现有核算基础上的整合与重构，故此问题随之而来。从国际范围来看，这涉及 IMF 与其他国际机构的关系处理问题；从境内范围来看，则涉及有关部门间的选择。

再次，即便是通行的指标体系或数据框架本身似也有一个结合各国特殊性补正和调整的问题。毕竟，各经济变量间的关系在不同经济背景下是不完全相同的，而现有指标体系或数据框架则多依据西方理论经济学的一般原理设计，分析背景是较成熟的市场经济，完全套用未必有理想的效果。

最后，MPIs 的构建形式是什么？是以宏观统计核算为基础还是以货币统计为主？MPIs 的数据来源中面临的多样化与支撑不足的矛盾如何解决？诸如此类，不一而论。

其实，更主要的矛盾是难以寻求最优方法。在此条件下，多方面努力或许是唯一可行之策。对于MPIs这个全新的数据框架而言，定型前需要做更多的信息收集与实证研究工作，择取有用指标。而由于开发宏观审慎监管指标体系选择不同，国际组织和各国在这方面可能面临资源、优先顺序及组织与法律等一系列问题。有些类型的宏观审慎监管指标体系的编制相对困难，花费过大，或者需要新的数据收集系统，难以植入现行的统计安排之中。所以，一方面不断改进现有统计系统以使之包括宏观审慎监管指标，另一方面IMF及各国有关当局应继续加强和完善监管统计、会计、审计系统，两方面共同努力，相互接近并最终形成汇合之势，可能是MPIs构建和发展的方向。

IMF出版的《金融稳健性指标编制指南》，在为宏观审慎监管指标体系的具体实践提供统计范本的同时，也为宏观金融监管统计的目标明确化、体系规范化奠定了前行的路基。

该指南中，金融稳健性指标分为核心指标和鼓励指标两部分。核心指标主要是针对存款公司子部门设定的若干指标，这些指标在未来FSIs的编制和监管中处于优先位置。鼓励指标包括存款公司子部门的附加指标和其他机构部门和市场的数据。这些其他机构部门和市场的数据与评估金融稳定性密切相关，例如，非金融公司部门，不动产市场（特别是房地产市场），非存款公司金融机构和金融市场等。特别要指出的是，在多变复杂的市场环境中，在一国金融脆弱性的评估过程中，关于非金融公司在不动产市场的健康性和发展具有较为优先的分析意义和作用。考虑到现阶段统计实践方面的限制，关于这些数据的编制只作为鼓励指标，而随着时间的发展，这些指标将会包含在核心指标内。

在指标编制中，需要明了金融稳健性指标概念和范畴确定、金融稳健性指标选取、金融稳健性指标具体编制等方面的问题。金融稳健性指标概念和范畴确定包括：关于构成一典型金融系统的主要金融机构和金融市场的定义和识别规则、对应的FSIs的核算准则以及加总合并等。金融稳健性指标选取中的工作有：有关吸纳存款者指标的定义、其他部门指标的定义、金融市场指标的定义以及不动产价格指数的编制等。所有这些IMF均给予了详细的论述。

三、对中国金融监管统计体系构建的思考

经过多年的努力和实践，中国已经初步建立起一套比较完整的审慎性金融监管指标体系及制度，并正处于向以宏观金融风险管理为主的审慎性金融监管框架过渡的初级阶段。

尽管如此，在建立和完善宏观审慎分析框架的理论和实践上还面临着许多问题。考虑到加入世界贸易组织与金融全球化的背景，一系列矛盾有待解决。

一是金融监管统计的国际一致性与国内特殊性之间的矛盾。一方面，我们面临着金融统计的国际规范化要求，在指标设计、系统架构、计量方法、数据公布等方面都应与国际统计标准保持一致。另一方面，又确实存在一个照顾国内特殊性，真实、客观地反映中国金融实际状况的问题。国际上在设计和运用宏观审慎政策工具的实践经验表明，

这些监管指标的改革主要是资本和杠杆率的指标细化，分别提出了资本留存缓冲、逆周期资本缓冲以及与风险不挂钩的杠杆率指标。虽然这些新提出的指标将在一定程度上减少未来出现类似次贷危机的概率，但这些指标除了与微观审慎管理的侧重的着眼点不同，可以说仍停留在微观层面，与宏观审慎政策的目标不够匹配，为体现出宏观的实质，更没有涵盖宏观审慎政策的全部内涵。宏观审慎政策中的宏观的体现更应该表现在政策干预机制的宏观性，体现在运用宏观经济指标或者宏观经济政策与微观层面的监管措施的配合，实现宏观审慎管理的目标。特别是现阶段中国金融体系面临的系统性风险与海外成熟市场有较大差异，这需要建立适合中国金融市场特点的宏观审慎监管指标和工具，要特别研究和探索基于中国实际的核心数据框架，这不仅是中国金融监管统计的需要，它也许还能丰富对金融经济活动一般与特殊关系的认识，为 MPIs 的最终定型作出特殊的贡献。

二是金融监管统计的主体选择问题。当前，中国的金融监管框架已经形成了"一行三会"的监管框架，但在构建宏观审慎监管方面，有哪个监管机构作为具体的监管主体来实施则存在争议。从现行的金融法规要求以及金融管理的特殊性来看，作为对全国的金融业负有实施监督管理职责的中国人民银行（或分设后的银监会）似乎当然的是金融监管统计的主体。但就宏观金融风险的反映以及 MPIs 数据构架的广泛性而言，金融监管的统计主体却可以有其他安排。譬如，政府的专门统计和信息收集部门就存在着构建 MPIs 的合法性、可能性及在宏观经济反映方面的优势。如果不明确一个清晰的负责推进的主体，则宏观审慎监管框架就可能停留在分散状态，成立一个相对独立的宏观审慎监管机构是可以考虑的做法。

三是金融监管统计在现行分业监管体制与混业经营趋势间的矛盾。中国现行监管体制的基本特征是"一行三会"的分业监管。这种分业经营、分业监管最大的好处在于从空间维度上对系统性风险在不同行业之间的传播和扩大建立了防火墙，使各个金融机构的关联性仅限于本行业内部，在我国金融发展初期，这种体制虽然起了一定的作用，但也存在如下问题：监管协调和机制非常缺乏，监管重复的现象相当普遍、监管信息不能共享的情况比较严重，机构性监管与业务发展多样化之间的矛盾日益突出，监管资源浪费与稀缺并存的问题令人担忧。就金融监管的数据构架而言，上述问题的存在使现行金融监管统计面临着信息反应滞后、计算口径不统一、信息缺损以及协调困难等方面问题。而"一行三会"金融管理机制的建立不仅可能有违货币政策与金融监管分立的有效性前提，同时也使金融监管统计体制的建立受到严重不利影响。需要指出的是，MPIs 从本质上讲是一个跨金融机构的数据构架，其建立和完善必须依托于跨机构的统一金融监管机制。但实际上，监管联席会议制度只是论坛式的，难以真正发挥统一协调的功能，也不具有决策作用。在这种情况下，统一金融监管统计体系付诸实践难以设想。解决办法无非两种：一是在保持现体制不大动条件下通过适当调整，强化监管联席会议的权威性，由其统领宏观金融监管之责；二是建立统一的金融监管体制。两者都在不同程度上有利于金融监管效率的提高，也将为金融监管统计的进一步完善提供全面而坚实的基础。

四是金融监管统计构建形式的选择问题。换言之，是以宏观统计核算为基础，还是以货币统计为主，补充特定类型的用于宏观审慎分析的数据。即便选择货币金融统计为主的构建形式，也还面临着将金融监管统计作为货币金融统计的组成部分还是另立金融监管统计体系的选择问题。基于以下几点考虑，我们认为：短期对策应该是在货币金融统计核算的基础上，初步建立金融监管统计构架；长期对策则是在统一金融监管要求下，逐步完善独立的金融监管统计体系。原因在于：其一，从 MPIs 的内容看，除经济增长、借款实体状况等少数数据外，绝大多数指标都可能从广义货币金融统计核算中收集和整理；其二，中国正在建立和完善 MFS 标准的货币金融统计，尽管该框架并非为宏观审慎指标而设计，但在对一些概念重做界定后，它可以被扩展至包括关于宏观审慎指标进一步信息的范围。如 IMF 所言，"可能有一半的宏观审慎指标可以根据不同的难度而被并入货币统计的框架"。最后，中国人民银行在宏观经济核算协调、独立编制重要的经济指数以及与国际金融组织保持一致等方面的长期工作，为建立金融监管统计体系打下了坚实的基础。

阅读资料

社会融资规模指标

2010 年 12 月和 2011 年 12 月两次中央经济工作会议以及 2011 年 3 月和 2012 年 3 月两份政府工作报告中均提出"保持合理的社会融资规模"，社会融资规模已成为我国宏观调控的新指标。2011 年起，人民银行正式统计和公布社会融资规模指标数据。

社会融资规模是全面反映金融与经济关系，以及金融对实体经济资金支持的总量指标。社会融资规模是指一定时期内实体经济从金融体系获得的资金总额。这里的金融体系是整体金融的概念。从机构看，包括银行、证券、保险等金融机构；从市场看，包括信贷市场、债券市场、股票市场、保险市场以及中间业务市场等。具体看，社会融资规模主要包括人民币贷款、外币贷款、委托贷款、信托贷款、未贴现的银行承兑汇票、企业债券、非金融企业境内股票融资、保险公司赔偿、投资性房地产和其他金融工具融资十项指标。

社会融资规模指标是对 2008 年美国金融危机反思的产物，符合危机后加强宏观调控和综合、统一的金融监管的新要求。在现代金融体系中，银行与资本市场联系密切，信用过程很多发生在银行体系之外，存款性公司资产负债表不能完全反映货币信贷创造过程；资产负债期限转化职能不仅发生在传统商业银行，而且发生在影子银行等其他形式中。如果宏观审慎管理范围过窄，大量具有系统重要性的金融机构、市场和产品游离在外，它们都可能成为系统性风险的重要来源。危机后，各国货币当局普遍认识到，随着金融管制的逐步放松和金融创新的发展，传统的货币供应量、信贷规模等中介目标已不能满足中央银行货币政策操作和宏观审慎管理的需要，中央银行需要监测更广义的信用。社会融资规模这一指标与危机后加强宏观调控和综合、统一的金融监管的新要求是一致的。

社会融资规模指标的提出是我国货币政策理论和实践的重大创新，对提高金融宏观调控的有效性和推动金融市场健康发展具有重大影响。一是有利于促进直接融资发展，改善企业融资结构，发挥好股票、债券等融资工具的作用，更好地满足多样化投融资需求。二是有利于促进金融宏观调控更具有针对性和有效性。目前，金融机构表外业务发展较快。表外业务资金最终都会通过信托贷款、委托贷款、银行承兑汇票、企业债券、股票等金融工具投放于实体经济，而这些金融工具都已包含在社会融资规模中。三是有利于促进金融宏观调控机制的市场化改革。社会融资规模能够将数量调控和价格调控有机结合起来，进一步推进利率市场化，进一步促进金融宏观调控向市场化发展。四是有利于加强金融对实体经济的支持。当前通过金融体系向实体经济提供融资支持的不仅仅有人民币贷款，还有债券、股票、委托贷款、信托贷款、银行承兑汇票等多种方式。社会融资规模能够多角度地反映各类融资支持实体经济的状况，反映金融服务和支持实体经济的本质要求。

五是金融监管统计的新要求与现有微观金融监管统计不完善、不适应的矛盾。基于宏观金融风险的衡量与金融体系稳健性评估的 MPIs，对金融监管统计提出了全新的要求，体现了功能性监管的内在要求；而现有的金融监管统计则侧重于微观金融机构风险的监管，其理念和方法均与 MPIs 构架有较大差异。仅就微观金融风险的衡量而言，MP-Is 考察的是微观审慎指标汇总。该类指标并非完全是各个机构指标的简单加总，而是有机地合并与汇总。具体来讲，有的微观审慎信息资料在用做汇总描述金融部门的状况方面意义重大，而有些微观审慎信息可能反映的是监管部门对单个银行状况的特殊信息需要，难以或不适合于汇总。例如，风险价值分析只对特定的资产组合分析有效，其他一些潜在的宏观审慎指标与此类似。此外，对单个银行的审慎信息进行简单汇总有可能难以显现重要的结构信息，常常需要用分散度测量、同类分析和体系内大银行间相互关系的资料加以补充和完善。

六是金融统计信息管理体系如何改革以适应金融监管统计新要求的问题。目前我国金融统计管理基本上还是部门分工负责，纵向独立运作的模式，各部门均建立了封闭独立运行自成体系的统计报表系统。这种运行模式下的金融统计报表体系只是各级行各部门统计报表的简单相加，虽考虑了横向间的一定联系，但并未构建成依其内在关联性而立的有机结合体，基本上是以纵向平行运行为主要特点的结构体系，也可称为类网状而非典型网状的结构体系。它是一种缺乏统一标准、统一平台和统一管理，较为松散的、不严谨的、不完整的统计报表体系。这导致了统计信息资源分散、不能共享的局面，不仅加大了统计信息成本，造成信息资源严重浪费，同时也影响了统计信息的时效性，使统计信息缺少敏感性，难以满足货币政策决策和金融监管的需要。显而易见，改"分散采集、分散使用"为"集中采集、分散使用"的金融统计信息管理体系，是建立金融监管统计和有关通用数据公布系统（GDDS）数据基础的可靠保证。

七是财政政策、货币政策和金融监管政策不协调、不配合方面的矛盾。为了实现金融稳定或者一定的宏观经济目标，除了采取传统金融监管政策之外，还需要财政、货币、汇率政策等的协调与配合。在复杂的宏观经济与金融环境下，金融监管已成为影响宏观经济政策有效性的一个重要因素。一方面，资本金充足率等金融监管工具能够在相当程度上影响金融机构的信用创造过程，从而具有类似货币政策工具的效应。另一方面，宏观经济状况直接影响着金融机构的资本金和流动性状况，进而影响其稳健性。因此宏观调控当局在政策制定中必须要考虑到相关政策对于金融稳定的影响，并且一旦出现金融风险，还需要考虑风险的防范和处置，采取诸如再贷款、再贴现和运用存款准备金等手段对金融机构进行支持。因此，随着现代金融与经济活动的高度交织，金融监管与宏观经济政策必须相互协调，密切配合，这也是宏观审慎政策产生的初衷之一。

综上所述，金融监管统计表面看是技术性很强的工作，实际上却关系到金融政策如何正确制定与实施、金融监管能否稳健有效等重大理论与实践问题。在此意义上，中国金融监管统计如何迅速适应新时期的更高要求，任重而道远。

本章小结

本章主要介绍了金融监管的法律、会计与统计支持系统。

在法律支持系统中侧重介绍了金融基础法律与金融监管法律法规及其相互关系，它们是金融监管法律支持系统的两个子系统。其中，金融监管法律法规又包含于金融基础法律之中。金融基础法律支持系统是调整金融关系的法律规范的总称。它调整的金融关系包括金融监管关系和金融业务关系，主要特点有调整对象广泛、属于第三层次法律、涉及范围广泛等；主要内容包括市场准入监管、有关市场运作的监管、有关市场退出的监管三个方面。

在会计支持系统中重点介绍了审慎会计制度及其在金融监管中的作用。审慎会计制度是指针对不确定因素做出会计判断应保持必要的谨慎，即要求在会计核算中坚持稳健原则。同时介绍了新会计准则中要求采用公允价值计量相关金融资产，以及公允价值计量带来的金融亲周期问题，它既对制定会计制度发挥着观念上的指导作用，又是指导会计人员进行职业判断的一项重要依据。

在统计支持系统中强调了宏观层面统计监管的重要性、主要内容以及与其他统计核算体系的相互关系。

最后，结合我国实际介绍了各外部支持系统在改革与发展中的基本情况。

本章重要概念

金融基础法律　金融监管法律法规　审慎会计制度　资本充足率
权责发生制　宏观审慎监管指标体系（MPIs）　微观审慎监管　巴塞尔协议
金融稳健性指标体系（FSIs）　货币金融统计（MFS）
国民账户体系（SNA）　通用数据公布系统（GDDS）

复习思考题

1. 金融基础法律有什么特点？
2. 金融基础法律和金融监管法律的关系是什么？
3. 金融机构市场准入有哪些条件规定？
4. 金融监管法律要求金融机构要有一定的透明度，具体有哪些要求？
5. 什么是审慎会计制度？具体包括哪些内容，有什么作用？
6. 审慎会计制度是如何发展起来的？
7. 审慎会计制度在金融监管中有哪些应用？
8. 如何理解公允价值盯市规则扩大了金融体系的亲周期？
9. 如何认识资本充足率在金融监管中的作用？
10. 目前我国银行监管存在着哪些缺陷以及怎样解决这些缺陷？
11. 如何完善我国银行业审慎会计监管？
12. 金融监管统计的主要内容是什么？
13. 如何理解金融监管统计与金融监管审慎会计的关系？
14. 如何理解金融监管统计与 SNA、MFS 等统计体系的关系？
15. 建立与完善金融监管统计的主要障碍有哪些？

21世纪高等学校金融学系列教材

第三篇

金融监管实务

第九章

银行业监管

自 2003 年 4 月 28 日中国银监会正式挂牌成立以来，中国人民银行集宏观调控与监管于一身的管理模式正式结束，银监会担当起监管中国银行业的职责。至此，我国建立了银监会、证监会和保监会分工明确、互相协调的金融分业监管体制。商业银行是从事"吸收公众存款、发放贷款、办理结算等业务的企业法人①，是国家金融体系的重要组成部分，对银行业的有效监管是稳健的经济环境的关键组成部分。本章着重介绍了市场准入监管、日常经营监管、市场退出监管、网络银行监管等银行业监管方面的内容。

第一节 市场准入监管

市场准入是监管的首要环节，把好市场准入关是保障银行业稳健运行和整个金融体系安全的重要基础。批准高质量的银行和高级管理人员进入市场，并根据审慎性标准审批银行的业务范围，将有利于降低银行的经营风险，提高银行管理水平和服务水准，促进银行的稳健发展和金融体系的稳定。

在历史上，对商业银行的市场准入有过四种不同的原则：一是自由主义，法律对商业银行的市场准入不予规定，商业银行可以自由设立而无须经注册登记的程序；二是特许主义，商业银行的设立必须经过特别批准，每设立一家商业银行就须颁发一道特许批准令；三是准则主义，法律规定商业银行的设立条件，只要符合法律规定的设立条件即可申请注册，无须监管当局批准；四是核准主义，又称审批制，是指商业银行的设立除了要具备法律所规定的条件之外，还需报请主管当局审核批准后才能登记成立。

审批制已经成为现代商业银行市场准入的通行制度。我国《商业银行法》第十一条规定："设立商业银行，应当经国务院银行业监督管理机构审查批准。未经国务院银行业监督管理机构批准，任何单位和个人不得从事吸收公众存款等商业银行业务，任何单位不得在名称中使用'银行'字样。"可见，我国实行的也是审批制。

---

① 《中华人民共和国商业银行法》第二条。

一、银行业的市场准入条件

广义上，金融机构的市场准入包括三个方面，即机构准入、业务准入和高级管理人员准入。机构准入是指依据法定标准，批准金融机构法人或其分支机构的设立；业务准入是指按照审慎性标准，批准金融机构的业务范围和开办新的业务品种；高级管理人员的准入是指对金融机构高级管理人员任职资格进行核准或认可。

我国《商业银行法》规定了设立商业银行应当具备的条件：有符合《商业银行法》和《中华人民共和国公司法》（以下简称《公司法》）规定的章程；有符合本法规定的注册资本最低限额；有具备任职专业知识和业务工作经验的董事、高级管理人员；有健全的组织机构和管理制度；有符合要求的营业场所、安全防范措施和与业务有关的其他设施。一般来说，审批新的商业银行要着重考虑以下几个因素。

（一）最低注册资本限额

由于商业银行在一国经济中的特殊地位及其独特的负债经营方式，所以审批设立新的商业银行必须要达到法定的最低资本额，以保护存款人的利益和维护整个金融体系的稳定。美国国民银行的起始资本在扣除筹建开支后须达到 100 万美元，英国银行的最低资本为 500 万英镑，德国办理存款业务的各类银行的最低资本为 600 万德国马克，日本商业银行的最低开业资本为 10 亿日元，新加坡设立银行的最低实缴资本为 300 万新加坡元。这只是设立商业银行的最低资本要求。事实上，为保证银行业的稳定，在审批时常常会要求更高。例如，美国设立新商业银行的要求是比较低的，但货币监理署在审批银行时也会根据新银行的固定资产情况、盈利前景、竞争状况、管理层的能力等来决定是否要提高注册资本要求。

《商业银行法》第十三条规定：设立全国性商业银行的注册资本最低限额为 10 亿元人民币，设立城市商业银行的注册资本最低限额为 1 亿元人民币，设立农村商业银行的注册资本最低限额为 5 000 万元人民币。注册资本应当是实缴资本。国务院银行业监督管理机构根据审慎监管的要求可以调整注册资本最低限额，但不得少于前款规定的限额。

（二）完善的公司治理结构和内控制度

商业银行独特的负债经营方式，决定了其高风险的特征，所以必须要有完善的公司治理结构和内控制度，以保护存款人的利益，保障金融体系和社会的稳定。完善的公司治理结构是指按照《公司法》的要求，根据其组织形式（国有独资公司、有限责任公司、股份有限公司等），建立相应的组织机构（股东大会、董事会、监事会等），明确董事会、监事会、高级管理层以及董事长、监事长和行长的职责与权限，建立科学、民主、高效的决策体制和相互制约、相互监督的内部约束机制。为保证决策的独立性和民主性，保护小股东的权益，董事会成员中要有一定比例的独立董事。为更好地实施董事会的重大决策，加强银行内部的风险控制与监督，还应设立监督委员会（或监事会）、稽核审计委员会、信贷审查委员会和资产负债管理委员会等。同时，要建立与经营业绩和风险挂钩的干部管理、收入分配激励机制。内部控制是商业银行为实现经营目标，通过制定和实施一系列制度、程序和方法，对风险进行事前防范、事中控制、事后监督和纠正的动态过程和机制。完善的内控制度包括：建立并认真实施统一、严格的业务标准和程序；建立并严格实行统一有效的授权、授信制度；建立科学有效的风险识别、评估和控制系统，具有独立、高效的内部稽核审计系统，完善的内部报告及预警系统，以及重要岗位的监督、制约机制。

我国《商业银行公司治理指引》（征求意见稿）第四条规定了商业银行公司治理应遵循各治理主体独立运作、有效制衡、相互合作、协调运转的原则，建立合理的激励、约束机制，科学、高效地进行决策、执行和监督。同时，该意见稿第七条对商业银行良好公司治理应当包括的内容有所规定：健全的组织架构；清晰的职责边界；科学的发展战略、价值准则与良好的社会责任；有效的风险管理与内部控制；合理的激励约束机制；完善的信息披露制度。《商业银行内部控制指引》第四条规定，商业银行内部控制应当贯彻全面、审慎、有效、独立的原则，应当渗透到商业银行的各项业务过程和各个操作环节，覆盖所有的部门和岗位，并由全体人员参与，任何决策或操作均应当有案可查；应当以防范风险、审慎经营为出发点，商业银行的经营管理，尤其是设立新的机构或开办新的业务，均应当体现内控优先的要求；应当具有高度的权威性，任何人不得拥有不受内部控制约束的权力，内部控制存在的问题应当能够得到及时反馈和纠正；监督、评价部门应当独立于内部控制的建设、执行部门，并有直接向董事会、监事会和高级管理层报告的渠道。

（三）高级管理人员的素质

银行的高级管理人员的素质直接关系到该银行的经营管理和风险状况，所以银行业监督管理当局在审批商业银行时必须要考察其高级管理人员的综合素质，包括品质、能力、经验、信誉等。美国的商业银行审批机关主要考察高级管理人员的财产状况、信用情况、银行从业经历和其他行业工作经历，重点是信用情况。英格兰银行要求一家商业银行的业务经营至少由两名知识经验丰富、有管理决策能力的人进行有效的管理。日本银行法规定，申请银行业许可证，须审查是否符合下列条件：申请人须拥有足够的财产以能健全而有效地开展银行业务，并且申请人办理该项业务的收支有良好的可行性；申请经营该项业务的人员，须具有准确、公正而有效地开展银行业务的知识和经验，并且有足够的信用。

我国《金融机构高级管理人员任职资格管理办法》中对高级管理人员的素质要求包括：能正确贯彻执行国家的经济、金融方针政策；熟悉并遵守有关经济、金融法律法规；具有与担任职务相适应的专业知识和工作经验；具备与担任职务相称的组织管理能力和业务能力；具有公正、诚实、廉洁的品质，工作作风正派。同时，还对高级管理人员的资历与学历做了具体规定。相应地，还明确了高级管理人员的禁入事由。（1）有下列情形之一的，不得担任金融机构高级管理人员：因犯有贪污、贿赂、侵占财产、挪用财产罪或者破坏社会经济秩序罪，被判处刑罚，或者因犯罪被剥夺政治权利的；曾经担任因违法经营被吊销营业执照或因经营不善破产清算的企业法定代表人，并对此负有个人责任或直接领导责任的；对因工作失误或经济案件给所任职金融机构或其他企业造成重大损失负有个人责任或直接领导责任的；个人负有数额较大的债务且到期未清偿的；提供虚假材料等弄虚作假行为的；有赌博、吸毒、嫖娼等违反社会公德不良行为，造成不良影响的；已累计两次被中国人民银行或其他监管当局取消金融机构高级管理人员任职资格的；其他法律、法规规定不能担任金融机构高级管理人员的。（2）违反《金融违法行为处罚办法》及其他有关法规、规定的高级管理人员，中国人民银行有权依法取消其一定时期直至终身的金融机构高级管理人员任职资格。

（四）银行业竞争状况和经济发展的需要

对于符合基本条件的申请人，银行业监管当局在进行审批时要考虑当前银行业的市场竞争状况，当审批机关认为市场的竞争程度已经无法容纳时，新银行就很难被批准。各国对竞争的态度差别很大。美国崇尚自由竞争，认为即使现有银行数量很多，也不应阻止那些真正有能力的新银行进入，否则就会降低整个市场的效率，因此，审批机关每年都批准一些新银行设立，同时每年也有不少银行破产倒闭。与美国相比，日本监管机构对银行的审批要严格得多。战后几十年来，日本的城市银行、地方银行、长期信用银行、信托银行、合作银行的数量都相当稳定：1945年日本的城市银行有8家，地方银行有53家，信托银行有7家，合作银行有58家；20世纪50年代新增了几家城市银行、地方银行和合作银行，新成立了3家长期信用银行；1960年日本的城市银行有13家，地方银行有64家，长期信用银行有3家，信托银行7家，合作银行72家。之后，日本银行机构的数量基本上没有变化。

随着利率市场化改革的进程加快，我国的金融体系也从结构调整、制度建设等各个方面渐趋开放和完善。所以，银监会在批准设立新的商业银行时，要符合金融业发展的政策与方向，符合商业银行合理布局、公平竞争的原则，审慎批准商业银行的设立申请。

阅读资料

银监会优化调整政策　支持村镇银行发展

自2006年银监会调整放宽农村地区银行业准入政策以来，各银行业金融机构和社会资本踊跃参与，村镇银行培育发展工作取得了积极成效，初步探索出了在金融资源供给上的"东补西"、在金融服务质量改善上的"城带乡"发展模式。但是在村镇银行发展过程中，也存在一些不容忽视的问题：由于村镇银行是新生事物，社会认知度不高，吸收存款的难度较大，贷款发放又受到规模控制，资金结算问题迟迟没有得到有效解决，外部经营环境亟待改善；部分主发起行在全国范围内分散发起设立村镇银行，地域跨度大、管理半径长，协调和管理成本过高，不利于村镇银行的可持续稳定健康发展。

2011年7月，银监会印发了《关于调整村镇银行组建核准有关事项的通知》，一是调整村镇银行组建核准方式，由银监局负责确定主发起行以及村镇银行组建数量和地点调整为银监会负责，核准方式的调整有利于遴选优质主发起行，有利于优化村镇银行布局；二是完善村镇银行挂钩政策，由之前全国范围内点与点挂钩调整为省份与省份挂钩，使单个主发起行发起设立村镇银行的地域适当集中，同时明确了"先西部地区、后东部地区，先欠发达县域、后发达县域"挂钩次序原则，引导村镇银行主发起行重点布局西部地区和中部地区欠发达县域；三是引导和鼓励主发起行批量化发起设立村镇银行，进一步加强和改进中西部地区和欠发达县域的农村金融服务。对于发起设立村镇银行动机不正、资本实力不强、风险管控能力不足、人才储备不充分以及 IT 系统支持不力的银行业金融机构，银监会不再支持其发起设立村镇银行。此次政策调整将更加有利于投资村镇银行的民间资本实现保值增值，将会进一步增强村镇银行对民间资本投资的吸引力。

银监会网站数据显示，截至 2013 年 10 月，我国村镇银行数量达到 1 000 家，已实现全国 31 个省份村镇银行的全覆盖，全国 1 880 个县市的覆盖面超过 50%，中西部地区组建 620 家，占比 62%，村镇银行县域覆盖面和服务充分性明显提升，已成为服务"三农"、支持小微的金融生力军。

二、商业银行设立和开业的程序

（1）根据审批权限提出设立申请。设立商业银行必须向国务院银行业监督管理机构提出申请，并提交下列文件、资料：①申请书。申请书应当载明拟设立的商业银行的名称、所在地、注册资本、业务范围等。②可行性研究报告。③国务院银行业监督管理机构规定提交的其他文件、资料。

商业银行根据业务需要可以在中华人民共和国境内外设立分支机构，设立分支机构必须经银行业监督管理机构审查批准。在中华人民共和国境内的分支机构，不按行政区划设立。商业银行在中华人民共和国境内设立分支机构，应当按照规定拨付与其经营规模相适应的营运资金额。拨付各分支机构营运资金额的总和，不得超过总行资本总额的 60%。

（2）设立商业银行的申请经审查符合《商业银行法》第十四条规定的，申请人填写正式申请表，同时提交相关的文件和资料。

设立新的商业银行应提交：①章程草案；②拟任职的董事、高级管理人员的资格证明；③法定验资机构出具的验资证明；④股东名册及其出资额、股份；⑤持有注册资本 5% 以上的股东的资信证明和有关资料；⑥经营方针和计划；⑦营业场所、安全防范措施和与业务有关的其他设施的资料；⑧国务院银行业监督管理机构规定的其他文件、资料。

设立商业银行分支机构，申请人应当向国务院银行业监督管理机构提交下列文件、资料：①申请书，申请书应当载明拟设立的分支机构的名称、营运资金额、业务范围、总行及分支机构所在地等；②申请人最近两年的财务会计报告；③拟任职的高级管理人员的资格证明；④经营方针和计划；⑤营业场所、安全防范措施和与业务有关的其他设施的资料；⑥国务院银行业监督管理机构规定的其他文件、资料。

（3）经批准设立的商业银行，由国务院银行业监督管理机构颁发经营许可证并凭该许可证向工商行政管理部门办理登记，领取营业执照。

（4）开业和公告。取得营业执照后，商业银行即告成立，由国务院银行业监督管理机构予以公告。并必须在取得营业执照之日起的6个月内开始营业。如果自取得营业执照之日起无正当理由超过6个月未开业的，或者开业后自行停业连续6个月以上的由国务院银行业监督管理机构吊销其经营许可证，并予以公告。

三、商业银行经营范围的规定

商业银行的经营范围一般在商业银行章程中予以明确，银行业监督管理机构在商业银行设立时即已对其业务范围做了规定。商业银行应当严格按照被批准的业务范围从事经营业务活动。在商业银行的经营范围上，有以德国为代表的全能型银行业务制度和以英国为代表的分离型银行业务制度两种基本类型。实行全能型银行业务制度的国家对银行业务活动的限制较少，银行几乎可以经营全部的金融业务；实行分离型银行业务制度的国家对银行业务活动的限制较多，原则上银行只能从事规定领域的银行业务。

随着金融市场化、自由化和全球化的趋势越来越明显，世界银行业的竞争也越来越激烈，金融创新不断涌现，银行业务的传统界限逐渐被打破，不少国家对银行的种种限制也趋于放松或取消，商业银行的发展趋势倾向于全能化，但目前各国金融监管当局仍然对商业银行的业务活动加以严格的监管。

我国目前对金融业实行分业经营。银行的业务活动要符合社会和经济发展的客观需要，符合金融分业经营的法律规定与政策，符合金融机构的功能定位与业务发展能力，符合从业人员的专业素质要求，并且要根据业务风险特征建立完善的风险控制系统，建立严格科学的业务操作规程和安全保障。商业银行不得从事信托投资和股票业务，不得投资于非自用不动产，不得向非银行金融机构和企业投资。这是由我国现阶段的经济发展水平决定的：首先，我国的金融市场目前还不是很成熟，商业银行进入股票市场承受的风险很大；其次，国际经验表明，全能型银行业务制度对金融法规和监管机构的要求很高，而我国目前的金融监管法制还不很健全，监管手段不够先进，如果放开商业银行业务限制的话，可能会引起金融混乱。

《商业银行法》中规定了商业银行可以经营的业务范围包括：（1）吸收公众存款；（2）发放短期、中期和长期贷款；（3）办理国内外结算；（4）办理票据承兑与贴现；（5）发行金融债券；（6）代理发行、代理兑付、承销政府债券；（7）买卖政府债券、金融债券；（8）从事同业拆借；（9）买卖、代理买卖外汇；（10）从事银行卡业务；（11）提供信用证服务及担保；（12）代理收付款项及代理保险业务；（13）提供保管箱服务；（14）经国务院银行业监督管理机构批准的其他业务。

第二节　日常经营监管

一、银行日常审慎监管

银行日常审慎监管是指以安全和稳健为目标来监控银行经营业务的全过程。商业银行在日常经营中，不可避免地要面临风险，大致可以分为信用风险、国家和转移风险、市场风险、利率风险、流动性风险、操作风险、法律风险和声誉风险八类。在这些风险中，有些是由于宏观经济环境的变化所致，有些是商业银行本身所不能控制的因素所致，但大部分风险是商业银行为追逐高额利润或疏于防范而主动承担的，从以往的银行倒闭事件中我们就可以很清楚地看到这一点。为了防患于未然，对银行日常经营的审慎监管尤为必要。

一般来说，商业银行日常审慎监管的主要内容，包括资本充足率监管、资产质量监管、流动性监管和内控性监管。

（一）资本充足率监管

资本充足率是指资本对加权风险资产的比例，是评价银行自担风险和自我发展能力的一个重要标志。根据2010年12月公布的《巴塞尔协议Ⅲ》的规定，对普通股、其他一级资本工具和二级资本工具分别建立了严格的达标标准，以提高各类资本工具的损失吸收能力；引入了严格、统一的普通股资本扣减项目，以确保普通股资本质量。资本充足率监管标准有所提高，其中普通股充足率为4.5%，一级资本充足率为6%，总资本充足率为8%。在最低资本要求基础上，还要求商业银行建立留存资本缓冲和逆周期资本缓冲。其中，留存资本缓冲全部由普通股构成，最低要求为2.5%，用于吸收严重经济和金融衰退给银行体系带来的损失；逆周期资本缓冲是指出现系统性信贷高速扩张时期，银行应计提逆周期资本缓冲，用于经济下行时期吸收损失，保持信贷跨周期供给平稳，监管标准为0~2.5%。根据上述标准，正常情况下商业银行的普通股、一级资本和总资本充足率应分别达到7%、8.5%和10.5%。

表9-1　　　　　　　　　资本框架的校准——最低要求建议　　　　　　　单位：%

	普通股 （扣除扣减项后）	一级资本	总资本
最低资本要求	4.5	6.0	8.0
资本留存缓冲	2.5		
最低资本要求与资本缓冲要求之和	7.0	8.5	10.5
逆周期资本缓冲①	0~2.5		

---

① 指普通股或其他具有充分吸收损失能力的资本。

表 9 - 2　　　　　　　　《巴塞尔协议Ⅲ》各项规则过渡期安排时间表

	2011 年	2012 年	2013 年	2014 年	2015 年	2016 年	2017 年	2018 年	2019 年起
杠杆率	监管监测期		过渡期为 2013 年 1 月 1 日至 2017 年 1 月 1 日，从 2015 年 1 月 1 日开始披露					纳入第一支柱	
普通股充足率最低要求			3.5%	4.0%	4.5%	4.5%	4.5%	4.5%	4.5%
资本留存缓冲最低要求					0.625%	1.25%	1.875%	2.5%	
普通股充足率加资本留存缓冲最低要求			3.5%	4.0%	4.5%	5.125%	5.75%	6.375%	7.0%
扣减项的过渡期				20%	40%	60%	80%	100%	100%
一级资本充足率最低要求			4.5%	5.5%	6.0%	6.0%	6.0%	6.0%	6.0%
总资本充足率最低要求			8.0%	8.0%	8.0%	8.0%	8.0%	8.0%	8.0%
总资本充足率加资本留存缓冲最低要求			8.0%	8.0%	8.0%	8.625%	9.125%	9.875%	10.5%
不符合新资本定义的资本工具过渡期	从 2013 年 1 月 1 日起分 10 年逐步剔除								
流动性覆盖比率（LCR）	开始监测				开始监测				
净稳定融资比率（NSPR）		开始监测						开始监测	

资料来源：Group of Governors and Heads of Supervision Announces Higher Global Mnimum Capital Standards, Basel Committee on Banking Supervision。

中国银监会在考虑国内金融市场发展现实的基础上，于2012 年6 月8 日发布了《商业银行资本管理办法（试行）》，分别对监管资本要求、资本充足率计算、资本定义、信用风险加权资产计量、市场风险加权资产计量、操作风险加权资产计量、商业银行内部资本充足评估程序、资本充足率监督检查和信息披露等进行了规范。《办法》确立了四个层次的资本充足率监管要求，包括8%的最低资本要求（其中核心一级资本充足率不得低于5%、一级资本充足率不得低于6%）、2.5%的储备资本要求、0～2.5%的逆周期资本要求、1%的系统重要性银行附加资本要求以及根据单家银行风险状况提出的资本要求。其中资本充足率、一级资本充足率与核心一级资本充足率的计算公式为：

资本充足率 =（总资本 - 对应资本扣减项）/风险加权资产 × 100%

一级资本充足率 =（一级资本 - 对应资本扣减项）/风险加权资产 × 100%

核心一级资本充足率＝（核心一级资本－对应资本扣减项）/风险加权资产×100%[①]

表 9－3　　　　　　　　　　　　　　　银行资本构成

资本	资本构成
核心一级资本	实收资本或普通股；资本公积；盈余公积；一般风险准备；未分配利润；少数股东资本可计入部分
其他一级资本	其他一级资本工具及其溢价 少数股东资本可计入部分
二级资本	二级资本工具及其溢价 超额贷款损失准备 少数股东资本可计入部分
扣除项	核心一级资本中全额扣除项目：见本章第四节 商业银行之间通过协议相互持有的各级资本工具或银监会认定为虚增资本的各级资本投资应从相应监管资本中对应扣除

资料来源：《商业银行资本管理办法（试行）》，2012 年 6 月。

（二）资产质量监管

商业银行在经营活动中，既要保障资金安全，又要管理好各种风险，这不仅是为了保证商业银行的安全经营，而且是为了保护存款人的利益和客户的利益，保证金融市场和社会的稳定。可以说，资产质量的好坏不仅直接关系银行的盈亏，更会影响银行资本充足率，最终影响银行业的安全和效率，因此，资产质量监管是商业银行日常审慎监管的重要内容。

但是，基于以下原因，准确评估商业银行资产质量状况并不容易：一是影响商业银行资产质量的因素多且不易监测和计量；二是借款人存在隐蔽信息且银行有高估自身资产质量的倾向；三是银行资产质量的评估过程十分复杂，存在大量主观判断。所以，各国或地区银行业监管当局对商业银行的资产质量管理采取了一系列的定性和定量标准，其中贷款分类制度和贷款损失准备金计提标准，是资产质量监管的主要内容。

从银行业监管的实践来看，贷款分类通常是银行业监管当局或银行等有关机构根据掌握的信息对不同风险状况和损失概率的银行资产（主要是贷款）按风险高低进行综合判断和分类，以便于识别和管理不同风险状况的资产。目前，大多数国家和地区实行的贷款分类是五级分类，即正常贷款、关注贷款、次级贷款、可疑贷款和损失贷款（后三类为不良贷款）。正常贷款是指借款人能够履行合同，没有足够理由怀疑贷款本息不能按时足额偿还；关注贷款是指尽管借款人目前有能力偿还贷款本息，但存在一些可能对偿还产生不利影响的因素；次级贷款是指借款人的还款能力出现明显问题，完全依靠其正常营业收入无法足额偿还贷款本息，即使执行担保，也可能会造成一定损失；可疑贷款是指借款人无法足额偿还贷款本息，即使执行担保，也肯定要造成较大损失；损失贷

[①]　商业银行风险加权资产包括信用风险加权资产、市场风险加权资产和操作风险加权资产。

款是指在采取所有可能的措施或一切必要的法律程序之后，本息仍然无法收回，或只能收回极少部分。

为了减少不良贷款损失对银行运营造成影响，商业银行需要预留应付坏账的款项，也就是计提贷款损失准备金。准备金计提得当，银行的收入就剔除了可能的损失，可以比较准确地从银行所报的净收入看出其基本盈利能力，否则就会错误估计银行的收入，误导监管当局、股东和市场。银行应当按照谨慎会计原则，合理估计贷款可能发生的损失，及时计提贷款损失准备。贷款损失准备包括一般准备、专项准备和特种准备。一般准备是根据全部贷款余额的一定比例计提的，用于弥补尚未识别的可能性损失的准备；专项准备是指根据《贷款风险分类指导原则》，对贷款进行风险分类后，按每笔贷款损失的程度计提的用于弥补专项损失的准备。特种准备指针对某一国家、地区、行业或某一类贷款风险计提的准备。银行应按季计提一般准备，一般准备年末余额不低于年末贷款余额的 1%。银行提取的一般准备，在计算银行的资本充足率时，按《巴塞尔协议》的有关原则，纳入银行的附属资本。银行可参照以下比例按季计提专项准备：对于关注类贷款，计提比例为 2%；对于次级类贷款，计提比例为 25%；对于可疑类贷款，计提比例为 50%；对于损失类贷款，计提比例为 100%。其中，次级和可疑类贷款的损失准备，计提比例可以下浮动 20%。特种准备由银行根据不同类别（如国别、行业）贷款的特殊风险情况，风险损失概率及历史经验，自行确定按季计提比例。

我国《商业银行资本管理办法（试行）》规定在贷款损失准备监管方面建立两项基本制度，一是建立贷款拨备率和拨备覆盖率监管标准。贷款拨备率是指银行计提的贷款损失准备金占贷款余额的比例，原则上应不低于 2.5%；同时贷款损失准备金占不良贷款的比例，即不良贷款拨备覆盖率原则上应不低于 150%。二是建立动态贷款损失准备制度。监管部门将根据经济发展不同阶段、银行业金融机构贷款质量差异和盈利状况的不同，对贷款损失准备监管要求进行动态化和差异化调整。

（三）流动性监管

流动性是指银行根据存款和贷款的变化，随时以合理的成本举债或者将资产按其实际价值变现的能力。当流动性不足时，银行无法以合理的成本获得所需的足够资金，因而不能及时满足客户提款或借款的需求，其后果就是银行利润受到侵蚀，声誉遭受影响，甚至导致支付危机，所以监管当局对银行的流动性非常重视。

监管当局对银行流动性的管理政策有两种：一种是向银行发布衡量和管理流动性风险的指导方针，另一种是要求银行流动资产与存款或总资产的比例达到某一标准。总的来说，监管当局一般会综合运用这两种政策。

危机后，国际社会对流动性风险管理和监管予以前所未有的重视。巴塞尔委员会在 2008 年和 2010 年相继出台了《稳健的流动性风险管理与监管原则》和《第三版巴塞尔协议：流动性风险计量、标准和监测的国际框架》，构建了银行流动性风险管理和监管的全面框架，在进一步完善流动性风险管理定性要求的同时，首次提出了全球统一的流动性风险定量监管标准。2013 年 1 月，巴塞尔委员会公布《第三版巴塞尔协议：流动性覆盖率和流动性风险监测标准》（以下简称巴Ⅲ流动性标准），对 2010 年公布的流动性覆盖率标准进行了修订完善。与前两版巴塞尔协议只关注资本监管不同，巴Ⅲ流动性标准引入了流动性覆盖比率（LCR）作为银行流动性监管的强制标准，用来确定在监管部门设定的短期严重压力情形下，银行所持有的无变现障碍的、优质的流动性资产数量，以有效应对这种压力情景下的资金净流出。

中国银监会一直高度重视商业银行流动性风险监管工作。2009年，银监会出台了《商业银行流动性风险管理指引》。近年来，银监会深入分析研究我国银行业流动性风险管理存在的问题，借鉴巴Ⅲ流动性标准，在对现行的流动性风险监管制度进行梳理、补充和完善的基础上，起草了《商业银行流动性风险管理办法（试行）》，并于2011年10月向社会公开征求了意见。同时，银监会密切跟踪国际金融监管改革最新进展情况，在2013年1月巴塞尔委员会公布新的流动性覆盖率标准后，及时对《流动性办法》进行了修订。2013年6月，我国银行间市场出现阶段性流动性紧张、市场利率快速上升现象，引起了国内外广泛关注，也暴露了商业银行流动性风险管理存在的问题，反映其流动性风险管理未能适应业务模式和风险状况的发展变化。银监会对有关情况进行了深入研究，并在《流动性办法》中予以充分关注，有针对性地提出了风险管控和监管要求。2013年10月，就进一步修改完善后的《商业银行流动性风险管理办法（试行）》再次面向社会公开征求意见。

《商业银行流动性风险管理办法（试行）》中规定的具体的流动性风险监管指标包括流动性覆盖率、存贷比和流动性比例。办法要求，商业银行应当在法人和集团层面，分别计算未并表和并表的流动性风险监管指标。

1. 流动性覆盖率

流动性覆盖率旨在确保商业银行具有充足的合格优质流动性资产，能够在银监会规定的流动性压力情景下，通过变现这些资产满足未来至少30天的流动性需求。

流动性覆盖率的计算公式为：

$$流动性覆盖率 = \frac{合格优质流动性资产}{未来30天现金净流出量} \times 100\%$$

合格优质流动性资产是指满足《流动性办法》相关规定的现金类资产，以及能够在无损失或极小损失的情况下在金融市场快速变现的各类资产。

未来30天现金净流出量是指在《流动性办法》规定的压力情景下，未来30天的预期现金流出总量与预期现金流入总量的差额。

商业银行的流动性覆盖率应当不低于100%。

2. 存贷比

存贷比的计算公式为：

$$存贷比 = \frac{贷款余额}{存款余额} \times 100\%$$

商业银行的存贷比应当不高于75%。

3. 流动性比例

流动性比例的计算公式为：

$$流动性比例 = \frac{流动性资产余额}{流动性负债余额} \times 100\%$$

商业银行的流动性比例应当不低于25%。

《商业银行流动性风险管理办法（试行）》计划自2014年1月1日起施行。考虑到流动性覆盖率的计量较为复杂，银行需要一定的时间对流动性风险管理政策、程序、管理信息系统和会计科目进行调整完善，《流动性办法》对流动性覆盖率规定了与巴Ⅲ相一致的过渡期，即商业银行流动性覆盖率应当于2018年底前达到100%；在过渡期内，应当于2014年底、2015年底、2016年底及2017年底前分别达到60%、70%、80%、90%。《流动性办法》同时规定，在过渡期内，鼓励有条件的银行提前达标；对于流动性覆盖率已达到100%的银行，鼓励其流动性覆盖率继续保持在100%之上。

（四）银行内部控制监管

银行内部控制是指对银行内部各职能部门及其职员从事的业务活动进行风险控制、制度管理和相互制约的方法、措施和程序，它包括对银行内部组织机构的控制、对资产和负债各项业务的控制、对表外交易的控制、对会计系统的控制、对授权授信和对计算机系统的控制等。

监管当局通常会发布一些指导性原则，要求银行按照有效、审慎、全面和独立的原则建立起对各类风险的控制制度。1997年9月，巴塞尔银行监管委员会通过的《有效银行监管的核心原则》认为，银行监管者必须确保银行具备与其业务规模及复杂程度相匹配的内部控制。其中应包括：对授权和职责的明确规定；将银行承诺、付款和资产与负债账务处理方面的职能分离、上述程序的交叉核对、资产保护、完善独立的内部审计、检查上述控制职能和相关法律、法规合规情况的职能。

我国建立完善、健全的商业银行内部控制体系需要遵循四个基本原则：一是董事会和高级管理层要明确责任，有力监督，并且在银行内部创造有影响力的内部控制文化；二是商业银行要对经营中的各种风险有充分的认识和衡量，并进行持续监控；三是商业银行要建立良好的控制结构和具体控制措施，特别是职责分离与审批制度；四是商业银行的各级管理层之间和各部门之间应当建立完善的信息交流机制，特别是设计恰当并严格执行的向上级报告制度。

我国要求商业银行建立顺序递进的三道监控防线：（1）建立一线岗位双人、双职、双责为基础的第一道监控防线。属于单人单岗处理业务的，必须有相应的后续监督机制。（2）建立相关部门、相关岗位之间相互制约的工作程序作为第二道防线。要建立业务文件在相关部门和相关岗位之间传递的标准，明确文件签字的授权。（3）建立以内部监督部门对各岗位、各部门各项业务全面实施监督反馈的第三道防线。内部监督部门作为对业务的事后监督管理机构，必须独立地监督各项业务活动，同时及时地将检查评价结果反馈给最高管理层。商业银行重点要围绕防止和降低信贷风险、提高信贷资产质量、优化信贷资产结构建立有效的内部控制制度。监管当局通过检查或委托外部审计部门对商业银行的内部控制情况作出评价，对内部控制存在问题的银行，监管当局可以提出整改建议，情节严重的应给予处罚。

二、现场检查与非现场监管

（一）现场检查

1. 现场检查的定义

现场检查是指监管人员直接深入到金融机构进行业务检查和风险判断分析。监管人员通过亲临现场，检验银行财务报表数据的准确性和可靠性，评估银行管理和内部控制的质量，检查银行遵守法律法规的情况，考察银行整体的经营管理水平。现场检查是金融监管的重要手段和方式。实施现场检查，有助于监管人员全面、深入了解金融机构的经营和风险状况，核实和查清非现场监管中发现的主要问题和疑点，对金融机构的风险作出客观、全面的判断和评价。

各国对待现场检查的态度不尽相同。美国银行业监管机构对商业银行的监管在很大程度上要依赖现场检查。美国联邦储蓄保险公司、货币监理署以及美国联邦储备体系等监管部门都拥有具有各种专长的检查队伍。英格兰银行则很少依靠现场检查来对商业银行实施监督与管理，而是靠与银行管理层对话、金融信息披露等方法来保持监管者与被监管者之间的沟通。对我国来说，现场检查是对商业银行进行监管的一个重要手段。

2. 现场检查的主要方式及频率

根据检查的目的、范围和重点，现场检查可分为常规性全面检查和专项检查。全面现场检查要涵盖被检查行的各项主要业务及风险，以及管理内控的各个领域，要对金融机构的总体经营和风险状况作出判断。专项检查是指对金融机构的一项或几项业务进行的重点检查，具有较强的针对性和目的性。

对金融机构的常规性全面检查应至少一年或一年半进行一次。对关注的高风险或有问题的金融机构，对其现场检查的频率应更高。

3. 现场检查的程序

尽管对各类金融机构实施现场检查的方法和重点有所不同，但其基本流程大体相同（见图9－1）。

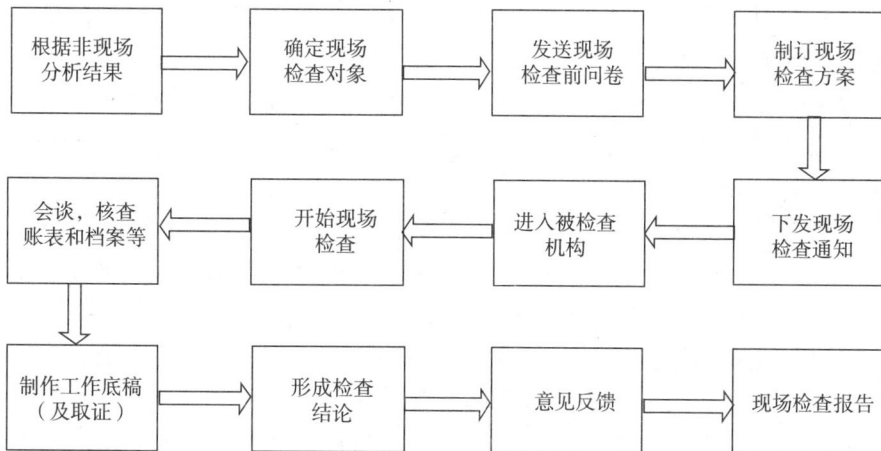

图9－1 现场检查流程图

（1）根据非现场分析和其他渠道获得的信息，确定现场检查的具体对象和时间。

（2）向被检查机构发出检查前问卷，有针对性地提出问题，包括所经营的主要业务；最新开展的业务；自上次现场检查以来发生的重要变化；上次现场检查提出的监管建议是否已经实施；发现的问题是否已经纠正；最近一次的内部稽核审计是什么时间进行的；有什么具体发现；通过自我评估，认为在控制上还有哪些薄弱环节等。

（3）制订现场检查方案。根据上次检查发现的主要问题，在分析反馈的检查前问卷、进一步了解被检查机构基本情况的基础上，制订具体的检查方案，明确检查的主要领域及重点，同时确定具体的检查工作时间、检查人员及分工。

（4）向被检查机构发出现场检查通知，通知检查的时间、内容，应准备提供的有关资料、报表及文件，以及需要谈话的人员等。

（5）进入现场开始检查。根据制订的检查计划和确定的检查重点，运用现场检查手册等现场检查工具和方法，通过谈话、查阅文件、核查账表和档案等，对被检查机构的资产质量、流动能力、财务状况、管理和内控情况的综合评价，形成现场检查结论。

（6）向被检查机构反馈检查意见，核实检查中所发现的问题和情况。

（7）完成现场检查报告，向被检查机构反馈监管建议和处理决定。

（8）综合现场检查、非现场监管情况，为综合评价金融机构的风险，完成综合监管报告提供依据。

4. 现场检查的主要内容与方法

常规性的现场检查应主要包括以下内容：资产质量和资产损失准备金充足程度，实际资本充足水平，资产负债结构及流动性状况，收益结构及真实盈利水平，市场风险水平及管理能力，管理与内控完善程度，以及遵守法律、法规情况。

通过现场检查，除要核实非现场监管的一些主要数据和信息，对上述内容或项目进行检查外，还检查非现场监管难以监管和发现的问题，如有关的贷款标准和政策、贷款的基本程序与风险控制、不良贷款的划分标准和确认程度、贷款损失准备金提取和坏账核销的标准与政策、管理人员的素质与水平、内部报告与信息系统等。

在现场检查中，由于检查目的和要求不同，检查内容和方法也会有所区别。常规检查的主要内容和方法有以下几点。

（1）资产质量检查，包括：一是贷款，主要检查"一逾两呆"的真实结构及五级分类的实际分布状况；二是信用证、银行承兑汇票、对外担保等表外业务，主要检查各项表外业务垫款的数额、变化情况；三是拆借、投资、应收账款、固定资产等其他资产，主要检查这些资产的实际金额和风险情况；四是通过以上检查，分析不良资产的数量、结构和变化趋势，对资产质量作出总体评价。同时，检查各项规章、制度的建立和执行情况，对贷款管理状况、规章制度的有效性以及各项业务的合规性作出评价。

（2）资本充足状况检查，包括：一是资本充足率数据的真实性，主要核实被检查单位报送的资本总额、加权风险资产等非现场数据是否真实，资本充足率的计算是否正确；二是结合被检查单位的财务状况、风险特征和管理状况，对资本充足状况进行评价；三是审查被检查单位资本账户和股权结构的变化、收益留存的政策和程序，以及进行资本市场和通过其他渠道融资的能力。

（3）流动性检查，包括：一是流动性数据的真实性，主要核实被检查单位报送的准备金比率、中长期贷款比率、存贷款比率等非现场数据的准确性；二是流动性来源的结构和稳定性，主要分析被检查单位资产负债结构、资金来源和运用的变化趋势，对流动性状况作出评价；三是评价流动性管理政策和程序的充分性，流动性应急方案以及流动性管理的能力。

（4）市场风险检查，包括：一是市场风险管理的政策和程序是否健全，模型和方法是否可靠，是否建立了有效的风险监测、评价、预警和防范系统；二是管理层对市场风险的认识程度，市场风险管理策略是否适当；三是被检查单位的市场风险状况，对市场风险进行定量和定性的评价。

（5）盈亏状况检查，包括：一是财务经营成果是否真实，有无多计或少计收入，少提或乱挤、乱摊成本的问题，主要检查应收未收利息、应付利息的核算是否符合规定，贷款损失准备金的计提是否合规；二是检查负债成本结构、生息资产和非生息资产所占比重，对资产负债结构的合理性作出评价；三是评价经营效益状况，分析利润总额的变化趋势和原因。

（6）管理与内控检查，包括：一是各项管理制度和操作程序是否健全，是否根据业务发展变化对各项管理制度和操作程序进行了修订；二是各项规章制度和操作程序是否得到严格执行；三是内部审计的独立性和充分性，以及对违法违规行为的处理情况；四是考察被检查单位的计划、决策、控制和报告系统的有效性，并结合以上进行的对内部控制、资产质量、盈利状况、资本充足状况、流动性等方面的检查，通过综合各项检查结果和各方面的信息，对管理层的管理能力和管理水平作出评价。

（二）非现场监管

非现场监管是指监管部门对金融机构报送的数据、报表和有关资料，以及通过其他渠道（如媒体、定期会谈等）取得的信息，进行整理和综合分析，并通过一系列风险监测和评价指标，对金融机构的经营风险作出初步评价和早期预警。

非现场监管是金融监管的重要方式和手段。通过非现场监管，能够及时和连续监测金融机构的经营和风险状况；运用非现场分析，有助于明确现场检查的对象和重点，从而有利于合理分配监管力量，提高监管的质量和效率。

1.非现场监管的基本程序和主要环节

（1）采集数据。被监管对象按照银监会统一规定的格式和口径报送基础报表和数据，形成银监会金融监管基础数据库；银监会各监管部门从数据库中采集所需要的数据，以进行非现场分析。

（2）对有关数据进行核对、整理。银监会统计部门和监管部门在对金融机构所报送数据口径、连续性和准确性进行初步核对的基础上，按照非现场监管指标及风险分析的要求，进行分类和归并。

（3）生成监管指标值。将基础数据加以分类、归并后，按照事先已经设计出的软件系统和一套风险监测、控制指标，自动生成资产质量、流动性、资本充足率、盈利（亏损）水平和市场风险水平等一系列指标值。根据这些指标值，进行风险监测与分析。

（4）进行指标分析。通过得出的各种指标，进行水平分析、历史分析和行业分析，分析银行业务经营的合规情况和风险程度，得出对该金融机构风险水平及发展趋势的初步综合评价。

（5）报告处理。写出稽核报告，对发现的违规问题根据《金融稽核检查处罚规定》及银监会的其他有关规定作出稽核处理决定，送被稽核单位并监督其执行。

（6）信息反馈。稽核监管部门要定期向上级部门提交月度、季度和年度非现场监管报告。

2. 非现场监管的主要内容

非现场监管按照检查内容分为合规性检查和风险性检查两种。合规性检查是通过对银行财务报表和其他资料的分析，检查银行各项监管指标是否符合监管当局制定的审慎政策及有关规定。风险性检查则是通过资料数据进行对比分析、趋势分析或者计量模型分析，评估银行的风险状况，预测银行的发展趋势。大部分的检查结论都是通过分析各种指标（见表9-4）及其变化得出的，分析内容主要有以下几项。

表9-4　　　　　　　　　　　　　非现场监管监督指标

一、合规性状况	二、资本充足性	三、资产流动性
各项贷款余额/贷款总规模	总资本/总资产	存贷款比率
固定资产贷款规模执行比例	资本充足性	中长期存贷款比例
拆入资金比例	核心资本充足性	中长期存款/存款总额
拆出资金比例	实收资本/总资本	资产流动性比率
超期限拆入资金比例	固定资产比率	存款备付金率
超期限拆出资金比例	资本增长率	资产变现率
拆给非银行金融机构资金比例	资产增长率	
投资比例	贷款损失准备充足率	
财政性存款划缴比例		
存款准备金缴存比例		

四、资产质量	五、盈利情况	
逾期贷款率	利息收入/各项收入	利息支出/各项支出
呆滞账款率	净利息收入/平均资本	拆出资金利息/各项收入
呆账账款率	拆入资金利息/各项收入	投资收益/各项收入
有问题贷款/贷款总额	有价证券收益/各项收入	汇兑收益/各项收入
贷款抵押率	存放同业收入/各项收入	同业存放支出/各项支出
贷款担保率	应收利息率	资产利润率
贷款风险比例	资本利润率	人均利润（万元/人）
资本风险比例	股本分红率	成本率
贷款风险准备金率	负债成本率	利润率
单个最高贷款/贷款总额	费用率	
10家最高贷款总额/贷款总额		
股东最高贷款/该股东股金额		

（1）资产质量分析。根据目前我国金融机构的资产结构，资产质量分析的重点是贷款质量，主要分析以下几方面内容：按照贷款质量五级分类，分析当期不良贷款的水平及发展趋势（增长或下降的幅度）；不良贷款结构性比率的水平及发展趋势；贷款的集中程度，主要包括贷款的期限结构、客户的结构（包括单一客户和最大 10 家客户贷款占资本净额的比重）、行业结构、地区结构及国家结构等；股东贷款数额及比重；信贷管理合规情况。

除贷款质量外，通过非现场监管还要分析金融机构资产组合的质量，并对表外资产的质量和发展趋势进行分析，从而对金融机构的整体资产质量作出全面、客观的判断。

（2）资本充足性分析，内容有：计算资本（核心资本和附属资本）构成及总额，风险资产（表内资产和表外资产）构成总额，同时应按规定从资本中扣除下降因素，包括在其他银行资本中的投资、已在非银行金融机构资本中的投资、已对工商企业的参股投资、已对非自用不动产的投资和呆账损失尚未冲减部分，资产风险加权后的资本充足率水平及发展趋势，核心资本充足率水平及发展趋势，资产增长率与资本增长率的比较及发展趋势。

（3）流动性分析，内容有：资产的流动能力，包括备付金比率、短期资产占全部资产的比重、高流动性资产占全部资产的比重、中长期贷款比率以及资产可随时出售变现的能力等；负债的流动能力，包括短期负债占全部负债的比重、稳定性负债占全部负债的比重以及从市场上筹集资金的能力等；资产与负债的期限匹配情况以及资产与负债不同到期日的缺口情况，包括短期资产与短期负债比率、存贷款比率、短期负债用于长期资产比率、拆入资金与拆出资金比率、不良贷款比率（即到期偿还的比率）；现金流入情况的分析；流动性管理合规情况等。

（4）市场风险的分析，内容有：利率风险，指在一定资产负债期限结构下，利率变化给金融机构成本及收益造成的影响；汇率风险，指在金融机构外汇存在敞口的情况下，由于汇率波动给金融机构支付和收益造成的影响；价格风险，指由于商品价格和证券价格变化可能给金融机构成本及收益造成的影响。当前引起广泛关注的是利率风险和汇率风险。

（5）盈亏分析，内容有：利息收入总额及增长情况；利息支出总额及增长情况；净利息收入增长情况；非利息收入及增长情况；净营业收入及增长情况；贷款损失准备是否充足；营业费用支出及增长情况；税前利润（亏损）及增长情况；资本利润率和资产利润率水平及趋势；影响本期收益的特殊因素。

三、监管信息的分析与评价

对监管信息的分析与评价既是整个监管过程的重要环节，同时也是日常监管所得出的重要成果与结论，在银行业的整个监管过程中具有十分重要的意义，是金融监管体系的重要组成部分。金融监管人员在综合非现场监管和现场检查结果及中介机构提供信息的基础上，分析被监管机构所存在风险的性质、特征和严重程度，从而得出一个综合的评价结论。完善有效的监管必须要建立一个有效的银行评级制度。目前，世界上主要国家的银行评级制度基本上来自美国的骆驼评级体系（Camel Rating System），我国也是借鉴该体系,并广泛吸收英国、新加坡和中国香港等国家和地区监管机构关于监管评级的良好作风,并充分结合我国的具体实践,制定了《商业银行监管评级内部指引(试行)》,用于对我国商业银行评级。

(一)骆驼评级体系

1. 骆驼评级体系的含义

美国是一个信用制度高度发达的国家,美国三大联邦监管部门都使用同一标准体系对商业银行的经营状况进行全面、综合评估。1978年以后,美联储制定出《统一鉴别法》,统一了对商业银行的检查标准,并进一步使自有资本是否充足、资产质量的好坏、经营管理能力、盈利数量和质量、流动性等五项指标数量化,逐渐形成了一套统一的、规范化的商业银行业务综合等级评价体系,这就是现在很多国家都参照的银行评级制度。这一制度的正式名称是联邦监督管理机构内部统一银行评级体系,俗称骆驼评级体系。

美国银行评级体系之所以被通称为骆驼评级体系,是因为该评级制度主要从五个方面考察、评估银行的经营状况,即资本状况、资产质量、管理水平、收益状况和流动性。这五方面的英文单词的第一个字母组成CAMEL(骆驼)。

2. 骆驼评级体系具体内容

(1)资本评级。骆驼评级体系把银行资本放在指标中的首要位置,用资本充足率指标来衡量资本状况。衡量一家银行的资本是否充足,美国的银行监管部门制定了一套标准,见表9-5。

表9-5　　　　　　　　　　　资本充足衡量表

序号	主要因素(资本充足率)	次要因素	结论
1	7%以上		资本充足
2	6%~7%	不良贷款很少;管理水平较高	资本充足或接近充足
3	6%左右	有不良贷款;管理水平很好;盈利状况很好	资本基本充足
4	6%~7%	有大量不良贷款;管理水平不高或该行近期扩大业务	资本不充足
5	6%以下		资本不充足

注:此表按资本充足情况排序,当主要因素(资本充足率)相同时,次要因素的差异对资本充足情况会产生影响。

评估一家银行资本充足与否,除了考虑以上因素,还需要考虑其他因素,如风险贷款比重、银行在过去几年里的业务发展状况、银行未来几年业务发展设想、银行过去的盈利状况、未来盈利预期、表外业务情况、及时得到补充资本的能力等。

在考虑了上述各种因素之后,评估人员就可以对被检查银行的资本状况确定一个级别,具体级别如下。

一级:资本十分充足,远远高出平均水平;经营管理水平高;资产质量很好;盈利很好;表外业务风险控制得好,不存在其他潜在风险。

二级：资本充足率令人满意，高出平均水平；贷款及其他业务中没有风险问题；管理水平不错；业务发展稳健，目前的盈利水平能继续保持。

三级：资本充足率不高，低于平均水平；或即使资本充足率并不低，但不良贷款多或该行准备在近期大幅度扩展业务等。

四级：资本明显不足；贷款方面存在很大问题或由于业务发展过快而使资本呈现不足；盈利状况不好。

五级：资本明显不足；资本充足率在3.5%以下，或者即使资本充足率达到5%，但风险资产比重却过大。

（2）资产质量评级。银行的资产质量是检查部门衡量一家银行总体经营状况的重要依据。对资产质量的评价，主要是根据如下的因素：风险资产的数量，逾期贷款的数量与发展趋势，呆账准备金的充足状况，负责管理资产的人员素质，贷款的集中程度，值得注意贷款近期出现问题的可能性。

银行监管部门在对银行资产质量进行评价时，首先要对其贷款做较为深入的分析。它们将贷款风险分为四类：正常贷款，不合标准贷款，有疑问贷款，难以收回贷款。四类贷款的权数分别为0、0.2、0.5、1，通过加权计算后，得出加权计算后的有问题的贷款总量。然后将这一总量与银行的基础资本（包括股本资本、盈余、未分配利润、呆账准备金）进行比较，计算出资产质量比率。资产质量比率计算公式为：（不合标准贷款×0.2＋有疑问贷款×0.5＋难以收回贷款×1）/基础资本。根据计算出的资产质量比率，将资产质量分为五个等级。同时，还要综合考虑银行的贷款政策、贷款投向的集中程度、呆账准备金的数量、逾期贷款的数量、贷款方面将来可能出现的问题、管理人员素质等因素，最后作出评级判断，分五个级别。

一级：资产质量比率在5%以下，资产质量很高，风险很低。

二级：资产质量比率在5%～15%，资产质量较令人满意，管理水平较高。

三级：资产质量比率在15%～30%，资产质量不太令人满意，存在着相当程度的问题。

四级：资产质量比率在30%～50%，贷款存在严重问题、过分集中，管理水平较差。

五级：资产质量比率在50%以上，资产质量极差，很可能在近期倒闭。

（3）经营管理水平评级。经营管理水平评级通过考察银行的实际经营状况并参考资本充足率、资产质量、流动性管理、盈利水平等间接因素评定。当然，只考虑上述几方面的因素还是不够的，其他需要考虑的因素有：该行高层管理人员的经验、水平与信心；高层管理人员是否对中下层管理人员及一般职员实施了有效的监督；雇员是否充足、是否得到了应有的培训。另外，还要考虑的因素有：该行制定的业务政策与业务流程如何，执行情况如何；该行制定长、短期规划如何；该行高层管理人员解决问题的能力如何；对不测事件的应变能力如何；该行高层管理人员个性及个人品质如何。最后还要考察银行董事会是否对银行的经营管理实施了有效的监督、指导，是否为经营部门配备了充足的人员等。上述各种情况都是检查人员在评估一家银行的管理水平时应仔细考虑的因素。

检查人员审查了各种因素之后，通过综合分析，加上自己的判断，最后对该行管理水平评定级别，共分为五个级别。

一级：管理水平很高，管理人员素质很好，管理者有能力解决各种问题，并采取预防性措施避免不利事件的发生。

二级：管理上存在一些小问题，各级管理人员各司其职，整个管理状况令人满意。

三级：管理虽然没有大问题，但潜伏着相当程度的危机，目前的管理水平很难解决银行存在的各种问题。

四级：管理水平相当差，管理者没有作出正确、明智决策的能力，也没有解决出现问题的能力。

五级：管理者的素质极差，完全没有能力作出明智的决策和制定正确的业务政策，在问题面前表现为无能为力。

（4）收益评级。检查人员在考核银行的盈利状况时，首先要考虑该行在过去一两年里的净盈利情况。衡量一家银行的盈利水平的一个重要比率是资产收益率，即净盈利和平均资产的比率。另外，检查人员还要考虑其他因素，如近几年收益率走势、未来几年收益率变化趋势、资产收益的质量、该行的盈利有多少作为留存利润归入资本，又有多少用做股息的分配。收益评级的级别也分为五级，在这里不做详细阐述。

（5）资本流动性评级。评估资本流动性是否充足需要考虑几个方面的因素：银行存款的变动情况；银行对借入资金（如大额存款等）的依赖程度；可随时变现的流动资产数量；银行对自身资产负债的管理、控制能力；该行从外部借入资金的频率；该行在遇到流动性问题时迅速筹集资金的能力。另外，还应考虑该行的流动性比率，并与其他同类银行的流动性比率进行比较。流动性评级也分为五级。

一级：流动性充足，而且还拥有随时筹资的渠道。

二级：流动性比较充足，但略低于第一级。

三级：流动性资金不足以完全满足该行的资金需求。

四级：流动性方面存在相当大的问题。

五级：完全没有流动性，随时面临倒闭的危险。

（6）综合评级。检查人员在完成了上述五个方面（资本、资产、管理、收益、流动性）的评级后，就可以对银行进行综合评级。最简单的方法是将五个方面的评级相加后除以5得出综合评级。但有的时候检查人员认为五个方面的评级中有的可能更重要些，就会在综合评级中给定一个较大的权数。也就是说，检查人员在确定一家银行的综合评级时，他可以在五个方面的单独评级基础上经过简单的计算得出综合评级，也可以在五个独立评级的基础上，加上自己对该行的判断，得出一个加权计算的综合评级。最终得出的评级结果分为五级。

一级：该类银行在各方面状况均属一流，即使出现一些小问题也能随时解决；能够承受一切经济周期的变动和影响，以及市场的任何突发性变化，银行监管部门可以完全放心。

二级：该类银行的基本状况很稳定，总体经营状况也是稳健安全的，即使有一些小问题也可以通过正常渠道予以解决，银行监管部门不需给予较多关注。

三级：该类银行往往既存在着一些小问题，也存在着某些较严重的问题，如果遇到经济环境逆转，很可能出现恶化的局面，除非银行管理者采取某些措施及时予以阻止；暂时没有倒闭的危险，银行监管部门应予以较多的关注。

四级：该类银行存在着较为严重的财务问题和其他方面的问题，而且这些问题如果不能及时采取措施予以解决，将面临着倒闭的危险；往往需要监管部门采取一些特殊措施来帮助它解决问题，走出困境；银行监管部门应给予特别关注。

五级：该类银行极有可能在近期倒闭，急需充实新资本和更换经营管理者。

（二）我国的银行评价制度

对我国商业银行的评价主要还是参照《商业银行监管评级内部指引（试行）》，它确定了具有中国特色的"CAMELS+"的监管评级体系，即对商业银行的资本充足、资产质量、管理、盈利、流动性和市场风险状况等六个单项要素进行评级，加权汇总得出综合评级，而后再依据其他要素的性质和对银行风险的影响程度，对综合评级结果做出更加细微的正向或负向调整。综合评级结果共分为6级，其结果作为监管机构实施分类监管和依法采取监管措施的基本依据。下面我们将对其作简要介绍。

1. 风险评价的基本要素

在对各个评级因素进行定量分析的同时，还进行了定性分析（见表9-6）。

表9-6　　　　　　　　　　商业银行监管评级定量和定性评价标准

评级要素	权重	定量指标（60%）	定性因素（40%）
C：资本充足状况	20%	资本充足率	银行资本构成和质量
			银行整体财务状况及其对资本的影响
		核心资本充足率	资产质量及其对资本的影响
			银行进入资本市场或通过其他渠道增加资本的能力
			银行对资本的管理情况
A：资产质量情况	20%	不良贷款率/不良资产率	不良贷款和其他不良资产的变动趋势及其对银行整体资产安全状况的影响
		正常贷款迁徙率	贷款行业集中度以及对银行安全状况的影响
		次级类贷款迁徙率	信贷风险管理的政策、程序及其有效性
		可疑类贷款迁徙率	贷款风险分类制度的健全性和有效性
		单一集团客户授信集中度/授信集中度	保证贷款和抵（质）押贷款及其管理状况
		全部关联度	贷款以外其他资产风险管理状况
		贷款损失准备充足率/资产损失准备充足率	

217

续表

评级要素	权重	定量指标（60%）	定性因素（40%）
M：管理情况	25%		公司治理的基本机构
			公司治理的决策机制
			公司治理的执行机制
			公司治理的监督机制
			公司治理的激励约束机制
			内部控制环境
			风险识别与评估
			内部控制措施
			信息交流与反馈
			监督评价与纠正
E：盈利状况	10%	资产利润率	银行的成本费用和收入状况以及盈利水平和趋势
		资本利润率	银行盈利的质量，以及银行盈利对业务发展与资产损失准备提取的影响
		成本收入比率	财务预决算体系，财务管理的健全性和有效性
		风险资产利润率	
L：流动性状况	15%	流动性比例	资金来源的构成、变化趋势和稳定性
		核心负债依存度	资产负债管理政策和资金的调配情况
		流动性缺口率	流动性的管理情况
		人民币超额备付金率	银行以主动负债形式满足流动性需求的能力
		（人民币、外币合并）存贷款比例	管理层有效识别、监测和调控银行头寸的能力
S：市场风险状况	10%	利率风险敏感度	董事会和高级管理层的监控
			市场风险管理政策和程序
		累计外汇敞口头寸比例	市场风险识别、计量、监测和控制程序
			内部控制和外部审计
O：其他项		银行经营的外部环境，银行的控股股东，银行目前的客户群体和市场份额情况，银行及其关联方涉及国家行政机关调控、法律诉讼、法律制裁等情况，国际、国内评级机构对银行的评级情况，新闻媒体对商业银行的报道	

2. 评价的基本方法

根据上述风险评价的基本要素，对金融机构风险类别和风险水平的最后评价主要有加权评价法和特征评价法。

（1）加权评价法主要是根据各种风险及其水平对金融机构的威胁程度，在评价体系中给予不同的风险权重，并运用加权的方法，最后确定该金融机构的风险严重程度。主要包括以下步骤。

第一步，确定风险评价的基础要素及指标值范围，即确定哪些要素作为风险评价的主要内容，各项数据指标的正常值及合理的波动范围。例如，已确定核心资本充足水平为风险评价的要素之一，其正常值应在6%以上。

第二步，确定每个评价指标的不同风险权重。例如，管理情况占比25%，流动性状况为15%。

第三步，确定每个评价指标在不同水平量的分值。例如，核心资本充足率考核标准为6%，当某金融机构的核心资本充足率大于或等于6%时，为100分；核心资本充足率位于4%~6%时，分值为60~100分；核心资本充足率位于2%~4%时，分值为50~60分；核心资本充足率位于1%~2%时，分值为0~50分；核心资本充足率低于1%时，对应0分。具体定量指标评分，按照区间均匀分布计算。

第四步，计算单项风险要素实际指标值及得分值。将非现场分析及现场检查所取得的数量化与非数量化的监管信息，生成实际的风险评价要素及指标值，并计算出得分值。例如，经核实确认，某金融机构当期的实际核心资本充足率为5%，按上述计分标准和方法，该金融机构此项评价指标得分为80分。

第五步，计算每项评价指标和所有各项评价指标最后综合得分值，即每项评价指标得分乘以该指标的权重，就为该指标最后得分；各项指标的得分之和，就为该金融机构的最后综合得分。

第六步，根据金融机构的最后综合得分值，对其风险水平作出最后综合评价，并将该金融机构判断为基本正常机构、关注机构、有问题机构和危机机构。例如，综合评级为1级和2级的银行可判断为基本正常的机构。

（2）特征评价法是根据金融机构所表现出来的风险特征与风险水平，将金融机构判断为基本正常机构、关注机构、有问题机构和危机机构。

基本正常机构的特征是：不良贷款比率、流动性比率、资本充足比率、贷款损失准备金比率、盈利水平等定量指标都控制在监管当局确定的正常水平之内，在国内同行业及国际同业中也处于较好的水平，同时治理结构和内控机制比较完善，能够依法合规经营。

关注机构的特征是：个别指标已明确超过监管当局确定的正常水平，也超过同业同类指标的平均水平，而且从历史比较的角度分析，其风险有进一步发展或加重的趋势。如不良贷款比率上升较快，贷款比较集中，资产流动性下降等。但所存在的风险还不是致命的，不是内部管理严重失控所致，通过采取一些改善性措施或纠正措施，可以很快转为基本正常机构。

有问题机构的主要特征是：多项指标严重超过正常水平，特别是已面临流动性困难。如不良资产比率过高，流动性严重不足，损失准备金和资本金严重不足，管理和内控也存在严重问题，而且上述问题很难通过一些调整性或纠正性措施加以克服，也难以通过金融机构自身努力来解决，因此需要给予外部救助。

危机机构的主要特征是：已经陷入严重的支付危机和信用危机，并已严重资不抵债，内部管理严重混乱，而且难以通过救助措施加以挽救，从而必须采取果断措施，使其稳妥退出市场。

3. 风险评级结果

单项要素评级和综合评级结果均以 1 级至 6 级表示，越大的数字表明越低的级别和越高的监管关注程度。

单项要素（管理要素除外）的评级结果均是定量指标和定性因素的算术加权结果，定量指标和定性因素的权重分别为 60% 和 40%。

表 9 - 7   单项要素的评级得分与结果

评级得分	90 分至 100 分	75 分至 90 分	60 分至 75 分	45 分至 60 分	30 分至 45 分	0 分至 30 分
评级结果	1 级	2 级	3 级	4 级	5 级	6 级

综合评级结果是六个单项要素评级结果的加权汇总，即各单项要素的评价分值分别乘以对应的权重系数后进行加总，得出综合评分。资本充足情况（C）、资产质量状况（A）、管理状况（M）、盈利状况（E）、流动性状况（L）、市场风险状况（S）六个要素的权重分别为 20%、20%、25%、10%、15%、10%。此外，内部指引特别提高了资本充足状况的权重，特别规定资本充足率低于 8% 的银行，其综合评级结果不应高于 3 级；如果资本充足率低于 8% 且呈下降趋势，对该银行的综合评级结果不应高于 4 级。加权汇总后的综合评级分值依据 90 分至 100 分、75 分至 90 分、60 分至 75 分、45 分至 60 分、30 分至 45 分、0 分至 30 分等六个分值区间分别对应 1 级、2 级、3 级、4 级、5 级和 6 级的综合评级结果。

其他因素主要是指对于银行风险可能产生重大影响的其他事项，监管评级人员将依据这些事项的性质和对银行风险的影响程度，对综合评级结果做出更加细微的正向或负向调整，以增强监管评级结果的准确性。其他要素一般不可以改变综合评级结果，但可以通过 " + "、" - " 符号标识出评级结果正向或负向的趋势。

阅读资料

对大型银行实施腕骨监管指标体系

腕骨是指人的手腕有八块骨头，这八块骨头是拳头和手掌的原动力，寓意着铁腕监管、铁腕行动。腕骨监管体系具体内容包括 "CARPALs + " 监管自由裁量权，"CARPALs" 的每一个英文字母都代表着一个监管含义，包括七大类指标，即资本充足指标（Capital Adequacy）、贷款质量（Assest Quality）、风险集中度（Risk Concentration）、拨备覆盖（Provisioning Coverage）、附属资本（Affiliated Institutions）、流动性（Liquidity）、案件防控（Swindle Prevention & Control），上述七大类指标的英文单词首字母构成了 "CARPALs"，这七类指标是八块 "腕骨" 中的七个组成部分，而第八块就是监管者有限度的自由裁量权，是监管者的定性判断。

近年来，银监会监管工具箱不断丰富，包括三大类七项指标、风险监管核心指标、早期风险预警指标等，在此监管工具箱上，银监会结合危机后巴塞尔银行监管委员会和金融稳定理事会等国际机构的金融监管改革措施，创新监管工具，引入杠杆率、流动性覆盖率、净稳定资金比率等指标，制定并对大型银行试行腕骨监管指标体系，包括资本充足（资本充足率、杠杆率）、贷款质量（不良贷款容忍度、不良贷款偏离度）、拨备（不良贷款拨备覆盖率）、大额风险集中度（单一客户风险集中度、单一集团客户风险集中度）、流动性（流动性覆盖率、净稳定资金比率、存贷比）、案件风险率、并表机构监管（附属机构资本回报率、母行负债依存度）等七大类十三项动态风险监管指标，涵盖了巴塞尔银行监管委员会第二、第三版协议规定，根植于中国银行业实践，有所侧重、有所差别，对增强系统重要性银行监管具有现实借鉴意义。

腕骨监管指标体系属于动态风险监管指标，根据具体情况调整，每个银行分层次设定指标，即法定值、触发值、目标值，实行"三道防线"，内部与年度经营管理目标和绩效考核体系挂钩，外部与市场准入、现场检查频度和高管履职评价相挂钩，形成有力制度约束，有力地促进了监管实效进一步提高。

第三节　市场退出监管

一、问题银行的处理

（一）处理问题银行的一般措施

1. 贷款挽救

具体办法有：（1）中央银行直接贷款援助。通常，问题银行手头已无合格票据可以抵押和贴现，无法从贴现窗口和货币市场的正常渠道融通资金，所以唯有接受中央银行的直接贷款，尽管这种贷款的利率通常比较高。也有的中央银行安排低利率的贷款进行援助。（2）设立特别机构和专项基金间接提供财务援助。典型的例子是原联邦德国的清算合作银行——科利银行和比利时的银行信用保证局。前者是德国联邦银行牵头并出资30%的特别机构，后者是比利时银行业共同出资、财政和银行业共同管理的10亿比利时法郎的专项基金。（3）临时组织大银行集资救援。这种集资救助是在监管当局授意下进行的。如英国一般由伦敦的四大清算银行提供救援，1992年日本四大商业银行（樱花银行、富士银行、东海银行、三和银行）也曾经为当时陷入困境的太平洋银行提供1 100亿日元的10年低息贷款，以帮助其度过危机。

2. 担保

由中央银行或政府出面担保，帮助有问题的银行度过挤提和清偿难关。政府和中央银行或者购买有问题银行的资产，或者在有问题银行里大量存款，或者收购有问题银行并清偿全部债务，保持银行价值。例如，1985年美国联邦存款保险公司宣布对美国第八大银行，最大跨国银行之一——大陆伊利诺伊国民银行的国内外所有存款和债务实行全额保险，从而平息了一场威胁美国国内外银行的挤提风潮。

3. 并购

组织经营状况良好的银行兼并或收购问题银行，承担其部分或全部负债，并购买它的部分或全部资产。兼并分为援助性兼并和非援助性兼并两类。如果属于非援助性兼并，兼并者将对被并购银行的存款和损失承担全部责任，监管当局不提供资金援助。健全银行进行非援助性并购是希望获得某些有利条件或优惠，如允许兼并者进入新的业务领域、开辟新市场、扩大其分支机构网络等。如果属于援助性并购，监管当局将向兼并者提供承诺或援助，如担保兼并者不会因兼并行动而遭受直接的损失，承诺兼并者可以在任何时候将被兼并银行的资产以面值出售给监管当局，弥补固定数额的兼并损失，直接承接被兼并银行的坏账资产等。

4. 设立过渡银行

由于问题银行在持续经营状态下的价值一般要大于立即破产清算时的价值，监管当局通过设立过渡银行全面承接危机银行的业务，以保证后者能够在继续经营的前提下得到有效处理。过渡银行一般有期限限制，必须在期限内通过并购、转让股权或经营权、把不良债权出售给清理回收机构等方式处理完被接管问题银行的资产。

5. 设立专门的问题银行处理机构

如美国为处理20世纪80年代的全国性储贷机构危机，于1989年专门设立重组信托公司（Resolution Trust Corporation，RTC），负责接管和处置由联邦储贷保险公司承保而倒闭的储贷机构的资产。RTC自1989年8月成立起至1995年12月31日结束运作止，共接管储贷机构747家，接管资产账面价值4 560亿美元。RTC将这些资产剥离、重组后出售，收回资金3 950亿美元，资产收复率高达86.62%。与此同时，RTC还设法使1 460家有问题储贷机构恢复正常经营。

（二）我国对问题银行的处理

根据《商业银行法》和《公司法》，对问题银行的处理办法有以下几种。

1. 接管

根据《商业银行法》的规定，当商业银行已经或者可能发生信用危机，严重影响存款人的利益时，国务院银行业监督管理机构可以对该银行实行接管。自接管开始之日起，由接管组织行使商业银行的经营管理权力。接管期限最长不得超过两年。如果接管决定规定的期限届满，或者国务院银行业监督管理机构决定的接管延期届满，或者接管期限届满前，该商业银行已恢复正常经营能力或被合并或者被依法宣告破产时，接管终止。

2. 兼并

我国《公司法》将合并分为吸收合并和新设合并两种形式。吸收合并是指一个公司吸收其他公司，被吸收的公司解散，也就是通常所说的兼并；新设合并是指两个以上公司合并成立一个新的公司，合并各方解散。《商业银行法》规定：被兼并的商业银行应当向国务院银行业监督管理机构提出申请，并附解散的理由和支付存款的本金和利息等债务清偿计划，经国务院银行业监督管理机构批准后解散。商业银行解散的，应当依法成立清算组，进行清算，按照清偿计划及时偿还存款本金和利息等债务。国务院银行业监督管理机构监督清算过程。

3. 破产

《商业银行法》规定：商业银行不能支付到期债务，经国务院银行业监督管理机构同意，由人民法院依法宣告其破产。商业银行被宣告破产的，由人民法院组织国务院银行业监督管理机构等有关部门和有关人员成立清算组，进行清算。商业银行破产清算时，在支付清算费用、所欠职工工资和劳动保险费用后，应当优先支付个人储蓄存款的本金和利息。

二、纠正性监管

对正常或基本正常的金融机构，应采取保护性措施，包括进一步加强和完善某一业务领域的风险控制，进一步改善和优化业务结构及资产负债结构，保持资本充足率和流动性等。同时，监管当局要加强对风险的预警和监控。

对关注机构，应针对所存在的风险种类及性质，采取相应的纠正性措施。根据风险的严重程度，纠正性措施可分为两类：一类属建议性或参考性措施，另一类为带有一定强制性或监控性的措施。通过纠正性监管，使得银行能及时弥补经营中出现的问题，确保银行的稳健经营以及整个银行体系的稳定。

当银行的资本充足率较低时，监管当局应要求该银行提出提高资本充足的实施计划及时间表，可采取的措施包括：一是控制资产规模，降低资产增长速度；二是调整和优化资产结构，降低资产风险权重；三是通过调整利润分配结构和原股东注入新的资本，以及时补充核心资本；四是通过增加新股东，实现扩股增资；五是通过发行长期债务工具，增加其附属资本。

当银行的不良贷款比率超过了监管当局规定的水平及同业水平，而且呈进一步上升的趋势时，监管当局应要求该金融机构制定降低其不良贷款比率的具体措施和时间表。其措施包括：一是严格控制新增贷款，严格贷款标准，以有效控制新增不良贷款的增长；二是加强对已发放贷款的管理，增强对贷款的安全防范措施；三是通过法律和经济手段加强对已形成不良贷款的追偿与回收力度，包括出售部分风险资产；四是对贷款风险控制体系进行检查和评估，找出其中的问题或漏洞，以进一步予以健全和完善；五是及时补充贷款损失准备金，及时核销已确认的呆账。

当银行的资产流动性较低，存在着潜在的支付困难时，监管当局应要求该金融机构制订改善其流动性的计划，采取相应的纠正性措施，应包括：一是严格控制或减少流动性较差的长期资产，相应增加流动性较高的短期资产；二是在不发生或少发生损失的情况下加快资产的变现；三是相应增加一些长期性负债，减少一些短期性负债，以增加负债的稳定性；四是相应增加流动性储备（包括现金、同业存款、短期国债等）；五是制订相应的流动性应急计划，以应付最坏情况下的流动性要求。

值得提出的是，对被列为关注的金融机构，不论在什么情况下，都应要求其完善内部控制和管理，改善内部治理结构，对出现风险的领域和因素要重点检查，并根据具体责任，调整有关的管理人员。

三、救助性监管

对有问题的机构，要及时采取救助性措施，包括调整决策层和管理层并实施资产和债务重组、外部注资、变现资产、股东增资、冻结大额开支和股息红利分配、停止部分业务，以及实施兼并、合并等。监管当局应根据有问题机构的不同情况，给出相应的救助性措施。

当被监管银行的资本充足率很低，且出现严重亏损，无力靠自己的利润来补充资本金时，监管当局应采取如下一些救助性措施：一是要求被监管银行的原股东进行注资，以增加资本基础；二是要求并批准被监管银行扩股增资及发行长期金融债券，扩大资本来源；三是经与债务人协商，将部分长期性债务转换成股本；四是停止部分资产业务，控制资产规模；五是加快资产变现，改善资产结构，降低资产风险权重；六是严格控制或停止大额支出，降低经营成本，以尽快扭亏为盈；七是寻求兼并或合并安排。

当被监管银行的不良贷款比率过高时，监管当局就应要求该银行采取如下一些措施：一是在采取有效风险控制措施之前停止发放新的贷款；二是及时核销损失类贷款或呆账；三是加大对不良贷款追偿回收的力度，或者出售可以出售的不良贷款；四是以当期收益或未分配利润及时补足贷款损失准备金；五是寻求新的资本注入或兼并安排。

当被监管银行的流动性出现严重不足，已面临严重的支付困难，但资本充足率及资产质量尚未严重恶化时，监管当局和该银行应及时采取的救助性措施包括：一是及时收回已到期的贷款与投资，同时加大收回已经逾期的贷款与投资的力度；二是及时出售资产，包括一些证券资产、贷款资产及抵押品等；三是原股东应注入新的流动资金，包括增加其在该金融机构的存款；四是中央银行提供一定的短期流动性支持，对其发放再贷款；五是严格控制该机构的大额支出，停止部分资产业务；六是积极吸收存款，筹集流动性资金，补充流动性短缺。

对被列为救助性的金融机构，不论在哪种情况下，监管当局都必须同时要求该金融机构调整或改组董事会及高层管理层，要追究管理层的管理责任及直接责任。同时，进一步完善内部治理结构和内控制度，从管理和制度上防范风险的产生和进一步发展。

四、市场退出

金融机构的市场退出，是指停止办理金融业务，吊销金融营业许可证，取消其作为金融机构的资格。当银行已经发生严重的支付危机，难以救助或者救助宣告失败，如果不及时退出，就会遭受更大损失，债权人也会面临更大的损失，而且还可能波及其他金融机构，引发连锁支付危机，导致系统性或地区性金融风险时，就要及时采取市场退出的处置措施。金融机构市场退出的形式较多，一般来说可以划分为自愿退出和强制退出两种。金融机构自愿退出，是指金融机构根据其章程或股东大会决议，经银监会批准，自行终止其金融业务，注销其法人资格的行为。金融机构强制退出，是指金融监管当局发布行政命令关闭金融机构的行为（撤销），或者法院根据《中华人民共和国企业破产法（试行）》的规定作出裁定，宣告金融机构破产的行为（破产）。

强制性市场退出的程序因采取不同的退出方式（撤销或破产）而有所不同，但在操作实务中都需要执行下列基本程序。

（1）作出市场退出决定并予以公告。在撤销情形下，由银监会发布撤销公告，并视金融机构资产、负债分布情况在全国性或区域性报纸上公告；在破产情形下，由人民法院作出破产裁定，并予以公告。公告主要解决两个问题：一是明确金融机构被撤销或被宣告破产的原因，二是明确相应的法律效力和后果。

（2）成立清算组，控制金融机构的所有活动。清算组在成立初期的主要任务：一是控制金融机构的资产、账册和关键人员，并按照不同类别对金融机构的资产登记造册；二是解除金融机构与他方签订的合同，防止损失进一步扩大；三是要求债权人申报债权，要求金融机构的债务人清偿债务。

（3）确认债权，清收或变现资产。确认债权的目的是明确金融机构所欠债务的总额和类别，对于不同类别的债权（如自然人债权、单位债权）应分类确认并登记。清收或变现资产是清算组的主要任务，清算组应采取诉讼或非诉讼手段，要求金融机构的债务人清偿债务。对于金融机构拥有的优质资产（如正常贷款），如果其他金融机构有意购买，清算组也可以采取资产与储蓄存款一并转移的方式，即一定数量的资产配以同等数量的储蓄存款，从而既节约了变现成本，又减少了债权人数量和金额。

（4）支付个人储蓄存款本息，制订清算方案。根据《商业银行法》等法律、法规规定，金融机构被撤销或宣告破产的，个人储蓄存款本息的清偿顺序优先于单位债权。因此，清算组在有变现收入的情况下应优先偿付个人储蓄存款的本息。在实际操作中，一旦某一金融机构被撤销，地方政府即向中央政府借款，用于支付个人储蓄存款的本息。

由于金融机构的资产主要是信贷资产，这类资产的变现能力往往取决于借款人和保证人的还款能力及抵押、质押物的实际价值。因此，清算组还需要聘请会计师事务所等中介机构对金融机构的资产进行评估。完成资产评估后，清算组即可据此制订清算方案，确定债权人的受偿率。

（5）向债权人分配变现收入或财产。在破产情形下，由清算组提出破产财产分配方案，经债权人会议讨论通过，报请人民法院裁定后即可按照法律规定的顺序予以清偿。而在撤销情形下，清算组制订出清算方案后，即可与单位债权人进行协商。债权人接受清算方案的，清算人即可据此向单位债权人清偿。与单位债权人协商不成的，清算组及单位债权人均可向人民法院提出破产申请。

（6）结束退出工作。在破产情形下，由清算组提请人民法院终结破产程序，向原登记机关办理注销登记。在撤销情形下，由清算组向银监会提请终结撤销程序，向原登记机关办理注销登记，或者由清算组向人民法院成立的清算组移交清算事宜。

第四节　网络银行监管

随着信息网络技术的发展，传统的商业银行纷纷引入网络技术开展业务，并在此基础上产生了网络银行。网络银行从出现到今天，虽然只有短短的十几年时间，但其发展十分迅速，以其特有的技术基础和服务方式，对市场和金融业的影响日渐深入。网络银行的特点决定了对其监管的内容和手段等，与对传统的银行业务监管有很大不同。

一、网络银行监管概述

（一）网络银行的含义和特点

网络银行作为一种新型的银行服务方式，是借助互联网作为传输渠道向客户提供银行服务的，目前还没有统一的定义。巴塞尔银行业监管委员会在发布的文件《跨境网上银行业务的管理和监督》中将其定义为"一般为传统银行的延伸，将互联网作为传输银行产品和服务的电子渠道"；中国人民银行将其定义为"银行通过互联网提供的金融服务"。网络银行因信息技术的应用而具有无法比拟的优势，它改变了传统的银行经营理念，概括地说，网络银行具有如下特点：

（1）网络银行突破了时空的局限。网络银行的服务实现了全天候、全开放和多样化，是客户可以在任何时间、任何地点选择自己需要的服务。这个特点给人们带来便利的同时，也使得银行更容易受到外界的影响和攻击。

（2）网络银行使金融产品交易虚拟化。金融产品的交易以虚拟资本为交易对象，这使金融业与信息网络具有天然的结合基础，从而极大地降低了银行的业务成本，极大地提高了工作效率。虚拟化特征也带来了法律问题和安全问题。

（3）网络银行是一个创新和高速度的银行。信息技术更新速度快，加强信息传递的同时，与银行业务的创新相结合，使银行不断改革旧有的模式，提高创新产品，提高银行的盈利能力。

（4）网络银行创造了一个共赢模式的竞争。信息技术在银行业的广泛应用，使得银行系统更容易遭受攻击，要求各家银行必须共同维护网络银行运行的安全。信息网络还改变了竞争的方式，产生了竞争性垄断，这种垄断既能阻止竞争者进入，还能使消费者的利益不受到损害。

（二）网络银行的各种风险与监管的必要性

信息网络技术是网络银行发展的平台，高新技术既给银行带来了效益，也给银行带来了一系列新的风险。

首先，网络银行存在着操作风险。操作风险的产生体现在多个方面，存在于所有的产品和服务中。其中安全性最为突出，银行的系统可能会受到外部或内部的攻击，客户的错误操作也可能导致风险。除安全性风险外，还有系统设计、实施和维护中的漏洞以及源于客户操作不当的风险。

其次，网络银行存在着法律风险。新的技术也带来了新的法律问题。网络银行的法律风险能够以多种方式产生。在管理银行产品或客户行为的法律或法规不明确的情况下，也会产生法律风险，比如银行披露信息时涉及的保密问题，或者程序设计缺陷造成的法律纠纷等。

最后，网络银行也存在一些其他的风险，最主要的如声誉风险，若网络银行产品和服务产生了对公众利益的负面影响，以致影响银行的收益或损害银行的资本，这时就会产生声誉风险。此外还有其他传统的银行风险，如信用风险、流动性风险、市场风险等。网络银行还会带来跨境服务问题，不同国家的监管当局之间可能面临不同的法律规定和司法管辖权限的无法确定。

正因为存在上述一系列风险，因此，加强对网络银行的业务监管势在必行。网络银行的发展逐步走向成熟，人们越来越关注网络银行的监管问题。网络银行的网络化和虚拟化，增加了全球监管和跨境监管的难度，金融活动的监测将变得更加艰难。金融机构经营模式的转换要求监管当局调整现有的监管手段，配备素质更高的监管人员。

（三）网络银行监管的新特点

1. 技术性风险监管成为新的监管内容

市场准入、日常经营监管和市场退出仍是网络银行监管的三个基础环节，但由于其特点，也相应呈现出新的风险特征，要求监管当局对监管内容作出相应的调整，除传统银行业监管的基本内容之外，还应对信息技术安全性进行监管。银行对风险的防范除了传统的内容，还要防范技术上来自内外部的攻击，这就对银行的风险监管和内部控制能力提出了更高的要求。

2. 内部审计成为内部控制机制的核心环节

网络银行的出现使银行业务操作过程程序化，因此很多非理性化的因素，如内部制约、报告关系等将因为程序化的因素大大减弱，这使得对内部控制机制有效性的评估重点将在程序本身的科学性评估上。同时由于业务操作的程序化和电子化以及交易信息传递的实时性和信息量的高速度，造成银行内部信息的不对称性进一步增强，银行内部审计人员和内部控制人员更难发现业务运行过程中存在的问题。因此，为有效防范网络银行遭受非法的内外部攻击，内部审计应成为内部控制机制的核心环节。

3. 安全性评估成为银行业务运营监管的重要内容

为保证网络银行的信息安全，技术性风险应成为网络银行监管的重点，而且具有外生性和非行业性特征。近年来，网络银行遭遇来自外部的攻击急剧上升。攻击者利用病毒窃取包括账户号码、口令等重要客户资料，造成客户资金损失。因此，银行必须采用新的方式和方法，运用现代信息技术管理手段去管理风险，对业务操作系统进行监管和安全性评估。

4. 现场检查和非现场监管的内容和方式发生了变化

现场检查和非现场监管构成持续性监管的主要内容，是监管当局实施监管的有效手段。对于网络银行的现场检查，在检查内容、手段、方法等方面会发生一定的变化。现场检查的内容将包括对网络银行的业务处理程序和业务支持系统的监测和检查，评估银行计算机信息系统的安全性，判断银行管理风险、控制风险的能力。在检查手段方面，将依靠现代信息技术，如电脑等职能设备。而检查方法除了现场查阅文件账簿的方式，还包括对程序和系统进行评估。在非现场检测方面，将更注重交易信息的真实性和反馈的实时性，实现监管当局与银行系统的点对点连接在必要时也将成为可能。

二、境外网络银行的监管比较

（一）美国网络银行的监管

美国是网络银行发展最早的国家，因此其监管体系相对完善，对网络银行的市场准入、现场检查、非现场监管和法律体系等方面都有着具体的内容和规定，具有很大的借鉴意义。

首先，美国现有的银行业监管法律体系比较完备，由于美国对网络银行的监管政策与传统银行的要求基本一致，在现有的法律法规体系上进行适当补充，就可以建立适用网络银行的监管规则。美国网络银行监管的机构主要有货币监理署（OCC）、联邦储备银行、财政部储蓄机构监管局（OTS）、联邦存款保险公司（FDIC）、联邦金融机构检查委员会（FFIEC）等。各个部门之间分工合作，各司其职。其次，美国在网络银行机构设立的市场准入方面的规定比较严格。货币监理署发布了《国民银行网上银行注册指导手册》，专门对网络银行机构的设立作了规定。网络银行的成立可以通过发起设立和收购两种方式。发起设立网络银行是向货币监理署提出申请，申请的程序与申请设立国民银行的一般程序基本相同。通过收购设立网络银行，将现有银行收购以后再开展网络银行经营业务，收购方投资者在收购银行时，需向货币监理署提供书面通知，并提交相关申请材料，由货币监理署进行审核，根据收购方对被收购银行的持股情况，来决定是否由美联储对其进行审核和监管。最后，美国银行业监管部门对网络银行的现场检查，已经成为对银行常规现场检查的一个组成部分，鉴于网络银行业务的特殊性，美国银行业监管部门对网络银行的检查内容作出了重点要求，并体现在一系列的法规条例和文件中。而网络银行的非现场监管与传统业务是混合在一起的，由于技术风险对银行体系稳定的重要性，监管当局设立了重大事项报告制度，要求提供网上服务的商业银行在发现可疑行为或安全事故时及时向监管当局通报。

（二）英国网络银行的监管

英国作为传统的资本主义国家，其网络银行的发展速度相对慢些，监管当局对网络银行的监管也倾向于保守，对网络银行的监管没有专门的法律体系，仅仅在市场准入和持续性监管方面作了相关规定。英国由金融服务局（FSA）对网络银行业务实施监管，FSA设定的网络银行业监管任务是"维持金融市场有序高效竞争，帮助消费者达成公平交易"。

FSA对网络银行虚拟网络技术的应用不改变基本监管原则，所以对网络银行持"技术中性"态度，而仅仅把网络银行作为银行拓展业务的一种渠道，目前也没有专门的规章制度针对网络银行业务。在市场准入方面，设立新的网络银行需要经过FSA的事前批准，并且必须满足相应的条件。而对于已经批准设立的银行开办网络银行业务则无须事前的许可。FSA要求网络银行业务开通前需提交由独立第三方（通常为会计师事务所）出具评估报告，且要求网络银行业务的开展不能妨碍其监管目标。在持续监管方面，有两个原则：一是FSA根据对银行的风险评级结果采取相应的监管措施，即监管手段要与风险相匹配的原则；二是尽可能高效利用有限的监管资源。

（三）中国香港网络银行的监管

香港特别行政区是世界金融中心之一，许多国际大银行在此都开展业务，其网络银行的发展也非常迅速，处于金融领域的前沿市场，香港对网络银行的监管也十分到位，在监管方面和相应的法律法规制定上，对我国内地都有很好的借鉴意义。

1. 香港对网络银行的市场准入监管

香港当局对网络银行的监管机构是香港金融管理局。在市场准入方面，根据现行规定，计划推出网络银行业务的银行无须得到香港金管局的批准，但银行须提供由独立第三方出具的安全评估报告，内容包括信息安全政策与措施、系统和网络的安全性、业务持续经营计划、技术外包方案等。在推出网络银行业务时，香港金管局事先要与银行就有关风险管理事宜进行"商讨"，并且要求银行管理层定期（至少每年一次）委派独立的专家对安全风险管理进行评估。

在设立虚拟银行的市场准入方面，有专门的规则（《虚拟银行发牌规则》）规定是否给予发放牌照。发牌有三种不用的使用规则：一般原则、香港本地虚拟银行注册和海外注册的虚拟银行准则。

2. 香港对网络银行的持续监管

在持续监管方面，香港金管局在现场检查方面设定了两级检查制度。其中，第一级检查主要是由金管局网络银行专责小组提供支持，银行业监管人员针对网络银行业务、组织架构及管理监控措施实施审查。第二级检查由网络银行专责小组全程负责，对银行采取的信息技术、互联网基础设施、项目管理和网络银行业务等进行全面、详细的检查评估。

在非现场监管方面，网络银行专责小组开发了技术风险档案系统，该系统是完整的技术风险中央资料库，其中收集了所有在香港从事网络银行业务的银行基本情况和技术风险评估记录。系统提供了金管局在检测各家银行网络银行业务所需要的数据，能够掌握银行的网络银行业务的进度和技术事故，同时为设计现场检查优先次序提供依据。

3. 香港对网络银行的监管框架与法律体系

香港监管当局对研究网络银行业务的风险管理和监管，始于1997年7月网络银行工作组成立之时。在2001年设立网络银行专责处，负责监管各银行网上服务，并制定网络银行监管规则。目前，香港金管局已基本建立了网络银行业务及技术风险的管理框架，并且针对网络银行的监管制定了一系列的政策及法规，比较重要的有《虚拟银行发牌规则》、《网上银行服务的安全风险管理指引》、《通过互联网发布吸收存款的广告资料管理规定》等。

三、我国网络银行的发展与监管

我国的网络银行是在实体银行发展尚不完善的基础上发展起来的，从其业务的发展构建，到监管的内容体系，法律法规都存在很多空白，因此应从自身问题出发，借鉴发达金融市场的经验，逐步完善我国网络银行的监管，促进其健康发展。

（一）我国网络银行的发展现状

从中国的经济发展水平来看，网络银行的发展速度并不算慢，主要表现在：开展网络银行业务的银行数量不断增加，网络银行业务的种类、服务品种迅速增多、外资银行不断进入网络银行领域等。然而，网络银行的发展必须以实体经济为基础，发达国家网络银行业的迅速发展，是建立在完善的实体银行体系和健全的社会信用制度基础上的，我国社会信用制度不健全，所以在网络银行业务和监管的发展过程中，还存在很多亟待解决的问题。具体表现在以下方面：

- 没有完善的额法律框架保障网络银行业务的有效开展。表现在没有法律界定银行和客户间分担网络交易风险，网络银行的认证体系不健全等。
- 网络银行业务与商业银行发展现状不协调。中国商业银行体系形成较晚，且并未形成真正的商业银行运行机制，仍处于发育和完善阶段。现有银行的管理思想、业务经验、规章制度和监管人才等都不能满足网络银行发展的要求。
- 现有监管体系滞后于网络银行的发展。现有监管机制解决了网络银行业务市场准入问题，但是尚未解决网络银行机构的准入问题，也没有解决持续性监管的问题。

网络银行的发展，交易的虚拟化，大大促进了金融业的发展，不断创新的金融产品和服务，极大地冲击了金融业分业经营的模式，银行、证券和保险业的合作日益紧密。这一切都给我国监管当局提出了新的挑战。

（二）我国对网络银行的监管

我国对网络银行业务的监管尚处于起步阶段。考虑到中国市场机制不完善，银行对业务风险的控制能力较差，社会信用体系不健全等原因，中国人民银行对网络银行业务实施严格的市场准入管理，而对网络银行业务的现场检查和非现场监管尚未系统全面地开展。

1. 我国对网络银行的市场准入监管

中国人民银行对网络银行的市场准入监管，主要是对银行机构开办网络银行业务的市场准入监管。考虑到银行内控能力和相关人员的配备问题，在短时间内，中国人民银行不会考虑银行设立纯虚拟银行的问题，对网络银行的组织机构形式的市场准入监管尚没有涉及。

中国人民银行颁布的《网上银行业务管理暂行办法》，规定了对银行开办网络银行业务实行比较严格的市场准入监管。根据该办法，我国网络银行的市场准入监管分为两个环节、三种制度。两个环节为：商业银行初次开办网络银行业务，必须经过中国人民银行审批，在获得批准后，若需增加开办网络银行业务，对跨证券、保险行业的业务仍需要经过审批。三种制度为：审批制、备案制和事后报告制度。对首次开办网络银行业务的，采用审批制；在获准开办网络银行业务后，需要增开网络银行业务品种的，则区分不同的业务品种，采用不同的准入制度。例如对涉及跨行业的新品种，如涉及证券、保险、非金融行业的业务品种，则需要审批。

开办网络银行业务，中国人民银行强调银行内部控制的重要性，并对银行的内部控制机制提出相关条件，具体条件如下：（1）银行内部控制机制健全，具有有效地识别、监测、衡量和控制传统银行业务风险和网络银行业务风险的管理制度。（2）银行内部形成了统一标准的计算机系统和运行良好的计算机网络，具有良好的电子化基础设施。（3）银行现有业务经营活动运行平稳，资产质量、流动性等主要资产负债指标控制在合理的范围内。（4）具有合格的管理人员和技术人员。银行高级管理人员应具有必要的网络银行业务经营管理知识，能有效地管理和控制网络银行业务风险。（5）外国银行分行申请开办网络银行业务，其总行所在国（地区）监管当局应具备对网络银行业务进行监管的法律框架和监管能力。

对符合条件的申请者，中国人民银行突出对信息系统安全风险的审核，要点包括：申请机构对网络银行业务的风险管理能力；网络银行业务的安全评估；网络银行业务运行应急计划和连续性计划；申请机构内部审计对网络银行业务的监督检查能力。

2. 我国网络银行持续性监管的构建

中国对网络银行的监管滞后于网络银行的发展，目前，我国网络银行的现场检查和非现场监管制度还没有完全建立起来。虽然中国人民银行要求商业银行定期报送网络银行业务基本情况及存在问题报告，但执行的效果并不理想，一个重要的原因就是目前对商业银行网络银行业务的监管尚未正式纳入现场检查的框架，对各银行的网络银行业务缺乏约束力。

要构建适合中国网络银行发展的持续性监管体系，首先要将网络银行的现场检查纳入对银行业现场检查的整体框架中，积极完善现有的监管法规框架，包括加快电子商务立法进程，完善网络金融业的监管规章，并根据中国网络金融业的特点，补充完善现有的监管规章体系。

第五节　巴塞尔协议在我国的实施

一、实施进程

中国商业银行实施巴塞尔协议可以追溯到 20 世纪 90 年代初。1993 年，中国人民银行第一次公布了资本充足率的测算标准，将资本充足率纳入了监测范围。1995 年，中国颁布了第一部《商业银行法》，规定商业银行资本充足率不低于 8%。2003 年 4 月，中国银行业监督管理委员会正式挂牌成立。2004 年 3 月，银监会颁布实施《商业银行资本充足率管理办法》，规定了资本充足率的计算方法、资本充足率的监督检查措施及资本充足率披露的具体内容。

2007 年 2 月，银监会印发《中国银行业实施新资本协议指导意见》，明确中国实施《巴塞尔协议Ⅱ》的目标、原则、范围、方法、时间表及主要工作措施。根据该指导意见，中国银行业实施《巴塞尔协议Ⅱ》应坚持"分类实施、分层推进、分步达标"的原则。

2011 年 4 月，根据《巴塞尔协议 III》搭建的新资本监管框架，银监会颁发《关于中国银行业实施新监管标准的指导意见》。在提高银行业审慎监管标准方面，主要采取以下几个方面措施。

（一）强化资本充足率监管

1. 改进资本充足率计算方法

将监管资本从现行的两级分类（一级资本和二级资本）修改为三级资本，即核心一级资本、其他一级资本和二级资本；严格执行对核心一级资本的扣除规定，提升资本工具吸收损失能力。优化风险加权资产计算方法，扩大资本覆盖的风险范围。采用差异化的信用风险权重方法，推动银行业金融机构提升信用风险管理能力；明确操作风险的资本要求；提高交易性业务、资产证券化业务、场外衍生品交易等复杂金融工具的风险权重。

2. 提高资本充足率监管要求

将现行的两个最低资本充足率要求（一级资本和总资本占风险资产的比例分别不低于4%和8%）调整为三个层次的资本充足率要求：核心一级资本充足率、一级资本充足率和资本充足率分别不低于5%、6%和8%。引入逆周期资本监管框架，包括2.5%的留存资本缓冲和0～2.5%的逆周期资本缓冲。增加系统重要性银行的附加资本要求，暂定为1%。新标准实施后，正常条件下系统重要性银行和非系统重要性银行的资本充足率分别不低于11.5%和10.5%；若出现系统性的信贷过快增长，商业银行须计提逆周期资本缓冲。之后出台的《商业银行资本管理办法（试行）》也对此做出规定。

3. 建立杠杆率监管标准

引入杠杆率监管标准，即一级资本占调整后表内外资产余额的比例不低于4%，弥补资本充足率的不足，控制银行业金融机构以及银行体系的杠杆率积累。2011 年 6 月，银监会在《商业银行杠杆率管理办法》中规定任何商业银行并表和未并表的杠杆率均不得低于4%，且明确达标期限：系统重要性银行 2013 年底前达到最低杠杆率要求，非系统重要性银行 2016 年底前达到最低杠杆率要求。

（二）改进流动性风险监管

建立多维度的流动性风险监管标准和监测指标体系。建立流动性覆盖率、净稳定融资比率、流动性比率、存贷比以及核心负债依存度、流动性缺口率、客户存款集中度以及同业负债集中度等多个流动性风险监管和监测指标，其中流动性覆盖率、净稳定融资比率均不得低于100%。在过渡期的安排上，新的流动性风险监管标准和监测指标体系自 2012 年 1 月 1 日开始实施，流动性覆盖率和净稳定融资比率分别给予 2 年和 5 年的观察期，银行业金融机构应于 2013 年底和 2016 年底前分别达到流动性覆盖率和净稳定融资比率的监管要求。之后出台的《商业银行流动性风险管理办法（试行）》也对此做出规定。

（三）强化贷款损失准备监管

（1）建立贷款拨备率和拨备覆盖率监管标准。贷款拨备率不低于2.5%，拨备覆盖率不低于150%，原则上按两者孰高的方法确定银行业金融机构贷款损失准备监管要求。

（2）建立动态调整贷款损失准备制度。经济上行期适度提高贷款损失准备要求，经济下行期则根据贷款核销情况适度调低；根据单家银行业金融机构的贷款质量和盈利能力，适度调整贷款损失准备要求。在过渡期的安排上，新标准自2012年1月1日开始实施，系统重要性银行应于2013年底前达标；对非系统重要性银行，监管部门将设定差异化的过渡期安排，并鼓励提前达标：盈利能力较强、贷款损失准备补提较少的银行业金融机构应在2016年底前达标；个别盈利能力较低、贷款损失准备补提较多的银行业金融机构应在2018年底前达标。

2012年7月，为确保《巴塞尔协议Ⅲ》在国内的顺利实施，经国务院批准，银监会发布了《商业银行资本管理办法（试行）》，并陆续发布了一系列配套监管规则和指导意见。

二、巴塞尔委员会对我国执行《巴塞尔协议Ⅲ》情况的评估结果

《巴塞尔协议Ⅲ》显著强化了银行资本充足率监管标准，并明确了流动性和杠杆率监管要求，是国际社会应对全球金融危机、强化金融监管的重要举措。为确保《巴塞尔协议Ⅲ》在全球范围内得到一致的和稳健的实施，巴塞尔委员会建立了国别评估机制，重点评估各国资本监管制度与国际规则的一致性，评估结论分为"符合"、"大体符合"、"大体不符合"和"不符合"四个档次。2012年以来，巴塞尔委员会先后完成了对美国、欧盟、日本、新加坡、瑞士和中国的评估。

2013年，第149次巴塞尔委员会会议正式讨论通过了对中国资本监管制度的评估报告。该报告对中国银行业资本监管制度给予了积极的评价，总体评估结论为"符合"，资本监管框架的14个组成部分中，12项被评为"符合"，2项被评为"大体符合"。

巴塞尔委员会对中国资本监管制度给予较高评价，反映我国审慎银行监管制度建设取得了重大进展，有助于提升国际市场对我国银行体系的信心，深入推动国内大型银行实施国际化战略。

表9-8 巴塞尔委员会对我国执行《巴塞尔协议Ⅲ》情况的评估结论

总体评价：符合	
主要组成部分	评级结果
1. 适用范围	符合
2. 过渡期	符合
第一支柱：最低资本要求	
3. 资本定义	符合
4. 信用风险：标准法	大致符合
5. 信用风险：内部评级法	符合
6. 信用风险：证券化	符合
7. 交易对手信用风险	符合
8. 市场风险：标准法	符合

主要组成部分	评级结果
9. 市场风险：内部模型法	符合
10. 操作风险：基本指标法和标准法	符合
11. 操作风险：高级计量法	符合
12. 储备资本要求和逆周期资本要求	符合
第二支柱：监督检查	
13. 监督检查程序和措施的法规要求	符合
第三支柱：市场约束	
14. 信息披露的监管要求	大体符合

三、实施《巴塞尔协议Ⅲ》对我国银行业的影响

（一）短期影响

从短期看，实施《巴塞尔协议Ⅲ》不会对中国银行业产生直接冲击。中国银行业实施巴塞尔协议经历了一个长期的过程。从效果来看，实施巴塞尔协议对于中国银行业提高资本充足率、加强风险管理、促进稳健运行等方面起到了重要作用，根据银监会发布的《中国银行业监督管理委员会 2012 年报》显示，截至 2012 年底，我国商业银行整体加权平均资本充足率为 13.25%，高于《巴塞尔协议Ⅲ》以及我国现行监管要求。另外，由于长期从事低杠杆业务，中国主要商业银行的杠杆率水平也要高于监管要求。因此，短期内，中国银行业总体上并不会受到大的冲击，相应地，对宏观经济运行也不会造成大的冲击。不过，由于不同商业银行风险状况参差不齐，少数风险较高的商业银行可能会受到较大冲击。

（二）长期影响

从长期看，对于商业银行而言，资本监管要求提高对银行信贷投放的限制将会促使商业银行进行业务转型，大力发展低风险业务，降低资产风险权重，因此会对银行调整资产结构起到促进作用；其他监管标准的提高对于商业银行提高风险管理水平也具有积极作用。对于宏观经济而言，一方面，资本充足率要求提高导致的信贷收缩对宏观经济的负面影响依然会持续；另一方面，监管要求的提高将会降低金融体系的风险。特别地，《巴塞尔协议Ⅲ》从宏观审慎的角度，加大对金融体系系统性风险的监管力度，从而有助于提高金融体系的稳健性、降低宏观经济运行的风险，促进宏观经济长期健康发展。因此，监管标准的提高对宏观经济的长期影响取决于上述两方面结果的综合作用。从具体影响程度来看，实施《巴塞尔协议Ⅲ》的长期影响尚有待观察。

本章小结

广义上，金融机构的市场准入包括三个方面，即机构准入、业务准入和高级管理人员准入。一般来说，审批新的商业银行要着重考虑以下几个因素：最低注册资本限额、

完善的公司治理结构和内控制度、高级管理人员素质、银行业竞争状况和经济发展的需要。商业银行设立和开业的程序是：根据审批权限提出设立申请；银监会初审同意后填写正式申请表，同时提交相关的文件和资料；经批准设立的商业银行，由银监会颁发经营金融业务许可证；开业和公告。

银行日常审慎监管要素有：资本充足率、资产质量、流动性、内部控制。现场检查是指监管人员直接深入金融机构进行业务检查和风险判断分析。根据检查的目的、范围和重点，现场检查可分为常规性全面检查和专项检查。现场常规检查的主要内容和方法有以下几点：资产质量检查、资本充足状况检查、流动性检查、市场风险检查、盈亏状况检查、管理与内控检查。非现场监管是指监管部门对金融机构报送的数据、报表和有关资料，以及通过其他渠道（如媒体、定期会谈等）取得的信息，进行整理和综合分析，并通过一系列风险监测和评价指标，对金融机构的经营风险作出初步评价和早期预警。非现场监管监督程序分为资料收集审查、计算整理、分析质询、报告处理、信息反馈五个阶段。非现场监管的主要内容是：资产质量分析、资本充足性分析、流动性分析、市场风险的分析、盈亏分析。骆驼评级体系主要从五个方面考察、评估银行的经营状况，即资本状况、资产质量、经营管理水平、收益状况和资本流动性。我国商业银行监管评级的基本要素有：商业银行的资本充足、资产质量、管理、盈利、流动性、市场风险状况和其他因素。

处理问题银行的一般措施：贷款挽救、担保、并购、设立过渡银行、设立专门的问题银行处理机构。我国对问题银行的处理办法有：接管、兼并、破产。

我国对银行开办网络银行业务实行比较严格的市场准入监管，同时强调银行内部控制的重要性。在持续性监管方面，我国网络银行的现场检查和非现场监管制度尚未完全建立起来，应积极构建适合我国网络银行发展的持续性监管体系。

本章重要概念

资本充足率　一级资本充足率　核心一级资本充足率　银行日常审慎监管
现场检查　非现场监管　骆驼评级体系　流动性覆盖率　存贷比　流动性比例

复习思考题

1. 银行业的市场准入条件应考虑哪几方面的内容？
2. 商业银行设立和开业的条件是什么？
3. 银行日常审慎监管内容有哪些？
4. 现场检查与非现场监管的主要内容各自包括哪几个方面？
5. 试简述我国的银行评价制度。
6. 处理问题银行的一般措施有哪些？
7. 简述《巴塞尔协议Ⅲ》在我国的实施情况。
8. 试论述我国网络银行的监管。

第十章

证券业监管

证券业监管是金融监管的重要组成部分。由于证券市场自身存在不完全竞争、外部不经济以及财富分配不均衡等固有缺陷，同时证券业具有高风险性和内在不稳定性特征，因此，对证券业进行有效地严格监管，是金融监管机构的重要职责。本章分别从证券机构监管、证券市场监管、上市公司监管三个方面对这一问题进行了介绍。

第一节 证券业监管概述

一、证券业监管的历史演进

（一）世界上最早的证券业监管实践

1285 年，英国国王爱德华一世授权高级市政官法庭对伦敦城的经纪商实行许可证管理。1697 年英国国会通过了一项法律，"旨在限制经纪商和股票经纪人的数量和不良行为"。1720 年，英国南海公司股票价格在经历急剧上涨后出现暴跌，致使成千上万人破产。这场灾难促使英国国会通过著名的《泡沫法》。该法禁止"泡沫"企业募集股份，宣布此类行为是社会公害，应受刑事处罚和罚没处分，对交易"泡沫"企业股份的经纪商吊销许可证。商人和交易者在受到此类不法行为侵害时有权向法院起诉，获得三倍于所受损害的赔偿。1818 年，英国政府颁布了第一部《证券交易条例》，强调证券交易的自我管理和自我约束。这是自律性管理体制的最早规定。1844 年，英国国会通过的《公司法》首次规定了现代招股说明书的要求，公司招股说明书的注册要求引入了强制披露的原则。1890 年，议会通过的《董事责任法》（该法随后并入《公司法》）规定，即使不存在故意，公司的董事或发起人也要对招股说明书中的不实陈述承担民事责任。

（二）美国各州早期的《蓝天法》与实质管理

1911 年，针对那些"把蓝天分批出售作建设用地"的公司发起人，美国堪萨斯州通过《蓝天法》，规定证券发行及证券推销员必须登记，未经许可，不得出售证券。发行人必须公布财务报告并接受银行专员检查。损害公司资产、欺诈行为或不遵守登记条款者要负刑事责任。在该法通过后的 11 个月内，经审查，1 500 家公司只有 100 家获得批准发行证券。此后各州均制定与《蓝天法》类似的法律。在 1917 年的《蓝天案例集》中，美国最高法院认为，许多蓝天法规既不违反美国宪法第十四修正案，也没有给州际商业贸易添加不合理负担。美国国会也对各州的蓝天立法持肯定的态度。

美国各州的《蓝天法》分为四类：第一类是防止欺诈型，例如，纽约州 1921 年通过的《马丁法》授权州总检察长用调查、禁令、要求退还金钱或财产、罚款、刑事追诉等手段来对付证券买卖中的欺诈行为，而发行人事先通知即可进行证券发行；第二类是证券商登记制，即证券商、代理人及投资顾问要进行注册登记；第三类是注重公开型，即强调证券注册登记和信息资料公开；第四类是注重实质管理型，即根据公平与公正原则，利用多种方法实行实质管理，如冻结发起人股份，规定动用股款的先决条件，禁止证券发行等，美国以加州为代表的十多个州实行此类管理。1956 年，美国统一州法委员全国会议和美国律师协会在对各州证券管理立法进行研究的基础上起草了《统一证券法》并提交各州自由采用。《统一证券法》第一部分是欺诈和其他禁止性行为，第二部分是证券经纪商—交易商、代理人和投资顾问的登记注册，第三部分是证券注册，第四部分是定义、豁免、法院的审核调查、禁令、刑罚等内容。

（三）美国划时代的联邦证券立法与信息披露

1929 年 10 月 29 日，美国股票市场出现大崩溃，道·琼斯工业股票平均指数狂跌了 12.8%，这一天成为震惊世界的"黑色星期二"。美国证券市场的大跌，引发了整个资本主义世界的经济危机。1929 年 9 月 1 日，纽约股票交易所全部股票的总市值是 890 亿美元，1932 年总市值下跌至 150 亿美元，损失了 740 亿美元。1920 年至 1933 年出售的 500 亿美元的证券，到 1933 年已有一半变得一文不值。当时，美国国会的一份报告将股市暴跌的主要责任归咎于证券业："由于证券经纪商们完全放弃了公平、诚实和严谨的职业行为标准，致使大量无价值的证券充斥市场，他们只顾一味许下大盈利的诺言，却忽略提醒公众投资者应当注意其他与证券价值息息相关的信息。"

在 1932 年的美国总统竞选中，作为民主党候选人的富兰克林·罗斯福提出的施政纲要之一是"我们主张，发行人在发行股票和债券时，应该将红利、佣金、本金和利息的真实信息呈交政府备案并刊登于发行广告之上，以此保护投资大众"。罗斯福上台后为了挽救陷入大萧条中的美国经济，实施了政府干预经济活动的新政，国会在"光辉百日"内出台了包括《1933 年证券法》、《1933 年银行法》（《格拉斯—斯蒂格尔法》）等多部联邦法律。

二、证券业监管的目标

证券市场监管目标，从层次上区分，可分为根本目标和具体目标。

监管就要达到特定目的，而目的来源于监管原因。从现实来看，克服市场的缺陷，弥补和矫正市场失灵，诸如信息不对称、垄断、外部性，既是证券监管产生的原因，自然也是证券监管的目的。所以证券监管的根本目的，还在于保证证券市场本原功能的正常发挥。在国际上，国际证监会组织（IOSCO）指出，证券监管应当促进资本形成和经济增长。

证券业监管的三个具体目标是保护投资者的合法权益，确保市场的公平、高效和透明，降低系统性风险。

（一）保护投资者的合法权益

证券监管的首要目标是保护投资者的合法权益。发行企业通过在证券市场发行证券募集社会资金，投资者通过购买证券成为发行企业的股东或债权人。为了促进资本形成，就要保护投资者的合法权益。所谓的保护投资者的合法权益，并不是保证投资者都能从证券交易活动中获利，而是通过提供良好的法律环境，禁止诸如虚假陈述、内幕交易、证券欺诈、股价操纵等妨碍投资者作出合理投资决策的违法行为，并在投资者合法权益受到损害时提供适当救济的途径和措施，确保投资者有进行公平证券交易的机会，维护投资者的信心。

美国罗斯福总统在《1933年证券法》草案提交国会讨论时发表的演说，被人们视为政府与证券市场关系的最佳阐述："联邦政府所采取的任何行动不可能，也不应该被认为是对发行证券的批准，也不保证该证券能保持原有价值或获得利润。但是，联邦政府却有义不容辞的义务来保证，任何跨州的证券发行都必须公开相关信息，不允许向投资公众隐瞒任何重要事项。'货物出门概不退还，买者须自行当心'是众所周知的古老规则，今天的《证券法》草案在此基础上还要加上一条新的教义，即'让卖主也应该当心'。通过赋予卖主实话实说的义务，来推动证券诚实交易，恢复公众信心。"

证券市场的投资者容易受到发行公司、中介机构或其他人违法行为的侵害。为了保护投资者免受误导、操纵或欺诈，必须建立强制性的信息披露制度，充分披露对投资者决策具有重要意义的信息是保护投资者最重要的方法。只有获得真实、全面、及时的信息，投资者才能更好地评价潜在的风险和投资收益，进而保护好自己的利益。作为信息披露要求的重要组成部分，应当建立会计和审计准则，并且应该采取国际公认的高标准。只有正式注册或得到授权的中介机构或专业人士才可以为公众提供投资服务。对中介机构的监管应该通过制定市场参与者的最低标准来达到保护投资者的目的。证券行业行为准则中应该明确规定中介机构服务的标准，中介机构应该遵守此标准为所有投资者提供公平和公正的服务。监管者对此应该建立一个检查、监督和贯彻遵守的综合体系。

证券交易与欺诈阴谋的复杂性要求执法行为必须严格有力和有效，当违法行为发生时，必须严格执行有关证券法律以保护投资者利益。投资者受到不法行为侵害时应当可以寻求法院或其他仲裁机构解决或运用其他补救和赔偿手段。此外，证券市场的国际化还要求加强各国监管机构之间的密切合作。

（二）确保市场的公平、高效和透明

市场公平与保护投资者，特别是与禁止不当交易紧密相关。市场结构不应该导致某些市场参与者优先于其他参与者的不公平现象出现。证券市场监管机构应该确保投资者公平地利用市场基础设施和价格信息，促进公平的指令处理和可靠的价格形成，监管机构必须发现、阻止并处罚市场操纵或其他的不公平交易行为。世界各国证券市场均以公平为监管目标。美国证券市场注重公平与效率的均衡，在立法上偏重公平，法律体系较为完备，但并不严格限制创新，因此保持了高效率。英国证券市场同样注重公平，但英国政府更加注重于证券行业自律管理，除了必要的国家立法外，主要通过证券交易所的监管来实现。与此相反，日本的大藏省则对各项业务采取严格的许可证管理，证券交易所的监管职能较弱，在一定程度上影响了证券市场的效率。在一个有效率的市场中，有关信息的发布是及时的、广泛的，并且反映在股票价格的形成过程中。监管活动应当提高市场效率。

透明度是交易信息能够及时被投资者获知的程度。交易前信息是指公司买卖报价的公布，由此投资者可以较为确切地知道他们能否或在什么价格上可以成交。交易后信息是关于每笔已实现的成交价格和数量。较高的透明度有助于防止市场操纵和内幕交易的发生。透明度以信息披露制度为基础，在一级市场上以严格的信息披露程序为保障，二级市场则以信息发布的实时性作为衡量透明度的标准，监管活动应当提高市场的透明度。为了加强市场的透明度，美国证监会将所有交易市场都纳入综合报价显示系统，这些市场必须承诺其90%以上的交易在90秒内公告。

（三）降低系统性风险

证券市场是一个高风险的市场。证券市场的系统性风险主要体现为，证券市场出现危机或崩溃时，可能影响其他相关行业，使这些行业相继出现危机，从而引发系统性的连锁反应。尽管监管活动不能杜绝金融市场失灵，但监管的目标应该致力于通过设置资本金要求和加强内部控制以尽可能减少金融市场失灵。中介机构必须遵守资本充足性规定和其他谨慎性要求。风险是金融市场固有的特征，有效的监管并不是要用立法来阻止金融机构承担风险，而是通过促进对风险进行有效管理来发现过度的风险，化解一部分风险，减轻风险的破坏力。减少系统性风险，必须依靠高效的交易、清算机制和有效的监督保障机制。

三、证券业监管的原则

（一）"三公"原则

"三公"原则"三公"指公平、公开、公正，这是证券业监管框架中最为重要的基础性原则。

公开原则是证券业监管的基本原则。公开原则要求的出发点在于增强证券发行和交易的透明度，要求证券发行人及其他中介机构和有关人员必须全面履行信息披露的法定义务，真实、准确和完整地披露与证券发行和交易有关的各种重要信息，避免任何信息披露中的虚假陈述、重大误导和遗漏，保证投资者及时、充分、全面和准确地了解证券发行人的各种信息。公开证券发行人的真实情况，是保证投资者合理预见投资风险和投资收益、作出理性投资决策的基础和前提，也是监管部门保护投资者合法权益的必要条件。自从美国《1933年证券法》正式确立了公开原则及信息披露制度以来，公开原则逐渐被各国证券法广泛接受，成为证券法的核心和灵魂。

公正原则是证券业监管的重要原则。公正原则是对证券业监管者的基本要求，它要求证券业监管机构及其工作人员行为必须公正，禁止欺诈、操纵、内幕交易等违法行为。根据公正原则，立法机关应当从证券市场实际出发，制定出兼顾各方当事人合理利益的法律法规；政府监管机构要在法律框架内依法实施监管，公正对待各方当事人，不得采取歧视政策，尽力避免畸重畸轻的处理；证券监管机构工作人员要站在公正立场上处理监管事务，不得徇私枉法，不得从事证券交易，不得接受不正当利益；证券业自律组织要公正评判会员单位的经营行为，不得损害会员单位的合法利益。

公平原则要求证券市场为各类投资者提供获得信息和进行交易的同等机会。在证券市场上，既有资金不多的中小投资者，也有实力雄厚的机构投资者。交易规则的不合理必然导致交易结果的不公平。投资者无论规模大小或资金多少，都有权利按照同样的交易规则进行交易。公平原则要求证券监管机构按照相同的尺度规范其监管范围内的行为，同样的违法行为应受到同样的处罚结果。

"三公"原则的关系在于，首先，公开原则的核心要求是实现市场信息的公开化，即要求市场具有充分的透明度。这种信息既包括发行人初始披露和持续披露的可能影响投资决策的所有信息，也应涵盖证券市场相关法律、法规、规范性文件及其他监管依据，甚至包括市场监管活动及执法活动的有关情况。应该说，信息公开原则是公平、公正原则的前提。证券市场中的投资活动是对一连串信息进行汇总分析的结果，只有市场信息能够公开地发布和传播，投资者才能公平地作出自己的投资决策。其次，公平原则要求证券发行、交易活动中的所有参与者都有平等的法律地位，各自的合法权益都能得到平等的保护。在这里，公平是指机会均等，平等竞争，营造一个所有市场参与者进行公平竞争的环境，而非单独的平均主义的结果公平。按照公平原则，发行人享有公平的筹资机会，证券经营机构在证券市场有公平的权利和责任，投资者享有公平的交易机会。最后，公正原则是针对证券监管机构的监管行为而言的，它要求证券监督管理部门在公开、公平原则的基础上，对一切被监管对象给予公正待遇。公正原则既是实现公开原则的保障，也是公平原则得以实现的前提。根据公正原则，证券立法机构应当制定体现公平精神的法律、法规和政策，证券监管部门应当根据法律授予的权限公正地履行监管职责。要在法律的基础上，对一切证券市场参与者给予公正的待遇。对证券违法行为的处罚，对证券纠纷事件和争议的处理，都应当公正进行，从而使法律的公平正义价值得以实现。

（二）适度原则

适度原则，即要求证券监管机关必须在不妨碍市场功能充分发挥的前提下进行监督和管理，有关监管活动不得损害市场竞争和市场发展活力。这是正确处理政府监管与证券市场机制之间协调关系的重要原则。为此，证券监管机关必须注意以下几个方面的问题：

第一，政府监管失灵或者监管缺陷的客观存在。市场失灵是催生和强化证券监管的的直接动因，但这并不表明监管者是万能的。应当看到，市场经济运行过程中，政府失败的现象并不鲜见。一方面，监管者由于自身素质或对私利的考虑，难以对所有事项均作出准确无误的理性判断；另一方面，对于某些市场缺陷，监管者也未必能够妥善解决或者比市场解决得更为有效。因此，监管者应当量力而行，对市场进行审慎和适度的规制。

第二，市场作用不能完全被替代。监管部门应当充分尊重市场机制的作用，将自身的监管严格限定在市场机制可能失灵的范围内。如证券交易中的过度投机、内幕交易、证券欺诈等行为，就需要政府主管部门予以坚决管制。政府监管职能定位于宏观层面，并采用间接监管的方式，而不能越俎代庖，干涉证券经营机构的内部管理和自主经营。宏观层面的间接调控，就要求证券监管重在对各市场参与者的行为方式和业务开展模式进行引导，从而提高其自身的风险识别和防范能力，并保持其竞争活力。

总之，证券监管应当以市场法则为依归，应该针对的是市场失灵，而不应做更宽泛的解释；监管并不必然导致证券业的发展，相反可能会限制市场的发展；监管必须受制度约束，必须依法进行；监管的实施必须进行成本效应分析，从而提高监管的有效性；必须合理界定监管机关的职能空间，明确其职能的合理限度。

（三）倾斜保护原则

这一原则是证券监管法作为公法、私法相互融合而出现的社会法所应当确立的一项重要原则。随着时代的进步和社会经济的发展，传统的"政治国家"与"市民社会"的公法、私法划分已经变得越来越模糊，公法、私法相互渗透与融合的趋势不可逆转。作为独立于公法与私法的第三领域，社会法从社会利益角度参与、协调并规范社会经济活动，成为连通公法与私法的桥梁。证券监管法在公法规范的基础上，有机地融合了私法因素，它从社会利益的角度对证券的发行、上市及交易活动以及市场参与主体的行为进行规范，目的是协调发行人、证券经营机构等个体利益与社会整体利益的冲突，平衡监管权力与被监管者自主经营权利之间的矛盾，从而维护证券市场的平稳运行和健康发展。在参与、协调和规范的过程中，证券监管法除了要能够从社会利益出发，对个体权利作必要限制外，还应该强调对市场弱势群体利益的倾斜保护。因为，与机构投资人相比，中小投资者无论在资金的占有、信息的获取和分析方面，还是在对风险的识别和承受能力上，都明显地处于劣势。证券监管职能正是这种客观存在的差异，给予弱势群体更多地扶持和支援，并对强者予以必要的牵制，才能达到真正的平等和正义，并实现维护市场安全和可持续发展的最终目标。

（四）诚实信用原则

诚实信用原则是民事、商事法律的基本原则，它要求民事主体在从事民事、商事活动时，应当诚实守信，以善意的方式履行其义务，不的滥用权力及规避法律或合同规定的义务，同时它要求维持当事人之间的利益以及当事人和社会利益之间的平衡。

《证券法》是关于证券买卖的特别法，属于交易法范畴，因此应该遵循诚信原则。在证券业监管中，诚信原则强调证券市场参与者应该依照主观善意从事证券市场活动，不得为谋取不法私利而滥用证券权利，不得从事操纵市场、内幕交易、欺诈客户或散布虚假信息等活动而损害他人的利益。

（五）效率与安全原则

证券市场的效率，在宏观上表现为社会资本的有效分配，在微观上表现为投资者买卖证券的便利程度。证券市场的安全，在宏观上体现为证券市场的有序运转，在微观上体现为证券交易过程中各方参与者权利义务关系的稳定性。

证券市场效率与安全之间的协调关系是证券业监管者必须谨慎权衡的重要问题。证券市场的效率是证券市场存在的基础，同时证券市场又充满投机和风险，交易安全不容忽视。保持证券市场的有序、高效运转，协调各类投资者之间的利益关系，也是证券业监管的重要原则。

四、证券业监管体系

（一）法律框架

健全的法律框架对于证券市场的有效监管至关重要。我国证券市场的法律框架有四个层次。

1. 国家法律

这里的国家法律是指由全国人民代表大会常务委员会制定的有关法律，主要包括《证券法》、《公司法》、《中华人民共和国投资基金法》、《中华人民共和国刑法》、《中华人民共和国刑事诉讼法》、《中华人民共和国民法通则》、《中华人民共和国民事诉讼法》、《中华人民共和国合同法》、《中华人民共和国行政处罚法》、《中华人民共和国行政复议法》、《中华人民共和国行政许可法》、《商业银行法》、《保险法》等。

2. 行政法规和法规性文件

这里的行政法规是指由国务院发布或批准发布的调整证券发行和交易关系的行政法规，主要包括《股票发行与交易管理暂行条例》、《企业债券管理条例》、《关于股份有限公司境外募集股份及上市的特别规定》、《关于股份有限公司境内上市外资股的规定》等。

3. 部门规章

这里的部门规章是指由国务院所属部委及中国证监会发布的规章和规则，主要包括《证券交易所管理办法》、《上市公司股东大会规范意见》、《上市公司新股发行管理办法》、《上市公司检查办法》、《客户交易结算资金管理办法》、《上市公司发行可转换公司债券实施办法》、《证券公司高级管理人员谈话提醒制度实施办法》、《证券公司监督管理条例》等。

4. 自律规则

这里的自律规则是指由中国证券业协会、上海证券交易所和深圳证券交易所、中国证券登记结算有限公司等自律性组织发布的自律性规则，主要包括《中国证券业协会章程》、《交易所章程》、《交易所业务规则》、《交易所会员管理规则》、《交易所上市管理规则》、《交易所基金上市规则》等。

（二）监管机构

1. 政府监管机构

《证券法》第一百七十九条规定，国务院证券监督管理机构在对证券市场实施监督管理中履行下列职责：（1）依法制定有关证券市场监督管理的规章、规则，并依法行使审批或者核准权；（2）依法对证券的发行、上市、交易、登记、托管、结算，进行监督管理；（3）依法对证券发行人、上市公司、证券交易所、证券公司、证券登记结算机构、证券投资基金管理机构、证券投资咨询机构、资信评估机构以及从事证券业务的律师事务所、会计师事务所、资产评估机构的证券业务活动，进行监督管理；（4）依法制定从事证券业务人员的资格标准和行为准则，并监督实施；（5）依法监督检查证券发行、上市和交易的信息公开情况；（6）依法对证券业协会的活动进行指导和监督；（7）依法对违反证券市场监督管理法律、行政法规的行为进行查处；（8）法律、行政法规规定的其他职责。第一百八十四条规定，国务院证券监督管理机构依法制定的规章、规则和监督管理工作制度应当公开。国务院证券监督管理机构依据调查结果，对证券违法行为作出的处罚决定，应当公开。第一百八十六条规定，国务院证券监督管理机构依法履行职责，发现证券违法行为涉嫌犯罪的，应当将案件移送司法机关处理。

2. 证券业协会

证券业协会是证券业的自律性组织，是社会团体法人。《证券法》第一百七十六条规定，证券业协会履行下列职责：（1）教育和组织会员遵守证券法律、行政法规；（2）依法维护会员的合法权益，向证券监督管理机构反映会员的建议和要求；（3）收集整理证券信息，为会员提供服务；（4）制定会员应遵守的规则，组织会员单位的从业人员的业务培训，开展会员间的业务交流；（5）对会员之间、会员与客户之间发生的证券业务纠纷进行调解；（6）组织会员就证券业的发展、运作及有关内容进行研究；（7）监督、检查会员行为，对违反法律、行政法规或者协会章程的，按照规定给予纪律处分；（8）证券业协会章程规定的其他职责。

3. 证券交易所

证券交易所是提供证券集中竞价交易场所的不以营利为目的的法人。《证券法》第一百一十五条规定，证券交易所对证券交易实行实时监控，并按照国务院证券监督管理机构的要求，对异常的交易情况提出报告。证券交易所应当对上市公司及相关信息披露义务人披露信息进行监督，督促其依法及时、准确地披露信息。证券交易所根据需要，可以对出现重大异常交易情况的证券账户限制交易，并报国务院证券监督管理机构备案。

五、我国证券业监管体系的形成与发展

我国证券市场监督管理体制大体经历了四个阶段。

1. 1981—1985 年，财政部独立管理阶段

这一阶段，股票和企业债券发行很少，证券的形式主要是国库券，其发行主要由财政部负责组织和管理，管理的依据主要是国务院历年颁布的《国库券条例》，发行方式采取行政摊派，没有建立国库券的流通市场。

2. 1986 年至 1992 年年底，中国人民银行主管阶段

1986 年以后，以柜台交易形式存在的股票交易市场开始起步，国债二级市场也逐步形成。1990 年上海、深圳两家证券交易所相继成立，股票交易开始有了集中的场所，市场规范有了一定程度的扩大。

在此阶段，中国人民银行负有全面管理股票与债券、管理金融机构与金融市场、制

定有关金融法规和政策、制定金融规章制度的职责。经国务院批准，1990 年在中国人民银行设立了由八个部委共同参加的国务院股票审批办公室。1992 年 6 月，成立了国务院证券管理办公室，加强对证券市场的统一领导和协调。证券交易所的自律监管发挥了重要作用。

3. 1992 年年底至 1997 年 8 月，国务院证券委员会（以下简称证券委）主管阶段

1992 年 10 月，国务院决定成立国务院证券委员会和证监会。证券委主任由国务院副总理兼任，委员由下列政府部门负责人组成：中国人民银行、国家体改委、国家计委、财政部、经贸办、监察部、最高人民法院、最高人民检察院、经贸部、国家税务局、国有资产管理局和外汇管理局。从职权行使来看，证券委主要是一个协调机构，证监会作为证券委的执行机构行使了大量职权。根据国家有关规范性文件的规定，有关地方政府对股票市场的监管也起到了一定的积极作用。

4. 1997 年 8 月至今，中国证监会主管阶段

伴随我国证券市场的迅速发展，加强证券市场的规范化建设、对证券市场进行集中统一管理成为大势所趋。1997 年 11 月，党中央、国务院适时召开了中央金融工作会议，对我国证券业监管体制进行了重大改革：（1）撤销了国务院证券委，其原有职责由中国证监会行使。（2）中国证监会对全国证券监督机构实行垂直领导，即省一级人民政府原有的证券监管办公室或者证监会不再作为省级人民政府的一个职能部门，而是人、财、物全部收归中国证监会统一领导，原有部分省会城市的证管办或证监会并入省证管办一并实行垂直领导。（3）整个金融系统实行银行、证券、保险、信托的分业管理，原属中国人民银行的证券经营机构审批管理职能，划归中国证监会。（4）上海和深圳两个证券交易所根据 1996 年 8 月颁布的《证券交易所监管办法》，由中国证监会直接监管，不再归口上海、深圳两市政府监管，交易所总经理由中国证监会任命。此举突出了中国证监会在证券交易所监管中的主导作用，与此同时也理顺了中国证监会与证券交易所的关系。1998 年春，国务院决定对证券监管体制进行深一步改革。在下半年，国务院正式批准了中国证监会提交的"三定"方案，明确中国证监会对全国证券期货市场实行集中统一管理。经过一系列的改革，中国证监会对全国证券监管的职能不断加强，集中统一的监管体制基本形成。在 1998 年 12 月底通过的《中华人民共和国证券法》更是以法律的形式确定了中国证监会在我国证券市场主导的监管地位。1999 年 7 月 1 日，证监会 36 个派出机构统一挂牌，从而逐步建立了集中统一的证券监督机构体系。2000 年，根据稽查工作需要，经国务院批准，证监会在天津、沈阳、上海、济南、武汉、广州、深圳、成都、西安 9 个证券监督办公室，分别设立稽查局，以加强执法力度。2002 年，国务院将原上海金属交易所、上海粮油商品交易所和上海商品交易所三家期货交易所合并为上海期货交易所划归证监会管理。在此时期，证监会坚持市场化的用人导向，监管队伍得到逐步加强。

这一阶段是我国证券市场监管体系适应市场发展要求的改革完善阶段，监管体系也顺利实现了从地方到中央、从分散到集中、从多头到统一的跨越，集中统一的监督体系得以建立。

第二节　证券机构监管

证券公司是指依照《公司法》规定和国务院证券监督管理机构依法审查批准设立的从事证券经营业务的有限责任公司或者股份有限公司。证券机构属于特许经营行业，只有经国务院证券监督管理机构审查批准，由工商部门注册的合法证券公司才能从事承销证券发行、自营买卖证券、代理买卖证券、资产管理、兼并与收购、研究及咨询、代理上市公司还本付息或支付红利等各项证券业务。为了将证券机构的经营活动纳入规范化轨道，《证券法》第六章专门对证券公司的设立、业务范围、经营规则等作出了具体规定。为了加强对证券公司的监督管理，规范证券公司行为，证监会根据《证券法》和《公司法》的有关规定，于2008年6月1日起施行新的《证券公司监督管理条例》。

一、证监会对证券经营机构的监管

（一）对证券经营机构设立、变更和终止的监管

证券经营机构的设立和变更，是指按照法定的条件和程序，设立具有法人资格的、经特许可以从事证券业务的股份有限公司或者有限责任公司，或者在公司设立后，对原已核准的业务范围、公司形式等事项依法作出变更的行为。

目前，我国证券经营机构设立和变更的法律依据主要包括《公司法》、《证券法》和《证券公司监督管理条例》。

1. 证券公司的设立

依据《证券法》第一百二十四条的有关规定，设立证券公司，应当具备下列条件：（1）有符合法律、行政法规规定的公司章程；（2）主要股东具有持续盈利能力，信誉良好，最近三年无重大违法违规记录，净资产不低于人民币2亿元；（3）有符合本法规定的注册资本；（4）董事、监事、高级管理人员具备任职资格，从业人员具有证券从业资格；（5）有完善的风险管理与内部控制制度；（6）有合格的经营场所和业务设施；（7）法律、行政法规规定的和经国务院批准的国务院证券监督管理机构规定的其他条件。

《证券法》对于证券公司业务经营范围也有规定。根据第一百二十五条的有关规定，经国务院证券监督管理机构批准，证券公司可以经营下列部分或者全部业务：（1）证券经纪；（2）证券投资咨询；（3）与证券交易、证券投资活动有关的财务顾问；（4）证券承销与保荐；（5）证券自营；（6）证券资产管理；（7）其他证券业务。

另外，根据第一百二十七条的有关规定，证券公司经营本法第一百二十五条第（1）项至第（2）项业务的，注册资本最低限额为人民币5 000万元；经营第（4）项至第（7）项业务之一的，注册资本最低限额为人民币1亿元；经营第（4）项至第（7）项业务中两项以上的，注册资本最低限额为人民币5亿元。证券公司的注册资本应当是实缴资本。国务院证券监督管理机构根据审慎监管原则和各项业务的风险程度，可以调整

注册资本最低限额，但不得少于前款规定的限额。

2. 证券公司的股东条件

《证券公司监督管理条例》规定，证券公司的股东应当符合法律法规和中国证监会规定的条件。直接或间接持有证券公司 5% 及以上股份的股东，其持股资格应当经中国证监会认定。有下列情形之一的，不得成为证券公司持股 5% 及以上的股东：（1）因故意犯罪被判处刑罚，刑罚执行完毕未逾 3 年；（2）净资产低于实收资本 50%，或有负债总额达到净资产 50% 的；（3）不能清偿到期债务；（4）中国证监会规定的其他情形。

3. 证券公司的审批程序

国务院证券监督管理机构应当自受理证券公司设立申请之日起 6 个月内，依照法定条件和法定程序并根据审慎监管原则进行审查，作出批准或者不予批准的决定，并通知申请人；不予批准的，应当说明理由。证券公司设立申请获得批准的，申请人应当在规定的期限内向公司登记机关申请设立登记，领取营业执照。证券公司应当自领取营业执照之日起 15 日内，向国务院证券监督管理机构申请经营证券业务许可证。未取得经营证券业务许可证，证券公司不得经营证券业务。

4. 证券公司的变更与终止

对于证券公司的变更以及终止的监管，2013 年 6 月 29 日，十二届全国人民代表大会常务委员会第三次会议通过对《中华人民共和国证券法》第一百二十九条作出修改，规定：证券公司设立、收购或者撤销分支机构，变更业务范围，增加注册资本且股权结构发生重大调整，减少注册资本，变更持有百分之五以上股权的股东、实际控制人，变更公司章程中的重要条款，合并、分立、停业、解散、破产，必须经国务院证券监督管理机构批准。证券公司在境外设立、收购或者参股证券经营机构，必须经国务院证券监督管理机构批准。

《证券公司监督管理条例》第十三条规定：证券公司变更注册资本、业务范围、公司形式或者公司章程中的重要条款，合并、分立，设立、收购或者撤销境内分支机构，变更境内分支机构的营业场所，在境外设立、收购、参股证券经营机构，应当经国务院证券监督管理机构批准。其中所称公司章程中的重要条款，是指规定下列事项的条款：（1）证券公司的名称、住所；（2）证券公司的组织机构及其产生办法、职权、议事规则；（3）证券公司对外投资、对外提供担保的类型、金额和内部审批程序；（4）证券公司的解散事由与清算办法；（5）国务院证券监督管理机构要求证券公司章程规定的其他事项。

《证券公司监督管理条例》第十五条规定，证券公司停业、解散或者破产的，应当经国务院证券监督管理机构批准，并按照有关规定安置客户、处理未了结的业务。

阅读资料

证券经营机构的设立体制

证券发行作为一项法律行为，其本质上应属私法上的民事行为，发行人应有权自主决定是否发行证券、发行证券的种类与数量，以及采取何种方式发行等。但是，由于证券发行尤其是公募发行，往往涉及数量众多的社会投资者，与一国甚至世界范围内的市场秩序及经济安全都有着密切的联系，因而各国的监管当局都对证券发行实施严密监管，以防范证券发行中的欺诈行为，减轻其负面效应。由于各国的监管哲学与理念的不同，证券发行审核制度主要可分为两大类：注册制与核准制。

1. 注册制

又称登记制、申报制，指符合法律规定条件的申请人，即可以直接进行证券公司登记，无须在公司成立之前再经过专门机构的审批。其特点是证券主管机关不对发行人能否发行股票进行价值判断。发行人为了发行证券，必须将发行证券有关的各种资料向证券监管部门申报，并通过媒体向社会公众披露。证券监管部门的主要职责是，最大程度地保障投资者得到相关的证券信息，并对申报文件的全面性、准确性、真实性和及时性作出审查，而不对发行人及所发行的证券作任何形式的价值评估。发行人及其发行证券的良莠完全交由市场决定。

注册制的代表国是美国、英国、日本、加拿大等发达国家。注册制的基本理念源于美国法学家路易斯·D. 布兰迪。因为证券投资者与其他市场经济主体一样，都是具有谋求自身利益最大化的理性的经济人，在法律允许的范围内，都会自觉地趋利避害。因此，在市场经济条件下的证券市场，只要市场信息及时、完全和真实地公开，投资者自己会对证券的价值作出判断和选择。监管者的职责只是保证信息公开、完整、准确，并禁止信息滥用。因此，信息公开原则成为证券监管法律制度的一项基本指导思想，这种思想反映在发行审核制度中，即为注册制。

2. 核准制

又称许可制，即所谓的实质管理原则。在这一制度下，证券发行不但要满足信息公开的条件，而且还必须符合法律规定的实质要件，并经证券监管部门实质审查并核准。因此，证券监管机构除进行注册制所要求的形式审查外，还对发行人的主体资格、持续经营能力、发行数量和发行价格等条件进行实质审查，并据此作出发行人是否符合发行条件的价值判断和是否核准申请的决定。核准制为美国部分州的《蓝天法》和欧洲国家以及我国台湾地区的"《公司法》"和"《证券交易法》"所采用。其核心是在审查发行人提供的各种信息的基础上，对发行人的资格予以确认。实行许可制的国家/地区，证券经营机构的设立条件、程序均比实行注册制的国家/地区严格和复杂，带有明显的政府干预特征。

由于特许制比登记制的要求和程序更为严格，因此更有利于对投资者的保护，更有利于证券交易的安全和市场秩序的稳定。目前大多数国家都采用许可制来设立证券经营机构，即通过有关主管机关审核申请人是否符合证券法规定的设立条件，并根据国家发展证券市场的需要来决定是否平批准。不过，许可制设置较高的市场进入门槛，也会在某种程度上削弱证券业的竞争活力。

3. 两种审核制度的比较

注册制作为一种理想化的证券监管制度，其表现出来的价值观念反映了市场经济的自由性、主体活动的自主性和政府干预经济的规范性和效率性。在这项制度安排下，市场被期望自动发挥优胜劣汰的功能，而证券监管机构由于只对申请文件作形式审查，工作量大为降低，效率原则也由此得到了充分体现。然而，它的弊端也正在于此。因此注册制是建立在投资者有能力作出合理、正确判断这一假设基础上的，而这一假设在多数情况下并非完全成立，大部分投资者并不具备充分的证券投资知识和经验，如果投资者作出盲目错误的选择，证券市场的效率和秩序都将受到影响。因此，美国一些州的证券立法采取与联邦证券法原则不同的实质审核原则。

核准制通过对上市证券的实质审查，可以尽可能地排除品质较差的证券进入市场，减少市场风险，弥补公众投资者在个人能力上的不足。但与此同时，核准制的缺陷也是显而易见的，一是降低了工作效率，增加了发行人的融资成本；二是扩大了监管部门的寻租空间，可能滋生权钱交易的腐败行为；三是容易造成市场误解，投资者误以为政府对发行者所申请发行证券的安全性和收益性等问题已作出保证，从而使其疏于进行自我判断。

由于注册制和核准制都存在着各自的优势和缺陷，因此，近年来两种发行审核制度出现了逐步融合的趋势。目前，我国在证券经营机构的设立监管上，采取的是许可制。

（二）证券业从业人员管理

《证券业从业人员资格管理办法》第二章专门对证券从业人员管理进行了具体规定。证券公司从业人员从事证券业务应当按照该办法规定，取得从业资格和执业证书。中国证券业协会依据该办法负责从业人员从业资格考试、执业证书发放以及执业注册登记等工作。中国证监会对协会有关证券业从业人员资格管理的工作进行指导和监督。

根据《证券业从业人员资格管理办法》的有关规定，参加资格考试的人员，应当年满18周岁，具有高中以上文化程度和完全民事行为能力。资格考试由协会统一组织。参加考试的人员考试合格的，取得从业资格。从业资格不实行专业分类考试。资格考试内容包括一门基础性科目和一门专业性科目。另外，根据该法第十条的规定，取得从业资格的人员，符合下列条件的，可以通过机构申请执业证书：（1）已被机构聘用；（2）最近3年未受过刑事处罚；（3）不存在《证券法》第一百二十六条规定的情形；（4）未被中国证监会认定为证券市场禁入者，或者已过禁入期的；（5）品行端正，具有良好的职业道德；（6）法律、行政法规和中国证监会规定的其他条件。

根据《证券法》第一百三十一条的规定，证券公司的董事、监事、高级管理人员，应当正直诚实，品行良好，熟悉证券法律、行政法规，具有履行职责所需的经营管理能力，并在任职前取得国务院证券监督管理机构核准的任职资格。有《中华人民共和国公司法》第一百四十七条规定的情形或者下列情形之一的，不得担任证券公司的董事、监事、高级管理人员：（1）因违法行为或者违纪行为被解除职务的证券交易所、证券登记结算机构的负责人或者证券公司的董事、监事、高级管理人员，自被解除职务之日起未逾5年；（2）因违法行为或者违纪行为被撤销资格的律师、注册会计师或者投资咨询机构、财务顾问机构、资信评级机构、资产评估机构、验证机构的专业人员，自被撤销资格之日起未逾 5 年。《2006 年开始实行的证券公司董事、监事和高级管理人员任职资格监管办法》对于证券公司的董事、监事、高级管理人员任职资格进行了详细规定。

（三）对证券经营机构的日常监管和检查

《证券公司监督管理条例》第六章专门对证券公司的日常监管作出了具体规定。证券公司应当自每一会计年度结束之日起 4 个月内，向国务院证券监督管理机构报送年度报告；自每月结束之日起 7 个工作日内，报送月度报告。发生影响或者可能影响证券公司经营管理、财务状况、风险控制指标或者客户资产安全的重大事件的，证券公司应当立即向国务院证券监督管理机构报送临时报告，说明事件的起因、目前的状态、可能产生的后果和拟采取的相应措施。证券公司年度报告中的财务会计报告、风险控制指标报告以及国务院证券监督管理机构规定的其他专项报告，应当经具有证券、期货相关业务资格的会计师事务所审计。国务院证券监督管理机构有权采取下列措施，对证券公司的业务活动、财政状况、经营管理情况进行检查：（1）询问证券公司的董事、监事、工作人员，要求其对有关检查事项作出说明；（2）进入证券公司的办公场所或者营业场所进行检查；（3）查阅、复制与检查事项有关的文件、资料，对可能被转移、隐匿或者毁损的文件、资料、电子设备予以封存；（4）检查证券公司的计算机信息管理系统，复制有关数据资料。国务院证券监督管理机构对治理结构不健全、内部控制不完善、经营管理混乱、设立账外账或者进行账外经营、拒不执行监督管理决定、违法违规的证券公司，应当责令其限期改正，并可以采取监管措施。

2000 年 12 月，中国证监会为加强对证券公司的监管，规范证券公司运作，维护投资者利益，防范金融风险，根据国家法律、法规，制定了《证券公司检查办法》。

1. 对证券公司检查的主要内容

（1）公司经营的合规性。主要检查公司贯彻执行国家金融证券法规、制度以及中国证监会各项规定的情况：重点是公司设立、撤销以及有关事项变更的合法性、合规性，各项业务操作的合法性、合规性和公司高级管理人员、从业人员从业资格及业务行为的合规性以及公司内部控制制度的健全性和有效性等。

（2）公司经营的正常性。主要对公司日常经营情况进行统计，了解公司业务开展情况和经营收支情况，分析其经营情况是否正常，针对公司的经营风险、资产负债、净资本情况和损失情况进行分析，对公司的内部风险控制能力进行评价，有针对性地采取措施，防范和化解风险。

（3）公司经营的安全性。主要是对公司的内控制度、信息系统进行考评，督促其加强安全管理，制定风险处置预案，防止安全事故的发生。

2. 检查的主要方式

（1）现场检查。现场检查指检查人员亲临检查现场，通过听取汇报、查验有关资料等方式进行实地检查。检查人员进行检查时，可以对有关情况和资料进行记录、录音、录像、照相和复制。检查人员进行检查时，应出示工作证和中国证监会的有效证明。

（2）非现场检查。非现场检查主要是通过手工或计算机系统对公司上报的业务报表、财务报表等有关资料进行定期和不定期的统计分析，通过设置风险预警指标及时发现公司存在的有关问题。

3. 证券公司应该提供的有关文件

（1）公司的会计报表、相关账簿和凭证以及其他涉及会计报表的资料；

（2）公司的自营、代理、资产管理等业务开展的交易记录、电脑数据、合同文本、公司有关管理制度文件等；

（3）公司的股东大会、董事会、监事会的会议记录，决议文本，公司经理办公会议文件等；

（4）现场检查操作规程中涉及的内容及其他应该查阅的文件。

检查中涉及被检查公司主审会计师事务所的，检查人员可要求会计师事务所提供对公司财务报告发表审计意见的工作底稿。

4. 法律责任

中国证监会及其派出机构的检查人员对被检查对象进行现场检查时，接受检查的人员不予以协助和配合，不如实反映情况，拒绝检查、隐瞒情况的，被检查对象的主审会计师事务所拒绝检查、隐瞒情况的，中国证监会根据法律、法规及有关规定予以处罚。

对在检查过程中发现的违反法律、法规及有关规定的公司及有关责任人，中国证监会根据法律、法规及有关规定在职权范围内给予处罚。构成犯罪的，移送司法机关依法追究刑事责任。

二、证券交易所对会员公司的监管

《证券交易所管理办法》、《上海证券交易所章程》、《上海证券交易所会员管理规则》等对会员的准入条件、会员的权利义务、会员在交易所从事的业务、交易所对会员的监管作出下列规定。

（一）管理

1. 会籍管理

证券交易所是从证券公司的经营范围、承担风险和责任的资格及能力、组织机构、人员素质等方面规定入会的条件。上海证券交易所和深圳证券交易所对此的规定基本相同，主要有：经中国证监会依法批准设立并具有法人地位的证券公司：具有良好的信誉、经营业绩和一定规模的资本金或营运资金；组织机构和业务人员符合中国证监会和证券交易所规定的条件；承认证券交易所章程和业务规则，按规定缴纳各项会员经费；证券交易所要求的其他条件。具备上述条件的证券公司向证券交易所提出申请，并提供必要文件，经证券交易所理事会批准后，可成为证券交易所的会员。

2. 日常管理

会员应当向证券交易所履行下列定期报告义务：（1）每月前7个工作日内报送上月统计报表及风险控制指标监管报表；（2）每年4月30日前报送上年度经审计财务报表和证券交易所要求的年度报告材料；（3）每年4月30日前报送上年度会员交易系统运行情况报告；（4）证券交易所规定的其他定期报告义务。证券交易所可根据需要调整上述报告的报送时间。

另外，根据《深圳证券交易所会员管理规则》及《上海证券交易所会员管理规则》的规定，有下列情形之一的，会员应当自该情形发生之日起5个工作日内向证券交易所报告：（1）会员在申请会员时提交的文件发生变更的；（2）会员总部、分支机构发生证券法第一百二十九条规定情形的；（3）净资本等风险控制指标不符合中国证监会规定标准的；（4）对外提供的担保单笔涉及金额或者12个月内累计金额占公司最近经审计净资产值的10%以上的；（5）诉讼、仲裁事项涉及金额或者12个月内累计金额占公司最近经审计净资产值的10%以上的；（6）会员或者会员董事、监事、高级管理人员因涉嫌违法违规被有权机关调查或者受到刑事、行政处罚的；（7）会员改聘会计师事务所；（8）股东会或者股东大会、董事会决议被依法撤销或者宣告无效；（9）中国证监会和证券交易所规定的其他事项。而且，会员在发生重大业务风险、进入风险处置、重大技术故障以及不可抗力或者意外事件可能影响客户正常交易时，应当立即向证券交易所报告，并持续报告进展情况，而且在发生重大技术故障以及不可抗力或者意外事件可能影响客户正常交易时，应当立即在其营业场所予以公告。证券交易所可以根据审慎监管原则，要求会员对证券交易、业务经营、合规管理、风险控制和技术系统运行等情况进行自查，并提交专项自查报告。

（二）监管

证券交易所对会员的证券交易行为实行实时监控，重点监控会员可能影响证券交易价格或者证券交易量的异常交易行为。证券交易所可根据监管需要，采用现场和非现场的方式对会员证券业务活动中的风险管理、交易及相关系统安全运行等情况进行监督检查。

在会员监管过程中，对存在或者可能存在问题的会员，证券交易所可以根据需要采取下列措施：（1）口头警示；（2）书面警示；（3）要求整改；（4）约见谈话；（5）专项调查；（6）暂停受理或者办理相关业务；（7）提请中国证监会处理。在采取前款前6项监管措施时，可视情况通报中国证监会或者其派出机构。

会员应当积极配合证券交易所监管，按照证券交易所要求及时说明情况，提供相关的业务报表、账册、原始凭证、开户资料及其他文件、资料，不得以任何理由拒绝或者拖延提供有关资料，不得提供虚假的、误导性的或者不完整的资料。

（三）证券交易所对会员违规的处分

《证券交易所管理办法》第五十条规定，证券交易所可以根据证券交易所章程和业务规则对会员的违规行为进行制裁。证券交易所章程对会员违规处分规定了几种方式：在会员范围内通报批评；在中国证监会指定报刊上公开批评；警告；罚款；限制交易；暂停自营业务或代理业务；取消会员资格。以上几项处分可以视会员违规的情节轻重予以单处或并处。会员对处分有异议的，除了前三项处分外，可自接到处分通知后申请复议。且复议期间不停止处分的执行。

三、证券业协会的自律监管

《证券法》第一百七十四条规定，证券业协会是证券业的自律组织，是社会团体法人。证券公司应当加入证券业协会，证券业协会的权力机构为由全体会员组成的成员大会。

第一百七十六条规定，证券业协会履行下列职责：（1）教育和组织会员遵守证券法律、行政法规；（2）依法维护会员的合法权益，向证券监督管理机构反映会员的建议和要求；（3）收集整理证券信息，为会员提供服务；（4）制定会员应遵守的规则，组织会员单位的从业人员的业务培训，开展会员间的业务交流；（5）对会员之间、会员与客户之间发生的证券业务纠纷进行调解；（6）组织会员就证券业的发展、运作及有关内容进行研究；（7）监督、检查会员行为，对违反法律、行政法规或者协会章程的，按照规定给予纪律处分；（8）证券业协会章程规定的其他职责。

四、证券公司内部控制与风险管理

（一）建立内部控制制度

根据《证券法》第一百三十六条的规定，证券公司应当建立健全内部控制制度，采取有效隔离措施，防范公司与客户之间、不同客户之间的利益冲突。证券公司必须将其证券经纪业务、证券承销业务、证券自营业务和证券资产管理业务分开办理，不得混合操作。

《证券公司监督管理条例》第十九条规定，证券公司可以设独立董事。证券公司的独立董事，不得在本证券公司担任董事会外的职务，不得与本证券公司存在可能妨碍其作出独立、客观判断的关系。第二十条规定，证券公司经营证券经纪业务、证券资产管理业务、融资融券业务和证券承销与保荐业务中两种以上业务的，其董事会应当设薪酬与提名委员会、审计委员会和风险控制委员会，行使公司章程规定的职权。证券公司董事会设薪酬与提名委员会、审计委员会的，委员会负责人由独立董事担任。

2008 年 7 月，中国证监会发布《证券公司合规管理试行规定》，明确了证券公司合规管理的责任主体和基本框架，要求公司根据自身情况健全内部合规制度、设立合规组织体系，实施与合规管理实际状况密切互动的监管措施，激励证券公司加强自我管理，在一定程度上完善了证券公司的内部控制制度。

（二）财务风险指标管理

按照《证券公司风险控制指标管理办法》的有关规定，证券公司经营证券经纪业务的，其净资本不得低于人民币 2 000 万元；证券公司经营证券承销与保荐、证券自营、证券资产管理、其他证券业务等业务之一的，其净资本不得低于人民币 5 000 万元；证券公司经营证券经纪业务，同时经营证券承销与保荐、证券自营、证券资产管理、其他证券业务等业务之一的，其净资本不得低于人民币 1 亿元；证券公司经营证券承销与保荐、证券自营、证券资产管理、其他证券业务中两项及两项以上的，其净资本不得低于人民币 2 亿元。

证券公司必须持续符合下列风险控制指标标准：（1）净资本与各项风险准备之和的比例不得低于100%；（2）净资本与净资产的比例不得低于40%；（3）净资本与负债的比例不得低于8%；（4）净资产与负债的比例不得低于20%；（5）流动资产与流动负债

的比例不得低于100%。

证券公司经营证券经纪业务的，必须符合下列规定：（1）按托管客户的交易结算资金总额的2%计算风险准备；（2）净资本按营业部数量平均折算额（净资本/营业部数目）不得低于人民币500万元。

证券公司经营证券自营业务的，必须符合下列规定：（1）自营股票规模不得超过净资本的100%；（2）证券自营业务规模不得超过净资本的200%；（3）持有一种非债券类证券的成本不得超过净资本的30%；（4）持有一种证券的市值与该类证券总市值的比例不得超过5%，但因包销导致的情形和中国证监会另有规定的除外；（5）违反规定超比例自营的，在整改完成前应当将超比例部分按投资成本的100%计算风险准备。前款所称自营股票规模，是指证券公司持有的股票投资按成本价计算的总金额；证券自营业务规模，是指证券公司持有的股票投资和证券投资基金（不包括货币市场基金）投资按成本价计算的总金额。

证券公司创设认购权证的，计算股票投资规模时，证券公司可以按股票投资成本减去出售认购权证净所得资金（不包括证券公司赎回认购权证所支出资金）后的金额计算。

证券公司经营证券承销业务的，必须符合下列规定：（1）证券公司承销股票的，应当按承担包销义务的承销金额的10%计算风险准备；（2）证券公司承销公司债券的，应当按承担包销义务的承销金额的5%计算风险准备；（3）证券公司承销政府债券的，应当按承担包销义务的承销金额的2%计算风险准备。

计算承销金额时，承销团成员通过公司分包销的金额和战略投资者通过公司签订书面协议认购的金额不包括在内。

证券公司同时承销多家发行人公开发行证券，发行期有交叉且发行尚未结束的，应当按照单项业务承销金额和对应比例计算风险准备。

证券公司经营证券资产管理业务的，必须符合下列规定：（1）按定向资产管理业务管理本金的2%计算风险准备；（2）按集合资产管理业务管理本金的1%计算风险准备；（3）按专项资产管理业务管理本金的0.5%计算风险准备。

证券公司为客户买卖证券提供融资融券服务的，必须符合下列规定：（1）对单一客户融资业务规模不得超过净资本的5%；（2）对单一客户融券业务规模不得超过净资本的5%；（3）接受单只担保股票的市值不得超过该股票总市值的20%；（4）按对客户融资业务规模的10%计算风险准备；（5）按对客户融券业务规模的10%计算风险准备。前款所称融资业务规模，是指对客户融出资金的本金合计；融券业务规模，是指对客户融出证券在融出日的市值合计。

证券公司应当按上一年营业费用总额的10%计算营运风险的风险准备。中国证监会对各项风险控制指标设置预警标准，对于规定"不得低于"一定标准的风险控制指标，其预警标准是规定标准的120%；对于规定"不得超过"一定标准的风险控制指标，其预警标准是规定标准的80%。

第三节　证券市场监管

我国证券市场由于发展历史不长，许多方面仍不健全，突出表现在违规现象层出不穷，投资者利益得不到应有的保护，不利于证券市场的长远发展。今后一段时期，证券市场的主要发展方向是规范化、市场化和国际化。其中规范化的一个主要内容就是保护投资者特别是中小投资者的合法权益。

目前，我国证券市场上侵犯投资者利益的行为主要表现在操纵股价、包装上市、虚假出资、利润包装、内幕交易等方面，这些行为的泛滥严重地打击了投资者的积极性，妨碍了我国证券市场的健康成长。因此，必须对这些损害投资者利益、扰乱证券市场秩序的行为进行严格监管。

一、对内幕交易的监管

所谓证券内幕交易又称知情证券交易，是指证券交易内幕信息的知情人员利用内幕信息进行证券交易活动。内幕交易主要包括下列行为：（1）内幕人员利用内幕信息买卖证券，或者根据内幕信息建议他人买卖证券的行为；（2）内幕人员向他人泄露内幕信息，使他人利用该信息获利的行为；（3）非内幕人员通过不正当的手段或者其他途径获得内幕信息，并根据该内幕信息买卖证券，或者建议他人买卖证券的行为。这里的内幕人员，是指上市公司的董事会、监事会成员及其他高级管理人员，证券市场的主管机关和证券中介机构的工作人员，以及为上市公司服务的律师、会计师等能够接触或者获得内幕信息的人员。

由于这种行为可能利用一般投资者所不知道的信息而获取实际利益，因此，它是一种不公正的交易行为，也是世界各国证券立法中明文禁止的交易行为。内幕交易在操作程序上往往与正常的操作程序相同，也是在市场上公开买卖证券，但由于一部分人利用内幕信息先行一步对市场作出反应，因此具有以下几个方面的危害性。

（1）违反了证券市场的"三公"原则，侵犯了广大投资者的合法权益。证券市场上的各种信息，是投资者进行投资决策的基本依据。内幕交易却使一部分人能利用内幕信息，先行一步对市场作出反应，使其有更多的获利或减少损失的机会，从而增加了广大投资者遭受损失的可能性。因此，内幕交易最直接的受害者就是广大的投资者。

（2）内幕交易损害了上市公司的利益。上市公司作为公众持股的公司，必须定期向广大投资者及时公布财务状况和经营情况。建立一种全面公开的信息披露制度，这样才能取得公众的信任。而一部分人利用内幕信息，进行证券买卖，使上市公司的信息披露有失公正，损害了广大投资者对上市公司的信心，从而影响上市公司的正常发展。

（3）内幕交易扰乱了证券市场，乃至整个金融市场的运行秩序。内幕人员往往利用内幕信息，人为造成股价波动，扰乱证券市场的正常秩序。

（一）内幕信息的含义和范围

利用内幕信息进行证券交易，是构成内幕交易的一个必备条件。因此，界定内幕信息，与明确内幕交易的构成条件，认定内幕交易行为，制裁内幕交易罪有着直接的联系。

《证券法》第七十五条明确规定了内幕信息的含义为"证券交易活动中，涉及公司的经营、财务或者对该公司证券的市场价格有重大影响的尚未公开的信息"。该规定包括了两层含义：

（1）涉及公司的经营、财务或者对该公司证券的市场供求有重大影响的尚未公开的信息，而不问这些信息日后是否会真的实现。

（2）内幕信息是在证券交易及与交易有关的行为中被利用的（这种交易包括在证券发行市场和证券交易市场中的交易）。

由此可以看出，内幕信息具有以下特征：内幕信息是尚未公开披露的信息；内幕信息是真实、准确的信息；内幕信息是与上市公司证券价格有关的信息；内幕信息是对证券价格有较大影响的价格敏感的信息。

《证券法》第七十五条以列举的方式规定了内幕信息的范围。下列信息皆属内幕信息：本法第六十七条第二款所列重大事件；公司分配股利或者增资的计划；公司股权结构的重大变化；公司债务担保的重大变更；公司营业用主要资产的抵押、出售或者报废一次超过该资产的30%；公司的董事、监事、经理、副经理或者其他高级管理人员的行为可能依法承担重大的损害赔偿责任；上市公司收购的有关方案；国务院证券监督管理机构认定的对证券交易价格有显著影响的其他重要信息。

而《证券法》第六十七条中所列重大事件有：（1）公司的经营方针和经营范围的重大变化；（2）公司的重大投资行为和重大的购置财产的决定；（3）公司订立重要合同，可能对公司的资产、负债、权益和经营成果产生重要影响；（4）公司发生重大债务和未能清偿到期重大债务的违约情况；（5）公司发生重大亏损或者重大损失；（6）公司生产经营的外部条件发生的重大变化；（7）公司的董事、1/3以上监事或者经理发生变动；（8）持有公司5%以上股份的股东或者实际控制人，其持有股份或者控制公司的情况发生较大变化；（9）公司减资、合并、分立、解散及申请破产的决定；（10）涉及公司的重大诉讼，股东大会、董事会决议被依法撤销或者宣告无效；（11）公司涉嫌犯罪被司法机关立案调查，公司董事、监事、高级管理人员涉嫌犯罪被司法机关采取强制措施；（12）国务院证券监督管理机构规定的其他事项。

（二）内幕人员的含义和范围

内幕交易是知悉内幕信息的内幕人员利用内幕信息所进行的证券交易活动，故内幕人员是内幕交易活动的主体。所谓内幕人员是指由于持有发行人的证券，或者在发行人或与发行人有密切联系的公司中担任董事、监事、高级管理人员，或者由于其会员地位、管理地位、监督地位和职业地位，或者作为雇员、专业顾问履行职务，能够接触或者获得内幕信息的人员。内幕人员又称为知情人员。

《证券法》第七十四条规定，证券交易内幕信息的知情人包括：（1）发行人的董事、监事、高级管理人员；（2）持有公司5%以上股份的股东及其董事、监事、高级管理人员，公司的实际控制人及其董事、监事、高级管理人员；（3）发行人控股的公司及其董事、监事、高级管理人员；（4）由于所任公司职务可以获取公司有关内幕信息的人员；（5）证券监督管理机构工作人员以及由于法定职责对证券的发行、交易进行管理的其他人员；（6）保荐人、承销的证券公司、证券交易所、证券登记结算机构、证券服务机构的有关人员；（7）国务院证券监督管理机构规定的其他人。《内幕交易认定办法》规定了"内幕信息知情人"和"非法获取内幕信息的人"两大类内幕交易主体。"内幕信息知情人"在《证券法》第七十四条中有明确规定，该条所规定的自然人的配偶及有共同利益关系的亲属也被包括在内。"非法获取内幕信息的人"则涵盖通过骗取、套取、偷听、监听或私下交易等非法手段获取内幕信息的人，以及违法所在机构关于信息管理和使用的规定而获取内幕信息的人。

在实践中，单位（包括法人或非法人团体，如法人的分支机构以及某些经济实体）是证券交易的主体之一，占我国证券市场交易主体的2/3以上，他们往往能够利用自己特殊的身份地位和经济实力甚至某些背景，轻而易举地获取或接受第一手内幕信息，从事内幕交易，且较之自然人实施同类行为的后果更严重。《中华人民共和国刑法》（以下简称《刑法》）中的内幕交易犯罪中也规定了单位犯罪这种情况，对此采取两罚制，即"单位犯前两款罪的，对单位判处罚金，并对直接负责的主管人员和其他直接责任人员，处五年以下有期徒刑或拘役"（《刑法》第一百八十条）。可以说，法律禁止任何人从事内幕交易。

（三）对内幕交易的监管

1990年11月27日由上海市人民政府发布的《上海市证券交易管理办法》第三十九条及1991年6月15日实施的《深圳市股票发行与交易管理暂行办法》第四十三条明文禁止内幕交易，1993年颁布施行的《股票发行与交易管理暂行条例》及《禁止证券欺诈行为暂行办法》中也有禁止内幕交易的明文规定。《证券法》，针对我国证券市场存在的屡禁不止的内幕交易问题，规定了"禁止证券交易内幕信息的知情人员利用内幕信息进行证券交易活动"。为了配合《证券法》的立法宗旨，《刑法》中也增加了"证券内幕交易罪"、"泄露内幕信息罪"的罪名及相关内容。

二、对证券欺诈的监管

（一）证券欺诈的定义

证券欺诈行为是指以获取非法利益为目的，违反证券管理法规，在证券发行、交易及相关活动中从事欺诈客户、虚假陈述等行为。

（二）证券欺诈的范围

欺诈行为包括：违背客户的委托为其买卖证券；不在规定时间内向客户提供交易的书面确认文件；挪用客户所委托买卖的证券或者客户账户上的资金；私自买卖客户账上的证券，或者假借客户的名义买卖证券；为谋取佣金收入，诱使客户进行不必要的证券买卖；利用传播媒介或者通过其他方式提供、传播虚假或者误导投资者的信息；其他违背客户真实意思表示损害客户利益的行为。

（三）对证券欺诈行为的监管

在证券交易中，禁止证券公司及其从业人员从事上述损害客户利益的欺诈行为。行为人以损害客户利益为代价来为自己牟取暴利，从事证券欺诈行为，危害性极大，它不仅损害了客户的利益，而且也扰乱了证券市场的秩序。

为了禁止证券欺诈行为，维护证券市场秩序，保护投资者的合法权益和社会公共利益，我国法律法规禁止任何单位或个人在证券发行、交易及其相关活动中欺诈客户。规定证券经营机构、证券登记或清算机构以及其他各类从事证券业的机构有欺诈客户行为的，将根据不同情况，限制或者暂停证券业务及其他处罚。因欺诈客户行为给投资者造成损失的，应当依法承担赔偿责任。

我国《证券法》第二百一十条规定，证券公司违背客户的委托买卖证券、办理交易事项，或者违背客户真实意思表示，办理交易以外的其他事项的，责令改正，处以1万元以上10万元以下的罚款。给客户造成损失的，依法承担赔偿责任。同时，《证券法》第二百一十一条规定，证券公司、证券登记结算机构挪用客户的资金或者证券，或者未经客户的委托，擅自为客户买卖证券的，责令改正，没收违法所得，并处以违法所得1倍以上5倍以下的罚款；没有违法所得或者违法所得不足10万元的，处以10万元以上60万元以下的罚款；情节严重的，责令关闭或者撤销相关业务许可。对直接负责的主管人员和其他直接责任人员给予警告，撤销任职资格或者证券从业资格，并处以3万元以上30万元以下的罚款。

三、对市场操纵的监管

（一）操纵市场的定义

证券市场中的操纵市场行为，是指个人或机构背离市场自由竞争和供求关系原则，人为地操纵证券价格，以引诱他人参与证券交易，为自己谋取私利的行为。我国《证券法》第七十七条规定，禁止任何人以下列手段操纵证券市场：（1）单独或者通过合谋，集中资金优势、持股优势或者利用信息优势联合或者连续买卖，操纵证券交易价格或者证券交易量；（2）与他人串通，以事先约定的时间、价格和方式相互进行证券交易，影响证券交易价格或者证券交易量；（3）在自己实际控制的账户之间进行证券交易，影响证券交易价格或者证券交易量；（4）以其他手段操纵证券市场。操纵证券市场行为给投资者造成损失的，行为人应当依法承担赔偿责任。

同时，《证券市场操纵行为认定办法》除对《证券法》第七十七条就连续交易操纵、约定交易操纵和自买自卖操纵行为的认定进一步细化之外，还增加了其他5种操纵行为的认定。其中，蛊惑交易是指编造、传播、散布虚假重大信息，诱导投资者作出买卖决策，影响证券交易价格或交易量，以便从预期市场变动中直接或间接获利的行为。抢先交易是指对相关证券或其发行人、上市公司公开作出评价、预测或投资建议，自己或建议他人抢先买卖相关证券，以便获利的行为。虚假申报是指进行不以成交为目的的频繁申报和撤销申报，误导投资者以便获利的行为。特定价格操纵是指通过拉抬、打压或锁定等手段使证券价格达到一定水平的行为。特定时段操纵包括尾市交易操纵和开盘价格操纵，前者指在收市时段拉抬、打压或锁定以操纵收市价格；后者指在集合竞价时段抬高、压低或锁定以操纵开盘价。

（二）操纵市场的危害

操纵市场行为，人为地扭曲了证券市场的正常价格，使价格与价值严重背离，造成虚假供求关系，误导资金流向，不能真实反映市场供求关系，损害了广大投资者的利益。如果任其发展下去，将会阻碍证券市场的健康发展，扰乱市场秩序。因此，各国对操纵市场的行为都是明令禁止的，并均在证券立法中制定了严厉的制裁条款。禁止操纵市场行为是中国证券市场规范化建设的一个重要内容，也是我国证券市场健康发展的客观需要。依法从严惩处操纵市场行为，对于防止证券市场出现过度投机现象，保护广大投资者的合法利益，促进我国证券市场健康和规范发展，具有十分重要的意义。

（三）对市场操纵的监管

（1）事前监管。是指在发生操纵行为前，证券管理机构采取必要手段以防止损害发生。为实现这一目的，各国证券立法和证券管理机构都在寻求有效的约束机制。如美国《证券交易法》第二十一条赋予证券管理机构广泛的调查权，以约束种类繁多的市场危害行为。

（2）事后救济。是指证券管理机构对市场操纵行为者的处理及操纵者对受损当事人的损害赔偿。主要包括两个方面：第一，对操纵行为的惩罚，根据我国《证券法》第二百零三条规定，违反《证券法》规定，操纵证券市场的，责令依法处理非法持有的证券，没收违法所得，并处以违法所得1倍以上5倍以下的罚款；没有违法所得或者违法所得不足30万元的，处以30万元以上300万元以下的罚款。单位操纵证券市场的，还应当对直接负责的主管人员和其他直接责任人员给予警告，并处以10万元以上60万元以下的罚款。第二，操纵行为受害者可以通过民事诉讼获得损害赔偿。

第四节　上市公司监管

上市公司监管着眼于两个基本目标，即提高上市公司运作效率和运作质量，充分保护投资者利益。为了实现这两个目标，对上市公司的监管主要集中在两个方面：一是建立完善的上市公司信息披露制度，对其信息披露进行监管；二是加强对上市公司治理结构的监督，规范其运作。

一、信息披露制度

证券监管的主要目标是保护投资者的合法权益，实现上市公司的持续发展，保持证券市场的透明、公正和效率，而证券监管部门正是通过建立完善的信息披露制度实现上述目标的。信息披露制度是上市公司监管的核心内容，也是证券市场监管赖以保护市场公平原则的基础。作为公众公司，上市公司应该让所有的投资者都及时了解公司的重大信息，以便在掌握信息的情况下作出投资决策。信息披露制度要求上市公司在发行、上市及退市整个过程中要充分、完整和准确地披露其生产、经营、财务及其他重大事宜，以保证投资者及时、充分地了解企业的基本情况。在美国纳斯达克市场上市的公司必须根据《证券交易法》第12节向美国证监会注册登记，提供有关其业务的所有信息，包括经营业绩、财务状况、股东情况，并在上市后及时披露有关重大信息。

中国证券监管部门自成立以来十分重视上市公司的信息披露工作，1999年后，上市公司监管从行政审批为主逐步向以信息披露为主过度，中国证监会结合资本市场发展实践，对上市公司信息披露进行了持续而全面的规范，具体措施有：（1）颁布《信息披露管理办法》，规范发行人、上市公司及其他信息披露义务人的信息披露行为，进一步完善信息披露规则和监管流程，提高上市公司信息披露质量及监管的有效性；（2）更加关注股价异动监管，维护证券市场秩序，打击内幕交易和市场操纵行为；（3）监管关口迁移，进一步完善建立信息披露与市场监管联动的快速应对机制，这一系列的措施逐步确立了以强制信息披露为核心的监管理念。同时，上市公司监管也围绕信息披露这个中心，建立了"事前立规、依法披露、事后追究"的信息披露监管制度。

（一）信息披露制度

信息披露制度，也称公示制度、公开披露制度，是指证券市场上有关当事人在股票发行、上市和交易等一系列环节中依照法律规章，以一定方式向社会公众公开与证券有关的信息而形成的一系列行为规范和活动标准。信息披露制度的目标和宗旨是保证所有有关的信息都能得到最公平的披露。信息披露制度是普通股东权利得到保护的重要手段，同时也是保障市场公平的重要制度。

信息披露制度是以发行人—上市公司为主线，由多方主体参与的制度，这些当事人可分为信息披露主体和信息披露参与人。信息披露主体主要是指发行公司和上市公司，它们依法承担披露义务的信息发源人义务。信息披露参与人是信息披露主体以外的信息披露制度中不可缺少的主体，如证券主管机关和信息文件的制作者以及审查者等中介机构。信息披露制度是一个完整的系统，它不仅要求信息披露主体完成信息披露的义务，还要求信息披露参与各方严格依法进行，在信息披露过程中勤勉尽责。从信息披露制度的整体监管角度看，证券交易所由于处在市场一线监管的核心，对信息披露的主体负有最重要的监管职能。

（二）信息披露的基本原则

上市公司信息披露的内容主要分两类：一类是投资者评估公司经营状况所需要的信息，另一类是对股价运行有重大影响的事项。对于上市公司来说，信息披露应遵循以下原则和要求。

（1）真实、准确、完整原则。真实、准确和完整主要指的是信息披露的内容。真实性是信息披露的首要原则，真实性要求发行人披露的信息必须是客观真实的，而且披露的信息必须与客观发生的事实相一致，发行人要确保所披露的重要事件和财务会计资料有充分的依据。完整性原则又称充分性原则，要求所披露的信息在数量上和性质上能够保证投资者形成足够的投资判断意识。准确性原则要求发行人披露信息必须准确表达其含义，所引用的财务报告、盈利预测报告应由具有证券期货相关业务资格的会计师事务所审计或审核，引用的数据应当提供资料来源，事实应充分、客观、公正，信息披露文件不得刊载任何有祝贺性、广告性和恭维性的词句。

（2）及时原则。及时原则又称时效性原则，包括两个方面：一是定期报告的法定期间不能超越；二是重要事实的及时报告制度，当原有信息发生实质性变化时，信息披露责任主体应及时更改和补充，使投资者获得当前真实有效的信息。任何信息都存在时效性问题，不同的信息披露遵循不同的时间规则。

（3）风险揭示原则。发行人在公开招股说明书、债券募集办法、上市公告书、持续信息披露过程中，对有关部分简要披露发行人及其所属行业、市场竞争和盈利等方面的现状及前景，并向投资者简述相关的风险。

（4）保护商业秘密原则。商业秘密是指不为公众所知悉、能为权利人带来经济利益、具有实用性并经权利人采取保密措施的技术信息和经验信息。由于商业秘密等特殊原因致使某些信息确实不变披露的，发行人可向中国证监会申请豁免。内幕信息在公开披露前也是属于商业秘密，也应受到保护，发行人信息公开前，任何当事人不得违反规定泄露有关的信息，或利用这些信息谋取不正当利益。商业秘密不受信息披露真实性、准确性、完整性和及时性原则的约束。

（三）证券发行与上市的信息公开制度

发行公司在其股票正式挂牌之前，必须完成必要的信息披露。上市前公司必须履行上市审批程序所要求的披露义务，并且根据证券交易所的上市规则进行完整而准确的披露，达到国家证券主管机关和证券交易所两方面的上市条件，才能够使其证券在证券交易所挂牌交易。

（1）证券发行信息的公开。发行人要向投资者阐明投资于其发行证券的有关风险和投机因素。为了对投资者负责，公司有责任对出售证券所筹集资金的目的和使用方向加以说明。如果新股票是溢价发行，对股东产权引起的削弱等应给予足够的解释。此外，公司还应公布证券发行的包销和销售计划等。

（2）证券上市信息的公开。《证券法》第五十三条规定，股票上市交易申请经证券交易所审核同意后，签订上市协议的公司应当在规定的期限内公告股票上市的有关文件，并将该文件置备于指定场所供公众查阅。《证券法》第五十四条规定，上市公司除公告前条规定的上市申请文件外，还应当公告下列事项：股票获准在证券交易所交易的日期；持有公司股份最多的前十名股东的名单和持股数额；公司的实际控制人；董事、监事、高级管理人员的姓名及其持有本公司股票和债券的情况。《公司法》的有关章节也对上市公司的信息披露作了规定。

（四）持续信息公开制度

《证券法》第六十五条规定，上市公司和公司债券上市交易的公司，应当在每一会计年度的上半年结束之日起两个月内，向国务院证券监督管理机构和证券交易所报送记载以下内容的中期报告，并予公告：公司财务会计报告和经营情况；涉及公司的重大诉讼事项；已发行的股票、公司债券变动情况；提交股东大会审议的重要事项；国务院证券监督管理机构规定的其他事项。

《证券法》第六十六条规定，股票或者公司债券上市交易的公司，应当在每一会计年度结束之日起四个月内，向国务院证券监督管理机构和证券交易所提交记载以下内容的年度报告，并予公告：公司概况；公司财务会计报告和经营情况；董事、监事、高级管理人员简介及其持股情况；已发行的股票、公司债券情况，包括持有公司股份最多的前十名股东名单和持股数额；公司实际控制人；国务院证券监督管理机构规定的其他事项。

（五）证券交易所的信息公开制度

《证券法》第一百一十三条规定，证券交易所应当为组织公平的集中竞价交易提供保障，公布证券交易即时行情，并按交易日制作证券市场行情表，予以公布。

《证券法》第一百一十五条规定，证券交易所对证券交易实行实时监控，并按照国务院证券监督管理机构的要求，对异常的交易情况提出报告。

证券交易所应当对上市公司及相关信息披露义务人披露信息进行监督，督促其依法及时、准确地披露信息。

（六）信息披露的虚假或重大遗漏的法律责任

根据《证券法》第六十三条的规定，发行人、上市公司依法披露的信息，必须真实、准确、完整，不得有虚假记载、误导性陈述或者重大遗漏。

关于信息披露的虚假或重大遗漏的法律责任问题，根据《证券法》第六十九条的规定，发行人、上市公司公告的招股说明书、公司债券募集办法、财务会计报告、上市报告文件、年度报告、中期报告、临时报告以及其他信息披露资料，有虚假记载、误导性陈述或者重大遗漏，致使投资者在证券交易中遭受损失的，发行人、上市公司应当承担赔偿责任；发行人、上市公司的董事、监事、高级管理人员和其他直接责任人员以及保荐人、承销的证券公司，应当与发行人、上市公司承担连带赔偿责任，但是能够证明自己没有过错的除外；发行人、上市公司的控股股东、实际控制人有过错的，应当与发行人、上市公司承担连带赔偿责任。《证券法》第一百七十三条规定，证券服务机构为证券的发行、上市、交易等证券业务活动制作、出具审计报告、资产评估报告、财务顾问报告、资信评级报告或者法律意见书等文件，应当勤勉尽责，对所制作、出具的文件内容的真实性、准确性、完整性进行核查和验证。其制作、出具的文件有虚假记载、误导性陈述或者重大遗漏，给他人造成损失的，应当与发行人、上市公司承担连带赔偿责任，但是能够证明自己没有过错的除外。第一百九十二条规定，保荐人出具有虚假记载、误导性陈述或者重大遗漏的保荐书，或者不履行其他法定职责的，责令改正，给予警告，没收业务收入，并处以业务收入一倍以上五倍以下的罚款；情节严重的，暂停或者撤销相关业务许可。对直接负责的主管人员和其他直接责任人员给予警告，并处以3万元以上30万元以下的罚款；情节严重的，撤销任职资格或者证券从业资格。

《证券法》第一百九十三条规定，发行人、上市公司或者其他信息披露义务人未按照规定披露信息，或者所披露的信息有虚假记载、误导性陈述或者重大遗漏的，由证券监督管理机构责令改正，给予警告，处以30万元以上60万元以下的罚款。对直接负责的主管人员和其他直接责任人员给予警告，并处以3万元以上30万元以下的罚款。

另外,《证券法》第二百二十二条规定,证券公司或者其股东、实际控制人违反规定,拒不向证券监督管理机构报送或者提供经营管理信息和资料,或者报送、提供的经营管理信息和资料有虚假记载、误导性陈述或者重大遗漏的,责令改正,给予警告,并处以3万元以上30万元以下的罚款,可以暂停或者撤销证券公司相关业务许可。对直接负责的主管人员和其他直接责任人员,给予警告,并处以3万元以下的罚款,可以撤销任职资格或者证券从业资格。证券公司为其股东或者股东的关联人提供融资或者担保的,责令改正,给予警告,并处以10万元以上30万元以下的罚款。对直接负责的主管人员和其他直接责任人员,处以3万元以上10万元以下的罚款。股东有过错的,在按照要求改正前,国务院证券监督管理机构可以限制其股东权利;拒不改正的,可以责令其转让所持证券公司股权。还有,第二百二十三条规定,证券服务机构未勤勉尽责,所制作、出具的文件有虚假记载、误导性陈述或者重大遗漏的,责令改正,没收业务收入,暂停或者撤销证券服务业务许可,并处以业务收入一倍以上五倍以下的罚款。对直接负责的主管人员和其他直接责任人员给予警告,撤销证券从业资格,并处以3万元以上10万元以下的罚款。

二、公司治理结构

对上市公司监管,除了有关定期和临时信息披露的内容之外,还包括上市公司自身运作规范与否的监管,内容包括:董事会是否正确履行职责,是否存在内幕交易和关联交易,募股资金是否正确使用,大股东的信息披露是否规范等。目前,几乎所有的证券交易所均对上市公司在公司治理方面提出了规范要求。现代公司是一种典型的委托—代理制度,其核心是所有权和经营权的分离。这种委托—代理制度在促进公司有效运作的同时也会带来信息不对称的问题,并由此产生代理人利用其信息优势侵犯委托人的利益,以及对不同的委托人给予不平等的待遇等问题。公司治理结构包括公司经理层、董事会、股东和其他利害相关者之间的一整套关系。良好的治理结构可以激励董事会和经理层去实现那些符合公司和股东利益的奋斗目标,也可以提供有效的监督,从而激励企业更有效地利用资源。改善公司治理结构的目标就是要将这种成本降到最小。

从世界范围来看,各国的公司治理模式主要有三种。

(一)德日模式

德日治理模式被称为是银行控制主导型,其本质特征表现在以下几个方面。

1. 商业银行是公司的主要股东

目前,德日两国的银行处于公司治理的核心地位。在经济发展过程中,银行深深涉足其关联公司的经营事务中,形成了颇具特色的主银行体系。所谓主银行是指在某企业接受贷款中占据第一位的银行,而由主银行提供的贷款叫系列贷款,包括长期贷款和短期贷款。

日本的主银行制是一个多面体,主要包括三个基本层面:一是银企关系层面,即企业与主银行之间在融资、持股、信息交流和管理等方面结成的关系;二是银银关系层面即指银行之间基于企业的联系而形成的关系;三是政银关系,即指政府管制当局与银行业之间的关系。这三层关系相互交错、相互制约，共同构成一个有机的整体，或称为以银行为中心的、通过企业的相互持股而结成的网络。在德国，政府很早就认识到通过银行的作用来促进经济的增长。开始，银行仅仅是公司的债权人，只从事向企业提供贷款业务，但当银行所贷款的公司拖欠银行贷款时，银行就变成了该公司的大股东，银行可以自己持有一家公司多少股份，在德国没有法律的限制，但其金额不得超过银行资本的15%。一般情况下，德国银行持有的股份在一家公司股份总额的10%以下。

另外，德国银行还进行间接持股，即兼作个人股东所持股票的保管人。德国大部分个人股东平时都把其股票交给自己所信任的银行保管，股东可把他们的投票权转让给银行来行使，这种转让只需在储存协议书上签署授权书就可以了，股东和银行的利益分配一般被事先固定下来。这样银行得到了大量的委托投票权，能够代表储户行使股票投票权。到1988年，在德国银行储存的股票达4 115亿马克，约为当时国内股票市场总值的40%，加上银行自有的股票（约为9%），银行直接、间接管理的股票就占德国上市股票的50%左右。

商业银行虽然是德、日两国公司的最大股东，呈现出公司股权相对集中的特征，但是二者仍然存在一些区别。在日本的企业集团中，银行作为集团的核心，通常拥有集团内企业较大的股份，并且控制了这些企业外部融资的主要渠道。德国公司则更依赖于大股东的直接控制，由于大公司的股权十分集中，使得大股东有足够的动力去监控经理阶层。另外，由于德国公司更多地依赖于内部资金融通，所以德国银行不像日本银行那样能够通过控制外部资金来源对企业施加有效的影响。

2. 法人持股或法人相互持股

法人持股，特别是法人相互持股是德、日两国公司股权结构的基本特征，这一特征在日本公司中更为突出。"二战"后，股权所有主体多元化和股东数量迅速增长是日本企业股权结构分散化的重要表现。但在多元化的股权结构中，股权并没有向个人集中而是向法人集中，由此形成了日本企业股权法人化现象，构成了法人持股的一大特征。

据统计，1949—1984年，日本个人股东的持股率从69.1%下降为26.3%，而法人股东的持股率则从15.5%上升为67%，到1989年，日本个人股东的持股率下降为22.6%，法人股东持股率则进一步上升为72%，正由于日本公司法人持股率占绝对比重，有人甚至将日本这种特征称为法人资本主义。

由于德日两国在法律上对法人相互持股没有限制，因此德日两国公司法人相互持股非常普遍。法人相互持股有两种形态，一种是垂直持股，如丰田、住友公司，它们通过建立母子公司的关系，达到密切生产、技术、流通和服务等方面相互协作的目的；另一种是环状持股，如三菱公司、第一劝业集团等，其目的是相互之间建立起稳定的资产和经营关系。

总之，公司相互持股加强了关联企业之间的联系，使企业之间相互依存、相互渗透、相互制约，在一定程度上结成了命运共同体。

3. 严密的股东监控机制

德日两国公司的股东监控机制是一种主动性或积极性的模式，即公司股东主要通过一个能信赖的中介组织或股东之中有行使股东权利的人或组织，通常是一家银行来代替他们控制与监督公司经理的行为，从而达到参与公司控制与监督的目的。如果股东们对公司经理不满意，不像英美两国公司那样只是"用脚投票"，而是直接"用手发言"。但是德日两国公司的监控机制的特征有所不同。

（1）德国公司监控机制的特征。德国公司监控机制的特征表现在两个方面。

第一，德国公司的业务执行职能和监督职能相分离，并成立了与之相对应的两种管理机构，即执行董事会和监督董事会，也称双层董事会。依照法律，在股份公司中必须设立双层董事会。监督董事会是公司股东、职工利益的代表机构和监督机构。德国公司法规定，监督董事会的主要权责，一是任命和解聘执行董事，监督执行董事是否按公司章程经营；二是对诸如超量贷款而引起公司资本增减等公司重要经营事项作出决策；三是审核公司的账簿，核对公司资产，并在必要时召开股东大会。德国公司监事会的成员一般要求有比较突出的专业特长和丰富的管理经验，监事会主席由监事会成员选举，须经 2/3 以上成员投赞成票而确定，监事会主席在表决时有两票决定权。由此来看，德国公司的监事会是一个实实在在的股东行使控制与监督权利的机构，因为它拥有对公司经理和其他高级管理人员的聘任权与解雇权。这样无论从组织机构形式上，还是从授予的权利上，都保证了股东确实能发挥其应有的控制与监督职能。由于银行本身持有大量的投票权和股票代理权，因而在公司监事会的选举中必然占有主动的地位。德国在 1976—1977 年的一份报告中表明，在德国最大的 85 个公司监事会中，银行在 75 个监督董事会中占有席位，并在 35 个公司监事会中担任主席。

如果公司经理和高层管理人员管理不善，银行在监事会的代表就会同其他代表一起要求改组执行董事会，更换主要经理人员。由此可见，德国在监事会成员的选举、监事会职能的确定上都为股东行使控制与监督权提供了可能性，而银行直接持有公司股票，则使股东有效行使权利成为现实。

第二，德国监控机制有别于其他国家的重要特征是职工参与决定制度。由于德国在历史上曾是空想社会主义和工人运动极为活跃的国家，早在 200 年前，早期社会主义者就提出了职工民主管理的有关理论。1848 年，在法兰克福国民议事会讨论《营业法》时就提议在企业建立工人委员会作为参与决定的机构。1891 年重新修订的《营业法》首次在法律上承认工人委员会。德国魏玛共和国时期制定的著名的《魏玛宪法》也有关于工人和职员要平等地与企业家共同决定工资和劳动条件，工人和职员在企业中应拥有法定代表并通过他们来保护自身的社会经济利益等规定。尤其在"二战"以后，随着资本所有权和经营权的分离，德国职工参与意识进一步兴起，德国颁布了一系列关于参与决定的法规。德国的职工参与，可以分为三种形式。其一是在拥有职工 2 000 名以上的股份有限公司、合资合作公司、有限责任公司。这种参与方式的法律依据是 1976 年通过的《参与决定法》。它涉及的主要是监事会的人选。监事会的人数视企业规模而定，在 2 000 名以上到 1 万名职工以下的企业有监事会成员 20 名。职工进入监事会的代表中，职工和高级职员是按比例选举的，但每一群体至少有 1 名代表。其二是拥有 1 000 名以上职工的股份有限公司、有限责任公司等企业的参与决定涉及董事会和监事会。董事会中要求有 1 名劳工经理参加。监事会的人数定为 11 人，席位分配的过程是：劳资双方分别提出 4 名代表和 1 名"其他成员"，再加 1 名双方都能接受的中立的第三方。其中的"其他成员"规定为不允许与劳资双方有任何依赖关系，也不能来自那些与本企业有利害关系的企业。其三是雇员 500 名以上的股份公司、合资合作公司等。规定雇员代表在监事会中占 1/3，在监事会席位总数多于 1 个席位时，至少要有 1 名工人代表和 1 名职工代表。职工代表由工人委员会提出候选人名单，再由职工直接选举。

这样职工通过选派职工代表进入监事会参与公司重大经营决策，即所谓"监事会参与决定"，使得企业决策比较公开，这有利于对公司经营的监督，同时还有利于公司的稳定和持续发展。因为职工在监事会中占有一定的席位，在一定程度上减少了公司被兼并接管的可能性，这也是德国公司很少受到外国投资者接管威胁的主要原因之一，它保护了经理人员作出长期投资的积极性。

（2）日本公司监控机制的特征。日本银行的双重身份，决定了其必然在行使监控权力中，发挥领导的作用。日本银行及其法人股东通过积极获取经营信息对公司主管实行严密的监督。一方面，银行作为公司的主要股东，在盈利情况良好的条件下，银行只是作为"平静的商业伙伴"而存在。另一方面如果公司盈利开始下降，主银行由于所处的特殊地位，能够很早就通过营业往来账户、短期信贷、与公司最高管理层商业伙伴的长期个人交往等途径获取信息，及时发现问题。如果情况继续恶化，主银行就可以通过召开股东大会或董事会来更换公司的最高领导层。日本的董事会与美国很相似，基本上是实行业务执行机构与决策机构合二为一。但是日本董事会的股东代表特别少，从总体上看具有股东身份的仅占 9.4%（主要股东为 5.7%，股东代表为 3.7%），而在上市公司特别是大公司中，具有股东身份的仅占 3.9%，其余大部分都是内部高、中层的经营管理人员等，从董事会成员构成可以看出，董事会不是股东真正行使监控权利的机构。另外从表面上看，日本公司董事会也没有银行的代表，但实际上并非如此。在日本公司董事会中，有一名以上的董事常常是公司主银行的前任主管，这是日本商业银行的通行做法。这位前任主管实际上就是为主银行收集信息，并对公司主管实行严密监控，当对公司主管经理的经营业绩不满意时，就可以利用股东大会罢免这些经理人员。日本公司还通过定期举行的"经理俱乐部"会议对公司主管施加影响。尽管"经理俱乐部"会议是非正式的公司治理结构，但它实际上是银行和其他主要法人股东真正行使权利的场所。在"经理俱乐部"会议上，包括银行和法人股东在内的负责人与公司经理一道讨论公司的投资项目、经理的人选以及重大的公司政策等。

（二）英美模式

公司内部的权力分配是通过公司的基本章程来限定公司不同机构的权力并规范它们之间的关系的。各国现代企业的治理结构虽然都基本遵循决策、执行、监督三权分立的框架，但在具体设置和权力分配上却存在着差别。

1. 股东大会

从理论上讲，股东大会是公司的最高权力机构。但是，英美公司的股东非常分散，而且相当一部分股东是只有少量股份的股东，其实施治理权的成本很高，因此，不可能将股东大会作为公司的常设机构，或经常就公司发展的重大事宜召开股东代表大会，以便作出有关决策。在这种情况下，股东大会就将其决策权委托给一部分大股东或有权威的人来行使，这些人组成了董事会。股东大会与董事会之间的关系实际上是一种委托—代理的关系。股东们将公司日常决策的权力委托给了由董事组成的董事会，而董事会则向股东承诺使公司良性运作并获得满意的利润。

2. 董事会

董事会是股东大会的常设机构，其职权是由股东大会授予的。关于董事会人数、职权和作用，各国公司法均有较为明确的规定，英美也不例外。除公司法的有关规定以外，各个公司也都在公司章程中对有关董事会的事宜进行说明。公司的性质不同，董事会的构成也不同。在谈到公司治理问题时，常常要根据不同性质的公司进行分析。为了更好地完成其职权，董事会除了注意人员构成之外还要注意董事会的内部管理。英、美两国公司的董事会在内部管理上有两个鲜明的特点。

其一，在董事会内部设立不同的委员会，以便协助董事会更好地进行决策。一般而言，英、美两国公司的董事会大都附设执行委员会、任免委员会、报酬委员会、审计委员会等一些委员会。这些委员会一般都是由董事长直接领导，有的实际上行使了董事会的大部分决策职能，因为有的公司董事太多，如果按正常程序进行决策，则很难应付千变万化的市场环境。也有可能因为决策者既是董事长同时也是最大股东，对公司事务有着巨大的影响力，所以不愿让太多的人分享他的决策权。在这种情况下，董事会是股东大会的常设机构，而执行委员会又成为董事会的常设机构。除这样一些具有明显管理决策职能的委员会外，有的公司还设有一些辅助性委员会，如审计委员会，主要是帮助董事会加强其对有关法律和公司内部审计的了解，使董事会中的非执行董事把注意力转向财务控制和存在的问题，从而使财务管理真正起到一种控制作用，增进董事会对财务报告和选择性会计原则的了解；报酬委员会，主要是决定公司高级人才的报酬问题；董事长的直属委员会，由董事长随时召集讨论特殊问题并向董事会提交会议记录和建议的委员会，尽管它是直属于董事长的，但它始终是对整个董事会负责，而并不只是按董事长的意图行事。近年，美国有些公司又成立了公司治理委员会，用以解决专门的公司治理问题。

其二，将公司的董事分成内部董事和外部董事。内部董事是指公司现在的职员，以及过去曾经是公司的职员，现在仍与公司保持着重要的商业联系的人员。外部董事包括三种人，一是与本公司有着紧密的业务和私人联系的外部人员；二是本公司聘请的外部人员；三是其他公司的经理人员。外部董事一般在公司董事会中占多数，但一般不在公司中任职；内部董事一般都在公司中担任重要职务，是公司经营管理的核心成员，美国大多数公司企业的内部董事人数为3人，很少有超过5人的。外部董事有的是私人投资者，他们通过在股票市场上购买公司股票而成为公司大股东，但他们往往对于公司的具体业务并不了解，大部分外部董事作为其他公司的代表进入公司董事会，而这些公司又常常是法人持股者。自20世纪70年代以来，英美两国公司中的外部董事比例呈上升趋势。按理讲，外部董事比例的增加会加强董事会对经营者的监督与控制，但是，英美两国大公司中同时存在的一个普遍现象是公司首席执行官兼任董事会主席。这种双重身份实际上使董事会丧失了独立性,其结果是董事会难以发挥监督职能。

3. 首席执行官(CEO)

从理论上讲,董事会有权将部分经营管理权力转交给代理人代为执行。这个代理人就是公司政策执行机构的最高负责人。这个人一般被称为首席执行官,即CEO。在多数情况下,首席执行官是由董事长兼任的。即使不是由董事长兼任,担任此职的人也几乎必然是公司的执行董事并且是公司董事长的继承人。但是,由于公司的经营管理日益复杂化,经理职能也日益专业化,大多数公司又在首席执行官之下为其设一助手,负责公司的日常业务,这就是首席运营官(Chief Operation Officer,COO)。在大多数公司,这一职务一般由公司总裁(President)兼任,而总裁是仅次于首席执行官的公司第二号行政负责人。也有的公司,由董事长同时兼任公司的首席执行官和总裁。公司还常设一名首席运营官协助董事长兼首席执行官的工作。此外,公司还设有其他一些行政职务,如首席财务官等。在英美两国公司的行政序列中,以首席执行官的地位最高,其次为公司总裁,再次为首席营业官,接下来是首席财务官。在总裁以下,各公司还常常设有多名负责具体业务的副总裁,包括执行副总裁和资深副总裁。这些副总裁一般都负责公司的一个重要业务分部,或者是作为公司董事长和首席执行官的代表担任重要子公司的董事长兼首席执行官。由于首席执行官是作为公司董事会的代理人而产生,授予他何种权力、多大的权力以及在何种情况下授予,是由各公司董事会决定的。首席执行官的设立,体现了公司经营权的进一步集中。

4. 外部审计制度的导入

需要注意的是,英美两国公司中没有监事会,而是由公司聘请专门的审计师事务所负责有关公司财务状况的年度审计报告。公司董事会内部虽然也设立审计委员会,但它只是起协助董事会或总公司监督子公司财务状况和投资状况等的作用。由于英美等国是股票市场非常发达的国家,股票交易又在很大程度上依赖于公司财务状况的真实披露,而公司自设的审计机构难免在信息发布的及时性和真实性方面有所偏差。所以,英美等国很早便出现了由独立会计师承办的审计师事务所,由有关企业聘请它们对公司经营状况进行独立审计并发布审计报告,以示公正。英美等国公司每年的财务报告书都附有审计师事务所主管审计师签发的审计报告。政府的审计机构也在每年定期或不定期地对公司经营状况进行审计并对审计师事务所的资格进行审查。这种独立审计制度既杜绝了公司的偷税漏税行为,又在很大程度上保证了公司财务状况信息的真实披露,有助于公司的守法经营。

(三)韩国和东南亚家族模式

韩国与东南亚家族治理模式的共性有以下几点。

1. 企业所有权或股权主要由家族成员控制

在韩国和东南亚的家族企业中,家族成员控制企业的所有权或股权表现为五种情况。第一种情况是企业的初始所有权由单一创业者拥有,当创业者退休后,企业的所有权传递给子女,由其子女共同拥有。第二种情况是企业的初始所有权由参与创业的兄弟姐妹或堂兄弟姐妹共同拥有，待企业由创业者的第二代经营时，企业的所有权则由创业者的兄弟姐妹的子女或堂兄弟姐妹的子女共同拥有。第三种情况是企业的所有权由合资创业的具有血缘、姻缘和亲缘的家族成员共同控制，然后顺延传递给创业者第二代或第三代的家族成员，并由他们共同控制。第四种情况是家族创业者或家族企业与家族外其他创业者或企业共同合资创办企业时，由家族创业者或家族企业控股，待企业股权传递给家族第二代或第三代后，形成由家族成员联合共同控股的局面。第五种情况是一些原来处于封闭状态的家族企业，迫于企业公开化或社会化的压力，把企业的部分股权转让给家族外的其他人或企业，或把企业进行改造公开上市，从而形成家族企业产权多元化的格局，但这些股权已经多元化的家族企业的所有权仍然主要由家族成员控制着。上述五种情况中的每一种情况，在韩国和东南亚的家族企业中都大量存在着，而且上述五种情况包括韩国和东南亚家族企业所有权或股权由家族成员控制的基本概况。

2. 企业主要经营管理权掌握在家族成员手中

在韩国和东南亚的家族企业，家族成员控制企业经营管理权主要分两种情况。一种情况是企业经营管理权主要由有血缘关系的家族成员控制，另一种情况是企业经营管理权主要由有血缘关系的家庭成员和有亲缘、姻缘关系的家族成员共同控制。

3. 企业决策家长化

由于受儒家伦理道德准则的影响，在韩国和东南亚家族企业中，企业的决策被纳入了家族内部序列，企业的重大决策如创办新企业、开拓新业务、人事任免、决定企业的接班人等都由家族中的同时是企业创办人的家长一人作出，家族中其他成员作出的决策也须得到家长的首肯，即使这些家长已经退出企业经营的第一线，但由家族第二代成员作出的重大决策，也必须征询家长的意见或征得家长的同意。当家族企业的领导权传递给第二代或第三代后，前一代家长的决策权也同时赋予第二代或第三代接班人，由他们作出的决策，前一辈的其他家族成员一般也必须服从或遵从。但与前一辈的家族家长相比，第二代或第三代家族家长的绝对决策权已有所降低，这也是家族企业在第二代或第三代出现矛盾或冲突的根源所在。

4. 经营者激励约束双重化

在韩国和东南亚的家族企业中，经营者受到了来自家族利益和亲情的双重激励和约束。对于家族第一代创业者而言，他们的经营行为往往是为了光宗耀祖或使自己的家庭更好地生活，以及为自己的子孙后代留下一份产业。对于家族企业第二代经营者来说，发扬光大父辈留下的事业，保值增值作为企业股东的家族成员的资产，维持家族成员的亲情，是激励和约束他们的经营行为的主要机制。因此，与非家族企业经营者相比，家族企业经营者的道德风险、利己的个人主义倾向发生的可能性较低，用规范的制度对经营者进行监督和约束已经成为不必要。但这种建立在家族利益和亲情基础上的激励约束机制，使家族企业经营者所承受的压力更大，并为家族企业的解体留下了隐患。

5. 企业员工管理家庭化

韩国和东南亚的家族企业在企业中创造和培育一种家庭式的氛围，使员工产生一种归属感和成就感。例如，马来西亚的金狮集团，在经济不景气时不辞退员工，如果员工表现不佳，公司不会马上开除，而是采取与员工谈心等形式来分析问题和解决问题，这种家庭式的管理氛围在公司中产生了巨大的力量。印度尼西亚林绍良主持的中亚财团，对工龄在 25 年以上的超龄员工实行全薪退休制，使员工增加了对公司的忠诚度。再如，韩国的家族企业都为员工提供各种福利设施，如宿舍、食堂、通勤班车、职工医院、浴池、托儿所、员工进修条件等。韩国和东南亚家族企业对员工的家庭式管理，不仅增强了员工对企业的忠诚度，提高了企业经营管理者和员工之间的亲和力和凝聚力，而且还减少和削弱了员工和企业间的摩擦和矛盾，保证了企业的顺利发展。

6. 银行外部监督软弱

在东南亚，许多家族企业都涉足银行业。其中，一些家族企业的最初创业就始于银行经营，然后把企业的事业再拓展到其他领域；也有一些家族企业虽然初始创业起步于非银行领域的其他产业，但当企业发展到一定程度后再逐步把企业的事业拓展到银行业。作为家族系列企业之一的银行与家族其他系列企业一样，都是实现家族利益的工具，因此，银行必须服从于家族的整体利益，为家族的其他系列企业服务。所以，属于家族的银行对同属于家族的系列企业基本上是软约束。许多没有涉足银行业的家族企业一般都采取由下属的系列企业之间相互担保的形式向银行融资，这种情况也使银行对家族企业的监督力度受到了削弱。在韩国，银行作为政府干预经济活动的一个重要手段，是由政府控制的。一个企业的生产经营活动只有符合政府的宏观经济政策和产业政策要求，才会获得银行的大量优惠贷款，否则就很难得到银行的贷款。所以，韩国的家族企业为了生存和发展，都纷纷围绕政府的宏观经济政策和产业政策创办企业和从事经营活动。这种情况使得韩国的家族企业得到了不受银行约束的源源不断的贷款。除筹资功能外，银行在韩国只是一个发放贷款的工具，而对贷款流向哪些企业、获得贷款企业的金融体质是否健康则很少关心，这使得韩国家族企业受到来自银行的监督和约束力度较小。

7. 政府对企业的发展有较大的制约

韩国和东南亚的家族企业在发展过程中都受到了政府的制约。在东南亚国家，家族企业一般存在于华人中间，而华人又是这些国家的少数民族（新加坡除外），且掌握着国家的经济命脉；华人经济与当地土著经济之间存在着较大的差距。因此，华人家族企业经常受到政府的种种限制。为了企业的发展，华人家族企业被迫采取与政府及政府的公营企业合作，与政府公营企业合资，以及在企业中安置政府退休官员和政府官员亲属任职等形式，来搞好与政府的关系。而在韩国，政府对家族企业的制约主要表现在政府对企业发展的引导和支持上。凡家族企业的经营活动符合国家宏观经济政策和产业政策要求的，政府会在金融、财政、税收等方面给予各种优惠政策进行引导和扶持；反之，政府会在金融、财政、税收等方面给予限制。因此，在韩国和东南亚，家族企业的发展都受到了政府的制约，但在东南亚，政府对家族企业采取的主要措施是限制；在韩国，政府对家族企业采取的主要措施则是引导和扶持。

（四）我国上市公司的公司治理问题

上市公司治理结构存在明显缺陷是中国股市一系列问题的主要症结之一。对于中国上市公司而言，一些先天的不足使得改善治理的难度增大。近年来，证监会积极采取相应监管措施，着力推动上市公司加强制度建设，调整和完善治理机制，引导我国上市公司治理走上规范化道路。

1. 建立上市公司治理结构框架

为完善公司治理规则，中国证监会陆续出台了一系列相关规章，包括《上市公司章程指引》、《上市公司治理准则》、《关于在上市公司建立独立董事制度的指导意见》等。在股权分置改革开始后，中国证监会修订了《上市公司章程指引》、《上市公司股东大会规则》等规章，是上市公司治理结构的框架和原则基本确立，上市公司治理走上了规范发展的道路。

2. 加强上市公司治理专项活动

2007年，在"股权"和"清欠"的基础上，为切实贯彻落实全国金融工作会议和全国证券期货监管工作会议精神，加强资本市场基础性制度建设，进一步提高上市公司质量，在全体上市公司中开展了为期一年的"加强上市公司治理专项活动"。此次活动是对近年来上市公司治理情况的一次全面摸底调查，是适应新环境下促进上市公司规范运作、提高上市公司质量的重要措施，也是固本强基，推进资本市场持续稳定健康发展的重要举措，其标志着上市公司基础性制度建设工作向纵深发展。上市公司治理专项活动从2007—2008年，经公司自查、公众评议、整改提高三个阶段，现场检查1 714家次，参加专项活动的1 475家上市公司共发现治理问题10 698个，整改各类问题1万多个，完善了公司治理、内部制衡与激励约束机制。进一步促进了上市公司提高规范运作意识，完善内部控制制度和有关规章制度，全面查找公司治理方面的问题，并对大部分问题进行了整改，有力地推进了"公司自治、股东自治"的文化和机制建设。

3. 完善上市公司股权激励制度建设

在《公司法》、《证券法》修订，股权分置改革全面推进的情况下，国内实施股权激励的法律环境和市场环境不断完善，引入股权激励的时机逐渐成熟。为此，证监会于2005年12月31日发布《上市公司股权激励管理办法（试行）》，2007年12月26日发布《关于上市公司股权激励备案工作有关问题的通知》，促进上市公司建立、健全激励与约束机制，规定股权激励的主要方式为限制性股票和股票期权，并从实施程序和信息披露角度对股权激励机制予以规范，明确上市公司股权激励备案工作，对上市公司的规范运作与持续发展产生了深远影响。

本章小结

信息披露是证券监管的核心思想。证券业监管的三个目标是保护投资者的合法权益，确保市场的公平、高效和透明，降低系统性风险。公开原则是证券业监管的基本原则。公正原则、公平原则是证券监管的重要原则。

健全的法律框架对于证券市场的有效监管至关重要。我国证券市场的法律框架有四个层次：法律、行政法规和法规性文件、部门规章、自律规则。监管机构包括政府监管机构、证券业协会、证券交易所。

中国证监会统一负责证券公司设立、变更、终止事项的审批，依法履行对证券公司的监督管理职责。证券交易所对会员公司的准入条件、会员的权利义务、会员在交易所从事的业务进行监管。证券业协会是证券业的自律组织，是社会团体法人，协助证券监督管理机构教育和组织会员遵守证券法律、行政法规，监督会员行为，对违反法律、行政法规或者协会章程的，按照规定给予纪律处分。

上市公司监管着眼于两个基本目标，即提高上市公司运作效率和运作质量，充分保护投资者利益。为了实现这两个目标，对上市公司的监管主要集中在两个方面：一是建立完善的上市公司信息披露制度，对其信息披露进行监管；二是加强对上市公司治理结构的监督，规范其运作。

本章重要概念

"蓝天法" 透明度 证券市场的系统性风险 公开原则 公正原则 公平原则
现场检查 非现场检查 内控制度 净资本 内幕交易 证券欺诈 市场操纵
信息披露 公司治理 独立董事 监事会 适度监管

复习思考题

1. 证券市场监管的目标是什么？
2. 证券市场监管应遵循哪些原则？
3. 对证券公司进行检查的主要内容是什么？何为证券公司内控制度？
4. 为什么要禁止内幕交易？为什么要反证券欺诈？
5. 信息披露应遵循哪些原则？我国上市公司信息披露监管有哪些内容？

第十一章

保险业监管

保险业具有不同于其他行业的特殊性，所以世界各国均对其进行严格管理。本章重点讨论了保险市场的监管、保险人的监管、保险市场其他要素的监管等问题。

第一节 保险市场的监管

一、保险市场的概述

保险市场有广义和狭义之分。狭义的保险市场就是指进行保险商品交易的场所，如保险交易所，属于有形的保险市场。广义的保险市场是指保险商品买卖行为的总和，既包括有形的保险市场，也包括无形的保险市场，即促进保险交易实现的诸多环节，包括供给者、需求者、中介人、管理者在内的整个市场运行机制。

市场的构成要素可分为主体和客体两大部分。保险市场的主体是指与保险供求有关的组织和人员，包括保险人、投保人、被保险人和受益人；保险市场的客体是指保险市场中的交易对象，即保险企业提供的各种保险产品。

二、保险市场监管的必要性

保险市场的监督管理是指政府通过法律和行政的手段对保险市场的构成要素（如保险人、保险中介人等）进行的监督管理，是对保险行业行为进行的宏观调控。

在保险业漫长的发展过程中，政府介入的历史并不长。在 18 世纪以前，无论是保险合同的订立，还是保险人的设立和经营，大多由市场根据自由竞争的原则自发调节，政府并不强行干预。18 世纪初到 19 世纪中叶，保险业在各主要资本主义国家空前繁荣，许多人认为保险业有利可图，开始进行投机经营。在英国，许多基础薄弱的公司相继出现，随着竞争的激烈化，英国保险业出现了混乱的局面。美国自 1868 年以来，许多新兴保险公司陆续设立，也有许多保险公司陆续解散。在金融全面萧条的影响下，30 家保险公司停业，到 1877 年，有 71 家保险公司先后倒闭。面对保险业经营基础差，缺乏科学管理以及保险人之间的不正当竞争，各国政府开始干预保险业，通过立法来规范保险活动，着手对保险业进行管理。

英国曾于 1774 年颁行《赌博法》（也称《人寿保险法》）。该法可谓保险业法的萌芽，原因是其从法律上明确认可保险利益原则，禁止签订无保险利益的保险合同。但世界上最早建立保险监管制度的，应首推美国的马塞诸塞州，该州于 1855 年便开始对保险业进行监管。其后，奥地利、瑞士、日本、德国、法国等也开始通过立法，加强对保险业的干预和全面管理。1995 年 6 月 30 日，《中华人民共和国保险法》颁布，同年 10 月 1 日起正式实施，这是新中国成立以来第一部保险基本法。《保险法》后来经过了数次修订。如今，各国保险业均处在政府的严格监督和管理之下。

世界各国之所以对保险业进行严格管理，而对其他行业大多采取不干预政策，是因为保险业具有不同于其他行业的特殊性。

（一）社会公益性

保险行业承担着风险集中和损失分担功能，即保险的基本职能是经济补偿。保险人通过订立保险合同的方式，把社会上的各种风险集中起来，通过收取保险费，让众多投保人共同分担由可能发生的风险所造成的损失。因此，保险经营是以吸收社会公众的资金为前提的。由于风险遍及各种行业，涉及千家万户，保险也就具有广泛的社会性，为社会全体公众服务，成为社会的"稳定器"。保险业经营直接影响着广大公众的利益和社会的稳定。

（二）技术的特殊性

保险业经营是以大数法则为数理依据的，需要有足够多同质风险的集合，才能计算出合理的保险费率。在保险经营实务中，需要专门的寿险精算技术与非寿险精算技术。而大多数投保人不了解这些技术，因此政府需要对之加以监管，以保障投保人在合理的保险条件下支付合理的费用。

（三）偿付能力的重要性

保险业承担未来的损害赔偿或给付保险金的责任，而它能否真正承担保险责任，取决于它是否具有足够的偿付能力。如果投保人投保的保险公司没有足够的偿付能力做后盾，他将不能获得任何保障。作为投保人，对保险人的偿付能力难以作出准确的判断。因此，政府为保障广大投保人及被保险人的利益，有义务加强监管，以保证保险人具有足够的偿付能力。

三、保险市场监管的原则与目标

（一）保险监管的原则

（1）依法监督管理的原则。保险监督管理部门必须依照有关法律或行政法规实施保险监督管理行为。保险监督管理行为是一种行政行为，不同于民事行为。凡法律没有禁止的，民事主体就可以从事民事行为；对于行政行为，法律允许做的或要求做的，行政主体才能做或必须做。保险监督管理部门不得超越职权实施监督管理行为，同时，保险监督管理部门又必须履行其职责，否则属于失职行为。

（2）独立监督管理原则。保险监督管理部门应独立行使保险监督管理的职权，不受其他单位和个人的非法干预。当然，保险监督管理部门实施监督管理行为而产生的责任（如行政赔偿责任）也由保险监督管理部门独立承担。

（3）公开性原则。保险监督管理需体现透明度，除涉及国家秘密、企业商业秘密和个人隐私以外的各种监管信息应尽可能向社会公开，这样既有利于保险监督管理的效率，也有利于保险市场的有效竞争。

（4）公平性原则。保险监督管理部门对各监督管理对象要公平对待，必须采用同样的监管标准，创造公平竞争的市场环境。

（5）保护被保险人利益原则。保护被保险人利益和社会公众利益是保险监督管理的根本目的，同时也是衡量保险监督管理部门工作的最终标准。

（6）不干预监督管理对象的经营自主权的原则。保险监督管理对象是自主经营、自负盈亏的独立企业法人，在法律、法规规定的范围内，独立决定自己的经营方针和政策。保险监督管理部门对监督管理对象享有实施监督管理的权利，负有实施监督管理的职责，但不得干预监督管理对象的经营自主权，也不对监督管理对象的盈亏承担责任。

（二）保险监管的目标

1. 保护被保险人及受益人的合法利益

保证保险人具有足够的偿付能力，是保险业监管的最主要的目的，也是保险业立法的主要目的。我国《保险法》对保险人在成立及经营过程中所应具备的资本、保证金、责任准备金、最低偿付能力、保险费的自留额等具体规定，都是对保险人偿付能力进行监管的重要内容。保证保险人具有足够的偿付能力，不仅有利于保险人自身的健康发展，而且有利于保护被保险人、受益人的合法权益，稳定社会的经济秩序。

2. 维护公平竞争的市场秩序

在市场经济体制下，保险市场的有序和规范以及保险业的健康发展，均有赖于参与保险市场经营的保险人之间的公平竞争。因此，促进并维护保险业的公平竞争，就成为保险业监管的另一目的。

公平竞争，首先强调的是公平。公平是竞争的基础，只有所有参与竞争的主体地位平等，条件和机会均等，才存在着竞争的可能性。鉴于保险业的特殊性，以及保证保险人具有足够偿付能力的根本需要，在促进并维护保险业的公平竞争时，采用了与其他行业不同的方法。在其他行业中，国家通常用法律禁止生产者或销售者联合起来，采用不正当的手段，垄断商品价格，或强买强卖，损害消费者的利益。但对保险业，政府的做法正好相反，一般限制保险人在保险条件和保险费率上自行其是，而是要求保险人或其主管机关，根据大多数保险人的经营情况和科学的统计结果，制定共同的保险条件和费率标准。保险人之间在共同的保险条款和保险费率条件下，展开公平竞争。同时，为了防止保险人在竞争中采用不正当的手段，法律强调保险人不得承诺向投保人、被保险人或者受益人给予保险合同规定以外的保险费回扣或者其他利益。如果对保险价格不加限制，就有可能形成危及保险人偿付能力和社会公共利益的恶性竞争，保险条款的技术性、复杂性，也使一般的投保人难以辨别其优劣。因此，为了保证保险人与投保人之间的公平交易和保险人之间在同等保险条款和保险费率下公平竞争，监管部门就必须依法对保险交易条件进行严格的监督和管理。

3. 维护保险体系的安全和稳定

保险欺诈几乎与保险业相伴而生，一直是困扰保险业健康发展的重大障碍。保险欺诈既有投保人一方的欺诈，也有保险人一方的欺诈，还有保险中介人的欺诈。

投保人的欺诈，主要表现为以各种手段骗取保险金。根据我国《保险法》第二十七条的规定，未发生保险事故，被保险人或者受益人谎称发生了保险事故，向保险人提出赔偿或者给付保险金请求的，保险人有权解除合同，并不退还保险费。投保人、被保险人故意制造保险事故的，保险人有权解除合同，不承担赔偿或者给付保险金的责任；除本法第四十三条规定外，不退还保险费。保险事故发生后，投保人、被保险人或者受益人以伪造、变造的有关证明、资料或者其他证据，编造虚假的事故原因或者夸大损失程度的，保险人对其虚报的部分不承担赔偿或者给付保险金的责任。投保人、被保险人或者受益人有前三款规定行为之一，致使保险人支付保险金或者支出费用的，应当退回或者赔偿。

保险人的欺诈，主要表现为缺乏必要的偿付能力和非法经营保险以及非保险业者非法经营保险业务。如保险人非法超额承保，企图多收保险费而又可免予赔偿责任等。此外，保险人还可以利用拟订保险条款的机会，拟订对投保人不利的条款或使投保人产生误解而逃避自己的责任。鉴于一般投保人对复杂的保险条款无专业知识，防止保险人的欺诈就显得非常重要。根据《保险法》第一百一十六条的规定，保险公司及其工作人员在保险业务活动中不得有下列行为：（1）欺骗投保人、被保险人或者受益人；（2）对投保人隐瞒与保险合同有关的重要情况；（3）阻碍投保人履行本法规定的如实告知义务，或者诱导其不履行本法规定的如实告知义务；（4）给予或者承诺给予投保人、被保险人、受益人保险合同约定以外的保险费回扣或者其他利益；（5）拒不依法履行保险合同约定的赔偿或者给付保险金义务。

保险中介人处于保险人和投保人（包括被保险人和受益人）之间，他们可能分别代表保险人或者投保人的利益，是保险业务活动的具体操作者。由于获取佣金是保险中介生存的主要方式，所以，采用欺骗手段去获取更多的佣金而不惜损害保险人或投保人的利益，是保险中介市场存在的最普遍的问题。保险法对保险中介人采取与对保险人一样的严格监管，如保险中介人资格的获得，以及保险中介活动的规则等，都作了详细的规定，严禁保险中介人欺骗保险人或者投保人、被保险人和受益人，否则，法律将予以严惩。

四、保险市场监管的方式

针对保险业发展的不同历史时期，各国对保险业的监管方式也不尽相同，归纳起来主要有三种。

（一）公告管理

公告管理是政府对保险业监管的最为宽松的一种方式。1944 年以前的英国保险法采用这一管理方式。所谓公告管理，又称公告主义，是指政府对保险人的经营不做任何直接的监督和干预，仅要求保险人必须按照法律规定的方式及内容，定期将经营情况呈报主管机关予以公告。通过公告的形式，把各保险人的经营置于社会的监督之下，并不对保险人的经营作任何的评价。至于保险人的组织、保险合同的格式、保险资金的运用等，均由保险人自我管理，政府也不多加干预，保险人则能在较宽松的市场环境中自由发展。但这种管理方式已经不适应现代保险市场监管的需要，英国也早已放弃这一做法。

（二）规范管理

规范管理又称准则主义，是由国家制定一系列有关保险经营的法律、法规，要求保险业共同遵守。如最低资本金的要求，资产负债表的审核，资本金的运用，违反法律的处罚等，均有明确的规定。这种管理方式，注重保险经营形式上的合法性。对形式上不合法者，有关机关给予处罚。只要形式上合法，主管机关便不加干预。但是，由于保险技术十分复杂，有关法规难以面面俱到，这种方法容易使形式上合法而实质上不合法的行为钻法律的空子，不能很好地实现国家对保险业的监管，因此，此种方法也逐渐被淘汰。

（三）实体管理

实体管理又称批准主义，是指国家制定完善的管理规则，保险监管部门根据法律规定和赋予的权力，对保险市场尤其是保险业进行全面有效的监管。保险人的设立，必须首先获得政府的批准，由政府对申请人提交的必备文件、资料进行逐个审查，只有完全符合要求的才能获准经营保险业。此种方式赋予保险监管机关以较高的权威和灵活处理的权力，加之对保险人从设立到经营乃至清算的全面、严格的审查，使保险人在社会上的信誉得以提高，不法经营者受到打击和制裁，社会公众的利益得到有效的保护。因此，此种方式逐渐取代其他方式而为各国所采用。我国也采用这种管理方式。

五、保险监管机构

（一）美国、英国、日本的保险监管机构

1. 美国的保险监管制度

美国对保险的监管是由联邦政府和州政府共同完成。联邦政府与州政府的职能范围较为清晰：联邦政府主要进行宏观经济政策的调控、直接的行政监管、保险计划的制定等；而各州设立的保险监管部门——州保险监管署（State Insurance Department）主要侧重于对保险公司的偿付能力和资产负债比例等业务的监管，以及维护投保人的公平、平等的待遇。由于各州均有立法权调整州内的保险业，因此，为减少各州保险监管法规政策与准则的差异以及加强各州政府监管的协调性，美国于1871年成立国家保险监督官协会（NCIC），后更名为美国保险监督官协会（National Association of Insurance Commissioners，NAIC），由美国各州所有最高级别的保险监理专员组成，其主要职责是讨论保险立法及相关问题并拟定出全国保险监管模型法案供各州作为立法参考。

经过保险监督官协定 100 多年的努力，各州法律已趋于一致。1999 年通过的《金融服务现代化法》改变和扩充了 NAIC 的职责，使其成为联邦一级的保险监督机构。美国保险监管的主要内容有：

（1）市场准入监管。各州的保险法都对公司成立条件，如法律条件、财务实力、技术条件和其他一些必备的条件作出严格规定，保险公司经营许可的要求和标准比其他行业的公司要严苛很多。

（2）保险费率监管。对财产保险费率监管，美国大约 1/3 的州政府允许保险公司自由竞争，以确定最佳费率；2/3 的州实行事先批准的费率监管方式。对人寿保险的费率，美国大多数州政府没有采取直接控制，而是通过规定死亡表和设定的利率计算准备金的方法，间接进行控制。

（3）偿付能力监管。20 世纪 90 年代以前，美国没有对保险公司的资本金充足性作相应的规定。20 世纪 80 年代，美国保险业受到当时经济大幅波动的影响，一些规模较大的保险公司出现了破产的情况。保险监管局未能有效地识别具有潜在风险的保险公司而备受指责。为应对新的发展形式，NAIC 与 20 世纪 90 年代初研究并提出了专门用于监管保险公司资本金充足率的体系，进一步加强偿付能力的监管。

（4）保险投资监管。美国各州基本上都规定了保险公司可投向资产的种类、形式和数额，并因公司类型而异。适用于寿险公司的投资法以谨慎为原则，重在盈利性和安全性；适用于财产和责任保险公司的投资法则以"鸽笼方法"为原则，重在投资的流动性。

2. 英国的保险监管机构

英国保险体制是随着该国国内经济以及欧洲和全球经济发展变化而变化。1998 年以前，英国实行由贸工部根据议会立法全面监管与保险行业自律机构自我管理相结合的管理体制。随着经济全球化的发展，银行、证券、保险业之间界限开始变得模糊，金融融合成为新的历史潮流。为适应这一变化，英国于 2000 年通过新法案——《金融服务及市场法案》设立了金融服务监管局（FSA），对金融业实行统一监管。金融服务局下设保险监管部，专门负责日常保险监管工作，主要侧重于改善行业经营状况，维护消费者权益。2011 年 6 月，根据《监管改革新举措：改革蓝图》的白皮书，从 2013 年起，对保险机构的监管由新成立的审慎监管局（PRA）负责，对保险经纪公司的监管由金融行为监管局（FCA）负责。

3. 日本的保险监管制度

日本属于集中单一的监管体制，1998 年以前大藏省是日本保险业的监管部门，下设银行局，银行局下设保险部，具体负责保险监管工作。20 世纪 90 年代后期，日本金融危机加剧，金融机构倒闭频繁。为了消除泡沫经济的消极影响，摆脱金融危机，日本政府进行了一系列金融改革，建立起跨行业的金融监管机制。1998 年 6 月日本成立了金融监督厅，接管了过去由大藏省对银行、保险和证券的监督工作。金融监督厅下设保险监管课，具体负责对保险业的监督管理。2000 年 7 月，金融监督厅改名为金融厅。日本保险监管的主要内容如下：

（1）市场准入监管。日本堪称世界上保险监管最严的国家，其保险业长期遵循着严格的市场准入约束。1996 年以前，外国保险公司很难进入日本保险市场，外国保险公司所占的市场份额仅为 3%。同时，日本监督机构与已进入保险市场的外国保险公司的业务范围、经营种类及条款规章也加以严格限制。虽然 1996 年日本的改革促使保险市场由相对封闭转向相对开放，但由于长期受到严格监管的影响，外国保险公司在日本本土开展保险业务仍然比较困难。

（2）保险费率监管。1998 年以前，保险公司只能使用日本费率算定委员会订立的费率标准。1998 年以后，保险公司在费率算定委员会提供的纯费率基础上，可以依据公司的经验数据和管理水平拟定附加费率。

（3）偿付能力监管。1996 年新《保险法》实施前，日本监管机构采取保驾护航式的监管方式，对有问题的保险公司进行暗中协调，并强调要求其他保险公司接管，所以没有出现保险公司破产事件，尝试能力也未引起足够重视。20 世纪 90 年代后期，日本泡沫经济的崩溃导致保险公司接连倒闭，保险公司的偿付能力逐渐引起有关当局的重视。新《保险法》实施后，日本效仿美国对保险公司实行以偿付能力为中心的监管，引入早期改善措施，促进有问题的保险公司及时解决问题。

（4）监管信息披露制度。新《保险法》实施以前，日本保险监管机构出于稳定保险市场的目的，往往不公开保险公司的内部信息，以防负面信息扩散引起市场混乱，同时限制保险公司过分宣传各种保险产品的性质与差异。由于这种信息披露制度损害了消费者知情权，与日本的金融自由化改革相抵触，新《保险法》实施后，要求保险公司应将自己从事的业务内容、财务状况等编成经济信息资料，并公之于众。

（二）我国的保险监管机构

1998 年以前，保险业由中国人民银行下属保险司进行监管。随着保险业的发展和银行业、证券业、保险业的分业经营，国务院于 1998 年 11 月 18 日批准设立中国保险监督管理委员会，专司保险监管职能。中国保监会的成立，标志着我国保险监管走向了专业化、规范化的新阶段。从 1999 年年底开始，保监会在各省、自治区、直辖市和深圳市设立派出机构，到 2001 年 4 月，派出机构全部设立，全国保险监督组织体系开始逐步形成。2003 年 3 月，十届人大一次会议通过了《关于国务院机构改革方案的决定》，将保监会升级为国务院直属正部级事业单位。我国保险监管的主要职责如下：

（1）拟定保险业发展的方针政策，制定行业发展战略和规划；起草保险业监管的法律、法规；制定业内规章。

（2）审批保险公司及其分支机构、保险集团公司、保险控股公司的设立；会同有关部门审批保险资产管理公司的设立；审批境外保险机构代表处的设立；审批保险代理公司、保险经纪公司、保险公估公司等保险中介机构及其分支机构的设立；审批境内保险机构和非保险机构在境外设立保险机构；审批保险机构的合并、分立、变更、解散，决定接管和指定接受；参与、组织保险公司的破产、清算。

（3）审查、认定各类保险机构高级管理人员的任职资格；制定保险从业人员的基本资格标准。

（4）审批关系社会公众利益的保险险种、依法实行强制保险的险种和新开发的人寿保险险种等的保险条款和保险费率，对其他保险险种的保险条款和保险费率实施备案管理。

（5）依法监管保险公司的偿付能力和市场行为；负责保险保障基金的管理，监管保险保证金；根据法律和国家对保险资金的运用政策，制定有关规章制度，依法对保险公司的资金运用进行监管。

（6）对政策性保险和强制保险进行业务监管；对专属自保、相互保险等组织形式和业务活动进行监管。归口管理保险行业协会、保险学会等行业社团组织。

（7）依法对保险机构和保险从业人员的不正当竞争等违法、违规行为以及对非保险机构经营或变相经营保险业务进行调查、处罚。

（8）依法对境内保险及非保险机构在境外设立的保险机构进行监管。

（9）制定保险行业信息化标准；建立保险风险评价、预警和监控体系，跟踪分析、监测、预测保险市场运行状况，负责统一编制全国保险业的数据、报表，并按照国家有关规定予以发布。

（10）承办国务院交办的其他事项。

阅读资料

寿险费率市场化改革启程

2013年8月5日，保监会酝酿多时的普通型人身保险费率市场化改革正式启动，这是寿险界的一件大事，也是整个保险界的一件大事，更是消费者的一大利好，它预示着我国寿险市场将会有一些更加积极的变化，也表明监管部门积极和稳妥推动寿险市场化改革的坚决态度。

长期将寿险预定利率固化在2.5%的低水平，很不寻常。1999年6月10日，保监会成立时间不长就作出的这个规定，实际上有着特殊的背景。当时主要是为了抑制某些公司很不理性地大规模销售高预定利率（8.8%或以上）的寿险保单。1999年6月，银行1年期定期存款利率已经降到2.25%。也就是说如果寿险公司再卖预定利率8.8%的长期性生存寿险产品、利差损就会在6%以上。据当时的分析估计，寿险行业长期保单利差损累计有500亿元之巨，而这个利差损将在以后几十年中，通过复利"滚雪球"发展并成为寿险业可持续经营的巨大障碍。

1999年以来的14年中，寿险市场发生了巨大变化，银行1年期定存利率虽然前6年都在2%~2.5%，但2007年以后大部分年份的市场基准利率都在2.5%以上，近几年在3%以上，这意味着对于预定利率设定在2.5%的长期寿险定额保单来说，投保人和被保险人是吃亏的，特别是那些市场利率较高的年份，投保人和被保险人吃亏更多，同时在这10多年里，有50多家公司加入寿险行业，固化的低预定利率大大限制了这些新公司的创新热情，所以放开预定利率的呼声一直很高。而反对放开预定利率的公司也颇有顾虑，放开之后，大家要展开竞争，利润率必然降低，他们也担心年末给股东们交出来的"成绩单"不大好看。而"市场化"容易引起"恶性竞争"，会给行业带来系统性风险，更是监管部门特别担心的事。所以，2008年、2009年不止一次提高预定利率的动议都被搁置。

低预定利率的保单，尽管条款里不写，投保人并不一定知道，但是这类定额保单"价格高，保障低"的实质他们能明显感觉到。不划算的买卖他们不会做，这大概就是普通寿险保单的保费收入在全部寿险保费收入中所占比例从2002年的44.2%一路下跌到2013年末的9.1%，而分红险、万能险等产品的份额从55.81%一路攀升到90.9%的重要原因之一。

在两难或多难的选择之中，监管部门最终还是决定抛弃不利于市场发展的长期被固化的低预定利率政策，根据市场利率的变化环境，选择了费率市场化的正确取向。

放开预定利率意味着鼓励寿险公司开展积极竞争，不仅仅在服务方面，也应该在价格方面。因为预定利率的高低直接关系着普通寿险产品价格的高低，在其他条件不变的情况下，高预定利率意味着同样的保险费可以买到更多的保单利益，亦即，同样的保单利益，投保人支付的价格更低。这对消费者来说绝对是一个利好消息。

对保险公司而言，从表面上看，在同样的条件下，高预定利率使得寿险公司每单的利润率被摊薄，但是从实质上看，随着消费者对新预定利率保单的选择热情提高，普通寿险产品在寿险保费中的份额不断下降的颓势会得到抑制，并会有一个可期待的较大增长。无论是死亡寿险、人身意外险、医疗险，还是生存寿险，特别是那些长期性生存寿险产品，普遍会有一个好"收成"，这无论如何对保险公司来说也是利好。

当然，提高预定利率对寿险公司也必定是一种鞭策。要给消费者一个3.5%甚至更高的预定利率，就要求寿险公司加强经营管理，不仅降低成本，还要在资金运用方面争取至少4%、5%甚至更高的收益率，才可能覆盖公司的费用成本。而在2001—2012年的12年中，全保险行业平均来说，投资收益率有4年低于3.5%，有4年在3.5%~4%，只有三分之一的年份高于4%。可见保监会把"钱"划在3.5%是有道理的。而现有资产管理水平下，预定利率太高，公司发生利差损的几率以及破产概率会大大上升。

此次改革在放开普通寿险预定利率的同时，还通过实行差别化的准备金评估利率市场放松管制，进一步鼓励某些寿险产品，特别是养老保险产品的发展。

放开普通寿险预定利率，也有可能产生监管部门和部分公司担心的恶性竞争引发的系统性风险问题，保监会为了防止这种情况发生，确保寿险业的平稳发展，此次改革采取了一系列操作性很强的监管措施，从而保证寿险行业健康和可持续发展。

第二节　保险人的监管

鉴于保险市场各要素的不同作用和地位，各国均把保险监管的重点放在对保险人的监督管理方面，而对保险人监管的具体内容也因各国经济体制、保险业发展状况、社会背景的不同而有所不同，但概括起来主要有以下四个方面。

一、机构监管

国家对保险机构的监管主要体现在对保险机构组织形式、设立条件、营业范围、解散和清算的管理等方面，其依据是保险法。

1. 保险机构的组织形式

保险机构的组织形式，各国（或地区）要求不同，如日本规定有株式会社（股份有限公司）、相互会社（相互公司）以及互济合作社三种组织形式，英国除股份有限公司和相互保险公司以外，还允许劳合社采用个人保险组织形式，我国台湾的保险机构组织形式包括股份有限公司和合作社两类。我国现行的保险公司的组织形式是股份有限公司和国有独资公司。

2. 保险机构的设立

保险实际上是一种风险积聚及分散机制，即保险公司以其收取的保费来补偿被保险人的损失，然而在开业之初，就可能必须承担支付赔款的义务，这样就应当有一定的资金作为后盾；另外，开业初期承保范围不广，分保网络尚未健全，而且社会公众对公司情况不够了解，业务很难在短期内广泛展开，使自身承保的风险不能在地区之间、公司之间、国家之间以及在各险种之间进行分散。因此，保险企业就应有一定的资本金。保险公司除满足《公司法》对经营资产的要求外，还必须根据《保险法》的规定拥有相当数量的资本金，并缴存一定比例作为保证金，以保证营业初期具备足够的偿付能力。同时，保险的专业性和技术性决定了其从业人员必须具备相应的素质，才能保证企业的稳健经营和健康发展，因此，各国对保险机构的高级管理人员的任职资格都有特别的规定。

各国保险法规对设立保险公司的最低资本金要求与保险公司经营业务的性质和种类，以及保险公司开展业务的地域范围有关。在美国以州监管为主的体制下，各州根据保险公司组织形式及经营范围分别确定最低资本金，如纽约州规定，寿险股份公司实收资本不得低于300万美元，财产与责任股份有限公司实收资本不得低于405万美元，相互人寿保险有限公司最低开业基金为15万美元，相互财产与责任保险公司最低开业基金为50万美元。英国《保险公司法》规定，股份保险公司实收资本必须达到或超过10万英镑，相互保险公司开业基金不得低于2万英镑，劳合社承保商至少须向劳合社缴纳保证金150万英镑。日本保险法规定，保险公司的最低实收资本金不得低于10万亿日元（约820万美元）。新加坡保险法规定，经营保险公司最低资本不得少于50万新加坡元。

根据我国《保险法》和《保险公司管理规定》，设立保险公司或保险公司设立分支机构必须经中国保监会批准。非经中国保监会批准，任何单位、个人不得在中华人民共和国境内经营或变相经营商业保险业务。

根据我国《保险法》第六十八条的规定，设立保险公司应当具备下列条件：（1）主要股东具有持续盈利能力，信誉良好，最近三年内无重大违法违规记录，净资产不低于人民币二亿元；（2）有符合本法和《中华人民共和国公司法》规定的章程；（3）有符合本法规定的注册资本；（4）有具备任职专业知识和业务工作经验的董事、监事和高级管理人员；（5）有健全的组织机构和管理制度；（6）有符合要求的营业场所和与经营业务有关的其他设施；（7）法律、行政法规和国务院保险监督管理机构规定的其他条件。

根据我国《保险法》第七十条的规定，申请设立保险公司，应当向国务院保险监督管理机构提出书面申请，并提交下列材料：（1）设立申请书，申请书应当载明拟设立的保险公司的名称、注册资本、业务范围等；（2）可行性研究报告；（3）筹建方案；（4）投资人的营业执照或者其他背景资料，经会计师事务所审计的上一年度财务会计报告；（5）投资人认可的筹备组负责人和拟任董事长、经理名单及本人认可证明；（6）国务院保险监督管理机构规定的其他材料。

根据我国《保险法》第七十一条的规定，国务院保险监督管理机构应当对设立保险公司的申请进行审查，自受理之日起六个月内作出批准或者不批准筹建的决定，并书面通知申请人。

根据我国《保险法》第七十二条的规定，申请人应当自收到批准筹建通知之日起一年内完成筹建工作；筹建期间不得从事保险经营活动。

开业申请批准后，保险公司执保监会颁发的经营保险业务许可证向工商行政管理机关办理登记，领取经营执照，即可营业。

3. 营业范围监管

营业范围监管，是指政府通过法律或行政命令，规定保险机构所能经营的业务种类和范围。一般表现在两个方面。一是金融业间（银行、保险、证券、信托业之间）的兼业问题，即是否允许保险人兼营保险以外的金融业务，或非保险机构经营保险业务；二是保险业内不同业务的兼营问题，即同一保险人是否可以同时经营性质不同的保险业务。

自美国颁布实施《1933年银行法》以后，世界上大部分国家均实行银行业、证券业和保险业之间分业经营、分业监管的体制，禁止混业经营。进入20世纪80年代以后，英国、日本、美国先后通过法案，取消或放宽跨行业经营的限制。但多数国家仍实行严格的分业经营制度。关于保险业务兼营，多数国家禁止保险公司同时从事性质不同的保险业务，具体规定随各国保险类别的划分标准不同而不同，但保险监管机构对业务范围的监管，一般执行产寿险分业经营的原则，即同一保险人不得同时兼营财产保险与人寿保险业务，其原因在于财产保险与人寿保险的风险基础不同，导致财产保险与人寿保险的经营技术、承保手续、费率厘定、准备金计提、保险金给付、资金运用迥然不同。为避免业务混乱，保证偿付能力，有必要实施产寿险分业经营。但是，这一原则也有个别例外。如英国保险法规定，同一保险公司不得同时经营长期业务（人寿保险、长期健康保险和年金）和一般业务（财产保险、意外伤害保险和短期健康保险），但1982年之前成立的公司可以以会计独立为条件，同时兼营长期业务和一般业务。日本1996年《保险法》规定，保险公司可以通过设立子公司的形式兼营其他保险业务。此外，各国一般不限制保险公司同时经营原保险和再保险业务，也允许再保险人同时经营人寿再保险和财产再保险业务，我国也是如此。在我国，由于历史的原因，《保险法》颁布前成立的保险公司曾被允许经营所有险种的业务。

我国《保险法》第九十五条规定，保险公司的业务范围：（1）人身保险业务，包括人寿保险、健康保险、意外伤害保险等保险业务；（2）财产保险业务，包括财产损失保险、责任保险、信用保险、保证保险等保险业务；（3）国务院保险监督管理机构批准的与保险有关的其他业务。

同时规定，保险人不得兼营人身保险业务和财产保险业务。原兼营各种保险业务的中保集团和太平洋保险公司已先后完成了分业经营。但是，考虑到意外伤害保险、短期健康保险在风险特点、经营技术、保险期限等方面更接近财产保险，我国《保险法》又规定，经营财产保险业务的保险公司经国务院保险监督管理机构批准，可以经营短期健康保险业务和意外伤害保险业务。

4. 解散和清算的监管

很多国家的公司法、破产法对公司解散和清算的规定基本上都适用于保险业。当保险公司因违反法律或负债过多而被停业或解散时，政府应加以监督和管理，以保护被保险人、受益人和债权人的权益。当某些保险公司经营状况每况愈下无法挽救时，保险监管机构将公司的大多数业务进行转让，或将其财产卖出，或让实力雄厚的公司将其兼并，以避免破产。然而，如果公司到了不得不破产的地步时，保险监管机构应负责对公司资产进行清算，并向法院申请接管该公司或勒令其停业。公司一旦破产，其资产就应在债权人之间进行分割，了结保险企业的债权债务关系，保护各方当事人的利益，并最终取消其法人资格。我国《保险法》第三章保险公司第八十九条至第九十三条对该问题作出如下规定：

（1）保险公司因分立、合并需要解散，或者股东会、股东大会决议解散，或者公司章程规定的解散事由出现，经国务院保险监督管理机构批准后解散。经营有人寿保险业务的保险公司，除因分立、合并或者被依法撤销外，不得解散。保险公司解散，应当依法成立清算组进行清算。

（2）保险公司有《中华人民共和国企业破产法》第二条规定情形的，经国务院保险监督管理机构同意，保险公司或者其债权人可以依法向人民法院申请重整、和解或者破产清算；国务院保险监督管理机构也可以依法向人民法院申请对该保险公司进行重整或者破产清算。

（3）破产财产在优先清偿破产费用和公益债务后，按照下列顺序清偿：①所欠职工工资和医疗、伤残补助、抚恤费用，所欠应当划入职工个人账户的基本养老保险、基本医疗保险费用，以及法律、行政法规规定应当支付给职工的补偿金；②赔偿或者给付保险金；③保险公司欠缴的除第①项规定以外的社会保险费用和所欠税款；④普通破产债权。破产财产不足以清偿同一顺序的清偿要求的，按照比例分配。破产保险公司的董事、监事和高级管理人员的工资，按照该公司职工的平均工资计算。

（4）经营有人寿保险业务的保险公司被依法撤销或者被依法宣告破产的，其持有的人寿保险合同及责任准备金，必须转让给其他经营有人寿保险业务的保险公司；不能同其他保险公司达成转让协议的，由国务院保险监督管理机构指定经营人寿保险业务的保险公司接受转让。转让或者由国务院保险监督管理机构指定接受转让前款规定的人寿保险合同及责任准备金的，应当维护被保险人、受益人的合法权益。

（5）保险公司依法终止其业务活动，应当注销其经营保险业务许可证。

二、业务监管

保险业务监管主要包括保险条款和费率的监管、经营行为监管、再保险监管等内容。

1. 条款监管

保险条款是保险人与投保人双方关于权利和义务的约定，是保险合同的核心内容。由于保险业的专业性，条款中的术语很难为一般公众所理解，同时，保险合同条款是一种格式条款，即保险条款是由保险人单方面拟定的。为保护被保险人的利益，各国保险监管机构对于保险条款都进行比较严格的监督和管理。在保险条款的监管中，各国保险监管机构一般要求保险条款内容完整，明确保险标的、保险责任与责任免除、保险期限、保险价值与保险金额、保险费及缴费方式、保险赔款及保险金给付办法、违约责任和争议处理等内容。此外，监管机构还对条款的表达方式进行监管，要求保险条款用词准确，表述清晰；投保人有疑问时，保险人须作出客观解释，不得误导。对保险条款的监管，主要是根据不同险种的重要性和技术特点，以审定条款或报备的方式实施的，其具体规定在国与国之间有所不同，但一般原则是涉及面广、与大众关系密切的险种如汽车第三者责任险条款须由监管部门审查批准，其他险种条款事后报备。

2. 费率监管

各国保险监管机构对保险费率监管的目标是保证：（1）费率的充足性，即费率必须充分反映实际损失和经营成本，不能因费率过低而影响保险公司的偿付能力；（2）费率的合理性，即保险公司不能因追求过高利润而使用损害消费者利益的高费率；（3）无歧视性，即费率只能以风险为基础，相同的风险不得使用差别费率。因费率计算基础不同，各国对人寿保险和财产保险的费率监管采用不同的方式。对于寿险费率，只要公司没有使用歧视性规定，多数国家并不直接控制其费率。虽然各公司费率因竞争而略有高低之差，但制定寿险费率的数理基础是相同的，监管机构只要规定统一的生命表及所依据的利率，并规定其提存准备金的计算方法，这样即便由各公司自定费率，差别也不会太大，监管机构只需加以间接控制即可。而对于财产保险，多数国家的费率监管要远比寿险费率严格，一般均由监管机构核定后方可使用。

我国《保险法》第一百三十六条规定，关系社会公众利益的保险险种、依法实行强制保险的险种和新开发的人寿保险险种等的保险条款和保险费率，应当报国务院保险监督管理机构批准。国务院保险监督管理机构审批时，应当遵循保护社会公众利益和防止不正当竞争的原则。其他保险险种的保险条款和保险费率，应当报保险监督管理机构备案。《保险公司管理规定》还进一步明确规定，我国《保险法》第一百三十六条规定的险种的范围由中国保监会认定。中国保监会可以根据市场情况对险种范围进行调整。中国保监会可以委托保险行业协会或保险公司拟定主要险种的基本保险条款和保险费率。保险公司拟定的其他险种的保险条款和保险费率，应由总公司报中国保监会备案。

根据《保险法》第一百三十七条的规定，保险公司使用的保险条款和保险费率违反法律、行政法规或者国务院保险监督管理机构的有关规定的，由保险监督管理机构责令停止使用，限期修改；情节严重的，可以在一定期限内禁止申报新的保险条款和保险费率。

3. 经营行为监管

经营行为监管的目的在于防止不正当竞争和反欺诈。保险公司间的不正当竞争具有很大的破坏性，往往会危及保险公司的稳定经营和被保险人的利益，因此各国保险监管当局均以反不正当竞争法和有关保险法规为依据对保险公司的经营行为进行监管。各国保险监管机构均有权检查保险企业的业务状况，可随时或定期实地检查各保险企业的业务经营及财务状况，并予以指导或纠正。

4. 再保险监管

对再保险业务进行监管，有利于保险公司分散风险，保持经营稳定，但各国因经济发达程度和保险公司实力不同而采取不同的方式。一般而言，经济发达国家的保险业比较发达，保险市场比较成熟和完善，保险公司自律能力比较强，因此，国家对再保险很少直接干预，一般也没有对法定再保险的规定。相反，发展中国家保险业较为落后，保险公司实力不强，其自我约束机制也不完善，国家为了控制保险公司的经营风险，以及防止保费过度外流，都对法定再保险作出了规定。如我国《保险法》第一百零二条规定，经营财产保险业务的保险公司当年自留保险费，不得超过其实有资本金加公积金总和的 4 倍。《保险法》第一百零三条规定，保险公司对每一危险单位，即对一次保险事故可能造成的最大损失范围所承担的责任，不得超过其实有资本金加公积金总和的百分之十；超过的部分应当办理再保险。目前我国保险市场有中国财产再保险股份有限公司、中国人寿再保险股份有限公司两家中资专业再保险机构，有德国慕尼黑再保险公司中国分公司（北京）、瑞士再保险公司中国分公司（北京）、美国通用再保险公司中国分公司（上海）三家外资专业再保险机构，同时存在众多兼营原保险和再保险业务的公司。

三、财务监管

保险公司的财务监管即指对其资产负债情况的监管，包括以下内容。

（一）资产监管

资产监管涉及保险公司的资产认定和资金运用两个方面。由于不同的国家使用不同的会计准则，甚至规定保险业使用不同于一般行业的会计准则，因此，资产认定标准和监管方式有所区别。例如，在美国非保险企业实行一般会计准则（GAAP），保险企业实行法定会计准则（SAP）。保险监管机构认定保险公司资产是要作必要的扣除，如从总资产扣除低值易耗品和家具等，而其他行业认定资产时则不作这类扣除。

我国对保险公司资产的认定遵循实际价值原则，即以保险公司账面资产在清偿时的实际价值为确定其实际资产的依据。保险公司的实际资产种类及其认可比率由中国保监会规定，实际资产价值为各项认可资产认可价值之和。

（二）资金运用监管

承保和投资业务是现代保险业的两大支柱，在保险市场竞争日趋激烈，巨灾事故频繁发生的情况下，资金运用对保险公司资产的保值增值、偿付能力的维持和增强，具有十分重要的意义。因此，各国监管当局都把保险资金运用作为资产监管的主要内容。由于经济体制、金融市场、保险公司管理水平不同，各个国家对保险资金运用的监管方式和内容也不尽相同，但都强调安全性、流动性和盈利性相结合的原则，且都包括可运用资金的范围和比例、资金投向及限度等内容。

在国际上，保险资金运用的监管可分为两大类：一类是以英国为代表的宽松型监管，主要由保险公司自己管理自己；另一类是以美国为代表的严格型监管，一般通过立法来规定保险公司资金运用的方式与限额。在英国，保险市场监管比较倚重各种行业组织，这些组织在保险资金运用方面也发挥着重要的自律作用，国家对保险公司的资金运用不作具体规定，只要保险公司满足最低偿付能力标准，并依法按时将有关财务报表呈交贸工部，就可自行确定投资项目和范围。美国各州都通过法律约束保险公司的投资行为，但各州的规定略有不同，如资金投向方面，有些州仅规定许可的投资品种；有些州则不仅列举允许投资的领域，而且明确禁止涉足的领域；有些州则仅列举禁止投资的范围。在各种投资工具的比例限额等方面，州与州之间也存在差异。除种类与比例管理外，美国的自由投资条款还允许各寿险公司在总资产的 2% 以内自由办理投资业务。美国对保险资金运用的严格管理，确保了保险公司的偿付能力。纽约州在 1929—1933 年大萧条期间，没有发生一起寿险公司破产案即是个证明。

我国《保险法》和《保险公司管理规定》也就保险公司的资金运用作了规定，保险公司的资金运用必须遵守法律、法规以及中国保监会的有关规定，必须稳健，遵循安全性原则，并保证资产的保值增值。同时，保监会积极推进保险资金专业化、规范化、市场化运作，要求保险资金统一上划和集中管理。推行全面风险管理制度，建立了外部托管制度，推动保险公司开展全托管试点，并且要求保险公司安排外部独立机构定期审核内部管理状况，检验交易对手风险管理能力。坚持"渠道放开、制度先行"的原则，在拓宽保险资金运用渠道的同时，完善相关监管制度，规范了保险资金的管理模式、运作机制、操作流程和投资比例等。目前保险资金可投资于债券、股票、证券投资基金、股权、银行次级债券、投资性房地产以及间接投资基础设施债券投资计划等。

（三）准备金监管

由于准备金是履行未来债务的资金准备，如果计提不充足，就不能保证被保险人及时得到赔偿和给付。可见，准备金的提取直接关系到保险公司未来的偿付能力，因而各国监管机构均把对保险准备金的监管作为负债监管的核心内容。在各国的保险法规中，都有准备金提取的明确规定，且内容大体一致。我国《保险法》和《保险公司管理规定》中规定，保险公司应当按照其注册资本总额的 20% 提取保证金，存入国务院保险监督管理机构指定的银行，除公司清算时用于清偿债务外，不得动用。保险公司应当根据保障被保险人利益、保证偿付能力的原则，提取各项责任准备金。保险公司提取和结转责任准备金的具体办法，由国务院保险监督管理机构制定。此外，为保证保险企业的财务稳定性，保险公司应按有关法律、行政法规和会计准则提取公积金和保险保障基金；保险公司从税后利润中提取公积金，用于弥补公司亏损，或者转为增加公司资本金。

四、偿付能力监管

保障保险人的偿付能力是保险监管最根本的目标，保险公司偿付能力监管是保险监管的核心内容，保险监管各方面的工作都是围绕确保保险公司的偿付能力不低于某一水平而展开的。所谓偿付能力，是指保险公司清偿到期债务的能力，在数值上等于认可资产与负债的差额。

由于各国保险法规对认可资产和负债的规定不同，使保险公司偿付能力标准也因国家而异。在英国，分别以保费收入和赔款支出为基础计算偿付能力，以其中较低的数额作为最低偿付能力标准，保险公司的认可资产（按市场价值而非账面价值估值）减负债之差不得低于这一标准。此外，经营长期业务的保险公司，须在负债责任金额之上保持一个能够用于赔偿的最低保障额度，最低保障额度由欧盟规定，其水平应保持在责任金额的4%、1%或0（取决于担保的程度）加死亡风险资本额的0.3%。

我国《保险法》第一百零一条规定，保险公司应当具有与其业务规模和风险程度相适应的最低偿付能力。保险公司的认可资产减去认可负债的差额不得低于国务院保险监督管理机构规定的数额；低于规定数额的，应当按照国务院保险监督管理机构的要求采取相应措施达到规定的数额。随着市场主体的不断增加和市场竞争的日益激烈，防范风险和维护市场稳定成为保险监管的重要任务。中国保监会于2003年年初发布了《保险公司偿付能力额度及监管指标管理规定》，在偿付能力监管上迈出了实质性步伐。2008年发布了《保险公司偿付能力管理规定》。目前，已经建立了资产负债评估、动态偿付能力测试、内部风险管理等偿付能力监管评估标准，增强了偿付能力分析和评估的科学性。

根据《保险公司偿付能力管理规定》，保险公司应当具有与其风险和业务规模相适应的资本，确保偿付能力充足率不低于100%。其中，偿付能力充足率即资本充足率，是指保险公司的实际资本与最低资本的比率。中国保监会根据保险公司偿付能力状况将保险公司分为下列三类，实施分类监管：（1）不足类公司，指偿付能力充足率低于100%的保险公司；（2）充足Ⅰ类公司，指偿付能力充足率在100%到150%之间的保险公司；（3）充足Ⅱ类公司，指偿付能力充足率高于150%的保险公司。对于不足类公司，保监会可以采取责令增资、限制资金运用、调整负责人等9项监管措施；对于充足Ⅰ类公司，保监会可以要求公司提交和实施预防偿付能力不足的计划；充足Ⅰ类公司和充足Ⅱ类公司存在重大偿付能力风险的，保监会可以要求其进行整改或者采取必要的监管措施。

第三节　保险市场其他要素的监管

一、对保险中介人的监管

保险市场最主要的经营主体是保险人，除了保险人之外，还有介于保险人与投保人之间的保险中介人。所谓保险中介人是指以专门知识和技术，为保险人和投保人提供服务的人。保险中介人员大量频繁地进入保险市场，提供保险代理服务和中介服务是完善的保险市场不可缺少的组成部分。他们既是保险合同关系成立或履行的中介人，又是保险业的中介组织，对保险业的发展有重大影响，因此，各国都很重视对他们的监管。明确保险中介人的法律地位、从事业务活动的资格条件及其法律责任，就成为保险业监管的又一重要内容。保险中介人主要有保险代理人、保险经纪人和保险公估人等。

（一）保险中介人的资格条件

我国《保险法》第一百一十九条规定，保险代理机构、保险经纪人应当具备国务院保险监督管理机构规定的条件，取得保险监督管理机构颁发的经营保险代理业务许可证、保险经纪业务许可证。保险专业代理机构、保险经纪人凭保险监督管理机构颁发的许可证向工商行政管理机关办理登记，领取营业执照。保险兼业代理机构凭保险监督管理机构颁发的许可证，向工商行政管理机关办理变更登记。《保险代理机构管理规定》、《保险经纪公司管理规定》和《保险公估机构管理规定》中分别对保险代理人、保险经纪人和保险公估人的资格条件作出了具体规定。

由于保险代理人和保险经纪人的法律地位不同，法律对两者的资格条件的要求也有区别。

关于保险代理人的资格，各国的法律规定不尽相同，有的国家规定，保险代理人必须向保险监管机关进行登记，缴存保险金，并领取营业证书，方可从事保险代理活动。有的国家则无严格的条件限制，凡具有一定文化水平的成年人，均可充当保险代理人。我国采取前者的做法，要求保险代理人必须具备法定的资格条件。《保险代理机构管理规定》明确规定，从事保险代理活动的人员必须参加保险代理人资格考试，并获得保险监管机关颁发的保险代理人资格证书；凡年满 18 周岁、具有初中以上学历或同等学历的人均可报名参加保险代理人资格考试。凡考试合格的，可以向保险监管机关申请领取由其统一印制的保险代理人资格证书。

保险经纪人主要是基于投保人的利益，为投保人与保险人订立保险合同提供中介服务。鉴于投保人在保险面前的特殊性，严格意义上的保险经纪人应是保险专家，精通保险业务且熟悉保险市场，这样才能满足投保人的需求。因此法律对保险经纪人的资格条件的要求也就更为严格。如英国 1977 年《保险经纪人注册法》规定，凡未依法注册就以保险经纪人的名义从事活动的，均为非法。而个人若申请注册，应符合以下条件：（1）持有批准的合格证；（2）从事保险经纪人或受保险经纪人雇佣，或至少担任两家保险公司的专职代理人或受保险公司雇佣至少 5 年的；（3）持有公正的合格证，从事第二项所述业务或受雇时间为 3 年的。

我国保险立法对保险经纪人资格条件的要求也比对代理人的要求高。《保险经纪公司管理规定》规定：从事保险经纪活动的人员必须参加资格考试，但参加资格考试人员的学历必须是高中以上；以此保证保险经纪人的专业知识、相关法律知识的积累以及为自己的行为后果承担责任的财产基础。

关于保险公估人的资格条件，根据《保险公估机构管理规定》的规定，保险公估从业人员必须参加由保监会统一组织的资格考试。具有高中以上学历的人员均可报名参加考试。通过资格考试的可以向保监会申请领取资格证书。

保险中介人的从业人员申请领取相关资格证书的，应当符合以下条件：（1）年满 18 周岁且具有完全民事行为能力；（2）品行良好，正直诚实，具有良好的职业道德。

保险中介机构进入保险市场的，还必须具备该类机构设立时所需条件，并取得保险监管部门颁发的经营保险中介业务许可证，向工商行政管理部门办理登记，领取营业执照，缴存保证金或投保职业责任保险。

（二）保险中介人的执业规则

1. 在法律规定的业务范围内从事经营活动

（1）保险代理人的业务范围。经中国保监会批准，保险代理机构可以经营下列业务：代理销售保险产品；代理收取保险费；根据保险公司的委托，代理相关业务的损失勘察和理赔。保险代理机构如果代理人寿保险业务的，只能接受一家寿险公司的委托，即所谓的单一代理规则。我国《保险法》第一百二十五条规定，个人保险代理人在代为办理人寿保险业务时，不得同时接受两个以上保险人的委托。

寿险是以被保险人的寿命和身体作为保险标的，以生存或死亡作为给付保险金条件的保险，兼具保障性和储蓄性的特点。如果允许保险代理人可以为两家以上的保险公司代理保险业务，则有可能使保险代理人选择被代理的保险人，谁给的佣金高，代理人就会把业务拉给谁，而不考虑保险人的信誉及经营状况，其结果必然损害被保险人的利益；而且人寿保险的长期性，需要一个稳定的被保险的环境，如果因保险代理人的利益选择，使得同一个被保险人的保险人不断更换，势必会影响被保险人或受益人的保险金的领取，甚至有时候还会出现不必要的纠纷。所以对寿险采取单一代理制，完全是为了保护被保险人利益的需要。

保险代理人在选择被代理人即保险公司时，也必须符合法律规定。保险代理人只能为依法设立的保险公司代理保险业务，而且只能为其注册登记的行政辖区内的保险公司代理保险业务。未经保险监管部门批准的保险公司，不能经营保险业务，保险代理人也不能接受委托并为其代理保险业务。

（2）保险经纪人的业务范围。保险经纪人的业务范围包括直接保险业务和再保险业务。

一方面，保险经纪人作为投保人的利益的代表者，通过自己拥有的保险专业知识，为投保人提供尽可能周到的服务。如在投保人与保险人订立合同之前，为投保人提供风险管理咨询服务，包括风险识别、风险评估、防灾、防损以及风险管理决策建议，另外经纪人可以为投保人提供最新最全的保险市场信息，使投保人能够了解保险人的经营状况，从中选择出信誉好、服务质量高、经济实力强的保险人投保；在投保人与保险人订立合同时，可以从投保人的利益出发进行保险设计，选择合适险种；并从投保人的利益出发，与保险人就保险合同的具体条款进行洽谈，为投保人选择最佳的保障条件，为投保人办理投保手续；在保险合同履行期间，投保人还可以接受被保险人或受益人的委托向保险人进行索赔。

另一方面，保险经纪人还可以应需要分散风险责任的保险人的要求，安排国内及国际的再保险业务，为他们寻找接受公司。尤其是对风险鉴别和评估要求较高的保险业务和再保险业务，如工业企业保险、船舶保险、飞机保险、运输货物保险及人寿保险等，大都是通过保险经纪人来完成的。

（3）保险公估人的业务范围。保险公估人主要是接受保险人或被保险人的委托，对保险标的的出险原因、损毁程度、残值的查勘、验损、估价以及保险事故等事项，提供公估查证报告。这些报告可能成为处理保险赔偿案的直接依据，或者对赔偿保险金的数额产生重大的影响。由于保险公估人与保险合同当事人双方的利益关系密切，为了保证其提供服务的公平和公正，法律一般禁止保险公估人为本身利益及有利害关系的委托人执行公估业务。

事实上，公平和公正既是对保险公估人从事业务活动的最基本的要求，也是公估行业本身最根本的特征。在国外，公估人的信誉极为崇高，他们作出的判断或证明，一般都能为当事人所接受。

2. 遵守自愿原则和诚实信用原则的规则

自愿原则和诚实信用原则是保险法的基本原则。凡参加保险活动的人员都必须遵守这些原则，保险中介人也不例外。我国保险立法规定，保险代理人、保险经纪人及保险公估人在办理保险业务时，必须遵循自愿原则和诚实信用原则，不得利用行政权力、职务或职业便利，以及其他不正当手段，强迫、引诱或者限制投保人订立保险合同。

3. 账簿专设规则

因保险中介人是保险人与投保人之间联系的中间环节，投保人与保险人双方的财务往来，如保险费的支付、保险赔款或给付等，需要经过保险中介人的收兑。根据国际惯例的规定，保险中介机构有关保险业务往来的财务情况必须设专门账簿，并进行登记，以备查考。我国《保险法》第一百二十三条规定，保险代理机构、保险经纪人应当有自己的经营场所，设立专门账簿记载保险代理业务、经纪业务的收支情况。这一规则既是对保险中介机构设立、经营的基本要求，也是对其进行监督管理的内容之一。

4. 接受监管规则

从事保险活动的中介人以公司为其组织形式的，如保险代理公司、保险经纪公司及保险公证公司等，必须有固定的经营场所，经保险监管部门许可，并向有关登记机关进行登记。保险监管机关有权依法对保险中介机构的业务状况、财务状况及资金运用状况进行检查，并有权要求其在规定期限内提供有关的书面报告资料。

二、对外国保险公司的监管

对外国保险公司的监管是以本国保险市场对外开放为前提的。然而，保险市场是否对外开放，则不只是法律问题，而是由各国社会制度及经济发展水平决定的。发达国家一般不严格限制外国公司的进入，只是在批准程序与要求上不同于本国公司，而这些要求多表现为在外国保险人的设立方面。在英国，国务大臣对联合王国内的申请人、欧共体成员国申请人以及共同体以外的申请人要求不同。欧共体成员国申请人基本上同于本国申请人，但其必须在本国获得保险业务经营许可证；对共同体以外的申请人，除要求其在总部所属国获准经营保险业务外，其主要负责人及经营管理人员如董事、监理、经理或总代理人等还必须称职，而且该申请人在英国要拥有一定数额的财产，并提供足额保证金，只有完全符合条件者才可以获准经营保险业务。在美国，外国保险人必须每年登记一次，能够根据保险法的规定提供年度财务报表的可以续展一年，其他方面与本国公司基本相同。在日本，有专门的外国保险人法，对外国保险人在日本经营保险加以监督。外国保险人进入的条件：提交法定文件，递交所属国出具的已经从事保险业务的证明，在日本必须拥有不少于 1 000 万日元的存款，应主管大臣的要求还要另交存款。

发展中国家因保险业的发展相对落后，所以，为了维护本国经济，促进民族保险业的发展，对外国保险公司的进入多持否定态度，即使允许进入，也有许多限制，如突尼斯、摩洛哥、菲律宾等国，要求外国保险公司在本国储存一定数额的保证金，而且要求外国保险公司必须将一定比例的保险资金在当地投资。马来西亚不仅对外国人在本国拥有保险组织的股份作了限制，而且对合资保险组织还课以重税。

我国作为一个发展中国家，保险业发展起步较晚，水平不高，保险市场的对外开放曾是禁区。但随着我国社会主义市场经济体系的逐步建立和改革开放的进一步深入，保险市场对外开放的禁区渐被打破，近两年又有明显加快的趋势。据保监会统计数据，2013 年 1 月至 6 月，外资保险公司原保险保费收入达 344.07 亿元人民币，市场份额为 3.62%，其中外资人身保险公司原保险保费收入为 304.76 亿元人民币，外资财产保险公司原保费收入为 39.31 亿元人民币。已经获准进入我国保险市场的外资保险公司主要集中在上海和广州地区，以上海为中心。保监会指出，中国保险业开放的区域将逐步扩大到沿海主要经济中心城市，甚至内地部分大中城市。随着我国保险市场开放从点到面的不断推进，对外资保险公司的监管已经成为一个突出的问题。

由于我国保险市场的开放最初以上海为试点，所以，1992 年，还是保险监管机关的中国人民银行针对这种情况专门制定了《上海外资保险机构暂行管理办法》。该管理办法对外资保险机构的设立与登记、资本金和业务范围、业务管理、投资、清算与解散以及罚则等作出了规定。2001 年 12 月，中国保监会根据加入世界贸易组织的承诺，专门制定了《中华人民共和国外资保险公司管理条例》（2002 年 2 月 1 日起施行），以此作为监管的法律依据。该条例中对外资保险公司的设立与登记、业务范围、监督管理、中止与清算、法律责任等作出了具体规定。

（一）明确外资保险公司的概念

所谓外资保险公司，是指依照中国有关法律、法规的规定，经批准在中国境内设立和营业的下列保险公司：（1）外国保险公司同中国的公司、企业在中国境内合资经营的保险公司（以下简称合资保险公司）；（2）外国保险公司在中国境内投资经营的外国资本保险公司（以下简称独资保险公司）；（3）外国保险公司在中国境内的分公司（以下简称外国保险公司分公司）。

（二）申请设立外资保险机构的条件

设立外资保险公司，应当经过中国保监会的批准。申请设立外资保险公司的外国保险公司应具备的基本条件：经营保险业务30年以上；在中国境内设立代表机构两年以上；提出申请前一年年末的资产总额在50亿美元以上；所在国家或者地区有完善的保险监管制度，并且该外国保险公司已经受到所在国家或者地区有关当局的有效监管；符合所在国家或者地区偿付能力标准；所在国家或者地区有关主管当局同意其申请；中国保监会规定的其他审慎性条件。外国保险公司应提供证明其具备基本条件的有关文件和资料。

（三）组织形式的限制

外资保险公司只能以分公司、合资公司或独资公司的形式进入中国市场。

（四）关于资本金和保证金的规定

被批准设立的中外合资保险公司、独资保险公司的最低注册资本为2亿元人民币或者其等值的自由兑换货币；外国保险公司分公司应当由其总公司无偿拨给不少于2亿元人民币等值的自由兑换货币的营运资金。中国保监会根据外资保险公司业务范围、经营规模，可以提高前两款规定的外资保险公司注册资本或者营运资金的最低限额。

外资保险公司成立后，应当按照其注册资本或营运资金总额的20%提取保证金，存入中国保监会指定的银行；保证金除外资保险公司清算时用于清偿债务外，不得动用。

（五）业务范围的限制

外资保险公司按照中国保监会核定的业务范围，可以全部或者部分依法经营下列种类的保险业务：（1）财产保险业务，包括财产损失保险、责任保险、信用保险等保险业务；（2）人身保险业务，包括人寿保险、健康保险、意外伤害保险的保险业务；（3）经中国保监会按照有关规定核定，可以在核定的范围内经营大型商业风险保险业务和统括保险单保险业务；（4）再保险业务中的分出保险和分入保险。但同一外资保险公司不得同时兼营财产保险业务和人身保险业务。

（六）监督管理

中国保监会有权对外资保险公司的业务状况、财务状况及资金运用状况等进行检查，有权要求外资保险公司在规定的期限内提供有关文件、资料和书面报告，有权对其违法违规行为依法进行处罚、处理。

三、保险领域内的协会及同业公会

在保险领域，各国都有为数众多的联合会、协会，尽管各会的组建方式不一，成立时间有先有后，职能各异，但在保险行业管理中，都扮演了十分重要的角色。

（一）保险人协会及同业公会

这类联合组织一般由保险公司和个人保险人组成，它们不承保保险业务，而是致力于促进、发展和保护会员利益，传播最新保险信息以及为资源共享作出努力。保险行业协会是众所公认的保险人同政府各部门联系的媒介机构。这类协会通常在会员之间制定费率协定，拟定标准条款，研究涉及保险人的各类法律提案，提出对这些提案的意见等。协会提供许多涉及各会员公司根本利益的无偿服务，还负责国际间的保险业资讯交换和业务联系。

英国保险联合会就是这类组织的典型代表。该组织成立于1917年，它是包括在英国经营业务的英联邦保险公司在内的几乎所有英国保险公司的代言人，实际上是各类保险公司的同业公会。该公会除了会员服务外，还加强了与社会大众的联系，以此增进公众对保险的了解。此外，该会还负责向皇家委员会呈递关于人身伤害民事责任的材料；加强同各大学的联系；统计保险费收入；对成员公司进行投资；拍摄保险常识影片；按照工作成绩向保险学教师发放分红股票；研究保险业务中的技术性问题等，它已成为辅助政府对保险业进行管理的得力助手。

除英国保险联合会外，英国以各类保险公司为会员的联合组织还很多，主要有：三大海上保险人联合会（劳埃德保险人协会、伦敦海上保险人协会、利物浦海上保险人协会），火险协会，寿险方面的职业寿险公司联合会和人寿险公司联合会及苏格兰人寿险公司联合会，意外事故及航空险协会。这些专门协会，在本类公司的费率协定及拟定标准条款和统一收费方面起到了巨大的作用，成为行业自我管理的主要力量。

在日本，保险公司为了避免恶性竞争、无限制地靠降低保险费率吸引客户而引发保险人倒闭的恶果，1907年，东京、明治、日本、横滨和共同五大火灾保险公司联合成立了大日本保险协会，1911年，其余公司及新设立的公司组成火灾保险联盟。各协会共同合作制定保险费率。1917年，日本国内外火灾保险公司共同结成了大日本火灾保险联合会，对保险费率作出了一些具有约束力的协定。目前，日本有23家民营保险公司均为日本财产保险协会的会员，该协会内有一个保险费率计算委员会，各会员公司的费率原则上采用协会的统一费率。在日本，还有寿险公司协会，该协会成立于1908年，以日本生命为首的24家寿险公司都是该协会的会员，5家外资寿险公司是该协会的准会员，在寿险业务做法上多统一行事。

为协调各国保险领域内的某些做法，目前国际上也形成了两个主要的保险人联合会，即航空保险人国际联合会和国际海上保险联盟。

航空保险人国际联合会成立于1934年，是以整个航空保险人利益的名义发言和谈判的正式机构。它是会员间传递资讯的中心，为航空保险制定更加合理的规章制度，以提高航空保险的质量。在全世界范围内，凡具有以下条件者均可成为该联合会成员：（1）拥有经营航空保险权的法人公司；（2）拥有经营航空保险权，由数家保险利益团体组成的保险联合组织；（3）其他联合会认为已具备入会条件的航空保险机构或团体。

为协调国际航空中心的做法，该联合会同国际民航组织和国际空运联合会等官办国际机构建立了正式联系，在签约和拟议公约、协议中向有关权力机构提出议案和建议。

国际海上保险联盟由德国、奥地利、俄国和瑞典的海上保险人于1874年发起成立。它的任务是代表、保护海上保险人利益，并发展海上保险业务。第二次世界大战后，联盟修改了章程，规定只有国家的海险联合会或市场海险联合会才能取得会员资格。联盟每年举行年会，为各国保险人提供了解、交流的机会，并讨论海上保险中的新问题，研究诸如核能对海上保险的影响之类的问题。

（二）保险中间人协会

保险中间人协会并不像保险人协会这样历史悠久和普遍。许多国家保险中间人并未建立协会组织，有的已建立的协会组织也旨在提高保险中间人的业务能力。但是，英国的保险经纪人联合会则不同，它是英国保险经纪人行业的唯一喉舌，同政府、其他保险组织、商业组织、新闻机构及社会公众办理交涉，并保护保险客户的利益。联合会致力于为会员提供技术服务。联合会的技术委员会提供的服务项目包括法律、保险教育和训练、人事管理、公共关系、寿险和年金、机动车及再保险业务等。此外，该组织还应向保险客户进行宣传，使之了解保险经纪人的作用、职能，充分了解通过保险经纪人办理保险所能带来的好处。

保险代理人集团是英国又一保险中间人协会。1958年从保险经纪人集团的管理下正式独立出来。代理人集团的绝大多数会员拥有自己的主要职业和业务，只是附带从事保险代理人工作。理事会由拥有正式执照的鉴定人、拍卖人、会计师、建筑师组成，理事会人员构成实际上是集团人员构成的缩影。该集团力图从事涉及集团利益的问题研究，以便提出一篇政策声明，阐明集团成员与附属代理人事务所的区别、代理人能否向被保险人征收佣金等涉及成员根本利益的问题。

无论是保险人协会还是保险中间人协会，对保险事业的发展及保险行业的自我管理，都起了巨大的作用。

中国保险行业协会成立于2001年。它的成立及发展，为协调保险人之间的竞争，培养保险专业人才，改善保险市场的经营条件，以及在对保险基本条款和基本费率的研究制定方面，都起了很大的作用。随着保险市场主体的不断增多以及保险业的深入发展，保险行业协会将成为保险业与政府联系的桥梁。同时，保险行业协会作为一个保险行业自律组织，将在中国取得更大的发展。

本章小结

保险市场的监督管理是指政府通过法律和行政的手段对保险市场的构成要素进行的监督管理。保险市场监管的目标一是保证保险人有足够的偿付能力，维护被保险人及受益人的合法利益；二是促进并维护保险业的公平竞争；三是防止保险欺诈，保证保险业的健康发展。

保险市场监管的方式主要有公告管理、规范管理、实体管理。

对保险人的监管主要包括机构监管、业务监管、财务监管、偿付能力监管四个方面。对保险中介人的监管主要包括保险中介人的资格条件监管、保险中介人的执业规则监管两个方面。对外国保险公司的监管主要包括设立外资保险机构条件的监管、组织形式的监管、资本金和保证金的监管、业务范围的监管四个方面。

本章重要概念

保险市场监管　保险业务监管

复习思考题

1. 简述保险监管的产生及其原因。
2. 简述保险监管的内容。
3. 如何理解偿付能力的监管是保险监管的核心？
4. 简述保险监管的目标。
5. 试比较分析保险监管的三种方式。

第十二章

对其他金融机构的监管

对其他金融机构的监管是金融监管体系的重要组成部分。它包括对信托业的监管、对租赁业的监管、对财务公司的监管和对汽车金融及消费金融业的监管几个方面。本章正是从这四个角度出发进行分析。

第一节　对信托业的监管

一、信托的含义及职能

信托是指委托人基于对受托人的信任，将其财产权委托给受托人，由受托人按委托人的意愿以自己的名义，为受益人的利益或者其他特定目的，进行管理或者处分的行为。这里所称的信托，指的是金融信托业务，是信托投资机构作为受托人，按照委托人的要求或指明的特定目的，收受、经理或运用资金及其他资产的金融业务。

信托实际上是"受人之托，代人理财"。因此，它具有以下其他金融业务的职能，并在金融体系中占特殊地位，对社会经济发展起到了积极的促进作用。

（1）财务管理职能。财务管理就是信托机构接受财产所有者的委托，对信托财产进行必要的管理和处分，执行社会性的"代人理财"任务。这是信托的基本职能。在我国，信托的财务管理职能内容十分丰富，与各种金融业务都有着千丝万缕的联系，如目前信托机构开办的资金信托、财产信托、委托贷款、委托投资等都属于财务管理职能的运用。

（2）融资职能。我国的信托业产生于经济改革和经济快速发展的需要，是为了改变单一银行信贷融资渠道的状况。因此，为发展生产和加快建设筹措长期、稳定的资金，以及吸引外资、引进先进技术和设备，成为其重要职能。

（3）信用服务职能。无论是对个人，还是对法人或社会团体，信托都可以提供各种信用服务，如代理发行股票、债券，代理催收欠款，代理收款、付款，代办保险，出租保管箱，代办社会事务和投资事宜等。社会有什么需要，信托机构就可以办理与之相应的信用服务项目。

（4）社会投资职能。社会投资职能是指信托机构运用信托业务手段参与社会投资行为所产生的职能。信托机构开办投资业务是世界上大部分国家的普遍做法，我国自恢复信托业务以来，就开设投资业务，投资业务已成为信托机构的主要业务之一，其主要表现为有价证券投资。在当今世界的经济舞台上，股份公司扮演着重要角色，证券投资成为基本的投资方式，因而西方信托机构的大部分业务是从事各种有价证券的管理和应用。目前我国正在进行资本市场的探索和建设，这将推动信托公司证券投资业务的发展，也会为这种改革创造有利条件。

以上几个职能是否能够起作用以及作用程度的大小，因各国政治、经济制度，社会习俗等因素而定，特别是一国市场经济发展的程度和金融深化的程度对信托职能的发挥起着决定性的作用。

二、信托业在国内外的发展情况

（一）信托业在国外的发展

英国是信托业的鼻祖。从受托主体来看，英国信托业的发展贯穿"个人→官选个人→法人"这一主线。英国最早的信托是个人承办的，主要处理公益事务和私人财产事务。这种依靠个人关系而进行的信托，在管理和运用财产的时候，往往会出现一些纠纷，使委托的财产蒙受损失。于是，英国政府于1893年颁布《受托人法》，开始对个人充当受托人承办的信托业进行管理。1896年，英国又公布了《官设受托人法》，不过这仍然是以个人身份承办信托事务的制度。随着信托业的发展，1908年英国成立官营受托局，实行以法人身份、依靠国家经费来受理信托业务。这种由政府出面开办的信托机构虽然也收取一定的费用，但不单纯以谋取利润为目的，而且其受托业务范围狭窄。1925年，《法人受托者条例》颁布后，由法人办理的以盈利为目的的营业性信托才真正开始。目前，英国金融信托业以个人受托为主，其承接的业务量占80%以上，而法人受托业务则主要由银行和保险公司兼营，专营比例很小。现在，英国的证券投资信托也正逐步盛行。

美国信托业脱胎于英国，但并没有囿于观念。一方面，美国继承了公民个人之间以信任为基础、以无偿为原则的非营业信托；另一方面，美国一开始就创造性地把信托作为一项事业，用公司组织的形式进行大范围的经营。美国的信托机构在创立初期是与保险业结合在一起的，1822年成立的纽约农业火灾保险放款公司被认为是美国信托业的鼻祖。1853年，美国联邦信托公司在纽约成立，这是美国历史上第一家专门的信托公司，其业务与兼营的信托业相比有了进一步的扩大和深化，在美国信托业发展历程中具有里程碑的意义。1865年美国内战结束后，为了迎合战后重建经济的需要，政府放松了对信托公司的管制，这一方面使信托公司的数量剧增，另一方面也扩展了信托公司的业务经营范围。此后，信托公司开始涉足银行，银行也开始兼营信托业务。1913年，《联邦储备银行法》颁布，国民银行正式获准兼营信托业务，后来各州也相继修改州法，陆续同意州立银行也可兼营信托业务。至此，商业银行兼营的信托业务有了较快的发展。同时，由于美国政府不允许商业银行买卖证券及在公司中参股，商业银行为了避开这种限制而纷纷设立信托部来办理证券业务。这样，信托业务随着银行的发展得到扩大。"二战"以后，随着美国经济的快速增长，信托投资业也大规模发展，业务活动从现金、有价证券经营直到房地产，业务范围、经营手段都时有翻新。1970年美国的银行资产中，信托财产为2 885亿美元，至1980年增长了将近1倍，为5 712亿美元，其占商业银行总资产的比例由1970年的41.3%上升至1980年的57.1%。这说明，那时金融信托业务已经成为美国商业银行业务中的一个重要组成部分。如今在美国，信托观念已经深入人心，例如，证券投资信托就已经成为美国证券市场的主要机构投资者。据统计，1981年9月作为其主要形式的开放型投资公司的基金总数已经超过1 505只，资产净额为1 661.7亿美元，到1992年年初，全美中等规模以上的投资基金已近3 000家，资产净值超过14 000亿美元。2003年末，全美信托机构管理的信托资产规模达到4 074万亿美元，获得的信托收入达到22 037亿美元。其中，共同基金、房地产投资信托基金和养老保险信托基金的发展最具代表性。

（二）中国信托业的发展情况

中国的信托业经历了曲折的发展道路。1921年8月，上海成立了通商信托公司，这是我国信托业的开始，但直至解放前夕都没有实质性的发展。新中国成立后，由于高度集中的计划经济体制的建立和实施，信托失去了其存在的客观条件，致使我国信托业务陆续停办。20世纪80年代初，随着我国经济改革的一步步深入，要求有与之相适应的灵活融资方式来改善当时金融体系结构的不合理状况，国务院、中国人民银行先后颁布了一系列的文件和规定鼓励信托业的发展。从20世纪80年代中期开始，各家银行、行业主管部门、综合经济管理部门、地方政府纷纷设立了信托投资公司，使其成为掌握大量金融资产的一类金融机构，并且在经济生活中发挥着较为重要的作用。但是，由于我国长期实行高度集中的计划经济体制，缺乏明确的功能定位和有效的法律约束，我国信托业的发展严重偏离轨道，带有明显的银行化趋势，真正的信托业务比例很小，而主要业务是银行的信贷业务，以至于影响了国家的经济秩序。在这种情形下，金融管理当局从1995年起开始清理整顿信托投资机构，实行分业经营。《商业银行法》和《证券法》中都明确规定，银行在中国境内不得从事信托投资业务，而信托投资公司也不得从事银行信贷业务。另外，我国分别于2001年5月和2002年6月颁布了《中华人民共和国信托法》和《信托投资公司管理办法》，对加强信托投资公司的监督管理，规范信托投资公司的经营行为，促进信托业的健康发展起到了重要作用。2007年《信托公司管理办法》的颁布，使我国信托业发展进入了新的阶段。2010年《信托公司净资本管理办法》的颁布，开创了信托监管的一个新时代。《信托公司净资本管理办法》与以往的监管政策最大的不同之处是，它是一个动态管理工具。其核心是两个指标，即净资本与风险资本，意在防范兑付风险、引导信托向主动管理发展、从信托的角度遏制银信合作。

三、对信托业的监管

（一）境外信托业的监管情况

1. 对信托机构的监督与管理

鉴于信托业务的公共性与特殊性，世界许多国家都明文规定，经营信托业必须经过主管机关批准。如日本《信托业法》规定："信托业，非经主管大臣许可，不得经营"；《兼营法》规定："按《银行法》取得许可的银行，以及按《长期信用银行法》取得许可的长期信用银行不受其他法律的约束，经主管大臣批准，可按照《信托业法》经营信托公司业务。"在美国，国民银行从事信托业务，须经货币监管局批准，州银行或信托公司要经过州的金融管理机关审批，作为会员还必须得到联邦储备体系董事会的许可。

经营信托业还必须具备一定条件。如日本《信托业法》规定，经营信托业务的机构，至少要有100万日元以上的资金，其机构名称还要标有"信托"字样。我国《香港地区委托人条例》规定，从事信托业务的机构，首先要根据公司条例注册，并在中国香港有经营地址，该公司必须有不少于100万港元的发行与实收资本。美国货币监理局规定，国民银行从事信托业务，要具备以下条件：（1）资本充实，有足够的盈余经营信托业务；（2）符合社会对信托业务的需求；（3）具有经营管理能力；（4）与所在州的法律不冲突。我国台湾地区"《信托法》"规定，信托业的经营与管理，应由具有专门学识与经验的财务人员为主，并应由合格的法律、会计及各种业务上所需的技术人员协助办理。

设立信托投资机构，要按照一定的程序进行申报。如日本《信托法》规定，经营信托业，须向主管大臣提出申请，并附上章程和载有业务种类及经营方法的文件。《兼营法施行规则》规定，拟申请开办信托业务的普通银行，在全体董事签名的申请批准书上，除应填写附有业务种类及方法的书面材料之外，还应填附下列文件呈报大藏大臣：（1）理由书；（2）章程；（3）股东大会议事纪律；（4）写有信托业务开办后三个营业年度的收支估计的文件；（5）董事会和监察人的履历书；（6）最近的日程报告。

我国台湾地区"《银行法》"对信托投资机构的设立程序也有明确的规定，设立信托投资机构，须提交下列材料，报请主管机关许可：（1）机构的种类、名称及公司的组织种类；（2）资本总额；（3）营业计划；（4）本部及分支机构所在地。对主管机关允许设立的信托投资机构，要先依照台湾地区"《公司法》"的规定设立公司，在收足资本金额并办妥公司登记后，须提交以下材料，向主管机关申请核发营业执照：（1）公司登记证件；（2）监管机构验资证明书；（3）章程；（4）股东名册及股东会议记录；（5）常务董事名册及常务董事会会议记录；（6）监察人名册及监察人会议记录。

信托投资机构作为法人，其合并、变更、解散，也应经主管机关批准。如日本《信托业法》规定，信托公司的合并，必须经主管大臣批准，否则不发生效力。《信托业法》同时规定，信托公司在下列情况下，须经主管大臣批准：（1）拟变更章程时；（2）拟变更业务种类和方法时；（3）拟设立代理点时。我国台湾地区"《银行法》"规定，信托投资机构的合并或者名称、资本总额、营业地址发生变更时，应经主管部门许可，并办理公司变更记录及清偿债务计划，报请主管机关核准后进行清算。

2. 对信托业务经营的监管

（1）限定业务范围。各国信托业法规对信托投资机构业务范围都有明确规定，如在美国，《联邦储备法》允许商业银行经营信托业务，同时对其经营信托业务的范围实行严格的管理，其目的在于防止银行通过信托业务进行大量的股票、债券投资。《1933年银行法》将银行信托业务进行的股票、债券投资和银行以一般客户存款为资金来源进行的股票、债券投资作了严格的区分，前者受到法律保护，后者为法律所禁止。区分它们的主要原则是：凡是由客户委托、由客户本人出资并承担风险、银行只收代办费的股票、债券投资，属于银行信托部可以经营的范围，除此之外的股票、债券投资则禁止商业银行信托部经营。

日本《兼营法》规定，准许信托银行经营的信托业务共有9种，分别为：①金钱信托，承受信托时是金钱，信托结束交给受益者的仍然是金钱；②金钱信托以外的信托，即承受信托时是金钱，信托结束交给受益者的是维持现状的信托财产；③有价证券；④金融债权的信托；⑤动产的信托；⑥土地及固定物的信托；⑦地上权的信托；⑧土地租借权的信托；⑨包揽信托两件以上不同种类的财产，通过一次信托行为承受的信托。《信托业法》规定，信托公司兼营的业务有7种：①代保管；②债务的担保；③不动产买卖介绍及金钱或不动产租借介绍；④受理公债、公司债及股票的募集，收受其缴款以及利息或红利的支付；⑤执行关于财产的遗嘱；⑥会计检查；⑦其他代理业务。

我国台湾地区"银行法"中，信托投资公司的经营范围被限定为14种：①办理中长期放款；②投资公债、短期票据、公司债券、金融债券及上市股票；③担保发行公司债券；④办理境内外担保业务；⑤承销及自营买卖或代客买卖有价证券；⑥收受、经理及运用各种信托资金；⑦募集共同信托基金；⑧受托经营各种财产；⑨担任债券发行受托人；⑩担任债券或股票发行签证人；⑪代理证券发行、登记、过户及股息红利的发放事项；⑫委托执行遗嘱及管理遗产；⑬担任公司重整监督人；⑭提供证券发行、募集的顾问服务及办理与前列各项业务有关的代理服务事项。

（2）限定信托财产的种类。如日本《信托业法》规定，信托公司不得承受下列以外的财产信托：金钱、有价证券、金钱债权、动产、土地及固定物、地上权及土地租借权。我国台湾地区"信托法"（第二次草案）规定，信托财产以法令允许融通的财产权为限。该法同时规定，信托业可以承受的信托财产有金钱、有价证券、金钱债权、动产债权、不动产债权、土地租赁权、物体财产权以及准物权。

（3）信托资金的赔偿准备。日本《信托法》规定，因受托者管理不当或违反信托目的处理信托财产所造成的损失，要赔偿。为此，要求信托投资机构将一定比例的现金或有价证券寄存在管理机构，以作为届时赔偿的来源。日本《信托业法》规定，作为担保应按命令所定，寄存相当于资本金1/10以上的国债，但其总额可不超过100万日元。受益者有优先于其他债券者从信托公司寄存的国债中得到清偿的权利。

我国台湾地区"《银行法》"规定，信托投资公司应以公债、国债、金融债券、银行担保发行公司债券或现金缴存"中央银行"，为因违反法令规章或信用契约条款致使受益人遭受损失的赔偿做准备。其赔偿准备与各种信托投资契约总值的比率，由"中央银行"在15%~20%的范围内规定，但其缴存总额最低不得少于其实收资本总额的20%。前项赔偿准备，在公司开业时期，暂以该信托投资公司实收资本总额20%为准，该公司经营1年后，再照前项标准于每月底进行调整。

3. 监督与检查制度

在美国，为了帮助信托检查者执行检查任务，也为了给检查者提供一个统一的衡量标准，货币监理局制定和发行《全国信托检查者手册》，详细说明检查程序，解释有关立法、条例等。按照美国有关法律的要求，商业银行信托部除了必须按月、按季度上交关于信托业务的统计报告、报表，详述信托资金的来源和运用以外，还必须接受每年至少一次的联邦金融管理机构对信托业务的现场检查，检查的范围主要是看信托机构是否遵循立法规定，其业务是否符合大众的利益，检查的目的旨在提高和改善信托机构的服务质量。

对信托投资机构的监管，在日本《信托业法》里有三项规定：主管大臣可随时指令信托投资公司提交业务报告，或对其财产状况进行检查；主管大臣根据信托公司业务和财产状况，必要时可令其变更业务种类或方法、停办业务以及发布其他必要的命令；信托公司违反法令、章程或主管大臣命令，以及有危害公益的行为时，主管大臣责令其停办业务，或改选董事、监事，或吊销其营业许可证。

为了维持法律的严肃性，各国对信托投资机构在经营信托业务中不按法规办事和不服从命令的行为，都给予必要的处罚。

（二）我国对信托业的监管

1. 对金融信托机构的监管

根据 2007 年 1 月 23 日颁布的《信托公司管理办法》（以下简称《办法》），信托公司从事信托活动，应当遵守法律法规的规定和信托文件的约定，不得损害国家利益、社会公共利益和受益人的合法权益。监管部门依照法律、行政法规和本办法对信托公司及其业务实施监督和管理。2003 年中国银监会成立之后，由其代替中国人民银行执行对信托业的监管活动。

（1）设立。设立信托公司，应当采取有限责任公司或者股份有限公司的形式。信托公司的设立，必须经中国银监会批准，并领取金融许可证。未经中国银监会批准，任何单位和个人不得经营信托业务，任何经营单位不得在其名称中使用"信托公司"字样，法律法规另有规定的除外。根据《办法》规定，信托公司的设立应当具备下列条件：①有符合《公司法》和中国银监会规定的公司章程。公司章程是信托公司作为企业法人的行为准则，其内容必须符合国家法律、法规和政策的规定。具体包括机构名称、法定地址、企业性质、经营宗旨、注册资本数额、业务范围和种类、组织形式及经营管理等事项。②有具备中国银监会规定的入股资格的股东。③具有本办法规定的最低限额的注册资本。信托公司注册资本最低限额为 3 亿元人民币或等值的可自由兑换货币，注册资本为实缴货币资本。④有具备中国银监会规定任职资格的董事、高级管理人员和与其业务相适应的信托从业人员。中国银监会对信托公司的董事、高级管理人员实行任职资格审查制度。未经中国银监会任职资格审查或者审查不合格的，不得任职；中国银监会对信托公司的信托从业人员实行信托业务资格管理制度。符合条件的，颁发信托从业人员资格证书；未取得信托从业人员资格证书的，不得经办信托业务。⑤具有健全的组织机构、信托业务操作规则和风险控制制度。⑥有符合要求的营业场所、安全防范措施和与业务有关的其他设施。⑦中国银监会规定的其他条件。

（2）变更。信托公司有下列情形之一的，应当经中国银监会批准：①变更名称；②变更注册资本；③变更公司住所；④改变组织形式；⑤调整业务范围；⑥更换董事或高级管理人员；⑦变更股东或者调整股权结构，但持有上市股份公司流通股股份未达到公司总股份5%的除外；⑧修改公司章程；⑨合并或者分立；⑩中国银监会规定的其他变更事项。

（3）终止。信托公司因分立、合并或者公司章程规定的解散的事由出现，申请解散的，经中国银监会批准后解散，并依法组织清算组进行清算；信托公司有违法经营、经营管理不善等情形，不予撤销将严重危害金融秩序、损害公众利益的，由中国银监会依法予以撤销；信托公司不能清偿到期债务，且资产不足以清偿债务或明显缺乏清偿能力的，经中国银监会同意，可向人民法院提出破产申请。

2010年7月12日颁布的《信托公司净资本管理办法》，规定：①信托公司应当按照本办法的规定计算净资本和风险资本；②信托公司应当根据自身资产结构和业务开展情况，建立动态的净资本管理机制，确保净资本等各项风险控制指标符合规定标准。③中国银行业监督管理委员会可以根据市场发展情况和审慎监管原则，对信托公司净资本计算标准及最低要求、风险控制指标、风险资本计算标准等进行调整。④中国银行业监督管理委员会按照本办法对信托公司净资本管理及相关风险控制指标状况进行监督检查。

2. 对金融信托业务的监管

（1）业务范围管理。信托投资公司可以申请经营下列部分或者全部本外币业务：①资金信托；②动产信托；③不动产信托；④有价证券信托；⑤其他财产或财产权信托；⑥作为投资基金或者基金管理公司的发起人从事投资基金业务；⑦经营企业资产的重组、购并及项目融资、公司理财、财务顾问等业务；⑧受托经营国务院有关部门批准的证券承销业务；⑨办理居间、咨询、资信调查等业务；⑩代保管及保管箱业务；法律法规规定或中国银监会批准的其他业务。

（2）资金的管理。信托公司管理运用或处分信托财产时，可以依照信托文件的约定，采取投资、出售、存放同业、买入返售、租赁、贷款等方式进行，中国银监会另有规定的，从其规定，但不得以卖出回购方式管理运用信托财产；信托公司固有业务项下可以开展存放同业、拆放同业、贷款、租赁、投资等业务，投资业务限定为金融类公司股权投资、金融产品投资和自用固定资产投资，不得以固有财产进行实业投资，但中国银监会另有规定的除外；信托公司不得开展除同业拆入业务以外的其他负债业务，且同业拆入余额不得超过其净资产的20%，中国银监会另有规定的除外；信托公司可以开展对外担保业务，但对外担保余额不得超过其净资产的50%；信托公司经营外汇信托业务，应当遵守国家外汇管理的有关规定，并接受外汇主管部门的检查、监督。

（3）信托资金的赔偿准备。信托投资公司每年应当从税后利润提取5%，作为信托赔偿准备金，但该赔偿准备金累计总额达到公司注册资本的20%时，可不再提取。信托公司的赔偿准备金应存放于经营稳健、具有一定实力的境内商业银行，或者用于购买国债等低风险高流动性证券品种。

（4）信托投资公司经营信托业务，不得有下列行为：①利用受托人地位谋取不当利益；②将信托财产挪用于非信托目的的用途；③承诺信托财产不受损失或者保证最低收益；④以信托财产提供担保；⑤法律法规和中国银监会禁止的其他行为。

3. 对金融信托业的风险管理

信托业风险管理包括完善信托立法、建立业务规章、严格监督措施、规范操作规程等方面。

（1）完善金融信托立法。健全信托业的风险管理，须以完备的信托法制为基础。目前，我国制定了《中华人民共和国信托法》、《信托公司管理办法》等，但是，这些还远远不够，还应对其运作进行专门立法，制订特种信托法，如公益信托法、投资信托法、信托业财务管理办法等，才能使信托业真正地规范经营，增强抗拒风险的能力。

（2）加强金融信托公司的内部管理。健全金融信托业风险内控机制，是保证金融信托机构安全、有序运营的基础。需要在总结各国经验的基础上，建立一套行之有效的风险机制，这是保证信托公司正常运作不可忽视的制度建设。

除此之外，信托机构还要加强对每一项投资的风险分析与控制，加强对逾期贷款的管理，加强资产负债比例管理，建立对金融信托业的资信评估制度等。

阅读资料

我国银信理财产品的发展与规范

所谓银信理财产品，就是银行将其信贷资产通过信托公司转化为向客户发售的理财产品。商业银行通过发行这样的产品，将募集到的资金通过信托方式专项用于替换商业银行的存量贷款或向企业发放贷款。

在过去的数年中，银信理财业务经历了一个从无到有，再到蓬勃发展的过程。银信理财合作业务始于 2007 年，只是最近两年才呈现井喷之势。有关数据显示，2009 年 9 月末银信理财的规模还不足 6 000 亿元，不过截至 2010 年 4 月末已飙升至 1.88 万亿元，而融资类银信理财产品的余额预计在 1.5 万亿元左右。

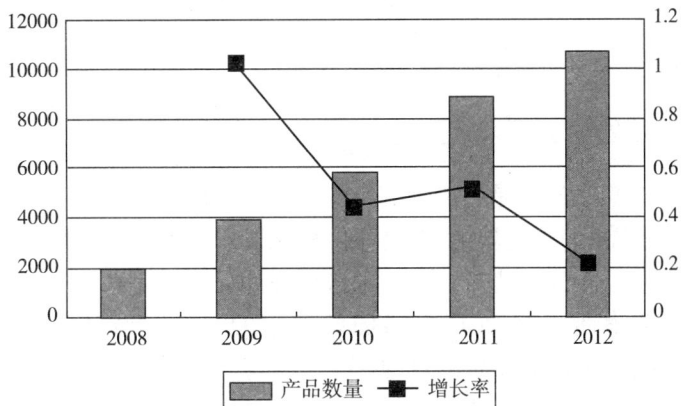

数据来源：东方财富网。

图 12 - 1　2008—2012 年银信理财合作产品数量及其增长率

银信理财产品之所以备受青睐，主要原因在于：对银行而言，通过银信理财合作，可以将部分表内业务转移到表外，变相满足客户的融资需求，同时减少信贷额度占用和资本占用，达到有效规避监管层的资本约束，而信托公司则可以迅速做大规模，收取佣金。此类业务以十分隐蔽的方式增加了金融市场的流动性，同时信贷资产的非真实转移可能导致风险承担落空，容易诱发一定的系统性风险和社会问题，因此应该加强监管。

2011年1月，中国银监会发布了《中国银监会关于规范银信理财合作业务有关事项的通知》（以下简称《通知》），对银行和信托公司理财合作业务（以下简称银信合作业务）作出进一步规范。

《通知》主要有三项内容。一是细化72号文件对商业银行银信合作业务表外资产转入表内的规定，要求商业银行在2011年按照每季度不低于25%的降幅制订具体转表计划，并严格执行；二是要求信托公司对银信合作信托贷款按照10.5%的比例计算风险资本；三是对信托公司2010年度分红做了限制性规定，即如果信托赔偿准备金低于银信合作不良信托贷款余额的150%或者低于银信合作信托贷款余额的2.5%，2010年度不得分红。

该《通知》厘清了商业银行和信托公司的各自责任，进一步提高了对银信合作业务的监管要求，对银信合作业务明确风险归属，引导银信合作业务去信贷化、摒弃准银行业务，转向以投资为主的资产管理之路，借此鼓励信托公司转变经营方式，加强自主管理。《通知》的发布对于促进银信合作业务规范发展、保护投资人合法权益有着积极的意义，并将进一步引导信托公司发挥自身制度优势创新理财产品，推动信托行业健康发展。

（资料来源：新浪财经，http：//finance. sina. com. cn/money/bank/ywycp/20130314/031914823738. shtml。）

第二节　对租赁业的监管

一、金融租赁的含义及特征

金融租赁也称融资租赁，是将传统的租赁、贸易与金融方式有机组合后而形成的一种新的交易方式。金融租赁的基本含义是，出租人根据承租人选定的租赁设备和供应厂商，以对承租人提供资金融通为目的而购买该设备，承租人通过与出租人签订融资租赁合同，以支付租金为代价，而获得该设备的长期使用权。对承租人而言，采用融资租赁方式，通过融物的方式实现了融资的目的。

金融租赁的主要特征：由于租赁物件的所有权只是出租人为了控制承租人偿还租金的风险而采取的一种形式所有权，在合同结束时最终有可能转移给承租人，因此租赁物件的购买由承租人选择，维修保养也由承租人负责，出租人只提供金融服务。

　　租金计算原则：出租人以租赁物件的购买价格为基础，以承租人占用出租人资金的时间为计算依据，根据双方商定的利率计算租金。

　　金融租赁实质是附在传统租赁上的金融交易，是金融工具的一种特殊产品。它和贸易结合起来，因此必须是两个合同、三方当事人才能完成整个交易。

　　金融租赁具有两个基本功能：一是融资功能，二是推销功能。理论上讲，经济发展时期它的融资功能发挥主导作用，经济萧条时推销功能发挥主导作用。由于它具有逆市发展的特点，对国家经济有重大的调节作用，因此各国政府为了扶持融资租赁业的发展，给予其特殊的优惠，使融资租赁业飞速发展起来。

二、金融租赁业的发展情况

（一）金融租赁业在国外的发展

　　融资租赁是"二战"后产生于美国的一种新型金融工具，20世纪50年代以来，现代科学技术的高速发展使得资本设备更新周期大大缩短，而融资租赁方式凭借其在加速折旧、促进企业技术改造、提高企业竞争力方面所具有的独特优势，一经出现便得到了迅速发展。据世界银行国际金融公司统计，1992年，全世界的设备购置中有67%是通过融资租赁方式取得的。至1994年，全世界已有80多个国家引入了租赁业。融资租赁在出现至今短短50多年的时间里，已经成为仅次于银行信贷的第二大融资方式。

　　到目前为止，金融租赁在国际资本市场上已占有十分重要的位置，与银行、证券市场一起成为企业融资的三大渠道。在西方主要发达国家，金融租赁已成为仅次于银行贷款的第二大筹资工具。

（二）金融租赁业在中国的发展

　　1980年，中国国际信托投资公司率先承做了我国第一笔融资租赁业务——利用融资租赁方式为河北省涿县塑料厂引进编织机生产线，取得了良好效果。1981年4月，我国的第一家租赁公司——中国东方租赁公司成立。同年8月，中信公司又与国家物资部等单位联合组建了我国第一家属于非银行金融机构类的、完全由中资组成的租赁公司——中国租赁有限公司。这笔业务与这两家租赁公司的成立，标志着我国现代租赁信用——融资租赁业的开端。

　　此后，我国相继成立了环球、有色金属、光大、北方、国际等中外合资租赁公司和一些中资租赁公司。到1999年年底，全国已有中外合资租赁公司34家，经中国人民银行批准的、属于非银行金融机构类的中资租赁公司15家，并且，有近400家信托投资公司、几十家企业集团财务公司兼营租赁业务。

　　20年来，租赁业的发展进程与我国经济发展的速度基本同步，可以划分成三个发展阶段。第一个阶段是20世纪80年代初到1993年前后。这个阶段被业界称为引进后的发展阶段。中国租赁公司的数量不断增加，业务量不断增长。但是当时，几乎所有的金融租赁公司都在"不务正业"，跟银行抢做贷款业务。由于当时的贷款利率高，金融租赁也荒废主业，依靠副业畸形发展。第二个阶段是问题丛生阶段。整个行业的畸形发展导致最终中国金融租赁业的道路越走越窄。不少人也开始对这个行业失去信心。从1993年前后到1997年前后，租赁公司总体受到了巨大的挫折，相当多的租赁公司陷入困境，业务量迅速萎缩。在国家对金融租赁业采取实质性动作之前，央行的一项统计表明，从1981年成立第一家金融租赁公司到1999年年底，中国金融租赁业共有15家租赁公司，资产总额182亿元，累计租赁业债务额1 900亿元。第三个阶段可以称为重组再生阶段。央行1999年6月召开全国租赁研讨会，2000年6月发布实施《金融租赁公司管理办法》，2006年12月银监会对《金融租赁公司管理办法》进行修订，并于2007年3月正式施行。中国的金融租赁行业虽然与一些发达国家甚至发展中国家相比仍有不小的差距，但是近几年来仍取得了长足的发展。

三、我国对租赁业的监管

2003年中国银监会成立之后，负责对金融租赁机构进行监督与管理。根据修订后的《金融租赁公司管理办法》（以下简称《办法》），对租赁业的监管主要有以下内容。

（一）对金融租赁机构的监管

1. 设立

申请设立金融租赁公司应具备下列条件：（1）具有符合本办法规定的出资人。（2）具有符合本办法规定的最低限额注册资本，金融租赁公司的最低注册资本为1亿元人民币或等值的自由兑换货币，注册资本为实缴货币资本。中国银监会根据融资租赁业发展的需要，可以调整金融租赁公司的最低注册资本限额。（3）具有符合《公司法》和本办法规定的章程。（4）具有符合中国银监会规定的任职资格条件的董事、高级管理人员和熟悉融资租赁业务的合格从业人员。（5）具有完善的公司治理、内部控制、业务操作、风险防范等制度。（6）具有合格的营业场所、安全防范措施和与业务有关的其他设施。（7）中国银监会规定的其他条件。

金融租赁公司的设立需经过筹建和开业两个阶段。申请筹建时，需要向中国银监会提交的文件包括：（1）筹建申请书，内容包括拟设立金融租赁公司的名称、注册所在地、注册资本金、出资人及各自的出资额、业务范围等。（2）可行性研究报告，内容包括对拟设公司的市场前景分析、未来业务发展规划、组织管理架构和风险控制能力分析、公司开业后3年的资产负债规模和盈利预测等内容。（3）拟设立金融租赁公司的章程（草案）。（4）出资人基本情况，包括出资人名称、法定代表人、注册地址、营业执照复印件、营业情况以及出资协议。出资人为境外金融机构的，应提供注册地金融监管机构出具的意见函。（5）出资人最近2年经有资质的中介机构审计的年度审计报告。（6）中国银监会要求提交的其他文件。筹建工作完成之后，应向中国银监会提出开业申请，并提交以下文件：（1）筹建工作报告和开业申请书。（2）境内有资质的中介机构出具的验资证明、工商行政管理机关出具的对拟设金融租赁公司名称的预核准登记书。（3）股东名册及其出资额、出资比例。（4）金融租赁公司章程。金融租赁公司章程至少包括以下内容：机构名称、营业地址、机构性质、注册资本金、业务范围、组织形式、经营管理和中止、清算等事项。（5）拟任高级管理人员名单、详细履历及任职资格证明材料。（6）拟办业务规章制度和风险控制制度。（7）营业场所和其他与业务有关设施的资料。

（8）中国银监会要求的其他文件。金融租赁公司的开业申请经批准后，领取金融机构法人许可证，并凭该许可证到工商行政管理机关办理注册登记，领取企业法人营业执照后方可开业。

2. 变更

金融租赁公司在变更名称、改变组织形式、调整业务范围、变更注册资本、变更股权、修改章程、变更注册地或营业地址、变更董事及高级管理人员、合并与分立及中国银监会规定的其他变更事项时，须报经中国银监会批准。

3. 整顿及接管

金融租赁公司违反有关规定的，中国银监会可责令限期整改；逾期未整改的，或者其行为严重危及该金融租赁公司的稳健运行、损害客户合法权益的，中国银监会可以区别情形，依照《中华人民共和国银行业监督管理法》等法律法规的规定，采取暂停业务、限制股东权利等监管措施。

4. 终止

金融租赁公司有以下情况之一的，经中国银监会批准后可以解散：（1）公司章程规定的营业期限届满或者公司章程规定的其他解散事由出现；（2）股东（大）会决议解散；（3）因公司合并或者分立需要解散；（4）依法被吊销营业执照、责令关闭或者被撤销；（5）其他法定事由。

金融租赁公司已经或者可能发生信用危机，严重影响客户合法权益的，中国银监会依法对其实行托管或者督促其重组，问题严重的，有权予以撤销。金融租赁公司因解散、依法被撤销或被宣告破产而终止的，其清算事宜，按照国家有关法律法规办理。清算组在清理财产时发现金融租赁公司的资产不足以清偿其债务时，应立即停止清算，并向中国银监会报告。经中国银监会核准，向人民法院申请该金融租赁公司破产。

（二）对金融租赁业务的监管

金融租赁公司可经营的本外币业务包括：（1）融资租赁业务；（2）吸收股东1年期（含）以上定期存款；（3）接受承租人的租赁保证金；（4）向商业银行转让应收租赁款；（5）经批准发行金融债券；（6）同业拆借；（7）向金融机构借款；（8）境外外汇借款；（9）租赁物品残值变卖及处理业务；（10）经济咨询；中国银监会批准的其他业务。

金融租赁公司应遵守以下监管指标：（1）资本充足率。金融租赁公司资本净额不得低于风险加权资产的8%。（2）单一客户融资集中度。金融租赁公司对单一承租人的融资余额不得超过资本净额的30%。计算对客户融资余额时，可以扣除授信时承租人提供的保证金。（3）单一客户关联度。金融租赁公司对一个关联方的融资余额不得超过金融租赁公司资本净额的30%。（4）集团客户关联度。金融租赁公司对全部关联方的融资余额不得超过金融租赁公司资本净额的50%。（5）同业拆借比例。金融租赁公司同业拆入资金余额不得超过金融租赁公司资本净额的100%。中国银监会视监管工作需要可对上述指标作出适当调整。

财务及风险管理。金融租赁公司应按规定编制并向中国银监会报送资产负债表、损益表及中国银监会要求的其他报表。并在每会计年度结束后 4 个月内向中国银监会或有关派出机构报送前一会计年度的关联交易情况报告。报告内容应包括：关联方、交易类型、交易金额及标的、交易价格及定价方式、交易收益与损失、关联方在交易中所占权益的性质及比重等；金融租赁公司应建立定期外部审计制度，并在每个会计年度结束后的 4 个月内，将经法定代表人签名确认的年度审计报告报送中国银监会及相应派出机构。金融租赁公司应实行风险资产五级分类制度。金融租赁公司应当按照有关规定制定呆账准备制度，及时足额计提呆账准备。未提足呆账准备的，不得进行利润分配。

第三节　对财务公司的监管

财务公司是经营部分银行业务的非银行金融机构，美国联邦储备银行的定义为：任何一个公司（不包括银行、信用联合体、储蓄和贷款协会以及共同储蓄银行），如果其资产中所占比重最大的部分由以下一种或多种类型的应收款组成，如销售财务应收款、家庭或个人的私人现金贷款、中短期商业信用、房地产二次抵押贷款等，该公司就称为财务公司。

一、财务公司在国内外的发展

财务公司最早产生于 1716 年，法国创设通用银行后，英美等国相继开办。近年来，财务公司在我国也有所发展，成为满足我国消费者信用需求的新型非银行金融机构。其中，有的专门经营抵押放款业务，有的依靠吸收大额定期存款作为贷款或投资的资金来源，有的专门经营耐用品的租购或分期付款销货业务。财务公司的短期资金来源主要是通过银行借款和卖出公开市场票据（商业票据）；长期筹资主要靠推销企业股票、债券和发行公司本身的证券（如定期大额存款证）。多数财务公司接受定期存款。资金运用主要是消费信贷和企业信贷。现在，西方财务公司的业务面已逐步扩大，几乎与投资银行无异。除上述业务外，大的财务公司还兼营外汇、联合贷款、包销证券、不动产抵押、财务及投资咨询服务，业务量也越来越大。如美国 1984 年度分期付款消费者贷款业务总量中，商业银行占 40%，其次便是财务公司。但美国的财务公司不接受定期存款，资金来源主要靠银行借贷及本身资本营业。英国的财务公司资金来源除银行借款外，还向社会小储户或通过平行货币市场向金融机构、公司和私人吸收一年以内的定期存款。中国香港地区的财务公司现称为接受存款公司和持牌接受存款公司，大量产生于 20 世纪 70 年代，大都是商业银行的附属机构，在存款市场和银团贷款市场上正发挥越来越大的作用。

中国改革开放后，财务公司成为国家重点大型企业集团改革的配套政策之一，与企业集团紧密联系，立足于企业集团，服务于企业集团。1987 年批准设立的东风汽车工业财务公司被视为中国第一家财务公司。近年来，我国财务公司发展迅速。截至 2006 年年底，财务公司的总数为 79 家，资产总额约 7 168.52 亿元。财务公司作为金融机构中的一支生力军，在为企业集团服务的过程中，对我国经济增长功不可没，并涌现出一批实力雄厚的佼佼者。像中石化、中电力、中石油、中海油、宝钢、上汽 6 家财务公司，其注册资本皆超过 10 亿元，其中中石化财务公司注册资本高达 25 亿元。总资产 100 亿元以上的财务公司有多家，大大超过一些中小股份制银行、证券公司等金融机构。

财务公司在发展中也逐步走向规范。1996 年 6 月，中国人民银行颁发了《企业集团公司管理暂行办法》。随着经济的发展、企业集团金融需求的变化以及金融体制改革的进一步深化，中国人民银行于 2000 年 7 月颁发了《企业集团财务公司管理办法》，并于 2004 年 7 月作出修订。新的管理办法对财务公司的监管提出了一系列新的要求。2004 年，银监会印发《中国银行业监督管理委员会办公厅关于规范非银行金融机构监管统计表的通知》，2006 年 12 月 29 日中国银监会关于印发《企业集团财务公司风险监管指标考核暂行办法》的通知。

中国财务公司协会（ China National Association of Finance Companies，CNAFC，简称中财协会 ）是中国企业集团财务公司的同业自律性组织。中财协会的活动宗旨是遵守宪法、法律、法规和国家政策，遵守社会道德风尚；接受主管机关委托，组织财务公司贯彻执行国家的金融方针政策和法律法规，对财务公司进行同业自律管理，发挥财务公司与主管机关之间的桥梁和纽带作用，维护财务公司的合法利益，促进财务公司的健康发展，服务中国经济建设。截至 2012 年年底，中财协会共有会员 157 家。

二、我国对财务公司的监管

（一）对财务公司机构的监管

1. 设立

2006 年修订的《企业集团财务公司管理办法》规定，申请设立财务公司应具备以下条件：（1）提出申请的企业集团必须具备以下条件：符合国家的产业政策；申请前一年，母公司的注册资本金不低于 8 亿元人民币；申请前一年，按规定并表核算的成员单位资产总额不低于 50 亿元人民币，净资产率不低于 30%；申请前连续两年，按规定并表核算的成员单位营业收入总额每年不低于 40 亿元人民币，税前利润总额每年不低于 2 亿元人民币；现金流量稳定并具有较大规模；母公司成立 2 年以上并且具有企业集团内部财务管理和资金管理经验；母公司具有健全的公司法人治理结构，未发生违法违规行为，近 3 年无不良诚信记录；母公司拥有核心主业；母公司无不当关联交易。（2）确属集中管理企业集团资金的需要，经合理预测能够达到一定的业务规模。（3）有符合《公司法》和本办法规定的章程。（4）有符合本办法规定的最低限额注册资本金。（5）有符合中国银监会规定的任职资格的董事、高级管理人员和规定比例的从业人员，在风险管理、资金集约管理等关键岗位上有合格的专门人才。（6）在法人治理、内部控制、业务操作、风险防范等方面具有完善的制度。（7）有符合要求的营业场所、安全防范措施和其他设施。（8）中国银监会规定的其他条件。

设立财务公司应当经过筹建和开业两个阶段。申请筹建财务公司，应当由母公司向中国银监会提出申请，并提交下列文件、资料：（1）申请书，其内容应当包括拟设财务公司名称、所在地、注册资本、股东、股权结构、业务范围等。（2）可行性研究报告，其内容包括：母公司及其他成员单位整体的生产经营状况、现金流量分析、在同行业中所处的地位以及中长期发展规划；设立财务公司的宗旨、作用及其业务量预测；经有资质的会计师事务所审计的最近 2 年的合并资产负债表、损益表及现金流量表。（3）成员单位名册及有权部门出具的相关证明资料。（4）企业集团登记证、申请人和其他出资人的营业执照复印件及出资保证。（5）设立外资财务公司的，需提供外资投资性公司及其投资企业的外商投资企业批准证书。（6）母公司法定代表人签署的确认上述资料真实性的证明文件。（7）中国银监会要求提交的其他文件、资料。财务公司筹建工作完成后，应向中国银监会提出开业申请，并提交下列文件：（1）财务公司章程草案；（2）财务公司经营方针和计划；（3）财务公司股东名册及其出资额、出资比例；（4）法定验资机构出具的对财务公司股东出资的验资证明；（5）拟任职的董事、高级管理人员的名单、详细履历及任职资格证明材料；（6）从业人员中拟从事风险管理、资金集中管理的人员的名单、详细履历；（7）从业人员中从事金融、财务工作 5 年及 5 年以上有关人员的证明材料；（8）财务公司业务规章及风险防范制度；（9）财务公司营业场所及其他与业务有关设施的资料；（10）中国银监会要求提交的其他文件、资料。财务公司的开业申请经中国银监会核准后，由中国银监会颁发金融许可证并予以公告。财务公司凭金融许可证到工商行政管理机关办理注册登记，领取企业法人营业执照后方可开业。

2. 变更

财务公司在变更名称、调整业务范围、变更注册资本、变更股东或调整股权结构、修改章程、更换董事或高级管理人员、变更营业场所及中国银监会规定的其他变更事项时，需要经过中国银监会的批准。

3. 整顿及接管

财务公司出现下列情况之一的，中国银监会可视情形责令其进行整顿：出现严重支付危机；当年亏损超过注册资本的 30% 或连续 3 年亏损超过注册资本的 10%；违反国家有关法律或规章。整顿时间最长不超过 1 年。

财务公司已经或者可能发生支付危机，严重影响债权人利益和金融秩序的稳定时，中国银监会可对财务公司实行接管或促成其机构重组。

4. 终止

财务公司出现下列情况时，经中国银监会核准后，予以解散：（1）组建财务公司的企业集团解散，财务公司不能实现合并或改组。（2）章程中规定的解散事由出现。（3）股东会议决定解散。（4）财务公司因分立或者合并不需存在的。财务公司有违法经营、经营管理不善等情形，不予撤销将严重危害金融秩序、损害公众利益的，中国银监会有权予以撤销。财务公司解散或者被撤销，母公司应当依法成立清算组，按照法定程序进行清算，并由中国银监会公告。清算组在清算中发现财务公司的资产不足以清偿其债务时，应当立即停止清算，并向中国银监会报告，经中国银监会核准，依法向人民法院申请该财务公司破产。

（二）对财务公司业务的监管

财务公司可以经营下列业务：（1）对成员单位办理财务和融资顾问、信用鉴证及相关的咨询、代理业务；（2）协助成员单位实现交易款项的收付；（3）经批准的保险代理业务；（4）对成员单位提供担保；（5）办理成员单位之间的委托贷款及委托投资；（6）对成员单位办理票据承兑与贴现；（7）办理成员单位之间的内部转账结算及相应的结算、清算方案设计；（8）吸收成员单位的存款；（9）对成员单位办理贷款及融资租赁；（10）从事同业拆借；（11）中国银监会批准的其他业务。符合条件的财务公司，可以向中国银监会申请从事下列业务：（1）经批准发行财务公司债券；（2）承销成员单位的企业债券；（3）对金融机构的股权投资；（4）有价证券投资；（5）成员单位产品的消费信贷、买方信贷及融资租赁。

财务公司经营业务，应当遵守下列资产负债比例的要求：（1）资本充足率不得低于10％；（2）拆入资金余额不得高于资本总额；（3）担保余额不得高于资本总额；（4）短期证券投资与资本总额的比例不得高于40％；（5）长期投资与资本总额的比例不得高于30％；（6）自有固定资产与资本总额的比例不得高于20％。

财务及风险管理。财务公司应当遵守中国人民银行有关利率管理的规定，经营外汇业务的，应当遵守国家外汇管理的有关规定；财务公司应当按规定向中国银监会报送资产负债表、损益表、现金流量表、非现场监管指标考核表及中国银监会要求报送的其他报表，并于每一会计年度终了后的1个月内报送上一年度财务报表和资料；应当按中国人民银行的规定缴存存款准备金，并按有关规定提取损失准备，核销损失。

第四节 对汽车金融及消费金融业的监管

汽车金融业是指以商业银行、汽车金融公司、保险公司、信托联盟组织及其关联服务组织为经营主体，为消费者、汽车生产企业和汽车经销商提供金融服务的市场经营活动领域。

完整的汽车金融业服务体系具备三项主要职能：为厂商维护销售体系，整合销售渠道，提供市场信息；为经销商提供存贷融资，营运融资，设备融资；为直接用户提供消费信贷、租赁融资、维修融资、保险等业务。

消费金融是指向各阶层消费者提供消费贷款的现代金融服务方式。消费金融在提高消费者生活水平、支持经济增长等方面发挥着积极的推动作用，这一金融服务方式目前在成熟市场和新兴市场均已得到广泛使用。在发达国家，消费金融公司主要面向有稳定收入的中低端个人客户。消费金融公司由于具有单笔授信额度小、审批速度快、无须抵押担保、服务方式灵活、贷款期限短等独特优势，广受不同消费群体欢迎。

一、汽车金融及消费金融业的起源与发展

（一）汽车金融业在国内外的发展

1. 汽车金融业在国外的发展

国外的汽车金融业务起源于20世纪初，汽车制造商向用户提供的汽车销售分期付

款开始出现的。20 世纪 20 年代初，美国的汽车公司开始组建自己的金融公司，逐渐汽车金融服务就形成了一个完整的融资—信贷—信用管理的运行过程，从而开始了汽车信贷消费的历史。

汽车金融服务公司是汽车销售中商业性放款和汽车个人消费贷款的主要提供者。1919 年，美国通用公司设立的通用汽车票据承兑公司是最早的汽车金融服务机构，主要向汽车消费者提供金融信贷服务。1930 年，德国大众公司推出了针对本公司生产的"甲壳虫"的未来消费者募集资金。此举开了汽车金融服务向社会融资的先河，同在此前由美国通用公司创立的汽车销售中商业性放款和汽车个人消费贷款的汽车金融服务业务，形成了一个初具雏形的汽车金融服务体系。

自 1919 年通用汽车金融服务公司首次为客户提供汽车信贷服务以来，各种新兴的汽车金融服务形式迅速发展起来。目前，汽车金融服务通常是指在汽车销售环节上，为消费者和经销商所提供的融资及其他相关金融服务。典型的汽车金融产品包括经销商库存融资、汽车消费贷款、汽车融资租赁和汽车保险等。发达国家的汽车金融服务业已经比较成熟，平均年增长率在 2% ~3%。目前，全球主要汽车企业（集团）基本都组建了汽车金融服务公司，其融资渠道和业务范围已经比较多元化。

汽车金融服务不仅有效推动了汽车市场的繁荣，而且也成为了大型汽车制造商的主要利润来源。例如，2009 年大众金融服务公司的税前利润是 5. 54 亿欧元，占大众集团总利润的 43. 9% ；通用汽车金融服务公司在汽车金融服务业务上的盈利是 19. 8 亿美元，和通用汽车集团当年 235 亿美元的巨额亏损形成鲜明对照。

整体来看，国外汽车金融基本经历了起步、发展和成熟三个阶段，这三个阶段体现了汽车金融发展的一般规律和不同的运行模式。（1）汽车金融的泛化模式。这是汽车金融发展的初期形态，是以增强汽车消费市场的成长性、拓展汽车消费市场的总量、助长消费能力为直接目标的信贷融资模式。其实质是以信贷工具为基本手段来达到汽车消费量的扩张。（2）汽车金融的深化模式。这是汽车金融的发展形态，是以销售市场整合和营销规模效益化为基础的金融运作模式，其实质是在汽车金融量扩张的情况下质的提高。其中既包含针对消费融资的金融工具的丰富和深化，也包含对汽车厂商提供相关咨询服务的能力和自身制度体系、运作管理体系等的完善和发展。（3）汽车金融的混合模式。这是一个相对完备、成熟的形态，是建立在以实现汽车产业金融化为目标的汽车金融的泛化与深化有机统一的形态。同时是汽车金融从横向和纵向的角度对汽车产业全面扩展、渗透与深化的过程。混合模式实现了量和质的统一，是以汽车产业全面金融资本化为标志的。

2. 汽车金融业在国内的发展

我国最初的汽车金融服务是 20 世纪 90 年代前后，由汽车制造商向用户提供汽车消费分期付款开始的。1998 年 9 月，中国人民银行发布《汽车消费贷款管理办法》以及其他相关促进消费信贷发展的文件，促进了这一时期汽车消费信贷实现平均 200% 的井喷式增长。受汽车降价、征信体系不健全等影响，2003 年下半年开始，汽车消费信贷发展进入调整阶段。

2004 年 8 月 18 日，上海通用汽车金融有限责任公司正式成立，这是《汽车金融公司管理办法》实施后中国首家汽车金融公司，标志着中国汽车金融业开始向汽车金融服务公司主导的专业化时期转换。2004 年 10 月 1 日，银监会又出台了《汽车贷款管理办法》，以取代《汽车消费贷款管理办法》，进一步规范了汽车消费信贷业务。中国汽车消费信贷开始向专业化、规模化方向发展。2008 年 1 月，新的《汽车金融公司管理办法》施行，对我国汽车金融公司的准入条件、业务范围和风险管理等作出较大修改和调整。新办法增加了汽车融资租赁业务，从而形成汽车金融公司的三大核心业务：零售贷款、批发贷款和融资租赁，并允许汽车金融公司发行金融债券，进入同业拆借市场，为汽车金融发展提供了宽松的环境。

截至 2012 年底，我国共成立汽车金融公司 16 家，其中，外商独资汽车金融公司 6 家，中外合资汽车金融公司 6 家，中资汽车金融公司 4 家，加上既有的商业银行、财务公司，形成了多元竞争格局。2011 年，银行提供的汽车消费贷款余额为 900 亿元，占汽车消费信贷总规模的 34.6%。

（二）消费金融在国内外的发展

1. 消费金融业在国外的发展

美国的消费金融服务迄今为止已有 80 多年的历史，目前已经形成非常成熟的消费金融市场，有数据显示，2004—2008 年，美国消费信贷平均余额约为 2.3 万亿美元。其中商业银行约占 32% 的份额，而消费金融公司约占 23% 的市场份额。

日本是亚洲地区消费金融起步较早的国家，20 世纪 50 年代末至 60 年代出现了日本信贩、三洋商事等对工薪阶层小额贷款的非银行融资公司。60 年代末至 70 年代末，民间金融公司开始向一般消费者发行信用卡。70 年代末美国等外国消费金融公司涌入日本，日本人的消费观念发生变化，信贷业市场迅速发展。发展至 2004 年 3 月末，日本消费金融市场达到一个顶峰，市场规模超过 11 兆日元，独立上市的本土消费金融企业达 9 家。2005 年，当时市场份额最大的一家消费金融公司，市场份额达 15%，贷款余额 47 亿美元，收益达 12 亿美元，纯利 2 亿美元。

消费金融在欧洲的金融行业中是个富有吸引力的领域，作为消费金融全球第二大市场（排在美国之后），欧洲市场份额接近全球总额的 25%，与美国一起占近 80% 的全球消费金融市场份额。在欧洲市场上，消费金融收入相当于国内生产总值的 10% 以上。目前，欧洲消费金融市场已达到成熟阶段，同时也期待更进一步的增长，市场主体需要集中在进一步完善风险管理、运营效率、产品创新、分销渠道和目标客户上。

与新兴市场，特别是"金砖国家"的迅速发展相比，已经相当发达的欧美市场一定程度上正在失去其全球的市场份额。未来几年，"金砖国家"的预期增长在 20% ~ 30%，新兴市场预计占有全球大约 25% 的消费金融市场份额。

2. 消费金融业在国内的发展

在金融危机减缓全球金融业发展进程的大背景下，中国的住房抵押贷款、信用卡、汽车贷款和无担保个人贷款在最近几年强劲增长。尽管消费信贷发展尚处于初级阶段，我国以贷款余额超过 7 亿元人民币而位居亚洲之冠。从 2005 年到 2010 年，中国的消费信贷余额以平均每年 29% 的速度增长。波士顿咨询公司发布的研究报告《巨龙展翼：中国消费信贷开始起飞》显示，预计未来 5 年的增速略降至 24%，到 2015 年总计为 21 万亿元人民币。

2009 年 7 月 22 日《消费金融公司试点管理办法》正式出台，对消费金融公司的定义、设立、监管等都作出了相关具体要求。消费金融公司在法律上得到了承认和保护。为了促进经济从投资导向型向消费导向型转变，我国正逐步发展消费金融公司这种新型的金融机构。2010 年 1 月 6 日，经中国银监会批复，北京、上海、成都成立了北银、中银与四川锦程 3 家消费金融公司，其发起人分别是北京银行、中国银行和成都银行。随后，由 PPF 集团全资建立的捷信消费金融有限公司在天津成立，成为中国首家外商独资的消费金融公司。这意味着消费金融公司这种在西方市场经济中已经存在 400 多年的金融业态在中国破冰。截至 2012 年 10 月底，北京、上海、成都和天津的 4 家试点消费金融公司资产总额已达 40.16 亿元，贷款余额为 37.09 亿元，客户总户数达 19 万多人，4 家试点消费金融公司运行良好，业务规模不断扩大，已有 3 家公司实现盈利。

2013 年 9 月，银监会新增沈阳、南京、杭州、合肥、泉州、武汉、广州、重庆、西安、青岛 10 个城市参与消费金融公司试点工作。此外，根据 CEPA① 相关安排，合格的香港和澳门金融机构可在广东（含深圳）试点设立消费金融公司。

二、我国对汽车金融业的监管

2007 年 12 月 27 日中国银监会颁布了《汽车金融公司管理办法》（以下简称《办法》），对汽车金融业的监管主要有以下内容。

（一）对汽车金融机构的监管

1. 设立

申请设立汽车金融公司应具备下列条件：（1）具有符合本办法规定的出资人；（2）具有符合本办法规定的最低限额注册资本；（3）具有符合《中华人民共和国公司法》和中国银监会规定的公司章程；（4）具有符合任职资格条件的董事、高级管理人员和熟悉汽车金融业务的合格从业人员；（5）具有健全的公司治理、内部控制、业务操作、风险管理等制度；（6）具有与业务经营相适应的营业场所、安全防范措施和其他设施；（7）中国银监会规定的其他审慎性条件。非金融机构作为汽车金融公司出资人，应当具备以下条件：（1）最近 1 年的总资产不低于 80 亿元人民币或等值的可自由兑换货币，年营业收入不低于 50 亿元人民币或等值的可自由兑换货币（合并会计报表口径）；（2）最近 1 年年末净资产不低于资产总额的 30%（合并会计报表口径）；（3）经营业绩良好，且最近 2 个会计年度连续盈利；（4）入股资金来源真实合法，不得以借贷资金入股，不得

---

① CEPA（Closer Economic Partnership Arrangement），即《关于建立更紧密经贸关系的安排》的英文简称，包括中央政府与香港特区政府签署的《内地与香港关于建立更紧密经贸关系的安排》、中央政府与澳门特区政府签署的《内地与澳门关于建立更紧密经贸关系的安排》。

以他人委托资金入股；（5）遵守注册所在地法律，近 2 年无重大违法违规行为；（6）承诺 3 年内不转让所持有的汽车金融公司股权（中国银监会依法责令转让的除外），并在拟设公司章程中载明；（7）中国银监会规定的其他审慎性条件。

汽车金融公司的设立须经过筹建和开业两个阶段。申请设立汽车金融公司，应由主要出资人作为申请人，按照《中国银监会非银行金融机构行政许可事项申请材料目录和格式要求》的具体规定，提交筹建、开业申请材料。申请材料以中文文本为准。

2. 变更

汽车金融公司在变更公司名称、变更注册资本、变更住所或营业场所、调整业务范围、改变组织形式、变更股权或调整股权结构、修改章程、变更董事及高级管理人员、合并或分立、中国银监会规定的其他变更事项时，须报经中国银监会批准。

3. 整顿及接管

汽车金融公司违反有关规定的，中国银监会将责令限期整改；逾期未整改的，或其行为严重危及公司稳健运行、损害客户合法权益的，中国银监会可区别情形，依照《中华人民共和国银行业监督管理法》等法律法规的规定，采取暂停业务、限制股东权利等监管措施。

4. 终止

汽车金融公司有以下情况之一的，经中国银监会批准后可以解散：（1）公司章程规定的营业期限届满或公司章程规定的其他解散事由出现；（2）公司章程规定的权力机构决议解散；（3）因公司合并或分立需要解散；（4）其他法定事由。

5. 破产

汽车金融公司有以下情形之一的，经中国银监会批准，可向法院申请破产：（1）不能清偿到期债务，并且资产不足以清偿全部债务或明显缺乏清偿能力，自愿或应其债权人要求申请破产；（2）因解散或被撤销而清算，清算组发现汽车金融公司财产不足以清偿债务，应当申请破产。

（二）对汽车金融业务的监管

经中国银监会批准，汽车金融公司可从事下列部分或全部人民币业务：（1）接受境外股东及其所在集团在华全资子公司和境内股东 3 个月（含）以上定期存款；（2）接受汽车经销商采购车辆贷款保证金和承租人汽车租赁保证金；（3）经批准，发行金融债券；（4）从事同业拆借；（5）向金融机构借款；（6）提供购车贷款业务；（7）提供汽车经销商采购车辆贷款和营运设备贷款，包括展示厅建设贷款和零配件贷款以及维修设备贷款等；（8）提供汽车融资租赁业务（售后回租业务除外）；（9）向金融机构出售或回购汽车贷款应收款和汽车融资租赁应收款业务；（10）办理租赁汽车残值变卖及处理业务；（11）从事与购车融资活动相关的咨询、代理业务；（12）经批准，从事与汽车金融业务相关的金融机构股权投资业务；（13）经中国银监会批准的其他业务。

汽车金融公司应遵守以下监管要求：（1）资本充足率不低于 8%，核心资本充足率不低于 4%；（2）对单一借款人的授信余额不得超过资本净额的 15%；（3）对单一集团客户的授信余额不得超过资本净额的 50%；（4）对单一股东及其关联方的授信余额不得超过该股东在汽车金融公司的出资额；（5）自用固定资产比例不得超过资本净额的40%。

财务及风险管理。汽车金融公司应按照有关规定实行信用风险资产五级分类制度，并应建立审慎的资产减值损失准备制度，及时足额计提资产减值损失准备。未提足准备的，不得进行利润分配；汽车金融公司应按规定编制并向中国银监会报送资产负债表、损益表及中国银监会要求的其他报表；汽车金融公司应建立定期外部审计制度，并在每个会计年度结束后的4个月内，将经法定代表人签名确认的年度审计报告报送公司注册地的中国银监会派出机构；中国银监会及其派出机构必要时可指定会计师事务所对汽车金融公司的经营状况、财务状况、风险状况、内部控制制度及执行情况等进行审计。

三、我国对消费金融业的监管

中国银监会在2009年7月22日公布了《消费金融公司试点管理办法》（以下简称《办法》），对消费金融业的监管主要有以下内容。

（一）对消费金融机构的监管

1. 设立

申请设立的消费金融公司应具备下列条件：（1）有符合《中华人民共和国公司法》和中国银行业监督管理委员会规定的公司章程；（2）有符合规定条件的出资人；（3）有符合本办法规定的最低限额的注册资本；（4）有符合任职资格条件的董事、高级管理人员和熟悉消费金融业务的合格从业人员；（5）有健全的公司治理、内部控制、业务操作、风险管理等制度；（6）有与业务经营相适应的营业场所、安全防范措施和其他设施；（7）中国银行业监督管理委员会规定的其他审慎性条件。

2. 变更

消费金融公司变更公司名称；变更注册资本；变更股权或调整股权结构；变更公司住所或营业场所；修改公司章程；变更董事和高级管理人员；调整业务范围；改变组织形式；合并或分立；中国银行业监督管理委员会规定的其他变更事项时，应报经中国银行业监督管理委员会批准。

3. 整顿及接管

消费金融公司违反本办法规定的，中国银行业监督管理委员会可责令限期整改；逾期未整改的，或者其行为严重危及消费金融公司的稳健运行、损害客户合法权益的，中国银行业监督管理委员会可区别情形，依照《中华人民共和国银行业监督管理法》等法律法规的规定，采取暂停业务、限制股东权利等监管措施。

4. 终止

消费金融公司有下列情况之一的，经中国银行业监督管理委员会批准后可以解散：公司章程规定的营业期限届满或者公司章程规定的其他解散事由出现；公司章程规定的权力机构决议解散；因公司合并或者分立需要解散；其他法定事由。

（二）对消费金融业务的监管

经中国银行业监督管理委员会批准，消费金融公司可经营下列部分或者全部人民币业务：办理个人耐用消费品贷款；办理一般用途个人消费贷款；办理信贷资产转让；境内同业拆借；向境内金融机构借款；经批准发行金融债券；与消费金融相关的咨询、代理业务；中国银行业监督管理委员会批准的其他业务。

消费金融公司应遵守下列监管指标要求：资本充足率不低于10%；同业拆入资金比例不高于资本总额的100%；资产损失准备充足率不低于100%。

财务及风险管理。消费金融公司应按照有关规定建立审慎的资产减值准备制度，及时足额计提资产减值准备。未提足准备的，不得进行利润分配。消费金融公司应当按规定编制并向中国银行业监督管理委员会报送会计报表及中国银行业监督管理委员会要求的其他报表。消费金融公司应建立定期外部审计制度，并在每个会计年度结束后的4个月内，将经法定代表人签名确认的年度审计报告报送中国银行业监督管理委员会。消费金融公司应当接受中国银行业监督管理委员会依法进行的监督检查，不得拒绝、阻碍。

阅读资料

银监会修订《消费金融公司试点管理办法》并公开征求意见

随着消费金融公司试点实践发展，《消费金融公司试点管理办法》的部分条款已不能完全满足公司和市场深化发展的实际需要，中国银监会在2013年9月26日发布了《消费金融公司试点管理办法修订稿》并向社会公开征求意见。此次修订着重针对主要出资人条件、业务范围和经营规则等方面作出修改和调整。

银监会表示，修订后的办法（征求意见稿）增加了主要出资人类型。为鼓励更多具有消费金融优势资源的民间资本进入到消费金融领域，修改了主要出资人条款，允许具备一定实力（最近1年营业收入不低于300亿元人民币）、主营业务为提供适合消费贷款业务产品的境内各种所有制非金融企业作为主要出资人，发起设立消费金融公司。同时，为保证非金融企业作为主要出资人发起设立的消费金融公司在业务开展和风险控制方面符合审慎监管要求，要求消费金融公司引入具备一定消费金融业务管理和风险控制经验的战略投资者。

修订后的办法（征求意见稿）降低了主要出资人持股比例要求。为了鼓励更多具有消费金融优势资源和分销渠道的出资人参与试点，促进股权多元化，银监会拟将消费金融公司主要出资人最低持股比例由50%降为30%。

此外，为进一步增强消费金融公司主要出资人的风险责任意识，修订后的办法（征求意见稿）鼓励消费金融公司主要出资人出具书面承诺，在消费金融公司出现支付困难或剩余风险时，给予流动性支持并补足资本金，并在消费金融公司章程中载明。

修订后的办法（征求意见稿）取消了营业地域限制，改变现行消费金融公司只能在注册地所在行政区域内开展业务的规定，允许其在风险可控的基础上，通过依托零售商网点（而非设立分支机构）的方式开展异地业务。

另外，修订后的办法（征求意见稿）增加吸收股东存款业务。根据试点公司业务发展实际需要，在业务范围中增加消费金融公司"接受股东境内子公司及境内股东的存款"业务，有利于进一步拓宽消费金融公司资金来源。

银监会还表示，修订后的办法（征求意见稿）修改了部分审慎监管要求。如考虑到消费金融公司在功能定位、业务模式和客户群体等方面的差异化特点，将其发放消费贷款的额度上限由"借款人月收入5倍"修改为"20万元人民币"；针对消费金融公司业务直接面向个人，且中低收入客户群体缺乏金融知识和自我保护意识等特点，要求消费金融公司在业务办理中应遵循公开透明原则，充分履行告知义务；删除"消费金融公司须向曾从本公司申请过耐用消费品贷款且还款记录良好的借款人发放一般用途个人消费贷款"等限制性要求，增加公司风险管理的自主权等。

（资料来源：新华网，http：//news. xinhuanet. com/2013－09/26/c_117525955. htm。）

本章小结

本章具体论述了监管部门对其他金融机构的监管。除商业银行之外，信托金融机构、金融租赁机构、财务公司、汽车金融及消费金融机构等通常被称为其他金融机构。加强对这些金融机构的监管，保证其稳健运作、健康发展，对于实现总体监管目标和整个金融体系的稳定，都具有十分重要的意义。

我国目前由中国银监会负责对这些机构进行监督与管理。对信托业的监管主要包括对金融信托机构的设立、变更及终止的监管，对金融信托业务的监管以及对金融信托业的风险管理。其中对信托业务监管包括业务范围、资金、赔偿准备等的管理；信托业风险管理包括完善信托立法、建立业务规章、严格监督措施、规范操作规程等方面。对租赁业与财务公司的监管包括对机构的监管和业务的监管。其中，对机构的监管包括设立、变更、整顿及接管、终止的管理；对业务的监管包括业务范围、资产负债比例、财务及风险的监管。我国的汽车及消费金融业目前正在试点发展之中。对汽车及消费金融机构的监管主要包括几个方面：机构的设立及变更、业务范围、资产负债比例、财务及风险的监管。

本章重要概念

信托　金融租赁　财务公司　汽车金融　消费金融

复习思考题

1. 国外对信托业的监管具体有哪些方面的内容？
2. 试述金融租赁的含义与特征。
3. 我国监管部门对财务公司的监管包括哪些方面？
4. 阐述我国汽车金融及消费金融业的发展历程。

第十三章

金融市场监管

广义的金融市场监管就是金融监管，狭义的金融市场监管主要是对各种类型金融市场运行的监管。作为本书的一个组成部分，本章主要讨论狭义的金融市场监管，证券市场和保险市场监管前文已有论述，本章将分货币市场、外汇市场和金融衍生产品市场监管进行讨论。

第一节　金融市场监管概论

一、金融市场

（一）金融市场的概念

金融市场是指以金融资产为交易对象而形成的供求关系及其机制的总和。它包括这样三层含义：它是金融资产进行交易的一个有形或无形的场所；它反映了金融资产的供给者需求者之间所形成的供求关系；它包含金融资产交易过程中所产生的运行机制，其中最主要的是价格机制。

（二）金融市场的构成要素

金融市场有四大基本构成要素：金融市场主体、金融市场客体、金融市场媒体和金融市场价格。

（1）金融市场主体是指金融市场的交易者。根据交易者与资金的关系，可将金融市场主体划分为资金需求者和资金供给者；根据宏观国民经济部门来划分，金融市场主体又可分为个人与家庭、企业、政府、金融机构和中央银行五大类。

（2）金融市场客体是指金融市场的交易对象，也就是通常所说的金融工具。金融工具又称为信用工具，是一种表示债权债务关系的凭证，是具有法律效力的契约，一般由资金需求者向资金供给者出具，并注明金额、利率以及偿还条件等。

（3）金融市场媒体是指在金融市场上充当交易媒介，从事交易或促使交易完成的机构和个人。其作用在于促进金融市场上的资金融通，在资金供给者和资金需求者之间架起桥梁，满足不同投资者和筹资者的需要。金融市场媒体也是金融市场的主要参与者，但其参与市场的目的是为了以市场中介为业获取佣金，其本身并非最终意义上的资金供给者或需求者。

（4）金融市场价格也是金融市场的最基本构成要素之一。金融市场的价格通常表现为各种金融产品的价格，有时也可以通过利率来反映。金融市场的价格同投资者利益关系密切，极受关注与重视。

（三）金融市场的分类

根据不同的划分标准可以将金融市场分成许多类别。按标的物划分，可分为货币市场、资本市场、外汇市场和黄金市场；按中介特征可划分为直接金融市场与间接金融市场；按金融资产的发行和流通特征可划分为初级市场、二级市场、第三市场和第四市场；按成交与定价的方式可划分为公开市场与议价市场；按有无固定场所可划分为有形市场与无形市场；按交割方式可划分为现货市场与衍生市场；按地域可划分为国内金融市场和国际金融市场。

二、金融市场监管的理论依据与现实意义

金融体系内在的脆弱性、金融行业的特殊性、金融市场主体行为的有限理性和金融资产价格的内在波动性，这些都使金融市场产生内在不稳定性，并可能导致资源配置不合理、收入分配不公平和经济大幅波动等负面影响。因此，要求金融监管主体必须采取有效的监管措施，改变金融机构与系统的脆弱性，增强主体行为的理性，降低金融资产价格的波动性，以提高金融市场的效率，增强金融系统的稳定性，保护市场参与者的合法利益，为经济发展创造良好的金融环境。

此外，对金融市场的监管是实现货币政策的需要。在现代市场经济条件下，中央银行往往更多地运用公开市场业务或通过金融市场渠道来实施其货币政策。同时，在开放的经济条件下，一国的货币政策又是与外汇政策紧密联系在一起的，公开市场业务往往在本币市场和外汇市场同时进行操作。总之，货币政策的实施离不开金融市场的监管。对金融市场的监管也是整个金融业监管的需要。金融市场是以资金为交易对象，媒介资金供给者和需求者的市场。各类金融机构是金融市场上最活跃的主体，对金融市场的监管往往同对各类金融机构及其业务活动的监管联系在一起，以此对金融市场实施监管并保证其稳健、高效运行。

三、金融市场监管

（一）金融市场监管体制

各国由于其金融市场发育程度不同，管理理念不同，法律及文化传统不同，因此，在长期的金融市场监管实践中形成了各种不同的体制模式。

1. 集中型监管体制

集中型金融市场监管体制，也称集中立法型监管体制，是指政府制定专门的金融市场管理法规，并针对不同的金融工具设立全国性金融市场监管机构来管理金融市场，而交易所和交易商协会等组织只起辅助作用的一种管理体制。美国是集中型监管体制的

代表。

实行集中型监管，具有监管体系更加集中，监管机构更加专业，监管方法更加有效等优势；能公平、公正、高效、严格地发挥监管作用，协调全国的金融市场；能统一执法尺度，提高金融市场监管的权威性；监管者的地位相对独立，能更好地保护投资者的利益。

实行集中型监管的不足之处是，由于监管者独立于金融市场，可能使监管脱离实际，缺乏效率，当市场发生意外时，可能反应较慢，处理不及时；同时，也容易产生对金融市场的过多干预。

2. 自律型监管体制

自律型金融市场监管体制是指政府除进行某些必要的国家立法外，很少干预市场，对金融市场的监管主要由交易所及交易商协会等组织进行自律监管的监管体制。从出现英国证券市场到 1997 年英国金融服务局（FSA）成立并运行的长时间里，英国一直是自律型监管体制的典型代表。

自律型监管体制能充分发挥市场创新和竞争意识，有利于活跃市场；更贴近金融市场实际运行，监管灵活，效率较高；自律型组织对违规行为能作出迅速而有效的反应。

自律型监管体制的缺陷在于，偏重维护市场的有效运作和保护会员利益，对投资者利益往往不能提供充分保障；缺少强有力的立法做后盾，监管手段较软弱；没有统一的监管机构，难以协调，容易造成市场混乱。

3. 中间型监管体制

中间型监管体制是既强调立法监管，又强调自律管理的监管体制。中间型监管体制是集中型监管体制与自律型监管体制相互配合与协调的结果，又称为分级管理型监管体制，包括二级监管和三级监管两种模式。二级监管是中央政府和自律机构相结合的监管；三级监管是中央、地方两级政府和自律机构相结合的监管。实行中间监管体制的国家有德国、泰国等，很多以前实行集中型或自律型监管体制的国家也正逐渐向中间型监管体制过渡。

（二）金融市场监管主体

从理论上讲，监管属于政府管制的范畴，是一种政府行为，应由政府实施。但从实践来看，实施监管的主体是多元化的，概括而言，监管由两类主体完成。其一，有关政府机构。它们的权力由政府授予，负责制定金融市场监管方面的各种规章制度以及这些规章制度的实施。在具体实践中，有由中央银行、财政部或某个独立的政府机构单独实施，也有由几个部门分别对不同的或同一金融机构实行监管等不同情况。其二，各种非官方性质的民间机构或私人机构。它们的权力来自其成员对机构决策的普遍认可，出现违规现象并不会造成法律后果，但可能会受到机构的纪律处罚。一国的金融监管主体是历史和国情的产物，并不是固定不变的。

中国金融市场监管主体也有两类：（1）政府机构。主要有中国人民银行、中国银监会、中国证监会、中国保监会等。（2）自律性监管机构。主要有中国银行业协会、中国保险业协会、中国证券业协会和上海、深圳两家证券交易所等。

（三）金融市场监管的一般原则

总结各国实践经验，在对金融市场进行监管时，一般应遵循以下原则。

1. 全面性原则

全面性原则就是指所有金融市场均需受到监管。金融市场是含多个子市场的市场系统。无论是货币市场、资本市场、外汇市场还是新兴的金融衍生产品市场，各种市场之间有着千丝万缕的联系。在金融市场全球化、金融创新不断涌现的今天，各金融子市场之间、各国金融市场之间的界限已变得越来越模糊。在金融市场全球化、国际化的背景下，单单对某一金融子市场或某一国（地区）金融市场实行监管已变得毫无意义，任一子市场或某一国（地区）金融市场上的风波都有可能传染到其他子市场或其他国家和地区的金融市场上，从而引发全面的金融危机。1997 年 7 月以来，以泰铢贬值为导火索的亚洲金融危机便是例证。因此，金融市场监管必须贯彻全面性原则。

2. 效率性原则

效率性原则包括三方面的含义。

（1）对金融市场的监管必须是有效的。金融市场活动日益全球化、复杂化，金融市场风险日益集中的情况下，仅仅依赖于机构自律是远远不够的。为了保证监管的有效性，必须制定相关法规，建立金融市场的权威监管机构，改进监管方法，使官方的强制性监管与机构的自我约束有机结合起来。

（2）对金融市场的监管必须保持金融市场的竞争性，提高金融市场的效率。金融市场的核心功能在于通过金融工具交易活动引导资源的合理配置，而这一功能的发挥依赖于金融市场的效率。监管当局制定的监管规则在保证金融市场正常运作的同时，还应使之更有效率、更富创新精神。

（3）对金融市场的监管必须尽可能降低监管成本。对金融市场的监管是一种以政府为供给者、被监管的机构和消费者为需求者的公共产品。这种公共产品的价格，也就是监管成本最终由被监管机构和消费者承担。降低监管成本旨在降低公共产品的生产和消费成本，提高监管效率。

3. 公开、公平、公正原则

这是市场经济的基本原则，也是金融市场运行的基本原则，同时还是金融市场监管当局的重要原则。

金融市场监管中的公开是指有关制度、信息、程序和行为不加隐瞒地向社会公众公布。公开原则是为了满足投资者的投资需要以及社会公众对相关主体及其行为的监督需要。公平是为了保障自愿投资、自由交易、平等竞争和风险自担的秩序，使金融市场参与者在地位、权益、责任等方面处于平等的状态。公正是指能够严格按照法律法规的规定，公平正直地处理金融市场中发生的有关事件，以保障金融市场的健康运行。

（四）金融市场监管对象与主要内容

金融市场监管的对象及其主要内容范围是金融市场监管的核心。对于这一问题，人们在认识上存在着较大的分歧。但较一致的观点是监管当局应该对那些明显损害他人利益和共同利益的金融犯罪行为实施干预，但是对诸如金融产品或金融服务的产量和价格，是否实施政府控制、提供补贴或采取不同的税收政策，对金融中介的各种活动是否进行监督等方面，经济学家们的看法往往很不一致。部分学者认为政府对此必须进行干预，但也有学者认为这些问题应留给市场本身去决定。

究竟哪些金融活动必须由政府干预？对这个问题的回答，一是取决于金融活动的特点、性质，二是取决于人们对金融监管目标的认识，三是取决于所使用的监管手段和监管工具及金融监管所涉及的成本。因此，必须根据具体情况进行具体分析，在确定金融监管的对象与范围时，从市场机制本身的缺陷、金融产品和市场的特殊性、金融市场的发育程度以及监管者所面临的特殊环境和条件等各个方面进行具体分析。从经济学的角度看，在资本密集型、信息密集型、高风险性和属于公共产品或准公共产品的行业中，由于存在垄断、外部性、信息不对称、过度竞争等特性，容易引起价格信息扭曲甚至市场机制失灵现象的发生。金融业中的商业银行业、保险业、证券业均属于这类行业，所以必须通过一定的手段消除或部分消除金融市场失灵，以实现经济资源的有效配置。

从金融市场监管的实践来看，金融市场监管的具体内容，因国家经济金融体制不同而各有差异，但总的来说，主要是对金融市场构成要素的监管。

1. 对金融市场主体的监管。即对金融市场交易者的监管

对证券发行人，在当前各国的金融市场中普遍实行强制信息公开制度，要求证券发行人增加内部管理和财务状况的透明度，全面、真实、及时地披露可能影响投资者判断的有关资料，不得有任何隐瞒或重大遗漏，以便投资者对其投资风险和收益作出判断，同时也便于强化证券监管机构和社会公众对发行人的监督管理，有效地制止欺诈等违法、违规及不正当竞争行为。对于投资者的监管包括对投资者资格审查及对其交易行为的监管，如对组织或个人以获取利益或者减少损失为目的，利用其资金、信息等优势，或者滥用职权，制造金融市场假象，诱导或者致使投资者在不了解事实真相的情况下作出投资决定，扰乱金融市场秩序等操纵市场行为的监管；对知情者以获取利益或减少经济损失为目的，利用地位、职务等便利，获取发行人未公开的、可以影响金融产品价格的重要信息，进行有价证券交易，或泄露该信息等内幕交易行为的监管等。

2. 对金融市场客体的监管

这是指对货币头寸、票据、股票、债券、外汇黄金等交易工具的发行与流通进行监管。如实施证券发行的审核制度，证券交易所和证券主管部门有关证券上市的规则，证券上市暂停和中止的规定；对金融工具价格波动进行监测，并采取有关制度如涨跌停板制度等避免金融市场过于频繁的大幅波动等。由于不同国家和地区金融工具的种类和品种不同，监管的内容也相应不同。

3. 对金融市场媒体的监管

这是指对金融机构以及从事金融市场业务的律师事务所、会计师事务所以及资产评估机构、投资咨询机构、证券信用评级机构等的监管。主要是划分不同媒体之间的交易方式和交易范围，规范经营行为，使之在特定的领域内充分发挥作用。金融市场媒体一方面具有满足市场多种需求，分散和减弱风险的功能，另一方面，由于其所具有的信息优势和在交易中的特殊地位，有可能在金融市场上实行垄断经营或为追逐私利扰乱金融

秩序，因此有必要对其进行监管。在监管实践中，主要采取的措施包括：对金融机构设立的监管，对经营行为的监管和对从业人员的监管。

（五）金融市场监管手段

金融市场监管手段是监管主体得以行使其职责，实现其金融市场监管目标的工具。金融市场监管的权威来自国家的政治权力或者公众所认可的某种权力。金融市场监管的效果和成本，金融产品和金融市场的特殊性，各国金融市场的发展水平和具体的监管环境，监管主体的层次登记以及监管目标实现的难易程度都会影响监管手段的选择。金融市场的监管手段主要包括法律手段、经济手段、行政手段、自律管理四种。

1. 法律手段

法律手段是指运用经济立法和司法来管理金融市场，即通过法律规范来约束金融市场行为，以法律形式维护金融市场良好的运行秩序。法律手段约束力强，是金融市场监管的基础手段。各国的法律对金融市场的各个方面均有详尽的规定，如各国的银行法、票据法、证券交易法等，能使市场各方以法律为准绳，规范自身行为。

涉及金融市场监管的法律、法规范围很广，大致可分为两类：一类是金融市场监管的直接法规，如在证券市场方面，除证券法、证券交易法等基本的法律外，还包括上市审查、会计准则、证券投资信托、证券保管和代理买卖、证券清算与交割、证券贴现、证券交易所管理、证券税收、证券管理机构、证券自律组织、外国人投资证券等方面的专门法规。另一类是涉及金融市场管理，与金融市场密切相关的其他法律，如公司法、破产法、财政法、反托拉斯法等。

2. 经济手段

经济手段是指政府以管理和调控金融市场为主要目的，采用利率政策、公开市场业务、税收政策等经济手段间接调控金融市场运行和参与主体的行为。如中央银行通过调节准备金率、再贴现率、公开市场业务等手段调节和稳定金融市场价格，政府通过财政政策和外贸政策影响汇率等。这种手段相对比较灵活，但调节过程可能较慢，存在时滞。在金融市场监管中，常见的有两种经济调控手段。

（1）金融货币手段。如在金融市场低迷之际放松银根、降低贴现率和银行存款准备金率，可增加市场货币供应量从而刺激市场回升；反之则可抑制市场暴跌。运用"平准基金"开展金融市场上的公开市场业务，可直接调节证券的供求与价格。

（2）税收手段。税率和税收结构的调整将直接造成交易成本的增减，从而可以产生抑制或刺激市场的效应。

3. 行政手段

行政手段是指依靠国家行政机关系统，通过命令、指令、规定、条例等对证券市场进行的直接干预和管理。与经济手段相比，运用行政手段对金融市场的监管具有强制性和直接性的特点。

行政手段存在于任何国家的金融市场的监管历史之中。一般地，在市场发育的早期使用行政方法管理较多，而在成熟阶段用得较少。这是由于金融市场发展的早期，往往会因法律手段不健全而经济手段效率低下，造成监管不足的局面，故需以行政手段作为补充。

4. 自律管理

自律管理即自我约束、自我管理，通过自愿方式以行业协会的形式组成管理机构，制定共同遵守的行为规则和管理规章，以约束会员的经营行为。金融市场交易的高度专业化，从业人员之间的利益相关性与金融市场运作本身的庞杂性，决定了对自律监管的客观需要。但政府监管与自律监管之间存在主从关系，自律监管是政府监管的有效补充，自律管理机构本身也是政府监管框架中的一个监管对象。

第二节　货币市场监管

按标的物划分，金融市场可分为货币市场、资本市场、外汇市场和黄金市场。本节将按照这一划分，主要讨论货币市场、外汇市场和金融衍生产品市场的监管。

货币市场又称为短期资金市场，一般是指融资期限在一年以下的金融市场，它又可进一步细分为债券回购市场、商业票据市场、同业拆借市场等具体的市场类型。

一、货币市场监管主体

《中国人民银行法》第四条明确规定，中国人民银行履行职责包括：监督管理银行间同业拆借市场和银行间债券市场；实施外汇管理，监督管理银行间外汇市场；监督管理黄金市场。第三十一条明确规定，中国人民银行依法监测金融市场的运行情况，对金融市场实施宏观调控，促进其协调发展。为完善和加强金融监管，我国于 2003 年 4 月 28 日成立了中国银行业监督管理委员会，主要对银行业实行监管。由于银行是货币市场上主要的活动主体，银监会实际上从机构监管的角度对货币市场实施监管。可见，从狭义的金融市场监管角度来看，我国货币市场的监管主体主要是中央银行，同时，银监会从机构监管的角度配合央行对货币市场实行监管。

中央银行对货币市场的监管是与其制定和实施货币政策密切联系在一起的，本节主要探讨我国中央银行对商业票据市场、同业拆借市场和国债市场这三大货币市场的监管。

二、中央银行对商业票据市场的监管

商业票据市场包括承兑市场、贴现市场和再贴现市场。中国人民银行于 1997 年 5 月 22 日发布的《商业汇票承兑、贴现与再贴现管理暂行办法》，是我国中央银行对商业票据市场进行监管的重要依据。

（一）对商业票据监管的一般原则

（1）承兑、贴现、转贴现、再贴现的商业汇票应以真实、合法的商品交易为基础。

（2）上述票据活动，应遵循平等、自愿、公平和诚实信用的原则。再贴现应当有利于实现货币政策目标。

（3）承兑、贴现、转贴现的期限，最长不超过 6 个月。再贴现的期限，最长不超过 4 个月。

（4）贴现利率、再贴现利率由中国人民银行制定、发布与调整。转贴现利率由交易双方自主商定。

（二）对商业票据承兑的规定

（1）向银行申请承兑的商业汇票出票人应具备下列条件：①为企业法人和其他经济组织，并依法从事经济活动；②资信状况良好，具有支付汇票金额的资金来源；③在承兑银行开立存款账户。

（2）商业银行、政策性银行及其授权或转授权的银行分支机构可承兑商业汇票。

（3）承兑商业汇票的银行必须具备下列条件：①具有承兑商业汇票的资格；②与出票人建立委托付款关系；③有支付汇票金额的资金来源。

（4）银行承兑商业汇票时，应考核承兑申请人的资信状况，必要时可依法要求承兑申请人提供担保。

（5）承兑人按中国人民银行的规定，向承兑申请人收取承兑手续费。

（6）各商业银行、政策性银行应对其分支机构核定可承兑总量或比例，实行承兑授权管理，并依法承担承兑风险。银行分支机构依据其上级行的承兑授权，在核定的可承兑总量或比例内承兑商业汇票。

（7）中国人民银行一级分行对辖内城市合作银行、农村合作银行承兑商业汇票实行总量控制。上列商业银行要在当地人民银行核定的可承兑总量或比例内承兑商业汇票。

（8）中国人民银行各分支行应督促辖内银行或银行分支机构完善商业汇票承兑业务管理和风险防范制度，监督辖内承兑总量与风险度。

（三）对商业票据贴现的规定

（1）向金融机构申请票据贴现的商业汇票持票人，必须具备下列条件：①为企业法人和其他经济组织，并依法从事经营活动；②与出票人或其前手之间具有真实的商品交易关系；③在申请贴现的金融机构开立存款账户。

（2）持票人申请贴现时，须提交贴现申请书，经其背书的未到期商业汇票，持票人与出票人或其前手之间的增值税发票和商品交易合同复印件。

（3）办理票据贴现业务的机构，是经中国人民银行批准经营贷款业务的金融机构（即贴现人）。

（4）贴现人贴现票据应当遵循效益性、安全性和流动性原则，贴现资金投向应符合国家产业政策和信贷政策；将贴现、转贴现纳入信贷总量，并在存贷比例内考核。

（5）贴现人对拟贴现的票据，应按规定向承兑人以书面方式查询。承兑人须按照中国人民银行的有关规定检查贴现人。

（四）对商业票据再贴现的规定

（1）再贴现的对象是在中国人民银行及其分支机构开立存款账户的商业银行、政策性银行及其分支机构。对非银行金融机构再贴现，须经中国人民银行总行批准。

（2）再贴现的操作体系：①中国人民银行总行设立再贴现窗口，受理、审查、审批各银行总行的再贴现申请，并经办有关的再贴现业务（以下简称再贴现窗口）；②中国人民银行各一级分行和计划单列城市分行设立授权再贴现窗口，受理、审查并在总行下达的再贴现限额之内审批辖内银行及其分支机构的再贴现申请，经办有关的再贴现业务（以下简称授权窗口）；③授权窗口认为必要时可对辖内一部分二级分行实行再贴现转授权（以下简称转授权窗口），转授权窗口的权限由授权窗口规定；④中国人民银行县级支行和未获转授权的二级分行，对辖内银行及其分支机构的再贴现申请仍可受理，但须报经授权窗口审批，然后才能经办有关的再贴现业务。

（3）中国人民银行根据金融宏观调控和结构调整的需要，不定期公布再贴现优先支持的行业、企业和产品目录。各授权窗口须据此选择再贴现票据，安排再贴现资金投向，并对有商业汇票基础、业务操作规范的金融机构和跨地区、跨系统的贴现票据优先办理再贴现。

（4）持票人申请再贴现时，须提交贴现申请人与出票人或其前手之间的增值税发票。

（5）中国人民银行对各授权窗口的再贴现操作效果实行量化考核：①总量比例：按发生额计算，再贴现与贴现、商业汇票三者之比不高于1:2:4；②期限比例：累计3个月以内（含3个月）的再贴现不低于再贴现总量的70%；③投向比例：对国家重点产业、行业和产品的再贴现不低于再贴现总量的70%；对国有独资商业银行的再贴现不低于再贴现总量的80%。

（6）中国人民银行对各授权窗口的再贴现实行总量控制，并根据金融宏观调控的需要适时调增或调减各授权窗口的再贴现限额。对各授权窗口的再贴现限额实行集中管理和统一调度，不得逐级分配再贴现限额。

（五）罚则

按照规定，违反商业汇票承兑、贴现和再贴现规定的，由承兑人、贴现人和中国人民银行分支行及上级行分别予以下列处罚：

（1）暂停办理承兑、贴现；

（2）通报批评；

（3）暂停再贴现授权；

（4）给予有关责任人员纪律处分；

（5）追究有关人员刑事责任。

三、中央银行对同业拆借市场的监管

同业拆借市场是金融机构之间相互调剂、融通短期资金的市场。我国同业拆借市场经整顿、规范后，建立了一级、二级交易网络。进入一级网络的交易主体是经中国人民银行批准的各商业银行总行和经改造后的省、自治区、直辖市、计划单列市市场融资中心。进入二级网络的交易主体是各商业银行总行授权的分支机构及在各地中国人民银行开户的城市合作银行、非银行金融机构以及企业集团财务公司等，它们在融资中心就地交易。中央银行对同业拆借市场的监管，就是指中央银行对金融业内部同业拆借活动所进行的计划、组织、指挥、协调、监督和控制。中央银行对同业拆借市场进行监管的内容有以下几个方面。

（一）基本原则

（1）协调自愿、平等互利、自主成交原则。拆借双方要在尊重各自经营自主权的前提下，平等协商成交。只要资金来源正当，资金使用合理，就不能硬性摊派或强行阻止干预，或附加其他条件。

（2）短期使用的原则。同业拆借是一种短期资金融通的方式，它来源于银行的超额准备金或闲置资金。因此，在使用上要符合暂时性余缺调剂的特点，不能以此来盲目扩大资产规模或弥补信贷差额。

（3）坚持按期归还的原则。同业拆借多属信用融通，所以拆借双方都要讲求信用，有借有还。避免短期长用，或随意逾期和转期的现象发生。

（二）同业拆借市场监管的几项规定

（1）同业拆借参加对象的资格审定。参加同业拆借的对象仅限于各商业银行和其他金融机构，商业银行内的各分支机构也可以互相拆借资金。非金融机构和个人、中国人民银行及其分支机构不得以任何形式参加同业拆借。但中国人民银行牵头的融资中心可视为独立的非银行金融机构，可以参加同业拆借，拆出拆入资金。

（2）拆借资金用途的管理。凡参加同业拆借的金融机构，拆出资金限于当月资金多余的头寸和在中国人民银行的存款；拆入资金只能用于弥补清算票据交换和联行汇差的头寸不足以及解决临时性、季节性周转资金不足，不得用于发放固定资金贷款或者用于投资，这是由拆出资金来源的短期性所决定的。

（3）拆借期限和利率的控制。凡参加同业拆借的金融机构，在恪守信用的原则下，拆借期限和利率可由拆借双方在协商一致的基础上签订合约。拆借利率实行"上不封顶，下不保底"的随行就市法确定；拆借期限在符合下述规定的前提下，由交易双方自行商定。具体规定有：政策性银行、中资商业银行、中资商业银行授权的一级分支机构、外商独资银行、中外合资银行、外国银行分行、城市信用合作社、农村信用合作社县级联合社投入资金的最长期限为1年；金融资产管理公司、金融租赁公司、汽车金融公司、保险公司投入资金的最长期限为3个月；企业集团财务公司、信托公司、证券公司、保险资产管理公司投入资金的最长期限为7天；金融机构投出资金的最长期限不得超过对手方由中国人民银行规定的投入资金最长期限。另外，中国人民银行可以根据市场发展和管理的需要调整金融机构的拆借资金最长期限。

（4）拆借金融机构的资金安全比例限制。为了确保拆借市场的安全，减少风险影响，中资银行一般要限制金融机构拆入、拆出资金占存款的比例。如中国人民银行规定商业银行的最高拆入限额和最高拆出限额不超过该机构各项存款余额的8%。

（5）督促商业银行建立健全自我约束机制，按照自身的资金量和清偿能力控制拆借总量。金融机构用于拆出的资金，限于交足存款准备金、留足备付金和归还中国人民银行到期贷款之后的闲置资金。各金融机构必须按照中国人民银行规定投入资金比例的最高限，控制拆入资金量，拆入资金只能用于解决同城票据的清算头寸不足和季度内先支后收等临时性资金周转的需要，严禁用拆入资金扩大贷款规模，严禁以拆借之名逃避贷款规模控制。

（6）商业银行间的债券（含国债、政策性金融债券和中央银行融资券以及中国人民银行批准的可用于办理回购业务的债券）回购业务，必须通过全国统一同业拆借市场进行，不得在场外进行。按中国人民银行 1997 年 6 月 5 日制定发布的《银行间债券回购业务暂行规定》执行。

四、中央银行对国债市场的监管

国债市场是指以国家信用为保证的国库券、国家重点建设债券、财政债券、基本建设债券、保值公债、特种国债等的发行和交易市场。

国债的发行审批通常是由财政部根据当年财政预算提出发行计划，经与中国人民银行、国家发展和改革委员会协商统一意见后，报国务院批准发行。基本建设债券则由国家发展和改革委员会根据重点产业和发展规划的资金需求，提出发行计划与中国人民银行协商后，报国务院批准发行。国债的认购对象是各金融机构、企业团体、城乡居民等社会各类投资者。利率主要有三种方式：固定利率、浮动利率、保值利率。

我国国债发行主要采取直接发行、代销发行、承购包销发行和招标拍卖发行的方式。在二级市场上交易国债，其交易价格随行就市，并遵循"时间优先、价格优先"的原则。开办证券回购业务的必须是经中国人民银行批准的证券交易场所和融资中心。严禁在国家批准的证券交易场所之外私下从事证券回购业务。证券回购券种只能是国库券和经中国人民银行批准发行的金融债券；回购期限最长不得超过 1 年；回购资金不得用于固定资产投资，不得用于期货市场投资和股本投资，不得以贷款、拆借等任何名义用于企业。回购方必须有 100% 的属于自己所有的国库券和金融债券，禁止买空卖空或以租券、借券等方式从事证券回购业务。返售方在回购期内不得动用回购证券。

凡违反上述规定者，中国人民银行依据中国人民银行、财政部、中国证监会《关于重申对进一步规范证券回购业务有关问题的通知》，视其情节轻重，给予以下处罚：（1）没收非法所得；（2）处以违规金额每日 5‰的罚款；（3）通报批评，取消从事证券回购业务资格，撤销法定代表人职务，直至吊销其金融机构营业许可证。

第三节　外汇市场监管

外汇市场是从事外汇买卖的交易场所，或者说是各种不同货币彼此进行交换的场所。外汇市场的形态有两种：一是外汇交易所这样有固定场所的有形市场；二是以电话、电传、电报和计算机交易系统等各种现代通讯工具所构成的交易网络，是无形的市场。现代的外汇交易大部分在无形市场上进行。

西方发达国家的货币基本上实现了自由兑换，除了中央银行偶尔入市干预外，其外汇市场也是自由化的市场。我国的人民币尚未实现完全的自由兑换，因此，对外汇市场的监管仍然很重要。《中国人民银行法》第四条明确规定，中国人民银行履行职责包括实施外汇管理，监督管理银行间外汇市场。银监会则通过机构监管的方式，通过限制银行可以从事的外汇交易的类型、施加内部控制和风险管理要求等来从一定程度上协助中央银行加强对外汇市场的监管。我国外汇市场包括银行结售汇市场和银行间外汇市场，本节主要探讨我国对这两类外汇市场的监管。

一、外汇市场与中央银行的关系

在开放经济中，中央银行不仅是外汇市场的积极参与者，更是外汇市场的调控者和管理者，二者有密切的关系。

（1）中央银行积极参与外汇市场，是实施其货币政策的需要。在开放经济条件下，中央银行外汇储备的增减是基础货币变化的重要因素。中央银行要调整外汇储备规模，必须在外汇场上进行本币与外币之间的买卖。同时，中央银行为规避外汇储备的汇率风险，实现外汇储备的保值增值，也必须经常地通过外汇市场调整外汇储备的币种结构。所以中央银行是外汇市场的积极参与者。

（2）中央银行调控和管理外汇市场，是实施其汇率政策的需要。在开放经济中，一国中央银行不仅要考虑经济的内部平衡，即稳定币值，也要注重经济的外部均衡，即国际收支平衡。国际收支平衡是一国汇率政策的目标，也是货币政策的目标之一。为此，一国货币当局往往采取积极的干预政策，一旦其汇率突破一定范围，影响其国际收支平衡目标的实现，中央银行（或其授权机构）就会通过在外汇市场上买卖外汇来进行干预。

二、我国中央银行对银行结售汇市场的监管

从1996年12月1日起，我国实现了人民币经常项目下的可兑换，但对资本项目下的人民币与外币之间的兑换仍实行严格管制。这是目前我国对银行结售汇进行监管的基本原则。中国人民银行授权国家外汇管理局对外汇业务和外汇市场实行监管。根据我国《外汇管理条例》和《结售汇及付汇管理规定》等法规，目前我国对银行结售汇的监管包括以下几个方面。

1. 对外汇账户（境内）的监管

对外汇账户的监管主要有以下内容：（1）经常项目与资本项目账户分开使用，不能串户；（2）境内机构只有符合特定的要求，才可开立经常项下的外汇账户，且应当经外汇管理局批准；（3）外商投资企业开立经常项目的外汇账户，必须向外汇管理局申请，且账户余额应控制在外汇管理局核定的最高余额以内；（4）境内机构、驻华机构一般不允许开立外币现钞账户；个人及来华人员一般不允许开立用于结算的外汇账户。

2. 对收汇和结汇的监管

主要包括：（1）1998年12月1日各地外汇调剂中心全部关闭后，所有机构和个人只能到外汇指定银行办理结汇；（2）境内机构的外汇收入可以调回境内或者存放境外；（3）境内机构经常项目外汇收入，可以按照国家有关规定保留或者卖给经营结汇、售汇业务的金融机构；（4）资本项目外汇收入保留或者卖给经营结汇、售汇业务的金融机构，应当经外汇管理机关批准，但国家规定无须批准的除外。

3. 对购汇和付汇的监管

主要包括：（1）除少数例外，境内机构的贸易及非贸易经营性对外支付用汇，需持与支付方式相应的有效商业单据和有效凭证从其外汇账户中或者到外汇指定银行兑付；境内机构偿还境内中资金融机构外汇贷款利息，持外汇（转）贷款登记证、借贷合同及债权人的付息通知单，从其外汇账户中支付或到外汇指定银行兑付。（2）外商投资企业外方投资者依法纳税后利润、红利的汇出，持董事会分配决议书和税务部门纳税证明，从其外汇账户中支付或到外汇指定银行兑付。（3）境内机构偿还境内中资金融机构外汇贷款本金，持外汇（转）贷款登记证、借贷合同及债权机构的还本通知单，从其外汇账户内支付或到外汇指定银行兑付；其他资本项目下的用汇，持有效凭证向外汇管理局申请，凭外汇管理局的核准件从其外汇账户中支付或到外汇指定银行兑付。（4）外商投资企业的外汇资本金增加、转让或者以其他方式处置，持董事会决议，经外汇管理局核准后，从其外汇账户中支付或者持外汇管理局核发的售汇通知单到外汇指定银行兑付；投资性外商投资企业外汇资本金在境内投资及外方所得利润在境内增资或者再投资，持外汇管理局核准件办理。

4. 对外汇买卖价格的监管

外汇指定银行应当根据中国人民银行每日公布的人民币汇率中间价和规定的买卖差价幅度，确定对客户的外汇买卖价格，办理结汇和售汇业务。

5. 对外汇指定银行的业务监管

经营外汇业务的银行应按照规定办理结售汇；按规定向外汇管理局报送结汇、售汇及付汇情况报表；应当建立结售汇内部监管制度。

6. 违规处罚

对违反结汇、售汇、付汇和外汇账户管理有关规定的外汇指定银行和境内机构，外汇管理局可对其处以警告、没收违法所得、罚款的处罚。对违反规定、情节严重的经营外汇业务的银行，外汇管理局可对其处以暂停结售汇业务的处罚。

三、我国中央银行对银行间外汇市场的监管

银行间外汇市场通常指的是狭义的外汇市场。在当今世界主要外汇市场上，银行及大型金融机构间进行的外汇交易是市场的核心内容和主要形式，如在伦敦、纽约外汇市场上，95%的外汇交易是在银行间外汇市场上进行的。

我国的银行间外汇市场是指经国家外汇管理局批准可以经营外汇业务的境内金融机构（包括银行、非银行金融机构和外资金融机构）之间通过中国外汇交易中心（以下简称交易中心）进行的人民币与外币之间的交易市场。外汇市场由中国人民银行授权国家外汇管理局监管，交易中心是在中国人民银行领导下的独立核算、非营利性的事业法人，交易中心在国家外汇管理局的监管下，负责外汇市场的组织和日常业务管理。

（一）对外汇市场组织机构的监管

对外汇市场组织机构的监管主要包括：

（1）交易中心为外汇市场上的外汇交易提供交易系统、清算系统以及外汇市场信息

服务。外汇市场按照价格优先、时间优先的成交方式，采取分别报价、撮合成交、集中清算的运行方法。

（2）交易中心实行会员制，只有会员才能参与外汇市场的交易。会员大会是交易中心的最高权力机构，每年召开一次。

（3）交易中心设立理事会，为会员大会闭会期间的常设机构。理事会成员不得少于9人，由非会员理事（不得少于1/3）和会员理事组成。理事会每届任期两年，会员理事连任不得超过两届。

（4）会员理事由会员大会选举产生，非会员理事由国家外汇管理局提名，会员大会选举产生。理事会设理事长1人，由非会员理事担任，经国家外汇管理局提名，理事会选举产生；副理事长3人，其中非会员副理事长1名，会员副理事长2人，由理事会选举产生。

（二）对外汇市场交易参与者的监管

外汇市场参与者即交易中心会员。经中国人民银行批准设立、国家外汇管理局准许经营外汇业务的金融机构及其分支机构，均可向交易中心提出会员资格申请，经交易中心审核批准后，可成为交易中心会员。中国人民银行也作为交易中心会员参与市场交易。

会员选派的交易员，必须经过交易中心培训并颁发许可证方可上岗参加交易，交易员接受交易中心的管理。

（三）对交易行为的监管

对交易行为的监管主要包括：

（1）会员之间的外汇交易必须通过交易中心进行，非会员的外汇交易必须通过有代理资格的会员进行。

（2）市场交易的交易方式、交易时间、交易币种及品种和清算方式等事项须报经国家外汇管理局批准。

（3）交易中心和会员单位应保证用于清算的外汇和人民币资金在规定时间内办理交割入账。

（四）对市场交易价格的监管

对市场交易价格的监管主要包括：

（1）国家外汇管理局规定和调整每日外汇市场交易价格的最大浮动幅度，中国人民银行根据上日外汇市场形成的价格，公布当日人民币市场汇率，外汇交易应根据当日汇率并在规定的每日最大价格浮动幅度内进行。

（2）中国人民银行可根据货币政策的要求，在外汇市场内买卖外汇，调节外汇供求，平抑外汇市场价格。

第四节　金融衍生产品市场监管

金融衍生产品是从原生产品衍生而来的，与现货的生产和流通有着密切的联系，伴随着经济全球化和金融国际化而迅速发展，金融衍生产品市场已成为最有活力的金融市场。金融衍生产品市场的发展步伐已远远超过了其他金融市场，一国是否有金融衍生产品市场已成为衡量一国金融市场是否完整和成熟的标志。正如全球外汇市场的交易量远远大于全球国际贸易量，金融衍生产品的交易量也远远大于其原生产品的现货交易量。

金融衍生工具既有规避风险、提高金融体系效率的积极作用，也有刺激投机、加剧金融体系脆弱性的消极作用。20 世纪的最后 10 年，国际游资在全球金融市场游荡，其投机行为曾冲击许多国家，尤其是经济较为脆弱的发展中国家，甚至引起部分国家和地区大规模的金融动荡和经济衰退，而国际游资运动所借助的基本形式之一就是金融衍生产品交易。对金融衍生产品市场的监管已日益引起各国监管机构的重视，是 20 世纪 90 年代以来各国尤其是发达国家金融监管当局的监管重点。

一、金融衍生产品市场监管概述

（一）金融衍生产品交易市场监管的原则要求

关于金融衍生产品交易监管的原则性要求，主要包括如下方面：从事衍生金融商品交易的机构及主管当局必须制定一套完善的风险管理、交易咨询收集的制度，促使金融衍生产品的交易透明化，防范交易损失与不当交易；交易所、票据交换所与中央银行必须强化交易、清算以至于交割管理，着重于将交易日到交割日间的期限标准化，增加市场的流动性，进而增强市场抗突发风险事件冲击的能力；根据各项金融衍生产品的特性，将需要上报的信息资料标准化，确保监管当局能够借此正确评估交易本身以及双方的风险；金融衍生产品的投资人，尤其是市场大户必须与监管当局合作，遵从相关的交易法令，促进市场稳定；要严格对衍生交易员的选择与管理，加强操作规程控制和权力制约，防止交易员违规操作。

（二）金融衍生产品交易市场监管的国际合作

加强金融衍生交易的国际合作，提高国际范围的有效监管水平非常重要，是控制与防范国际金融衍生风险的重要途径。负责世界主要期货与期权市场监管的 16 个国家监管机构的代表于 1995 年 6 月 2 日在英国维德所集会，建议相关国际机构应进一步作出如下努力：

一是加强市场监管机构之间的合作。建立各国监管组织和市场在双边或多边基础上共享信息的机制，对国际化运作的金融集团及其重大交易活动进行有效监管。

二是加强保护客户的投资持有、资金和资产。由于不同国家和地区对客户资金、资产采取不同类型和层次的保护措施，因此，应寻找最佳途径协助各国和地区采取更有效、更一致的保护措施，特别是要有效地提供持续保护性措施。

三是加大清算违约的惩罚力度。在金融机构面临破产危机时，监管当局应能够采取最佳的操作方式，迅速将问题锁定在一定的范围而不波及市场。特别是对突发事件应加强国际性合作，提高对突发事件的防范应变能力。

（三）金融衍生产品交易市场监管体系

由金融监管当局组成的专门监管机构，如证监会、期交会等专门机构，负责衍生工具交易的宏观监管，制定监管法规，组织对重大风险事件的预警和查处。由行业组成自律机构，负责行业内部协调与自律管理。

组织从事衍生交易的金融机构，包括场内交易的交易所、清算所，以对场外交易的银行、非银行金融机构进行有效的内部风险控制。

二、场内衍生工具市场的监管

金融衍生市场分为场内交易市场和场外交易市场。场内衍生工具市场的特征可以概括为集中、正式、受监管和制度推动。为保证市场稳定和资金安全，交易所对会员实行严格、公开、透明、谨慎的管理，通常要求会员达到最低资本充足率，有保证客户资金安全的措施，建立汇报制度，以及满足其他制度和监管要求。交易所对交易活动进行严密监督，特别是要监视大客户头寸（或头寸集中度）。提高透明度的措施有报告资金头寸、成交量和价格数据，每日确定结算价格等。自从巴林银行倒闭后，有些清算所还发布信息并对会员在市场上的净风险进行评估。

交易所一般（但不绝对）允许会员在严格限定的条件下持有一部分投机头寸，同时要求会员提供初始的保证金，每天都要按市值计价（Mark to Market）并据以调整保证金要求，从而限制会员的净信用风险。根据交易所的规定，会员应服从对其财务状况和风险管理能力的突然审查和调查。出于同样的理由，交易所还规定非会员的交易必须通过会员来进行，以保证交易所及其会员免受非会员交易活动带来的风险。例如有些交易所规定，交易所会员不一定要成为清算所会员，但其交易必须通过清算所会员来清算。对于限制会员的客户风险，交易所除了限制头寸规模外，也有最低保证金要求（通常高于对会员风险要求的保证金）。清算会员如果还代理其客户账户的清算，就比只做自营业务的会员面临更高的资本充足率要求。

三、场外衍生工具市场的监管

与场内交易市场相比较，场外交易市场具有如下特点：对交易对手风险（信用风险）的管理是分散的，由各机构自身承担；对单项头寸、杠杆率和保证金比率没有正式统一的规定；对风险和分担方式没有正式规定；没有什么正式的制度或机制保证市场的稳定和统一，对市场参与者应获得的利息支付也没有正式的保障措施。实际上，金融衍生市场的风险主要来自于场外金融衍生市场。对场外金融衍生市场的监管是金融监管的重点和难点。

外衍生工具市场与银行同业或交易商同业市场颇为类似。场外交易由双边关系的非正式网络构成，分散在各主要金融机构的交易大厅里。场外交易没有统一的机制来限制个别或总体风险、杠杆率和信用扩张程度，风险管理完全是分散的。市场参与者对风险进行自我管理，特别是在双边的、委托人与委托人之间的交易中，风险完全自负。

场外衍生工具市场上的运行也是分散的，没有统一的交易、清算和结算机制。透明度总的来说也不够高。除了中央银行每半年进行一次审查外，市场参与者不需要披露其总体或个别项目的持仓情况和价格。一般情况下，市场集中度以及谁具有何种风险都是不得而知的，至多能从交易上反映出有机构在建仓。

在场外衍生工具市场上，交易工具和交易行为基本上是不受管制的，只是间接地受国家法制、规章、银行业监管以及市场监督的影响。没有一个主要的金融中心会像对银行业或证券业那样，设置一个场外衍生工具市场监管部门。在管理制度上也存在漏洞，对于对冲基金和券商的有些分支机构无人过问，国内监管和国际监管都是各自为政，例如在美国，至少有三方面的机构有权监管场外衍生工具市场活动——管证券的、管商品期货和管银行的。还有，主要的做市机构在全球市场上灵活运转，审查和监督却是面向国内的。不过尽管作用有限，目前的监管框架还是表现出了对市场的影响。为了完善市场机制以支持场外衍生工具市场的良性运转，一些行业组织参与发起了机制设计工作，突出的有国际掉期与衍生产品协会（International Swaps and Derivatives Association, IS-DA）、交易对手风险管理政策组织（Counterparty Risk Management Policy Group）、30 国集团（G-30）和衍生产品政策小组（Derivative Policy Group）。它们所做的努力包括：发布风险管理实践中的最佳做法，使合约文本标准化，认定风险管理中的疏漏和市场基础设施中的缺陷，评估法律风险及其他经营风险。它们还致力于在行业间，以及公共部门与私人部门间建立就关键问题进行对话的机制，倡导对监管当局进行自愿的信息披露。

阅读资料

中国人民银行新闻发言人就进一步扩大信贷资产证券化试点答记者问

2013 年 8 月 28 日，国务院召开常务会议，决定在严格控制风险的基础上，进一步扩大信贷资产证券化试点。针对当前扩大试点的背景，积极意义，扩大试点的基本考虑有哪些等问题，人民银行新闻发言人回答了记者的提问。

一、扩大信贷资产证券化试点的背景是什么？

今年以来，我国经济增长环境异常复杂，稳增长、调结构、促改革是当前和今后经济金融工作的大局。我国金融运行总体稳健，但金融市场配置资源的效率和工具与经济结构调整和转型升级的要求不相适应。6 月 19 日，国务院常务会议研究部署金融支持经济结构调整和转型升级的政策措施，明确提出要优化金融资源配置，用好增量、盘活存量，更有力地支持经济转型升级，更好地服务实体经济发展。7 月 2 日，国务院印发《关于金融支持经济结构调整和转型升级的指导意见》（国办发〔2013〕67 号），要求逐步推进信贷资产证券化常规化发展，盘活资金支持小微企业发展和经济结构调整。国务院应对国际金融危机小组第七次会议对此进行了专题研究，国务院有关部门一致赞同扩大信贷资产证券化试点。

从国外金融市场发展历史和国内信贷资产证券化实践看，信贷资产证券化是金融市场发展到一定阶段的必然产品，有利于促进货币市场、信贷市场、债券市场、股票市场等市场的协调发展，有利于提高金融市场配置资源的效率。进一步扩大信贷资产证券化试点，也是鼓励金融创新、发展多层次资本市场的重要改革举措。

二、我国信贷资产证券化前期试点效果如何？

2005 年 3 月，经国务院批准，人民银行会同有关部门成立了信贷资产证券化试点工作协调小组，信贷资产证券化试点正式启动。2005 年至 2008 年底，共 11 家境内金融机构在银行间债券市场成功发行了 17 单、总计 667.83 亿元的信贷资产证券化产品。受美国次贷危机和国际金融危机影响，2009 年后，试点一度处于停滞状态。2011 年，经国务院同意继续试点，共 6 家金融机构发行了 6 单、总计 228.5 亿元的信贷资产证券化产品。试点八年来，信贷资产证券化的基本制度初步建立，产品发行和交易运行稳健，发起机构和投资者范围趋于多元化，各项工作稳步开展，取得积极成效。

三、国际金融危机后，国际金融市场上信贷资产证券化产品发行有什么变化？

国际金融危机发生后，国际金融市场上信贷资产证券化产品的发行仍在波动中发展。美国证券化市场发行量在 2006 年达到 2.9 万亿美元高峰，2008 年次贷危机爆发后跌至 1.5 万亿美元，此后证券化市场逐步恢复。2012 年，证券化产品发行量达 2.2 万亿美元，同比增长 26.9%，占同期债券发行总量的 32.3%，余额 9.9 万亿美元，占全部债券余额的 25.8%。2012 年，欧洲证券化产品发行量 2 308.5 亿欧元，占同期债券发行总量的 2.3%，余额 1.6 万亿欧元，占同期债券余额的 10.5%。另外，花旗银行、汇丰银行等国际大型金融机构每年新增贷款中仍有较大比例进行证券化。

四、当前进一步扩大信贷资产证券化试点有哪些现实意义？

当前，我国金融宏观调控面临较大压力，货币信贷增长较快。金融服务实体经济必须从深化改革、发展市场、鼓励创新入手，从国内外实践来看，金融业和金融市场发展已经到了必须加快发展信贷资产证券化的阶段。扩大信贷资产证券化试点，一是有利于调整信贷结构，促进信贷政策和产业政策的协调配合，在已有授信内支持铁路、船舶等重点行业改革发展，加大对消费、保障性安居工程等领域的信贷支持力度。二是有利于商业银行合理配置核心资本，降低商业银行资本消耗，促进实体经济通过资本市场融资。三是有利于商业银行转变过度依赖规模扩张的经营模式，通过证券化盘活存量信贷，提高资金使用效率，降低融资成本，提高中间业务收入。四是有利于丰富市场投资产品，满足投资者合理配置金融资产需求，加强市场机制作用，实现风险共同识别。

五、扩大信贷资产证券化试点和逐步推进信贷资产证券化常规化发展是什么关系？扩大试点的原则是什么？

国办印发的《关于金融支持经济结构调整和转型升级的指导意见》提出，要逐步推进信贷资产证券化常规化发展。目前我国信贷资产证券化刚刚起步，纳入证券化的信贷资产种类有限，各项制度初步建立，仍然处于推进资产证券化常规化发展的初期，需要在严格控制风险的基础上，稳步扩大试点。

此次扩大试点的基本原则是：坚持真实出售、破产隔离；总量控制，扩大试点；统一标准，信息共享；加强监管，防范风险；不搞再证券化。

六、是否允许信贷资产证券化产品在交易所发行交易？

从国内外经验看，由于信贷资产证券化产品与其他固定收益产品一样，具有大宗个性化交易、定价相对复杂的特性，因此主要在采用一对一询价交易、主要面向机构投资者的场外市场（即 OTC 市场）发行和交易。无论在发达国家还是发展中国家，债券市场的主导模式都是场外市场，在交易所发行交易的债券仅仅是补充。发行人对发行窗口的选择，也就是选择场外市场还是交易所市场，是发行人自身的权利，由发行人自主选择。中国银行间债券市场就是法律规定的场外市场，涵盖各类机构投资者，包括商业银行、财务公司、证券公司、基金公司、保险公司等各类金融机构（占机构投资者的数量约为 20%）和非金融企业（占机构投资者的数量约为 80%）。产品包括国债、地方政府债、政策性金融债、普通金融债、政府支持债、企业债、短期融资券、中期票据等 10 余个债券品种，截至 2013 年 7 月末的托管量为 26.6 万亿元，占我国债券总托管量的 94.3%，有力地支持了实体经济发展。由于银行间债券市场充分体现了机构投资者风险识别与管理能力较强的优势，强化了信息披露、信用评级等市场约束机制的作用，因此在前期试点中，各家信贷资产证券化产品的发行人自主选择了在银行间债券市场面向机构投资者发行和交易。

在扩大信贷资产证券化试点过程中，人民银行将会同有关金融监管部门，在尊重发行人自主选择发行窗口的基础上，引导大盘优质信贷资产证券化产品在银行间市场和交易所市场跨市场发行。这既可以扩大信贷资产证券化产品投资者范围，有利于共同识别风险，实现金融资源优化配置；也可以满足交易所的投资者资产配置需求。

七、人民银行对商业银行通过信贷资产证券化盘活的信贷资源应用方面有何指导意见？

人民银行尊重各商业银行依法经营的自主权，同时，按照加强和改善金融宏观调控、进一步落实国务院支持经济结构调整和转型升级的指导意见，指导有关商业银行对通过证券化盘活的信贷资源，向经济发展的薄弱环节和重点领域倾斜，特别是用于小微企业、"三农"、棚户区改造、基础设施建设等。

八、扩大试点过程中，对风险防控有些什么考虑？

信贷资产证券化扩大试点过程中，将充分发挥金融监管协调机制的作用，加强相关政策措施的统筹协调，统一产品标准，统一监管规则，促进银行间市场和交易所市场的信息共享。进一步加强证券化业务各环节的审慎监管，及时消除证券化业务中各类风险隐患。优先选取优质信贷资产开展证券化，风险较大的资产暂不纳入扩大试点范围，不搞再证券化。进一步完善信息披露，既要强化外部信用评级，又要鼓励各类投资人完善内部评级制度，提升市场化风险约束机制的作用。进一步明确信托公司、律师事务所、会计师事务所等各类中介服务机构的职能和责任，提高证券化专业服务技术水平和服务质量。

资料来源：http://www.pbc.gov.cn/publish/goutongjiaoliu/524/2013/20130829010213347372645/20130829010213347372645_html。

四、美国、英国及其他法律制度下的金融衍生产品市场的监管

（一）美国

美国的监管机构是围绕市场、金融工具或机构组织起来的，有时跨越了其中的两个或三个概念。此外，监管机构还依据金融服务是公开或私下提供，是否基于委托—代理关系，是否在交易所交易，是否涉及将资金交由保管人投资或保存，而有所不同。一般来说，由联邦储备委员会负责银行业的监管，证券交易委员会（证监会）负责对证券业的监管，商品期货交易委员会（期监会）负责对期货业的监管。

最初，商品期货交易委员会主要是针对商品期货而言的，但是，衍生产品的发展十分迅速，出现了大量的金融衍生产品，而且出现了场外交易金融衍生产品。从事金融衍生产品的有证券公司、银行等金融机构。不但期货交易所有金融衍生产品，而且在证券交易所中也有金融衍生产品。所以，对金融衍生产品的监管就涉及美联储、证监会和期监会。可以说期监会是美国金融衍生产品监管的主要机构，同时证监会等也进行监管。商品期货交易委员会和证券交易委员会之间曾对此有过许多矛盾和争论，但同时也进行合作。《2000年商品期货现代化法》对这两个部门金融衍生产品方面的监管职责进行了划分。

证监会监管所有在全国性证券交易所交易的证券，同时一些交易所交易的衍生产品也被划归"证券"而受到证监会的监管，包括货币期权、股票期权、股票指数期权。证监会的监管包括透明度、价格报告要求、反操纵规定、头寸限制、审计要求、保证金要求等。期监会对所有《商品交易法》（CEA）规定的交易所交易的衍生产品有监管权。它监管所有全国性的期货和商品交易所及所有期货和期货期权。期监会的监管手段包括最低资本要求、报告和透明度要求、反欺诈和反操纵规定、清算组织的最低要求。

与期货和证券监管者形成对比的是，银行监管者完全从单个机构的完整性和履行银行职能的角度考虑金融活动。因此银行监管只涉及对机构的直接监控，而不是对市场或特定金融产品的控制。银行监管者可以通过限制可以从事的交易的类型、施加内部控制和风险管理要求及要求为衍生工具头寸持有适当水平的资本来处理衍生工具活动。

（二）英国

英国以前一直沿用的监管模式是：单一的金融监管者——金融服务局（FSA）。英国将投资的范围定义为10类：股票；债券、贷款证券及类似工具；政府、地方政府或其他公共当局的债券；认股权证；具有获得、转让和转成证券之权利的证书，如美国存款证（ADRs）；集合投资计划单位；期权（不仅包括这10类投资工具的期权，还包括货币、黄金、白银、白金、钯的期权）；具有投资目的的期货；差额合约（如股票按金交易）；长期保险合同。所有投资工具都在金融服务局的监管范围内，金融衍生产品是投资中的一部分，因此，对投资业务的监管实际上也包含对金融衍生产品业务的监管。

自英国《2012年金融服务法案》于2012年12月19日获得英国女王批准，并于2013年4月1日正式生效后，该法案对英国金融监管体系进行了彻底改革，即废除现有的以财政部和英国央行为辅，金融服务局为主的监管机制，把原来的金融服务监管局

（FSA）拆分为两个独立的机构：审慎监管局（PRA）和金融行为监管局（FCA），同时设立金融政策委员会（FPC）。

金融政策委员会（FPC）作为英格兰银行理事会内设的下属委员会，负责宏观审慎管理，确保整个金融体系的稳健运行。FPC的职能是监测风险，监管影子银行和阻止金融泡沫，并对影响英国金融体系稳定的系统性风险采取对策。

审慎监管局（PRA）是独立操作的英格兰银行附属机构，由央行行长和外部专家组成，其职责是负责对银行、保险公司、大型投资机构的微观审慎监管，识别和减少金融泡沫并监管处在银行监管法律范围外的影子银行，以防止出现重大风险。与此同时，出于对过度市场监管的担忧，英国政府将会要求审慎管理局考虑风险的同时，要重视评估政策对长期经济发展的影响。

金融行为监管局（FCA）是一个独立的机构，对财政部和议会负责，其负责整个金融行业服务行为的监管。FCA的工作内容包括：对全部金融行业约26 000家机构的金融行为进行监管；对除受PRA监管外的约23 000家金融机构进行审慎监管。FCA的核心目标是金融消费者保护，在民事和刑事两方面强制执行防止市场滥用职权的法律，维护公平竞争和资本市场的诚信。

（三）其他金融法律制度下的监管

与场外衍生市场相关的监管和监督通常有五个方面的内容：被允许的交易，对手方的授权与许可，对对手方的限制，做事与交易规则，披露要求。

大部分法律制度并未对场外衍生产品的设计施加限制，因而对可交易产品的范围也没有限制。在有许可证的对手方或银行间进行的非标准场外衍生交易通常不受直接监管。虽然场外交易通常没有受到基于市场或产品的要求限制，它们仍受到针对金融机构的审慎监管和行为监管的影响。

在大多数国家，对场外衍生市场参与者的授权一般都以机构是只为自己进行交易还是为客户进行交易而有所不同。大多数国家没有对场外衍生工具设定特殊的许可要求。日本是一个例外，证券公司需要为场外衍生工具业务取得特别授权。相反地，在欧洲，场外衍生工具交易的参与者进行的是自营交易，不需要许可证。但如果公司为客户进行场外衍生工具交易，它就必须取得金融服务或信贷机构的许可证，并接受标准的监管，因为根据欧盟投资法令，场外衍生金融工具活动属于投资业务。如果需要授权的话，根据对机构的健康性与正当性的评价，母国的监管者有权决定是否对某个机构发放全系列金融服务的许可或将仅为场外业务许可。一些欧洲国家（包括法国和西班牙）限制了集体投资计划对场外衍生工具的运用。德国还另外限制保险公司和抵押贷款银行运用场外衍生工具。

虽然只有极少法律体系禁止特定对手方（如最终零售用户）之间的场外衍生工具交易，但一些国家对于给定对手方合适的交易类型规定了合适性规则。例如，在澳大利亚较初级的对手方不得在场外衍生工具市场上进行交易（根据澳大利亚的豁免期货公告），因此必须在交易所交易。大多数国家并不禁止个人从事场外衍生工具交易，但一些国家对于零售和初级对手方有额外的限制，对批发和专业的市场参与者的要求则较低。许多国家要求在衍生市场与非交易商交易的交易商取得关于其客户的信息，确保客户的合适性。在有些案例中（例如德国），当与初级对手方进行交易时，适用特殊的披露要求。

一些法律制度限制了场外衍生工具交易中的做市、多边交易和中央结算。与美国相同，奥地利的豁免期货市场（即场外衍生工具市场）被禁止拥有中央结算系统和多边交易设施。但大部分国家没有明确地禁止多边电子执行设施的规则，而许多国家，包括英国、瑞典和荷兰，明确允许场外衍生工具交易的中央结算。虽然法律选择（因为国际掉期与衍生产品协会主协议只为纽约和英国法制定，因此此规定非常重要）在法院的可执行性上尚有不确定性，但是大多数国家是承认的。

本章小结

金融市场是指以金融资产为交易对象而形成的供求关系及其机制的总和。金融市场有四大基本构成要素：金融市场主体、金融市场客体、金融市场媒体和金融市场价格。金融市场监管体制有三种类型：集中型监管体制、自律型监管体制、中间型监管体制。金融市场拥有多元化的监管主体。金融市场监管的一般原则：全面性原则，效率性原则，公开、公平、公正原则。从金融市场监管的实践来看，金融市场监管的具体内容，因国家经济金融体制不同而各有差异。但总的来说，主要是对金融市场构成要素的监管，即对金融市场主体的监管、对金融市场客体的监管、对金融市场媒体的监管。金融市场的监管手段主要包括法律手段、经济手段、行政手段、自律管理四种。

中央银行作为货币市场的监管主体，负责对商业票据市场、同业拆借市场、国债市场的监管。

外汇市场是从事外汇买卖的交易场所，或者说是各种不同货币彼此进行交换的场所。我国中央银行对银行间外汇市场的监管包括：对外汇市场组织机构的监管、对外汇市场交易参与者的监管、对交易行为的监管、对市场交易价格的监管。对金融衍生产品市场的监管已日益引起各国监管机构的重视，是20世纪90年代以来各国尤其是发达国家金融监管当局的监管重点。

本章重要概念

金融市场　货币市场　外汇市场　金融衍生市场

复习思考题

1. 简述金融市场的构成要素。
2. 金融市场监管体制有哪几种类型？
3. 金融市场监管的一般原则是什么？
4. 试述中央银行对同业拆借市场监管的基本原则。

高等学校
金融学
系列教材

21世纪高等学校金融学系列教材

第四篇
金融监管合作与发展

第十四章

金融监管协调

在经济全球化背景下，金融监管各个部门之间的协调日益重要。本章着重介绍了一国（地区）范围内的金融监管协调理论、不同金融监管体制下的监管协调、中国的金融监管协调、金融监管与金融稳定等内容。

第一节　金融监管协调概述

一、金融监管协调的含义

一国（地区）范围内的金融监管协调是指一个国家或地区的各个金融监管主体为了实现金融监管的整体有效性，降低成本、提高效率，通过各种机制努力实现监管工作的和谐一致。按照纳入协调范围的监管主体的多少，监管协调有狭义和广义之分。狭义金融监管协调的监管主体包括一国（地区）的中央银行、专门的金融监管机构（如银监会、证监会、保监会）和政府有关部门（如财政、审计部门）。广义金融监管协调的监管主体除了以上各机构部门外，还包括金融行业公会、各种专门的服务性机构（如会计师事务所、资信评级机构）等。由于狭义金融监管协调的主体承担了绝大多数的监管工作，因此一般所说的金融监管协调主要是指狭义金融监管协调。

二、金融监管协调的必要性

（一）适应时代发展变化提出的新要求

20 世纪六七十年代以来，世界各国金融创新层出不穷，金融自由化、全球化趋势越来越明显。金融业日新月异的发展变化要求对过去的金融监管体制及时进行改革完善，金融监管的工作难度不断加大。在这种时代背景下，各国越来越重视加强监管主体之间的协调合作，以实现总体监管目标。

（二）确保监管主体职责明确到位

世界各国的金融监管模式主要有分业监管模式和统一监管模式两种。分业模式下各个监管主体之间，以及混业模式下统一的监管主体各部门之间，都需要既有明确的职责分工，又有良好的协调合作，这样才能避免出现监管真空和重复监管现象。

（三）解决监管具体分工中可能出现的矛盾

金融监管的总体目标是维护金融业的安全稳定并促进其快速发展。各金融监管主体在总体目标一致的情况下，由于职能分工并不相同，也有可能在各自的具体监管目标上产生矛盾，这就需要通过相互之间的沟通协调以解决问题。

（四）提高金融监管整体效益

金融监管也涉及成本—效益核算问题。通过监管主体之间的信息共享、工作互助合作等协调机制，能够避免重复监管，从整体上节约监管成本、提高监管效率，实现监管效益最大化和长期良好发展。

三、金融监管协调的主要内容

（一）监管协调的主体

各国金融监管体制不同，因此监管协调的主体也有所不同。一般来说，承担监管职责的主要是一国的监管当局、中央银行以及政府有关部门。为实现监管协调的有效性，各国首先要明确监管主体的具体职责分工。其次，各个监管主体要在监管目标理念、方式手段、人员素质等各方面努力提高自身的监管能力水平，否则更高层次上的监管协调难以实现。另外，可以探索在比金融监管主体更高的层次上，由国家出面组织成立专门机构或指定专门部门负责管理各监管主体日常的监管协调工作，以及在必要时担任最高指挥官和最终决策者角色。

（二）监管协调的工作机制

金融监管协调机制是各金融监管主体针对协调工作制定出的完整的、系统的制度或规定性安排。世界各国对于监管协调机制的建立健全尚处于探索实践阶段，建立有效的监管协调机制要适应本国具体的国情和金融监管体制，不同经济金融发展阶段的国家可以采取不同的协调机制。同时，各国之间要通过相互学习借鉴来完善本国的监管协调机制。

（三）监管协调的法律体系

随着金融混业经营和金融自由化、国际化的迅速发展，各国原有的金融监管法律法规已不能适应新的金融发展要求。要建立起良好的金融监管协调机制，必须尽快改革、充实现有的法律、体系和有关制度规定，建立完善的金融监管协调法律框架，以便为监管协调提供可靠的法律依据和保障。

四、金融监管协调中的统一性和独立性

各金融监管主体在监管的总体目标上具有一致性，即维护金融体系的安全与稳定，促进金融业的健康快速发展。各监管主体通过积极有效的协调合作来共同确保总体目标的实现，与此同时，为了发挥具体的监管职能、实现各自的监管目标，各监管主体还需要拥有一定的监管独立性，以便在职责范围内通过合法的程序、方式、手段实施严格的金融监管。从表面上来看，实现监管协调与保持监管独立性可能会出现时期性或阶段性

的矛盾冲突。但从更深层次来讲，金融监管作为一项系统、复杂的工作，既要强调各监管主体相互之间的协调，又不可忽视其主权独立性。只注重监管独立性、忽视监管协调将导致整体监管的混乱无序，而只注重监管协调、忽视监管独立性将削弱具体监管主体的职能，也会进一步影响整体监管的有效性。因此，只有深入研究并处理好监管协调与监管独立性两者之间的关系，才能真正实现金融监管的总体目标。

第二节　不同金融监管体制下的监管协调

世界各国的金融监管体制随着金融业的发展而不断变革，不同国家金融业经营方式的不同使得金融监管体制也相应出现分业监管、混业监管、伞式＋功能监管、"双峰"监管等不同的监管体制。下面就以具体国家和地区为例对于不同监管体制下的监管协调进行简要介绍。

一、欧盟

（一）金融监管体制

欧盟在经历金融危机之后，进过一年多的努力，在2010年9月通过立法，建立全球首个带有超国家性质监管体系——泛欧金融监管体系。从2011年开始，欧盟三大金融监管机构：欧洲银行业监管局、欧洲保险与职业养老金监管局和欧洲证券与市场监管局开始运转。再加上由欧盟成员国中央银行行长组成的欧洲系统性风险委员会（ESRB），新的泛欧金融监管体系已经全部建设完成。

（二）金融监管协调机制

泛欧金融监管体系从宏观和微观两个层面来监控市场风险。宏观方面，欧洲系统性风险委员会负责监测整个欧盟金融市场可能出现的宏观风险，对不同的风险设置以颜色为代表的风险级别，及时发出预警并在必要时采取相应的措施。微观方面，三大金融监管机构分别对银行业、保险业、金融市场交易活动进行监管，拥有部分超越成员国监管机构的权利。

（三）金融监管协调的主要做法

三大金融监管局负责监督成员国按照规定履行职责。当某成员国拒不执行欧盟规定时，监管局可向该国监管机构下达指示，若成员国仍不遵守规定，监管局可跳过该成员国监管机构，直接要求相应的金融机构予以纠正。在出现紧急情况时，监管局有权临时禁止或限制某项金融交易活动，并可提请欧盟委员会提出立法建议，永久禁止这类产品和活动。监管局的权利范围将包括：调查各类金融交易行为、对信用评级机构进行监管、发布买空卖空禁令等。[①]

---

① 《欧盟金融监管迎来全新格局》，新华网2011年1月3日，http://news.xinhuanet.com/fortune/2011-01/03/c_12940470.htm。

二、英国

（一）金融监管体制

2009 年，英国保守党上台，吸取了金融危机的教训，推行更为系统和严格的改革方案，把原来的金融服务监管局（FSA）拆分为两个独立的机构：审慎监管局（PRA）和金融行为监管局（FCA），同时以英格兰银行董事会下设委员会的形式设立金融政策委员会（FPC），负责监控和应对系统性风险。

（二）金融监管协调体制

审慎监管局和金融行为监管局之间的一般协调机制包括法定协调职责、法定谅解备忘录和审慎监管局的否决权。作为微观监管者的审慎监管局和金融行为监管局与作为宏观审慎监管者的金融政策委员会之间的关系主要表现为事关金融稳定的信息、建议和专业知识的合作性的双向交流。金融政策委员会对单个企业的具体监管没有发言权，但可以在审慎监管局和金融行为监管局之间扮演仲裁员的角色。审慎监管局与英格兰银行的关系更为密切，通过将审慎监管局设置为英格兰银行集团的一员，使得金融稳定的信息得以在二者之间自由共享。

（三）金融监管协调的主要做法

金融政策委员会可向审慎监管局和金融行为监管局发出有约束力的指示，后者也可以向金融政策委员会提出宏观审慎监管的建议。

审慎监管局和金融行为监管局之间须签订备忘录，明确各自在具有共同监管利益的领域所扮演的角色，以及在行使职能时遵循的协调职责，双方至少每年对备忘录审查和修订一次。

金融行为监管局在出台任何一项具体的商业行为监管法规前，有义务与审慎监管局进行咨询，以便考虑该法规出台将会对问题金融公司的稳健性造成的负面影响；在特定情形下，审慎监管局可对金融行为监管局发出指示，要求其不对审慎监管局监管的某个实体采取行动。同时，金融行为监管局也有义务向金融政策委员会咨询，以便考虑该法规出台将会对所有金融公司特别是系统重要性金融机构的稳健性可能造成的负面影响。英格兰银行与金融行为监管局的协调集中体现在对认可清算所的监管上。

三、美国

（一）金融监管体制

随着金融混业经营的发展，1999 年之后，美国的金融监管逐渐由分业监管向不完全集中监管过渡，监管机构形成横向和纵向交叉的网络状监管格局。银行、证券、保险等金融单位由不同机构实施监管，对于金融持股公司则按照《金融服务现代化法案》规定实施伞式监管制度，即美国联邦储备委员会为"伞式"监管人，负责综合监管，金融控股公司又按照经营业务的种类接受不同行业功能监管人的监督。美国金融监管体制是一种典型的分权型多头监管模式，是功能监管和机构监管的结合，因此被称为"伞式"＋功能监管的监管体制。

（二）金融监管协调机制

法律明确规定各金融监管机构的职责划分，特别是对于银行、金融控股公司的监管分工合作、职责权限作出明确界定，要求"伞式"监管人与功能监管人要相互协调合作以避免重复监管与过度监管。同时成立由联邦储备银行、财政部货币监理局、联邦存款保险公司、储蓄性金融机构监管局等联邦级监管机构组成的联邦金融机构检查委员会，各家机构轮流担任主席。检查委员会负责建立统一的监管原则、标准，以及协调和统一联邦级与州级监管机构的监管政策和业务。在次贷危机之后，美国的监管体系有所调整，财政部货币监理局和储蓄性金融机构监管局被取代，由全国银行监理署（NBS）完成其原有职能。同时设立了消费者金融保护署、全国保险监管局、国家信用社管理局等新的监管机构。

（三）金融监管协调的主要做法

在监管信息方面，由联邦金融机构检查委员会建立统一的报表格式和要求，并负责联邦级监管机构监管对象的常规性数据的统一收集。各监管机构之间相互协调信息的收集以避免重复性工作，并实行数据、调查报告、往来文件等有关信息资料的充分共享。在监管检查方面，各监管机构根据职能分工对监管对象进行单独检查或联合检查，联邦金融机构检查委员会对各监管机构的检查活动进行统一和协调，以确保监管的有效性。

四、澳大利亚

（一）金融监管体制

澳大利亚实施的是"双峰"监管体制，即由审慎监管局负责所有的审慎监管，不同的金融业务则由相应机构负责，达到双重保险作用。从具体分工来看，审慎监管局负责对银行等存款类机构、保险公司和养老金进行监管，证券投资委员会负责金融体系的市场诚信和消费者保护，联邦储备银行专门负责制定和实施货币政策。

（二）金融监管协调机制

审慎监管局、证券投资委员会和联邦储备银行三方成立金融监管协调委员会，每季度召开一次会议，就金融业的发展和监管的改革、协调与合作等问题交流信息和看法，以提高金融监管的效率。委员会主席由央行行长担任，秘书处设在央行。三家机构相互之间分别签署双边的谅解备忘录，建立双边的协调、合作和信息交流框架。监管局与央行、监管局与证券投资委员会还分别建立协调委员会，协调双边合作的具体事宜。另外，央行和证券投资委员会有代表参加监管局的董事会，监管局也派代表参加央行的支付系统委员会，以进一步促进相互的交流合作。

（三）金融监管协调的主要做法

在监管信息方面，三方除了分别收集有关信息外，为避免向同一机构收集同样的数据和信息，在成本分摊的安排下央行可以委托监管局、监管局和证券投资委员会可以相互委托对方收集与其职能有关的信息，并建立信息共享安排。澳大利亚监管局、中央银行和统计局于2001年共同开发了一个服务于三家机构的统计报告系统，由监管局具体运作，另两家机构根据需要使用该系统的数据和信息。在监管检查方面，央行工作人员可以参加监管局的现场检查以了解金融业和监管体系的最新发展情况，监管局和证券投资委员会根据需要可以联合进行检查，并对采取的监管措施进行协调。

第三节　中国的金融监管协调

一、我国金融监管协调的主体及其职责分工

（一）中国人民银行

中国人民银行于 1948 年 12 月 1 日成立，1983 年 9 月由国务院决定专门行使国家中央银行职能。随着证监会、保监会、银监会的相继成立，其在经济宏观调控中的作用会更加突出。2003 年 12 月 27 日，十届全国人大六次会议修正的《中国人民银行法》规定，中国人民银行的主要职责为制定和执行货币政策，防范与化解金融风险，维护金融稳定。新法强化了中国人民银行与制定和执行货币政策有关的职责；将过去对银行业金融机构的设立审批、业务审批和高级管理人员任职资格审查以及日常监管等直接监管职责转换为履行对金融业宏观调控和防范与化解系统性风险的职责，即维护金融稳定职责；同时增加了反洗钱和管理信贷征信业两项职责。

银监会成立后中国人民银行保留了必要的金融监管职责。一是明确了中国人民银行监督管理银行间同业拆借市场、银行间债券市场、银行间外汇市场和黄金市场；指导、部署金融业反洗钱工作，负责反洗钱的资金监测。二是规定由中国人民银行会同国务院银行业监督管理机构制定支付结算规则。三是建立中国人民银行的直接监督检查、建议监督检查和全面监督检查制度。四是明确中国人民银行根据履行职责的需要，有权要求银行业金融机构报送有关资料。

（二）三大金融监管机构

（1）中国银行业监督管理委员会。根据国务院机构改革方案的规定，中国人民银行的部分金融监管职能分离出来并与中央金融工委的相关职能进行整合，成立中国银行业监督管理委员会。银监会于 2003 年 4 月 28 日起正式履行职责，统一监管银行、金融资产管理公司、信托投资公司以及其他存款类金融机构，维护银行业的合法、稳健运行。

（2）中国证券监督管理委员会。证监会于 1992 年成立，依照法律、法规和国务院授权，统一监督管理全国证券期货市场，维护证券期货市场秩序，保障其合法运行。

（3）中国保险监督管理委员会。保监会于 1998 年 11 月 18 日成立，是全国商业保险的主管部门，根据国务院授权依照有关法律法规统一监督管理全国保险市场，维护保险业的合法、稳健运行。

（三）政府有关部门的金融监管职责

（1）财政部金融司。其主要职责是：负责货币政策及其与财政政策协调配合的研究工作；负责金融机构国有资产的基础管理工作，组织实施金融机构国有资产的清产核资、资本金权属界定和登记、统计、分析、评估；负责金融机构国有资产转让、划转处

置管理，监交国有资产收益；拟订银行、保险、证券、信托及其他非银行金融机构的资产与财务管理制度并监督其执行；指导地方金融机构资产和财务监管工作；研究政府外债发行政策，拟订管理制度；负责办理中国政府对外发行债务和主权信用评级工作；负责编制政府统借统还外债还本付息年度预决算和外国政府贷款的中长期计划；负责外国政府贷款的对外磋商、谈判与签约业务，拟订相关政策和制度，并对贷款使用与偿还进行监督与管理；负责制订并组织实施出口信用保险的国家限额和费率政策；拟订担保业的相关政策和制度，对担保业实施监督和管理等。

（2）审计署金融审计司。其主要职责是：组织审计中央国有金融机构和国务院规定的中央国有资本占控股或主导地位金融机构的资产、负债、损益情况；组织审计中国人民银行、国家外汇管理局的财务收支；组织审计中国银行业监督管理委员会、中国证券监督管理委员会和中国保险监督管理委员会预算执行情况；开展相关专项审计调查；具体组织对中央国有金融机构和国务院规定的中央国有资本占控股或主导地位金融机构的主要负责人实施经济责任审计；督促被审计单位整改；指导地方审计机关金融审计业务；承办审计署交办的其他事项；指导地方金融审计业务；等等。

二、我国金融监管协调机制的建立及运行

建立有效的金融监管协调机制是各国都高度重视的一项工作。为了提高我国金融监管水平、加强监管当中的协调与合作，经国务院批准，我国自 2000 年开始建立中国人民银行、中国证监会、中国保监会的监管联席会议制度。建立监管联席会议制度的目的是为了充分发挥金融监管部门的职能作用，交流监管信息，及时解决分业监管中的协调问题，促进金融业健康发展。其主要职责是：研究银行、证券和保险监管中的有关重大问题；协调银行、证券和保险业务创新及其监管问题；协调银行、证券和保险对外开放及监管政策；交流有关监管信息等。联席会议可以根据某一监管方的提议不定期召开，三方联席会议成员轮流担任会议召集人，三方监管部门将按照会议议定的事项协调有关监管政策。在建立社会主义市场经济体制、推进金融业发展过程中，我国逐步形成了现行的银行业、证券业、保险业的分业监管体制。为了更好地加强银行、证券、保险监管部门的交流与合作，增强监管合力，银监会成立后的监管联席会议对于建立与完善我国的金融监管协调机制问题进行了深入讨论，并作出了具有重要意义的决定。

（一）第一次监管联席会议

随着我国金融监管体制的不断改革，为进一步加强金融监管机构的协调合作，保证金融业安全高效稳健运行，2003 年 6 月初，中国银监会、中国证监会、中国保监会成立专门工作小组，起草了《中国银行业监督管理委员会、中国证券监督管理委员会、中国保险监督管理委员会在金融监管方面分工合作的备忘录》，并于 9 月 18 日召开了第一次监管联席会议，讨论并通过了该备忘录。本次联席会议决定建立金融监管方面的协调合作机制，实现信息共享，促进金融创新，加强金融监管，防范金融风险，促进金融业健康发展。备忘录内容包括指导原则、职责分工、信息收集与交流和工作机制等几个方面。

（1）按照分业监管、职责明确、合作有序、规则透明、讲求实效的原则，确立了对金融控股公司的主监管制度，即对金融控股公司内相关机构、业务的监管，按照业务性质实施分业监管，而对金融控股公司的集团公司可依据其主要业务性质，归属相应的监管机构负责。

（2）明确三家监管机构对其监管对象的信息收集与交流制度，三家监管机构分别向其监管对象收集信息和数据，并负责统一汇总、编制各类金融机构的数据和报表，按照国家有关规定予以公布。

（3）明确就重大监管事项和跨行业、金融控股集团的监管、跨境监管中复杂问题及时进行磋商。

（4）建立每季度召开联席会议的工作机制和讨论、协商具体专业监管问题的经常联系机制，切实加强银监会、证监会、保监会之间的政策沟通与协调，对金融发展和创新中出现的问题，三方通过联席会议和经常联系机制互通信息、充分讨论、协商解决、鼓励金融创新、控制相关风险。

（二）第二次监管联席会议

中国银监会、中国证监会、中国保监会于 2004 年 3 月 18 日召开了第二次监管联席会议，主要就贯彻落实《国务院关于推进资本市场改革开放和稳定发展的若干意见》进行了沟通、讨论和协商。此前发布的《国务院关于推进资本市场改革开放和稳定发展的若干意见》明确提出，要拓宽证券公司融资渠道，继续支持符合条件的证券公司公开发行股票或发行债券筹集长期资金；要完善证券公司质押贷款及进入银行间同业市场管理办法，制定证券公司收购兼并和证券承销业务贷款的审核标准，在健全风险控制机制的前提下为证券公司使用贷款融通资金创造有利条件；鼓励合规资金入市，支持保险资金以多种方式直接投资资本市场，使以基金管理公司和保险公司为主的机构投资者成为资本市场的主导力量；进一步完善相关政策，为资本市场稳定发展营造良好环境。

会议认为大力发展资本市场是一项重要的战略任务，涉及金融、经济、政治和社会的诸多方面，在政策主体上触及各级政府和部门，对支持我国经济社会的全面发展具有重要意义。三家监管机构将加强协调配合，寻求具体的可操作措施，打破本位主义和地方主义，共同支持和促进资本市场发展。会议提出，在建立有效防范风险机制的前提下，银行将为符合条件的证券中介机构提供融资服务；健全相应的监管法规制度，保证保险资金审慎有序地进入资本市场；进一步完善相关政策和办法，为资本市场健康发展营造良好环境。会议还就加强金融监管协调的其他具体问题进行了充分交流和讨论，对于监管协调机制进行了进一步完善。

通过监管联席会议的召开，针对金融监管协调机制的问题，目前我国各金融监管机构已经进行了积极而又富有成效的探索。但在明确监管责任、节约成本、提高效率的监管协调原则下，许多具体问题依然有待彻底有效地解决。例如，监管真空、监管重复问题如何彻底解决，监管协调成本效率如何衡量，基层监管协调机制如何建立，等等。

三、我国金融监管协调的法律体系

根据党的十六届三中全会关于"建立健全银行、证券、保险监管机构之间以及同中央银行、财政部门的协调机制，提高金融监管水平"的要求，金融立法须对建立金融监管协调机制作出明确规定。十届全国人大六次会议通过了《银行业监督管理法》、《中国人民银行法》、《商业银行法》三部法律，并于 2004 年 2 月 1 日起施行，这是我国金融监管协调法律体系发展的一个重要的里程碑。

金融监管体制改革后，银监会和人民银行如何有效地协调运作、分享信息，这是监管协调中至关重要的一个问题。为此，《中国人民银行法》规定："中国人民银行应当和国务院银行业监督管理机构、国务院其他金融监督管理机构建立监督管理信息共享机制。"《银行业监督管理法》规定："国务院银行业监督管理机构应当和中国人民银行、国务院其他金融监督管理机构建立监督管理信息共享机制。"此外，考虑到维护金融稳定涉及银行、证券和保险监管部门以及国家财政部门等多个部门，要在更高层次对金融监管相关政策措施进行协调，建立防范和化解金融风险的长效机制，《中国人民银行法》新增加了一项重要内容："国务院建立金融监督管理协调机制，具体办法由国务院规定。"关于中央银行与银监会的关系、国务院建立金融监管协调机制等内容，是我国金融立法的一次大胆创新。新颁布实施的三部金融法相互联系、相互补充，既充满了浓郁的本土气息，更具有鲜明的国际化特色，既为我国过去金融监管协调的改革作了一个阶段性的总结，又为今后的深入发展奠定了清晰的法律基础和良好的政策环境。

四、我国金融监管协调的深入开展

（一）完善监管联席会议制度和经常联系机制，建立有效的监管协调工作程序以保障监管规则的执行与发展。在定期召开的联席会议和经常性会议上，根据监管需要建立内容更加充分的工作备忘录，对于在监管法律中难以细化的协调合作事宜作出更加明确的规定。

（二）建立多边紧急磋商制度。要加强对金融风险成因的研究，对于金融机构可能出现危机时，有关监管机构应当迅速召开紧急会议，经过充分协调磋商，及时提出解决方案并迅速执行，以防止由于部门间协调低效而引发更大的金融危机。

（三）完善信息共享机制，建立人民银行与三大金融监管机构监管信息的定期送达制度。中国人民银行承担着履行货币政策、维护金融体系稳定和最后贷款人的职责，不仅需要金融机构资产负债表等一般性资料，还需要有对其进行的现场、非现场等监管的持续、动态的信息资料以及各种实质性分析报告，因此需要三大监管机构与人民银行保持信息送达渠道的畅通。同时要健全金融监管信息系统，规范监管信息的收集、整理、发布和传递，扩充监管信息的广度和深度，在条件成熟时建立专门的信息中心，保证信息共享的长期稳定性。

（四）加强在具体监管业务层面上的交流与合作。各监管机构可以相互提供多种服务，联合开展监督检查。建立合理的监管人员流动机制，通过工作人员的借调安排等形式来建立全方位的合作关系，增进机构之间的合作交流。

（五）研究探索建立更高层次的一体化金融监管部门。配合金融监管体制的深化改革，在建立起系统有效的监管协调工作机制、促进金融体系稳定发展后，全面实行金融一体化监管可以更加灵活有效地适应市场要求，降低监管协调成本，提高监管效率，实现规模效应，尤其是在跨国金融监管机构协调当中可以发挥更好的作用。

（六）研究跨国金融监管机构之间的协调合作问题。例如，银监会建立的旨在沟通国际监管信息的"国际咨询委员会"，邀请国际知名银行监管人士及相关专业人士对中国银行业监管的发展和长期战略问题提供咨询，为加快中国银行业监督管理体系的建设和发展提供建议。

第四节　金融监管与金融稳定

一、金融稳定

（一）维护金融稳定的必要性

自 20 世纪 70 年代以来金融不稳定因素增加，金融危机发生频率不断加大，使金融政策制定者和金融专家都对其难以预测。国际经验表明，金融危机对经济和社会造成的损失甚至要远远大于类似"非典"这样的突发事件的冲击。而且金融危机对整个社会和经济还可能造成政治不稳定、收入分配恶化以及贫困加剧等多种负面影响。因此，防范化解金融危机、维护金融稳定已经成为金融监管部门越来越关注的问题。

（二）金融稳定的主要内容

金融稳定是一个广义的概念，是金融运行的一种状态，它不仅涉及金融部门，还与国家宏观经济政策和社会保障体系建设等密切相关。维护金融稳定职责通常由一国的中央银行承担，并需其他有关部门的协助配合。中央银行金融稳定职责的主要内容是：通过货币政策及其操作维护货币体系的稳定；通过建立稳健的金融基础设施，主要是高效的支付系统，降低系统性风险；对金融业的运行进行广泛的调查研究，随时掌握金融体系的稳定状况；防范和处理系统性危机，必要时行使最后贷款人职责，对有问题的金融机构提供流动性支持；等等。

（三）金融稳定评估的重要方法——金融部门评估规划（FSAP）

国际货币基金组织和世界银行在借鉴亚洲金融危机的基础上，于 1999 年 5 月联合推出了金融部门评估规划（Financial Sector Assessment Program，FSAP），对成员国和其他经济体的金融体系进行全面评估和监测。经过几年的发展，FSAP 目前已经成为被广泛接受的金融稳定评估框架。

FSAP 通过三个层次评估金融体系是否稳健。一是宏观层次，衡量宏观审慎监督的效果。主要是通过编制和分析金融稳健指标判断金融体系的脆弱性和承受损失的能力，通过压力测试评估冲击对银行体系的影响。二是微观层次，判断金融基础设施是否完善。通过对照国际标准与准则，检验一国支付体系、会计准则、公司治理等是否完善。三是监管层次，评估金融部门监管是否有效。重点评估对银行、证券、保险、支付体系的监管是否符合国际标准。国际货币基金组织和世界银行在上述三个层次的基础上，形成对被评估经济体的金融稳定报告。

FSAP 框架下进行的金融稳定评估，通常采用三种分析工具。

一是金融稳健指标。金融稳健指标是基金组织为了监测一个经济体中金融机构和市场的稳健程度，以及金融机构客户（包括公司部门和居民部门）的稳健程度而编制的一系列指标，它用来分析和评价金融体系的实力和脆弱性。金融稳健指标包括核心指标和鼓励指标两类。

二是压力测试。压力测试是对金融稳健指标分析的有效补充。压力测试的目标是通过分析宏观经济变量的变动可能对金融体系稳健性带来的影响，来对因宏观经济与金融部门之间具有的内在联系而产生的风险和脆弱性进行评估。FSAP 评估的风险主要来源于利率、汇率、信贷、流动性以及资产价格的变动。为了对这些风险的影响进行评估，压力测试采用几种不同的方法来衡量宏观经济冲击对金融稳健指标带来的影响，以达到评估金融部门潜在脆弱性的目的。

三是标准与准则评估。FSAP 另一项内容是对金融部门标准和准则的执行情况进行评估。FSAP 下涉及的标准与准则评估目前最多涉及九个领域，即《货币与金融政策透明度良好行为准则》、《有效银行监管的核心原则》、《具有系统重要性的支付系统的核心原则》、《反洗钱与反恐融资 "40 + 8" 条建议》、《证券监管的目标和原则》、《保险业监管的核心原则》、《公司治理原则》、《国际会计标准》、《国际审计标准》。其中前四项是FSAP 框架下必须评估的。

由于金融稳定是一个广义概念，它还与宏观经济政策密切相关，因此评估涉及机构主要包括中央银行和有关宏观经济部门，金融监管机关构，以及商业银行、非银行金融机构、证券公司、保险公司等。

二、国际金融监管机构和金融组织促进金融稳定的主要措施

（一）强化监管机构间的国际合作

自美国次贷危机后，世界各国对于防范和化解金融风险、维护金融稳定问题越来越重视。在 2009 年的 G20 伦敦峰会上，各国达成共识，发布《加强金融系统》宣言，同意确保在本国推行强有力的监管系统，并建立更加具有一致性和系统性的跨国合作，创立全球金融系统所需的、通过国际社会一致认可的高标准监管框架。

伦敦峰会决定通过以下措施，加强金融监管：

（1）创立一家全新金融稳定理事会（Financial Stability Board, FSB），作为金融稳定论坛（Financial Stability Forum, FSF）的继承性机构，其成员包括 20 国集团的所有成员国、FSF 成员国、西班牙和欧盟委员会，并加强向该委员会所委派的任务。

（2）FSB 应与国际货币基金组织进行合作，对宏观经济和金融危机风险发出预警，并采取必要行动解决这些危机。

（3）对监管体系进行改造，以便各国政府鉴别和应对宏观审慎监管的风险。

（4）扩大监管措施的适用范围，将所有对整个金融系统来说都十分重要的金融机构、金融工具和金融市场涵盖在内，首次覆盖对整个金融系统来说都十分重要的对冲基金。

（5）认可并实施 FSF 有关薪酬的最新强硬原则，为所有公司的可持续性薪酬计划和企业社会责任提供支持。

（6）一旦确认经济已经复苏，则将采取措施改善银行系统中的资金质量、数量和国际协调性。今后，监管措施须能阻止过度杠杆，并要求银行在经济良好时期也储备充足的缓冲资金。

（7）采取行动反对"避税港"等不合作的行为，并已经做好了制裁这些行为的准备，以保护公共财政及金融系统。

（8）呼吁会计准则制定机构尽快与监管机构进行合作，改进资产估值和准备金标准，完成一套高质量的全球会计准则。

（9）扩大监管措施的适用范围，将信用评级机构涵盖在内，以确保这些机构能达到良好的国际行为标准，尤其是要防止出现令人无法接受的利益冲突。

这些措施的制定，为金融监管指明了方向，也为全球金融市场的健康发展打下了良好的基础。

（二）加强宏观审慎监管

在 2010 年 11 月，G20 首尔峰会上，提出了加强宏观审慎监管的要求。金融稳定理事会相应提出了 SIFI 框架、《巴塞尔协议Ⅲ》、场外衍生品交易基础设施建设、影子银行监管等工具及措施。

1. SIFI 框架

G20 首尔峰会上批准了金融稳定理事会关于防范系统重要性金融机构（SIFI）道德风险及外部效应的框架协议，其核心政策目标共四点：一是提升其损失吸收能力；二是建立有序的重组机制，减轻对整个金融体系的冲击；三是加强对系统重要性金融机构的监管效力；四是加强核心金融市场基础设施的建设，以降低风险传染性。

2. 《巴塞尔协议Ⅲ》

《巴塞尔协议Ⅲ》提出的增加银行资本及流动性的要求，是审慎宏观监管的重要内容。此外，《巴塞尔协议Ⅲ》提出管控集团整体层面风险的要求，也有助于降低系统性风险及全球系统重要性金融机构的关联度，主要包括：提高普通交易、衍生品交易、复杂证券化业务及表外业务风险暴露的资本要求，对采用中央交易对手进行场外衍生品交易的银行给予资本激励；对过度依赖短期批发融资的业务，提高其流动性要求；对金融体系内部风险暴露提出更高的资本要求。

3. 场外衍生品交易基础设施建设

G20 首尔峰会上通过了金融稳定理事会关于加强场外衍生品交易的方案，如促进各国统一执行协议标准，通过有组织的中央清算、平台交易系统，加强中央交易对手监督管理及其他核心金融市场基础设施建设等。国际支付结算体系委员会与国际证监会组织正就扩大交易平台系统的应用范围、增加交易的透明度等方面开展合作研究。

4. 影子银行监管

金融稳定理事会认为，影子银行可以被定义为"游离于传统银行体系之外，具有信用中介功能的组织实体和业务活动，能进行期限或流动性转换，但其行为可能导致不适当的信用风险转移和杠杆累积，易引发监管套利和系统性风险"。由于影子银行体系可以被视为一系列信用中介链，而中介链的各部分业务活动常隶属于不同的监管辖区，因此，有必要从完整经济实体的角度而不是单纯法律实体的角度来看待影子银行，将影子银行纳入监管机构的监测范围，并有必要对影子银行加强全球范围内的跨境监管。

阅读资料

影子银行规模及风险

金融稳定理事会的监测结果显示，美国次贷危机之前，十一国（澳大利亚、加拿大、法国、德国、意大利、日本、韩国、荷兰、西班牙、英国和美国）的影子银行体系总资产规模增长较快，从 2002 年的 20 万亿美元增长至 2007 年的 42 万亿美元。危机之后，十一国的影子银行总资产规模略微下降，减少至 2009 年的 41 万亿美元。总体上，影子银行体系规模约为全部信用中介规模的四分之一，约为传统银行规模的二分之一。其中，美国的影子银行体系规模最为庞大，而各国的影子银行体系在其整个金融体系中的重要性不同。

金融稳定理事会认为，从系统性风险范畴来看，影子银行从事类银行（bank‑like）的业务活动，容易引发系统性风险，主要有三个方面原因：一是影子银行提供的短期"类存款"资金一旦形成较大规模，会造成类银行挤兑效应。如短期资产支持商业票据、短期回购协议、结构投资工具等类存款工具一旦被挤提，对金融体系产生较大影响。二是影子银行累积的杠杆会放大亲周期效应。三是影子银行与传统银行之间高度关联，也易引发系统性风险。此外，从监管套利范畴看，由于影子银行相对传统银行具有低成本的资金优势，却并未受到与传统银行相同的监管约束，这为影子银行提供了监管套利的机会，进而引发风险。同时，传统银行也会利用影子银行寻求监管套利机会，以增加利润。尽管巴塞尔协议Ⅲ提出了更严格的监管标准和要求，但从另一角度看，也刺激了传统银行进一步利用影子银行来寻求监管套利的动机。一些组织实体为影子银行提供流动性及担保支持等，也助长了影子银行风险的累积，增加了系统性风险。如担保公司、信用评级机构等。

金融稳定理事会指出，监管当局在评估影子银行对金融体系的潜在负面影响时，应重点关注三个方面的风险因素。一是内在关联性。影子银行与传统银行体系之间高度关联，传统银行常常构成影子银行链的一部分，或为影子银行提供期限或流动性转换支持及杠杆率。传统银行与影子银行互相投资于各自的金融工具，造成了复杂的融资相互依赖性和脆弱性，尽管没有直接、明显的关联，却通过资产互持（Asset Holding）和衍生品头寸（Derivative Position）形成较高的集中度风险。金融危机已经证明，影子银行与传统银行两个体系之间的强大关联性，使得关键的影子银行组织实体或业务活动对整个金融体系形成了较大的风险。因此，监管当局应确保监测框架能较好地捕捉两个体系之间的关联度，并收集银行与非银行金融部门的风险暴露、融资依赖度的信息，以及相关影子银行与其主要交易对手的信息。二是规模。影子银行的规模是衡量其对整个金融体系造成的潜在负面影响程度的重要考量因素之一。规模越大，影响越大。监管当局应尽可能地收集所有相关影子银行总体资产的数据。三是可替代性。当影子银行发生问题，对整个金融体系造成的影响扩大时，很难找到其他替代机构提供相同或相似的金融服务，且影子银行的收缩会对其他金融体系参与者构成严重的压力。因此，监管当局应收集相关信息，以衡量影子银行提供的金融服务的可替代性。此外，监管当局需要注意的是，经济下行时金融体系风险相应增加，因此对影子银行的评估应与整体经济状况及走势紧密结合。

三、我国维护金融稳定的措施

（一）设立专门的金融稳定职能部门

为了适应中国金融管理体制改革的需要，更好地履行中央银行维护金融稳定的职责，经国务院批准，中国人民银行在总行和分支行增设了金融稳定职能部门。中国人民银行总行增设金融稳定局，分支行增设金融稳定处。总行金融稳定局的主要职责是：研究银行、证券和保险业协调发展问题，会同有关部门综合研究金融业改革发展规划；评估金融系统风险，研究实施防范和化解系统性金融风险的政策措施；协调风险处置中财政工具和货币工具的选择；实施对运用中央银行最终支付手段机构的复查，并参与有关机构市场退出的清算或重组等工作；负责金融控股公司和交叉性金融工具的监测；承办涉及运用中央银行最终支付手段的金融企业重组方案的论证和审查工作；管理中国人民银行与金融风险处置或金融重组有关的资产。分支行金融稳定处的职责是：负责与辖区金融监管机构及有关部门的协调沟通、监测、评估省辖金融系统性风险，研究实施系统性金融风险防范和化解的政策措施；根据中国人民银行的有关规定，参与有关风险的处理和其他涉及金融稳定的事项。

从2003年年底开始，中国人民银行总行和分支行金融稳定职能部门陆续开始开展工作，使得中国人民银行维护金融稳定的职能有了组织机构上的保证。

（二）完善维护金融稳定的法律体系

《中国人民银行法》从防范和化解系统性金融风险的角度强调并赋予了中国人民银行维护金融稳定的职责，明确了中国人民银行为维护金融稳定可以采取的各种法律手段。具体而言，法律明确了中国人民银行及其分支机构负有维护金融稳定的职能；要求中国人民银行维护支付、清算系统的正常运行，为监测金融体系的正常运行、防范和化解系统性支付风险、维护金融稳定提供良好的技术环境；要求中国人民银行监测金融市场的运行情况，对金融市场实施宏观调控，促进其协调发展，因为金融市场稳定是金融稳定的重要条件；规定中国人民银行为了维护金融稳定可以采取的手段，如必要时向金融机构提供再贷款化解金融风险，有权要求银行业金融机构报送有关财务会计、统计报表和资料，对出现支付困难而有可能引发金融风险的银行业金融机构进行检查监督等；要求中国人民银行与金融监督管理机构建立监管信息共享机制，为中国人民银行维护金融稳定提供信息基础。

（三）促进金融监管的协调合作

中央银行、三大金融监管当局和财政审计等政府部门分别担负着维护金融稳定的职责，并且在具体工作中各有优势和侧重。中央银行通过实施货币政策、管理支付系统、提供流动性支持等方式来防范系统性风险，从而维护整个金融体系的稳定；三大监管当局通过对金融机构实施直接的外部监管来防范和化解具体的金融风险；财政、审计等政府部门通过预算支付、审计调查等工作确保金融监管的合理有效进行。因此，只有在国务院领导下各部门通过相互之间的密切合作和良好的协调沟通，才能共同完成维护我国金融稳定的任务。

（四）参与FASP的稳定性评估

从2010年开始，我国兑现在G20峰会上的承诺，国际货币基金组织和世界银行正式启动对我国金融系统的FSAP评估。对于"一行三会"的评估结果如下：

在银行业执行《有效银行监管核心原则》方面，监管部门在完善监管框架和强化审慎监管方面取得显著进展，银行业风险计量和管理能力有所增强。但仍应加大监管规章和指引的落实和执行力度，强化风险意识，提高风险管理能力，以应对开放和创新带来的挑战。

在证券业执行《证券监管目标与原则》方面，监管部门积极主动实施证券市场监管，在基础制度建设方面取得明显进展，推动了市场健康发展。但需进一步强化市场纪律，统一监管规则，加大打击市场操纵和非法投资行为的力度。

在保险业执行《保险核心原则与方法》方面，监管部门制定了全面的监管框架，在信息披露与消费者保护、保险公司风险管理体系等方面成绩显著。但需进一步加强偿付能力监管，限制偿付能力不足的公司推出新产品。

在支付系统执行《重要支付系统核心原则》方面，近年来，人民银行对中国现代化支付系统进行了重大改革，为市场参与者提供了快速、高效、安全、可靠的支付结算服务，但在法律基础、风险管理及系统管理等方面仍需改进。

在证券结算系统执行《证券结算系统建议》和《中央对手方建议》方面，过去二十年间，中国证券市场交易量稳步增长，证券结算系统发挥了重要作用，但在结算风险管理、治理和透明度、监督和管理、跨境业务风险管理等方面仍需进一步改善。

总体上，FSAP评估报告认为中国金融监管高度符合国际标准与准则，但需进一步改进，同时指出我国银行业、证券业和保险业监管机构的监管资源仍然不足，应当充实监管资源，以确保监管的有效性。

四、提高我国金融监管水平，促进金融稳定发展

（1）进一步明确金融监管各有关部门责任，加强监管协调合作。要清晰界定各部门

的具体职责，减少并消除利益冲突和职能交叉，在各自领域内实施以监督和管理风险为基础的措施，建立起联合行动的良好工作框架。

（2）尽快建立健全金融危机的应急措施和危机处理机制，控制突发事件的发生，化解重大危机。国务院委派专门机构在尽可能短的时间内完成国家金融危机应急预案的制定工作，建立起应对各种类型、范围和程度的金融危机的快速反应机制。一旦危机发生，能够立即启动一整套的处理预案以尽快恢复金融稳定。

（3）努力强化中国人民银行维护金融稳定职能。中国人民银行作为中央银行，需要对维护金融体系稳定发挥最为关键的作用，要强化对金融体系系统性风险防范的协调职能，加强与监管机构之间的信息交流和政策协调，对我国金融体系稳健性进行宏观把控，作出整体判断，提出防范和化解金融风险的政策建议，不断完善法律法规体系和基础设施建设，努力为金融稳定创造良好的宏观经济环境。

（4）积极加强对金融监管和金融稳定的研究。各有关部门要扩充现有的研究力量，提高研究质量和研究能力，对于如何加强监管协调、如何建立健全危机的应急处理机制、如何从根本上加强金融稳定性等问题进行研究。积极支持和鼓励各种学术机构发挥其强大的学术研究能力，对金融难点问题、前瞻性问题进行广泛和深入的研究。拓宽国内外学术交流的渠道，为我国金融持续稳定发展提供有益建议。

本章小结

一国（地区）范围内的金融监管协调是指一个国家或地区的各个金融监管机构为了实现金融监管的整体有效性，降低成本、提高效率，通过各种机制努力实现监管工作的和谐一致。按照纳入协调范围的监管主体的多少，监管协调有狭义和广义之分。

金融监管协调的主要内容包括监管协调的主体、监管协调的工作机制、监管协调的法律体系等。

世界不同国家和地区金融分业、混业经营的不同使得金融监管体制也相应出现分业监管、混业监管、"伞式" + 功能监管、"双峰"监管等不同的监管体制，欧盟、英国、美国、澳大利亚等不同监管体制国家的监管协调也有所不同。

我国金融监管协调的主体有中国人民银行、中国银监会、中国证监会、中国保监会几大监管机构和政府财政、审计等有关金融部门。各金融监管主体之间有明确的监管职责分工。

我国金融监管协调深入开展的主要措施有：完善监管联席会议制度和经常联系机制、建立多边紧急磋商制度、完善信息共享机制、加强在具体监管业务层面上的交流与合作、加强对金融集团主监管制度的有益探索研究探索建立更高层次的一体化金融监管部门、研究跨国金融监管机构之间的协调合作问题等。

金融稳定是一个广义的概念，是金融运行的一种状态。维护金融稳定职责通常由一国的中央银行主力承担并需其他有关部门的协助配合。FSAP 提出的金融体系稳定评估框架通过宏观、微观和监管三个层次评估金融体系是否稳健，采用的分析工具有金融稳健指标、压力测试、标准与准则评估三种。

我国维护金融稳定的主要措施有：设立专门的金融稳定职能部门、完善维护金融稳定的法律体系、促进金融监管的协调合作、参与 FASP 的稳定性评估等。今后我国将进一步提高金融监管水平，促进金融稳定发展。

本章重要概念

金融监管协调　监管联席会议　金融稳定

复习思考题

1. 金融监管协调的含义、必要性和主要内容是什么？
2. 举例分析不同金融监管体制国家监管协调的开展。
3. 简述我国金融监管协调机制的建立和完善。
4. 如何深入推动我国金融监管协调工作的开展？
5. FSAP 如何评价金融体系是否稳健？主要的分析工具有哪些？
6. 简述如何进一步促进我国金融的稳定发展。

第十五章

金融监管国际协调与合作

在金融国际化的背景之下，金融监管的国际化已成为当代金融发展不可逆转的趋势。本章从现实情况出发，介绍了金融监管国际协调与合作概况、金融监管国际协调与合作的框架、金融监管国际协调与合作的主要内容、金融监管国际协调与合作的不足与发展四个方面的问题。

第一节　金融监管国际协调与合作概述

一、金融国际化趋势

金融国际化是指一国的金融活动跨出国界，日益与国际间各国金融融合在一起，它包括金融机构、金融市场、金融工具、金融资产和收益的国际化以及金融立法和交易习惯与国际惯例趋于一致的过程和形态。主要表现在以下方面：

（1）金融国际化是一个不断发展的过程，是动态的，而不是一成不变的，国际化的程度也不断从低级向高级演变。

（2）金融机构的国际化，指一国的金融业在国外广设分支机构，形成信息灵活、结构合理、规模适当的金融网络，并允许外国金融机构进入本国开展金融活动。

（3）金融市场的国际化，指国内金融市场与国外金融市场联系起来，资金能在世界范围内优化配置，并参与国际资金循环。

（4）金融工具的国际化，指一国的资金的供给者和需求者充分运用国际上大量创新的融资工具，在国际和国内两个市场上从事筹资和融资活动，同时各种新出现的金融工具会很快地在其他国家的金融市场得到运用。

（5）金融资产和收益的国际化，指一国的金融业在国外的资产及所获得收益占其整个资产和收益的比重达到了一定的规模，成为一国金融的重要组成部分，并且同种资产在同样风险的条件下所获得收益有大体一致或平均化的趋势。

（6）金融立法和交易习惯与国际惯例趋于一致。金融的国际化对一国经济和金融体系具有重的意义。首先它标志着一个国家开始建立高度开放的经济体制，国民经济与世界经济紧密地联系起来，同时也表明该国的经济发展已达到相当的水平，各种制度法规已经相当健全，也具备进行国际竞争的能力。其次由于金融的国际化，一国的企业可以筹集到适应其需要的资金，并且成本也相对较低，同时，面向国际市场，这些企业也被迫进行更加严格的风险管理，增强了企业的素质。再次金融国际化也有利于提高金融机构的竞争力，尤其是中国，银行业更加需要不断地发展才可以应对国外大银行的激烈竞争。最后金融国际化还有利于培养金融业的国际化人才，有利于改进和健全有关的各种制度、法律和业务规范。当然，金融国际化带来好处的同时，也必然给参与其中的某些国家，尤其是那些监管能力较弱、金融机构素质较低和制度不健全的国家带来不同程度的负面效果。这其中破坏作用较大的主要是国际金融市场的巨额流动资金。

二、金融监管的国际化

适应金融国际化的形势，金融监管的相应变革已是金融业的必然选择，国际金融业对监管环境越来越高的敏感性也对金融监管提出了更高的要求。因为金融市场化和国际化进程的加快以及伴随而来的方方面面的变革和冲击，打破了金融业原有的格局，使原来的监管格局失去了其存在的基础。金融监管若不作出相应的调整，采取相应的对策，滞后于这种金融国际化进程，那么金融业的健康发展必将受到严重的损害，整个金融业也将会为此付出沉重的代价，进而也使世界经济的发展受到不同程度的阻碍。

金融监管的国际化主要包括两个方面的内容。

（1）改变单一的内向管理策略，采取综合性的国际监管策略，监管手段、监管政策与全球发展相一致，达到国际先进水平。首先，监管目标的战略取向要从国际金融业的整体考虑，监管的覆盖面要包括国内金融业、国内金融业的国外分支机构和本国内的外国金融机构。其次，监管内容要适应金融业跨国经营带来的新问题、出现的新的经营风险特别是国家风险，国家风险管理已成为西方国家监管当局首要关注的问题之一。最后，监管手段、监管法规和各项会计、审计制度应该比照国际标准，与国际接轨。

（2）加强国际监管的协调和合作。不同的历史、人文背景，不同的监管策略和监管取向，不同的金融发展水平使各国形成了不同的监管体制。随着金融业在国际化进程中越来越走向无边界的"国际存在"，这种基于各个国家的监管框架已经越来越不适应金融的发展需要，并构成了金融业的不稳定因素。但是，由于各国不同的社会经济和金融现实，要让其中的某一个国家独立地承担这种监管和协调是相当困难的。这就需要国际金融机构发挥其应有的作用，世界上主要的金融监管机构主要有国际货币基金组织、世界银行和国际清算银行，它们要紧密合作，共同建立完善的国际金融制度，并向成员国提供双边金融监督与技术支持。各国政府和各地区、经济集团也将成为共同监管的主体力量。

三、金融监管国际协调与合作的必要性

国际资本流动、金融国际化、跨国银行的迅速发展都对国际金融监管的合作和交流提出了要求，并且这种要求也越来越高。因为所有的这些因素一方面加速了世界经济发展和促进了世界贸易的增加，使资金的利用效率得到了提高，资源配置也更加合理化；

但是同时，不可避免地，由于各国经济发展的不平衡和经济、金融政策的差异，它们也给世界经济带来了不少消极的影响，增大了国际金融业的风险，使金融业更加脆弱，从而迫切要求各国的监管当局加强合作与交流。

（1）各国金融监管政策与态度的不统一，形成了许多漏洞和矛盾，需要加强和协调对国际金融体系的统一金融监管。由于历史和经济的原因，各国金融管理当局的管理政策的高度差异，加大了国际金融业的风险，迫切需要统一和加强对国际金融市场的监督和管理。这种政策的差异主要表现为：各国对商业银行监督管理的原则、指标体系和技术差异，虽然《巴塞尔协议》正在逐步统一并要求各国遵守有关重要的指标，但是由于《巴塞尔协议》的有关指标是最低要求，所以这种差异仍存在，从而使国际银行的竞争严重不平等；离岸金融中心的商业银行几乎不受任何国家监管当局的监管，形成监管的空缺，进一步加大了银行的风险；发展中国家的银行业刚刚起步发展，由于种种原因，这些国家的金融监管体系仍不健全且监管的效率也不高，各种政策、工具、手段也相对有限；各国金融风险管理技术与水平程度差异较大。

（2）国际金融市场的现实也要求协调、统一和加强对国际金融市场的监管。由于国际金融市场不受任何一国货币当局的制约，是一个相对独立的市场，必须加强各国监管的协调。否则，就会出现一些金融问题，引发金融危机或金融动荡，给世界经济带来消极的影响。如 20 世纪 80 年代，美国共有 1 086 家商业银行倒闭，是 1934—1980 年银行倒闭数的 46 倍；90 年代国际银行业危机加深，经营环境恶化，利润下降，倒闭者更多。这都表明了加强和协调国际社会对国际金融业监管的紧迫性和必要性。

（3）国际金融业经营风险增大，也要求加强对国际金融业监管的协调。这些风险主要包括：以扩大规模为战略重点的国际银行业为获取高的资产收益和资产增长速度，压低价格和放宽贷款的条件，从而使银行资金运营风险加大；在激烈的国际金融业竞争中，商业银行的表外业务和各种金融新产品迅速膨胀，这也无形中使商业银行承担了更大的潜在风险。长期以来，发展中国家的债务问题始终不利于国际银行业的稳定和发展，加大了国际银行业经营的风险，所以，为了确保金融体系稳定，必须进一步加强银行应付风险的能力。大的银行，尤其是大的跨国银行在国际金融体系中占有重要的地位，这些银行出现问题，整个金融体系就会受到较大冲击，所以各国的监管当局需要加强对这些银行的监管，以减轻国际金融业的风险。

（4）目前的国际金融监管存在着局限和不足，国际金融监管还需要加强和协调才能克服这些局限和不足。这些局限和不足主要表现在金融创新的发展，使得金融监管措施带有一定的滞后性，而且这些措施的监管效率不太令人满意。许多衍生工具都属于表外业务，这些业务很难测定和计算，所以其风险也就不易被金融监管部门察觉；衍生工具随机性大，组合能力强，且不断地出现新的品种，监管措施和有关的规章明显滞后；金融交易涉及面广，影响力强。这就要求金融监管当局不仅要从交易着手、从国内着手，更要在世界范围内协同配合。《巴塞尔协议》在国际金融监管中发挥着重要的作用，但它也存在着一定的不足。总之，正是由于国际金融监管还存在缺陷和不足，加强国际金融监管的交流和合作也就成了必然之举。

第二节　金融监管国际协调与合作的框架

金融监管国际间的协调与合作，主要是指国际经济组织、金融组织与各国以及各国之间，在金融政策、金融行动等方面采取共同步骤和措施，通过相互间的协调与合作，达到协同干预、管理与调节金融运行并提高其运行效率的目的。由于国际金融体系的稳定及公平竞争的经营环境是各国的共同利益所在，加强金融监管的国际协调与合作便是各国共同的选择。几十年来，国际社会一直就此进行努力，成立了若干国际协调与合作的机构、组织，它们对加强国际经济和货币合作，稳定国际金融秩序，发挥着极为重要的作用。

一、金融监管的国际协调与合作的主要机构

（一）国际清算银行（Bank for International Settlements，BIS）

1930 年 5 月，英国、法国等国在瑞士的巴塞尔成立国际清算银行（BIS），处理第一次世界大战后德国赔款问题，这是建立国际金融机构的重要开端。国际清算银行以股份公司的形式对外发行股本，其法定股本为 15 亿金法郎，共 60 万股，即每股面值 2 500 金法郎。国际清算银行发行的股本，既可以由各国中央银行认购，也可以由公众认购，其中，大部分已发行股本由中央银行持有。根据规定，全部股份都可分配红利，但私人股东无权参加股东大会，也没有投票权。国际清算银行的管理机构包括股东大会、董事会和管理当局三个部分。国际清算银行的业务范围可以分为四部分。一是商讨国际金融合作问题。世界各国的中央银行行长和其他官员经常在巴塞尔举行会议，会议的目的是就货币和经济领域里共同感兴趣的问题交换意见，加深了解，以促进国际合作，其中对国际金融体系的稳定进行监测和维护一直是会议的中心议题。二是从事货币和金融问题研究。国际清算银行设有货币与经济部门，其研究工作偏重于与中央银行有关的问题，如收集并公布国际银行业和金融市场的数据，管理一个供各国中央银行合作的经济数据库，出版有关经济论文、文件和报告等。三是为各国中央银行提供各种金融服务，主要包括吸收中央银行存款，为中央银行提供投资服务，为中央银行进行融资并提供过渡性信贷等。四是作为协助执行各种国际金融协定的代理和受托机构，为执行协定提供便利。

（二）国际货币基金组织（International Monetary Fund，IMF）

第二次世界大战之后，在生产国际化和资本国际化的基础上，国际经济关系空前发展。美国、英国等为了避免再出现 20 世纪二三十年代世界范围的经济和金融混乱状态，决定建立一种新的国际金融秩序。1945 年成立了人们所熟知的国际货币基金组织和世界银行。其目的是重建一个开放的世界经济和一个稳定的汇率制度，并对发展提供资金。

根据 IMF 协定第一条的规定，IMF 有六条宗旨：（1）设立一个永久性的就国际货币

问题进行磋商与合作的常设机构，促进国际货币合作；（2）促进国际贸易的扩大与平衡发展，借此提高就业和实际收入水平，开发成员国的生产性资源，以此作为经济政策的主要目标；（3）促进汇率的稳定，在成员国之间保持有秩序的汇率安排，避免竞争性的货币贬值；（4）协助成员国建立经常性交易的多边支付制度，消除妨碍世界贸易发展的外汇管制；（5）在有适当保证的条件下，向成员国提供临时性的资金融通，使其有信心且利用此机会纠正国际收支的失衡，而不采取危害本国或国际经济的措施；（6）根据上述宗旨，缩小成员国国际收支不平衡的程度。

国际货币基金组织是联合国所属的专门负责国际货币事务的国际性合作机构。IMF的主要业务活动包括四个方面：一是监督成员国的外汇安排与外汇管制，二是与成员国进行定期或紧急磋商，三是为成员国之间就国际货币问题进行磋商与协调提供一个国际性论坛，四是向成员国提供短期资金融通即提供贷款或紧急资金援助。

IMF的资金来源主要是成员国认缴的份额。我国于1980年恢复在国际货币基金组织的合法席位。IMF已经成为美国同其他发达国家以及发展中国家同主要工业化国家之间互相依赖又互相斗争的场所。

（三）世界银行（World Bank，WB）

世界银行也是属于联合国的一个专门机构，是1944年7月布雷顿森林会议之后，与IMF同时产生的两个国际性金融机构之一。该行的成员国必须是IMF的成员国，但IMF的成员国不一定都参加世界银行。作为一个全球性的金融机构，世界银行与IMF两者起着相互配合的作用。IMF主要负责国际货币事务方面的问题，其主要任务是向成员国提供解决国际收支暂时不平衡的短期外汇资金，以消除外汇管制，促进汇率稳定和国际贸易的扩大。世界银行则主要负责经济的复兴和发展，向各成员国提供发展经济的中长期贷款。按照《国际复兴开发银行协定条款》的规定，世界银行的宗旨包括四点，一是对用于生产目的的投资提供便利，以协助会员国的复兴与开发，并鼓励不发达国家的生产与开发投资；二是通过保证或参与私人贷款和私人投资的方式，促进私人对外投资；三是用鼓励国际投资以开发会员国生产资源的方法，促进国际贸易的长期平衡发展，维持国际收支平衡；四是在提供贷款保证的同时，应同其他方面的国际贷款配合。世界银行对会员国提供的是中长期贷款，以促进各会员国经济的恢复与重建。世界银行的主要目的是向发展中国家提供开发性贷款，资助其兴办长期建设项目，以促进其经济增长与资源开发。

（四）巴塞尔银行监管委员会（Basel Commission on Banking Supervision）

1975年，在国际清算银行的发起和主持下，巴塞尔银行监管委员会成立，其成立的一个重要原因是1974年发生的国际银行业危机。成立该委员会的一个主要目的是建立银行监督的基本原则，促进管理者之间的沟通，以管理银行资本和风险。这是一个正式的常设机构，是一个中央银行监督国际银行活动的联席代表机构和协调机构，由国际清算银行提供秘书人员。巴塞尔银行监管委员会没有强制执行权力，其决策以达成共识的方式形成，其建议和标准的实施依赖于成员的合作。巴塞尔银行监管委员会自成立后，展开了一系列的工作，其中最重要的就是先后达成的若干重要协议。巴塞尔委员会的这些协议或报告体现了它一贯倡导的对国际银行业进行监督管理的指导原则。其工作重点体现在三个方面：一是为国际银行活动提供了一些非正式的协调指导原则和标准，二是确立了在联合和综合的基础上监督国际银行业务的技术，三是促进各国国内监督活动的强化与完善。

作为稳定国际金融体系和秩序的巴塞尔委员会，其在国际协调和对银行监管方面的效应是积极的，它的存在和发展有利于促进世界经济的正常运行和发展。但应该指出的是，它也有不足之处，需要国际社会的不断改进和完善。

巴塞尔委员会的积极作用体现在以下几个方面：一是抑制国际银行业之间的不公平竞争。巴塞尔委员会通过的一系列协议，对国际金融关系的主体特别是国际银行资格提出了法律性要求，有利于国际统一监管和银行之间的公平竞争。二是规范国际银行行为。《巴塞尔协议》设计出以资本充足性管理为核心的风险管理模式来约束银行的贷款及投资的资本金风险。同时，将表外业务纳入监管体系，为国际银行业的经营行为提供了积极的建议和准则。三是稳定全球金融体系。通过《巴塞尔协议》，银行业的国际监督正在扩展到更多国家，越来越多的国家也已接受了这些协议，并自觉地参与到了这个国际惯例和行为规则之中，从而为稳定全球金融体系作出了积极的贡献。

巴塞尔委员会尚有些不足之处表现在：一是《巴塞尔协议》并未能完全消除各国在国际银行业管理政策上的差异，从而它的实施效果在一定程度上受到削弱。二是监管责任划分仍不明确。母国和东道国的共同监管在一定程度上有时意味着双方都不管。三是《巴塞尔协议》未就最后贷款人问题作出规定，因而外国银行的分支机构都享受不到诸如获得中央银行的救助和存款保险等待遇，这将会影响到外国银行分支机构的信誉。

（五）世界贸易组织（World Trade Organization，WTO）

1995年1月1日管理多边贸易体制的常设性机构——世界贸易组织正式启动，世界贸易组织正式取代1948年以来作为临时性机构的关税及贸易总协定，从此多边贸易体制进入了一个崭新的时代。世界贸易组织是经过成员国政府和立法机构批准的国际条约创建的常设经济组织，它集GATT近半个世纪的贸易自由化成果，以一套更为完备、适用范围更广的多边游戏规则和一个更有效率、更加健全的经济体系，为世界贸易的发展提供保障性、可预见性和强大的推动力。我国于2001年正式加入世界贸易组织，掀开了改革开放的新篇章。

《建立世贸组织协定》第三条规定，世界贸易组织具有如下重要职能：一是促进共同构成世界贸易组织的双边及多边贸易协定的执行、实施和管理，并为执行上述各项协议提供统一的体制框架；二是为成员提供处理各协议有关事务的谈判场所，并为世界贸易组织发动多边贸易谈判提供讲坛和场所；三是解决成员之间的贸易争端，负责管理世界贸易组织争端解决协议；四是监督各成员的贸易政策，按贸易政策审议机制，定期对各成员的贸易政策与措施进行审议；五是与其他同全球经济政策制定有关的国际机构进行合作，以协调全球的经贸政策；六是为发展中国家提供技术援助和培训。

作为一个正式的国际组织，世界贸易组织是世界多边贸易体制的基础。它进一步明确、规范了《关税与贸易总协定》（GATT）的原则和原来不十分清楚的贸易、法律概念及条文，扩展了多边贸易体制协调的领域，并在农产品、纺织品、知识产权、服务贸易等方面制定了过渡原则，将原 GATT 的原则、管理权限扩大到了上述领域；它强化了争端解决机制及贸易政策审议机制，并使之法律化。世界贸易组织较好地考虑了发展中国家的现实，规定或强化了差别优惠、免责条款、例外规定等。从发展趋势来看，世界贸易组织在制定游戏规则、贯彻游戏规则、调节争端、协调多边贸易政策方面将发挥越来越大的影响。对金融业而言，世界贸易组织不仅意味着金融市场准入标准的国际趋同，也意味着市场监管标准的趋同，笼统地可称为增加金融体系的透明度和使金融监管符合国际惯例，其主旨是极力敦促发达国家和新兴市场国家采用并有效实施良好的监管方法。

（六）国际证监会组织（International Organization of Securities Commissions，IOSCO）

国际证监会组织或协会成立于 1984 年，其前身是创立于 1974 年的旨在帮助拉美证券市场发展的国际证券委员会及类似机构国际协会。在该协会 1984 年的年会上，与会成员国批准了一项新章程，决定将该组织转化为 10 个更具国际性的实体。这就是国际证监会组织。在 1986 年的巴黎年会上，该组织成员决定在蒙特利尔设立永久秘书处，它的会员组织分为正会员、准会员和协作会员，主要是证券监管机构、自律组织和有联系的国际组织，只有正会员才有投票资格。国际证监会组织是目前国际上唯一的多边证券监管组织，是国际证券业监管者合作的中心。造成这一情况的原因之一是很多国家有组织的证券市场还在发展之中，同时很多国家的证券业的正规监管是由自律组织执行的，而不是由政府的监管机构或监管委员会执行的。几乎所有有证券交易的国家都是该组织的成员，就成员的数量而言，它超过了巴塞尔银行监管委员会。

国际证监会组织的宗旨：（1）通过合作以确保在国内和国际层次上实现更好的管制，以维持公平和有效的市场；（2）就各自的经验交换信息，以促进国内市场的发展；（3）共同努力，建立国际证券交易的标准和有效监管；（4）提高相互援助，通过严格采用和执行相关标准确保市场的一体化。为了实现这些宗旨，该委员会自成立以来进行了许多工作，如达成了《里约宣言》、发表《监管不力和司法不合作对证券和期货监管者所产生问题的报告》和通过《承诺国际证券委员会组织监管标准和相互合作与援助基本原则的决议》等，以此加强各国间信息交换，保障投资人利益，防止证券欺诈行为。

（七）国际保险监督官协会（International Association of Insurance Supervisors，IAIS）

国际保险监督官协会是一个推动各国保险监管国际协调的组织，成立于 1994 年，现成员数目过百。秘书处原本设在位于华盛顿的美国全国保险监管者委员会。后来，根据该协会 1996 年的决议，新成立的秘书处已于 1998 年迁往国际清算银行，从而在更大程度上便利了各监管组织之间的广泛而及时的合作。国际保险监督官协会致力于保护投保者的利益和保险市场的稳定与效率，推动国际保险业更广泛的监管合作。其基本工作包括为各国（地区）监管者之间的会晤与交流提供场所与机会，及时向成员传达保险业监管发展的最新信息，制定各国（地区）协调一致的、非强制性的监管标准等。该协会也成立了专门的新兴市场经济委员会，制定和颁布了《新兴市场经济保险规则及监督指南》。IAIS 虽然成立较晚，但是国际金融领域的种种新的发展形势，已经使它很快成为与国际证券业委员会组织和巴塞尔银行监管委员会并列的推动金融监管国际合作的重要力量。

（八）国际会计准则委员会（International Accounting Standard Commission，IASC）

国际会计准则委员会是在会计准则的国际规范化方面作出努力的组织。该机构 1973 年由澳大利亚、加拿大、法国、墨西哥、荷兰、联邦德国、日本、美国和英国等国的职业会计师团体通过协议而成立。国际会计准则委员会成立后不断壮大，已有 104 个国家的 143 个会计职业团体参加了该委员会。国际会计准则委员会由理事会、咨询集团和筹划委员会以及联合处组成，在伦敦设永久秘书处，由秘书长处理一切会务。

国际会计准则委员会的主要任务就是通过制定合适的国际会计准则，实现会计工作的国际协调。它制定的国际会计准则（IAS）虽不具有强制力，但世界各国的会计准则或会计制度都或多或少受其影响。自从 IOSCO 加入国际会计准则委员会咨询委员会以后，国际会计准则的更新与贯彻，都得到了它的强力支持，受到了它的重大影响。1995 年 7 月 11 日，与 IOSCO 技术委员会达成协议，规定由国际会计准则委员会制定的一套核心会计准则，作为跨国证券发行和上市公司编制会计报表的依据。

（九）金融稳定理事会（Financial Stability Board，FSB）

在全球经济受金融危机重创的背景下，2009 年 4 月初 G20 峰会决议以金融稳定论坛（FSF）为前身设立一个全球金融监管机构，金融稳定理事会（FSB）应运而生，并于同年 6 月正式开始运行。其成员机构包括 G20 国家等 25 个国家和地区的中央银行、财政部等政府部门，以及国际货币基金组织、巴塞尔银行监管委员会等 10 个国际组织。其组织架构由全体会议、指导委员会、常设委员会、工作组、地区协商小组、主席团和秘书处构成。全体会议是唯一决策机构，FSB 一切事务均须通过全体会议一致同意后才能施行。

FSB 的主要目标是在国际层面协调各国金融监管当局和国际组织的活动，从而促进金融政策和监管的有效实施。其主要任务包括评估全球金融系统脆弱性，以及时制定应对措施；促进各成员国和国际组织间的信息沟通并加强其金融活动的协调性；以及为跨境风险管理制定解决方案等。相较于金融稳定论坛，FSB 在机构、职能等方面作了很大的调整，在资本流动性标准、有效存款保险安排、解决系统性重要金融机构"大而不倒"问题等方面，FSB 与各国际组织和各国监管当局进行了广泛合作，对全球金融体系运作起到了积极的促进作用。为敦促金融机构建立与风险承担相匹配的薪酬机制，2009 年 4 月和 9 月，FSB 相继发布《稳健薪酬实践原则》和《稳健薪酬原则实施标准》，强调将薪酬纳入金融机构治理结构以及加强信息披露和薪酬结构与风险协调性等。目前，上述两份文件已成为全球统一标准。

📖 阅读资料

29 家全球系统性重要银行名单出炉　中国仅中行入选

凤凰网财经新闻报道，2011 年 11 月，20 国集团的金融稳定性执行机构金融稳定理事会（FSB）发布了备受市场关注的全球系统重要性金融机构（SIFI）名单。名单显示，共有29家银行被列为系统重要性金融机构，基本上符合市场此前预期。所谓系统重要性金融机构，是指业务规模较大、业务复杂程度较高、一旦发生风险事件将给地区或全球金融体系带来冲击的金融机构。凡是被列入系统重要性金融机构名单的银行都将被迫持有更多资本，原因是其对全球金融体系而言都十分重要。

名单显示，欧洲共有17家银行被认定为系统重要性金融机构，美国8家，日本3家，中国1家。西班牙毕尔巴鄂比斯开银行（Banco Bilbao Vizcaya Argentaria）（BBVA）和意大利联合圣保罗银行（Intesa Sanpaolo SpA，ISNPY）这两家大型银行未进入名单，很大一部分原因是这两家银行的主要业务都放在本土市场上。

进入名单的银行必须在2012年年底前提交详细计划，说明如果这些银行倒闭，则它们将如何分解自身业务。从2016年开始，这些银行还必须持有比其他银行更多的资本，"目的是反映它们一旦倒闭会给金融体系带来的更大的成本"。金融稳定理事会将系统重要性金融机构的额外核心一级资本率要求划分为五个级别，分别为1%、1.5%、2%、2.5%和3.5%。系统重要性金融机构的重要性越高，则其面临的额外核心一级资本率要求也就越高。基于此，全球系统重要性金融机构将必须在2019年以前将其核心一级资本率提高至比其他银行高出最多3.5个百分点的水平。

全球系统重要性金融机构名单如下：

美国：美国银行（BAC）、纽约梅隆银行（BK）、花旗集团（C）、高盛集团（GS）、摩根大通（JPM）、摩根士丹利（MS）、道富银行（STT）和富国银行（WFC）

英国：苏格兰皇家银行集团（RBS）、劳埃德银行集团（LLOY）、巴克莱银行（BCS）和汇丰控股（HBC）

法国：法国农业信贷银行（CRARF）、法国巴黎银行（BNP）、法国人民银行（Banque Populaire）和法国兴业银行（SCGLF）

德国：德意志银行（DBK）和德国商业银行（CBK）

意大利：裕信银行（UCG）

瑞士：瑞士银行（UBS）和瑞士信贷集团（CS）

比利时：德克夏银行（DXB）

荷兰：荷兰国际集团（ING）

西班牙：桑坦德银行（STD）

瑞典：北欧联合银行（NRBAY）

日本：三菱日联金融集团（MTU）、瑞穗金融集团（MFG）和三井住友金融集团（SMFG）

中国：中国银行（BOC）

二、机构之间的合作

（一）概述

从BIS、IMF、GATT到巴塞尔银行监管委员会，从国际证券委员会组织和国际保险监督官协会，到 1995 年开始正式运行的 WTO，金融监管国际协调与合作的主体在不断增加，它们之间的协调与合作也越来越频繁。例如，以前对货币汇率和银行业监管的国际协调与合作，主要是由 IMF、BIS 和巴塞尔银行监管委员会等组织来进行的，但 20 世纪 80 年代以后，国际证券委员会等组织也走上监管协调与合作的中心舞台。国际证券委员会组织和巴塞尔银行监管委员会在衍生金融市场监管方面进行了一系列合作，包括提出风险管理的指南和信息披露的调查、联合出版《衍生产品信息披露报告》、修订了《银行和证券经营机构衍生产品业务监管信息框架》等。国际证券委员会组织还与设在国际清算银行的支付结算体系委员会（CPSS）进行密切合作，共同发布了《证券结算体系的披露框架》，旨在"协助市场参与者从证券结算系统的经营者那里获得信息，以便在此基础上分析参与此类系统的风险"。巴塞尔监管委员会与 CPSS 之间也保持着良好的合作关系，正着手建立机制，共同监督电子货币和电子银行领域的各种问题和事态变化。国际保险监督官协会是一个推动各国保险监管国际协调的组织，其主要目标在于保护投保者的利益和保险市场的稳定与效率，推动国际保险业更广泛的监管合作。国际保险监督官协会、国际证券委员会组织与巴塞尔银行监管委员会于 1993 年开始合作，专门研究金融集团的风险和监管问题，并于 1996 年共同建立了金融集团联合论坛，把金融监管的协调与合作推向新的高度。

FSB 成立后，在跟踪、参与和推动国际标准制定和执行方面也发挥了积极作用。包括：一是积极推动衍生品市场基础设施建设。2010 年 4 月，在 FSB 的倡议下，支付结算体系委员会、国际证监会组织和欧盟委员会建立一个工作组，分析衍生工具可清算的因素，并为实现跨辖区清算交易或电子交易制定政策选择。二是加强评级机构监管。FSB加强协调不同国家、不同机构的评级监管方法。应 FSB 要求，欧盟、日本和美国对如何解决各国信用评级机构监管立法中的不一致和摩擦问题进行了讨论。三是加强国际会计准则。FSB 鼓励并建议准则制定机构开展趋同工作，并协助举行技术性会谈从而增进准则制定机构与 FSB 成员当局和监管机构的交流与理解。根据 FSB 建议，国际会计准则理事会（IASB）和美国财务会计准则理事会（FASB）已经在公允价值计量、特殊实体整合、金融工具和终止确认会计强化等方面，就指引、标准和征求意见稿进行了合作。

（二）金融集团联合论坛

针对大型多元化金融集团的日益增多，巴塞尔银行监管委员会、国际证券委员会组织和国际保险监督官协会为进一步加强合作，于 1993 年年初成立银行业、保险业和证券业监管者三方工作小组。1996 年年初，在原三方小组的基础上建立了金融集团联合论坛（the Joint Forum on Financial Conglomerates），其中巴塞尔银行监管委员会居主导地位。联合论坛的主要工作是：（1）设计实际度量各种金融集团资本充足率的原则和方法；（2）研究实用的措施与方法来保证监管当局获得金融集团的信息，并促进各个监管当局之间的信息沟通与交流；（3）探讨不同监管当局之间的协调与合作的方式，以及在各个监管当局之间设立协调人（机构）的问题；（4）研究金融机构主要所有者和管理人资格认证的条件。1999 年 2 月三个组织在广泛吸收了银行业、证券业和保险业国际监管成果的基础上，正式公布了《多元化金融集团监管的最终文件》，共包括 7 个专题文件。

（1）金融集团资本充足率原则的文件。该文件规定了金融集团资本充足率的原则，以及可供选择的三种度量方法。最终文件强调，现有的分行业单一资本充足率要求仍然十分有效。最终文件提出的方法是建立在现有的分业监管方法基础之上的，是对现有方法的重要补充。

（2）资本充足率原则的补充文件。该补充文件说明了在实际应用上述被推荐的度量方法中可能遇到的特殊情况和事例。

（3）关于金融机构所有者和管理人资格认证条件的文件。该文件从决策层人员任职资格的角度，指导监管当局判断金融集团是否处于有效和审慎的管理之下。

（4）监管当局需要掌握和沟通有关金融集团信息的框架文件。为了描述监管当局需要掌握和分享哪些有关金融集团的信息，这个文件将金融集团从两个方面进行分类：一是各种业务的经营活动是否与集团内部法人结构相一致；二是集团的管理方式是集中的还是分散的。基于此，可以将所有金融集团分为四类：第一类是业务领域与法人结构不一致，实行集中管理的集团；第二类是业务领域与法人结构一致，实行集中管理的集团；第三类是业务领域与法人结构一致，实行分散管理的集团；第四类是业务领域与法人结构不一致，实行分散管理的集团。

（5）不同监管当局之间沟通信息的原则文件。该文件提出了银行、证券、保险三大监管当局之间沟通信息的意见，并提出了主要监管机构的概念。文件建议，将母公司或某个主要子公司的监管机构作为一个金融集团的主要监管机构。主要子公司是在集团中资产规模、营业收入或法定资本要求最大的业务实体。

（6）关于三个监管当局之间设立监管协调人（机构）的文件。该文件说明了协调人（机构）的确定方式及其职责，以便在某些紧急情况或非紧急情况下，某一监管当局能够充当协调人，处理有关问题。

（7）对监管当局的调查问卷。该调查问卷的目的是帮助各个监管当局更好地了解同行的监管目标和监管方法。联合论坛文件是适应金融自由化和全球化的新形势，国际监管组织加强协作的产物。它最重要的意义是提出了金融集团框架下资本充足率的统一衡量标准，提出了金融集团框架下保证金融机构安全运作的标准，确立了金融集团监管的国际准则，使得金融集团监管的国际规则更加细致和深化。各国对该文件的遵循，将消除各国法律和监管上的差异，实现各国金融监管机构对金融集团全方位监管方面的趋同化，促进金融业的公平竞争。无疑，这将对国际金融业的健康发展产生重大而深远的影响。

需要指出的是，尽管联合论坛在加强金融集团的监管特别是国际合作方面发挥了重大的建设性作用，但不可能奢求它解决一切问题，它不可能从根本上防止金融集团的风险以及发生危机的可能性。联合论坛文件毕竟没有任何法律强制力，它只能建议各国去实行，而不能强迫各国普遍付诸实施，这使得监管的有效性打了折扣。

第三节　金融监管国际协调与合作的主要内容

巴塞尔银行监管委员会对国际金融机构的监管主要是通过制定和公布一系列协议和文件，主要有《巴塞尔协议》和《有效银行监管的核心原则》等。这些协议和文件已得到各国政府的认可，并作为银行监管的主要标准。但同时，《巴塞尔协议》仍有不足之处。巴塞尔委员会仍需要加强国际金融监管的协调，为维护国际经济金融秩序的稳定发挥积极的作用。

一、《巴塞尔协议》

（一）《巴塞尔协议》历史沿革

《巴塞尔协议》是巴塞尔委员会制定并通过的一系列国际协定和文件，这些协定和文件是比较系统化的规范国际金融机构和国际金融活动的规则，主要有以下几个。

1975年12月，十国集团和瑞士中央银行批准了《对银行的外国机构的监管》，这个文件后来被国际社会称为第一个《巴塞尔协议》。它制定了国际合作监督的指导原则，这些原则包括：按股权原则划分分行、多数分行子银行、少数分行子银行，并指出监督的重点是流动性、清偿能力和外汇头寸。这些原则主要包括：任何银行的外国机构都不能逃避监管，在这方面母国和东道国应共同负责。东道国有责任监管在其境内从事金融经营活动的外国银行；东道国和母国应共同分担监管责任。跨国银行的流动性主要由东道国负责监管，但是其子银行的流动性应由其总行负责义上的责任。跨国银行外国分行的清偿力主要由总行负责，但是，其外国子银行的清偿力的监管则主要由东道国负责；为了促进合作，跨国银行所在国的监管机构和跨国银行分支机构所在国的监管机构应克服银行保密法限制，相互提供信息。东道国应允许跨国银行总行直接检查其海外机构，或者，应由东道国当局代为检查。

1983年5月，巴塞尔委员会又通过了《修改后的巴塞尔协议，对银行国外机构监管的原则》，被称为第二个《巴塞尔协议》，它对第一个《巴塞尔协议》作了补充。协议重申应当使用综合监管法来检查一家银行的全球营业，而且，应当考虑对跨国银行的最后贷款人责任在母国和东道国之间的分担问题；在监管方面，母国和东道国不仅应责任分明，而且应互通信息，密切合作；外国银行机构类型中新增了一项条款，即持有银行全部或多数股权的工商业公司属非银行机构；协议强调任何银行不得逃避监管，而且，这种监管是充分的。因此，如果母国当局对其银行的海外分支机构监管不够充分，东道国可以禁止这些银行在其境内经营，或者，它有权加强对这些银行分支机构的监管。另外，即便母国当局对其银行实施了综合监管，东道国仍然有权拥有对其个别银行分支机构进行监管的权力；确定了监督责任的分工体系，规定了分行的清偿能力的监督由母国当局负责，但是，其子行的清偿力监管则是由东道国和母国共同负责。东道国当局之所以要担负责任，是因为子行是其境内的独立法人，母国当局之所以要担负责任，是因为子行是其综合监管的一部分。

在流动性方面，分行的流动性管理则由原协定的东道国负责改为由母国和东道国共同负责，因为总行控制分行的流动资产和流动负债，总行一般从全球角度综合管理其流动性。子行和合资银行的流动性监督虽仍由东道国承担，然而总行也应开具保函，保证对子行提供备用信贷；在外汇头寸方面，外国机构的外汇头寸监督由母国和东道国共同负责；跨国银行总行管理其全球外汇头寸，东道国只监管境内的外汇交易和外汇头寸。

1988 年巴塞尔委员会制定了《关于统一国际银行资本衡量和资本标准的协议》，可简称《1988 年资本协议》、《巴塞尔旧资本协议》或《巴塞尔协议 I》。它的主要内容包括：资本的构成，它应分为核心资本和附属资本两部分，且两部分之间应保持一定的比例。核心资本主要由其实收资本和公开储备组成。实收资本包括已发行和缴足的普通股和永久非累积性优先股。附属资本主要包括：资产重估储备；普通准备金或一般贷款损失准备金等，附属资本的规模不能超过核心资本。对资产负债表内的资产，按信用风险划分为 0、10%、20%、50% 和 100% 五个风险权数，表内风险资产由表内资产和其相应的权数乘积决定。

对资产负债表表外资产按确定的信用转换系数换算为相应的表内资产的风险权数，即表内资产＝表外资产×信用转换系数×表内相同性质资产的风险权数。衡量国际银行业资本充足性的指标为：

一级资本比率＝（核心资本/风险资本）×100%＝［核心资本/（表内风险资产＋表外风险资产）］×100%

二级资本比率＝（附属资本/风险资本）×100%

总风险资本比率＝（资本/风险资产）×100%＝［（核心资本＋附属资本）/（表内风险资产＋表外风险资产）］×100%＝一级资本比率＋二级资本比率

巴塞尔补充协议，包括 1994 年通过的《衍生工具风险管理指导原则》和 1996 年通过的《资本协议修正案》。巴塞尔补充协议对巴塞尔协议中定义的第一类资本和第二类资本的概念作了扩充，又增加了第三类资本，用来反映市场风险对于银行持有短期头寸的影响。它由短期附属债务组成，应具备以下条件：（1）无担保，非优先偿还到足额支付；（2）原始期限不低于 2 年；（3）如果监管当局不允许，不可提前偿还。并且第三类资本只能用来满足控制市场风险的资本要求。同时补充协议不仅对金融衍生工具的定义、风险管理过程及其监控、内部控制和审计等方面提出了一系列新的规范和指导原则，而且根据防范风险原则，将银行业务按性质分为银行业务和交易业务，并具体规定了对各种业务监管的量化指标。对银行业务的资本要求仍按《巴塞尔协议 I》所规定的风险权重，对各类表内、表外项目进行计算，对交易项目补充协议提出两种风险测定方法，一为标准测定法，即到期日法；二为风险价值法，也即存续期间法。各国的监管当局可选择其中一种来确定权数并测定风险。而对于其他市场风险则分为与单个金融工具相联系的特定风险和资产组合中的总体市场风险，直接依照头寸总价值规定最低资本金要求。此外还特地将期权单列，显示了对衍生产品交易的重视。

2004 年 6 月，十国集团央行行长通过《资本计量和资本标准的国际协议：修订框架》，即《巴塞尔新资本协议》或《巴塞尔协议 II》，并决定于 2006 年底在十国集团国家开始实施。新资本协议明确将市场风险和经营风险纳入风险资本的计算，推出具有开创性的三大支柱：最低资本要求、监管部门的监督检查和市场约束。《巴塞尔协议Ⅱ》并未对资本充足率作出调整，但是在风险资产计算方面，它不仅调整了原有的标准法，还规定十分先进的银行可以采用内部评级法，并且在进行风险管理时可以运用信用组合风险模型。除《巴塞尔协议Ⅰ》要求的信用风险和市场风险外，新协议对银行面临的其他风险，如利率风险、操作风险、法律风险等也特别关注。在监管部门的监督检查方面，《巴塞尔协议Ⅱ》要求监管当局加强对银行的监管力度，确保各家银行建立有效内部管理程序。市场纪律是对最低资本要求和监督检查的补充，有效的市场约束要求银行建立完善的信息披露制度，披露内容包括资本结构、资本充足率、资本内部评价机制、风险预测及战略管理等内容《巴塞尔协议Ⅱ》还强调三大支柱的相互配合与补充，对风险更为敏感，监管范围也更加全面。

金融危机后，巴塞尔委员会于 2010 年 12 月出台《巴塞尔协议Ⅲ》，对银行资本充足率和其他重要经营指标作出新的规定。《巴塞尔协议Ⅲ》维持 8% 总资本充足率要求不变，但首先，除普通股以外，其他计入一级资本的工具需要满足更为严格的要求；其次，对资产证券化风险暴露进一步细分"再资产证券化风险暴露"，并大幅增加其风险权重；最后，核心资本充足率由原来 4% 上升至 6%。此外，银行须额外提取 2.5% 的防护缓冲资本和 0~2.5% 反周期缓冲资本，以应对过度放贷的危险。这样，银行核心资本充足率要求实际上达到了 8.5%~11%。《巴塞尔协议Ⅲ》还使用杠杆率作为银行清偿能力的监管指标，以补充和强化基于新资本协议的风险资本监管框架。

（二）《巴塞尔协议Ⅲ》实施进展

2011 年，巴塞尔委员会发布《巴塞尔协议Ⅲ》资本充足率改革框架，并规定各成员应于 2013 年 1 月 1 日开始实施。截至 2013 年 8 月，27 个巴塞尔委员会成员中有 25 个国家和地区公布了最终法案。其中，11 个成员国和地区的最终法案已经生效，进入了实施阶段。印度尼西亚和土耳其还未公布最终方案，但已经发布草案。

目前，巴塞尔委员会正致力于完成《巴塞尔协议Ⅲ》各项杠杆率指标的制定，并计划从 2015 年 1 月 1 日开始要求银行披露各项杠杆率指标。截至 2013 年 8 月，某些巴塞尔委员会成员已经开始在相关法规中引入该项新规则。

流动性风险管理方面，巴塞尔委员会于 2013 年 1 月通过并发布最终的流动性覆盖比率标准，计划于 2015 年 1 月开始实施。目前，南非、瑞士和 9 个欧盟成员国公布了相关最终法案，澳大利亚、中国香港、印度和土耳其则公布了相关草案。

此外，巴塞尔委员会全球分别在 2011 年和 2012 年发布了全球系统性重要银行和国内系统性重要银行资本框架，并计划从 2016 年 1 月开始实施。目前，仅有瑞士和加拿大公布并实施了相关最终法案，南非和 9 个欧盟国家公布了相关最终法案但尚未实施，其余成员尚未公布相关草案。

巴塞尔委员会各成员在上述四方面实施详细情况见表 15-1。

除巴塞尔委员会各成员以外，截至 2013 年 5 月，挪威、新西兰、中国台湾等其他 26 个国家或地区也正实施或已实施《巴塞尔协议Ⅲ》中的相关标准。

表15-1　巴塞尔委员会各成员实施《巴塞尔协议Ⅲ》的进展

巴塞尔委员会成员	《巴塞尔协议Ⅲ》各项要求			
	资本充足率	杠杆率	流动性覆盖比率	系统性重要银行
阿根廷	最终方案已公布，部分已生效	—	尚未公布草案	尚未公布草案
澳大利亚	最终实施方案已公布并生效	—	草案已于2013年5月公布	尚未公布草案
保加利亚	最终方案已公布，与欧盟一致	尚未公布草案，与欧盟一致	最终方案已公布，与欧盟一致	最终方案已公布，与欧盟一致
巴西	最终方案已于2013年1月公布，将于2013年10月生效	—	尚未公布草案	尚未公布草案
加拿大	最终实施方案已公布并生效	—	尚未公布草案，但已开始意见征询，将于2013年10月其开始制订草案	最终方案已公布，部分已生效
中国	最终实施方案已公布并生效	尚未公布草案，但国内银行4%杠杆率要求已于2012年生效	尚未公布草案	尚未公布草案，但中国人民银行正在核国内系统性重要银行框架各条款
法国	最终方案已公布，与欧盟一致	尚未公布草案，与欧盟一致	最终方案已公布，与欧盟一致	最终方案已公布，与欧盟一致
德国	最终方案已公布，与欧盟一致	尚未公布草案，与欧盟一致	最终方案已公布，与欧盟一致	最终方案已公布，与欧盟一致
中国香港	最终实施方案已公布并生效	杠杆率披露相关规则有望在2014年公布	草案已公布	尚未公布草案，但相关规定有望在2014年
印度	最终实施方案已公布并生效	2012年5月发布指导方针，并从2013年7月起开始杠杆率监管	草案已公布，正制订最终方案	尚未公布草案
印度尼西亚	草案已公布，最终方案将在2013年内公布	2012年6月发布与《巴塞尔协议Ⅲ》相一致的杠杆率指标	尚未公布草案，但印尼央行正与相关监管者和银行业进行沟通，以制订合适的流动性覆盖比率指标	尚未公布草案，但印尼央行正在研究适合印尼金融体系的国内系统性重要银行框架
意大利	最终方案已公布，与欧盟一致	尚未公布草案，与欧盟一致	最终方案已公布，与欧盟一致	最终方案已公布，与欧盟一致
日本	最终实施方案已公布并生效	—	尚未公布草案	尚未公布草案
韩国	最终方案已公布，将于2013年12月生效	—	尚未公布草案	尚未公布草案

续表

巴塞尔委员会成员	《巴塞尔协议Ⅲ》各项要求			
	资本充足率	杠杆率	流动性覆盖比率	系统性重要银行
卢森堡	最终方案已公布，与欧盟一致	尚未公布草案，与欧盟一致	最终方案已公布，与欧盟一致	最终方案已公布，与欧盟一致
墨西哥	最终实施方案已公布并生效	—	尚未公布草案	尚未公布草案
荷兰	最终方案已公布，与欧盟一致	尚未公布草案，与欧盟一致	最终方案已公布，与欧盟一致	最终方案已公布，与欧盟一致
俄罗斯	最终方案已公布	尚未公布草案	尚未公布草案，但将在2013年内公布草案	尚未公布草案，但将在2013年内就国内系统性重要银行框架进行征询
沙特阿拉伯	最终实施方案已公布并生效		尚未公布草案	尚未公布草案
新加坡	最终实施方案已公布并生效	—	尚未公布草案	尚未公布草案
南非	最终实施方案已公布并生效	杠杆率计算规则和上报制度已经生效，主要用于监管	最终方案已公布	最终方案已公布
西班牙	最终方案已公布，与欧盟一致	尚未公布草案，与欧盟一致	最终方案已公布，与欧盟一致	最终方案已公布，与欧盟一致
瑞典	最终方案已公布，与欧盟一致	尚未公布草案，与欧盟一致	最终方案已公布，与欧盟一致	最终方案已公布，与欧盟一致
瑞士	最终实施方案已公布	2013年第四季度开始试行杠杆率披露的相关制度	最终实施方案已公布并生效	最终实施方案已公布并生效
土耳其	草案已公布	草案已公布	草案已公布	尚未公布草案
英国	最终方案已公布	尚未公布草案，与欧盟一致	最终方案已公布，与欧盟一致	最终方案已公布，与欧盟一致
美国	最终方案已公布	尚未公布草案	尚未公布草案	尚未公布草案
欧盟	最终方案已公布，将于2014年1月1日生效	从2015年1月1日起强制披露相关杠杆率	最终方案已公布，欧盟委员会将在2014年7月30日对其授权，授权后将于2016年1月1日生效	最终方案已公布，将于2016年1月1日生效

注：①表中数据为截至2013年8月统计数据。
②巴塞尔委员会仍在制定相关杠杆率标准，杠杆率一列中"—"表示在杠杆率方面尚未作出要求。
资料来源：巴塞尔委员会，http://www.bis.org/publ/bcbs260.pdf。

二、有效银行监管的核心原则

《有效银行监管的核心原则》是巴塞尔委员会继《巴塞尔协议》之后推出的又一份重要文件，是广泛用于衡量良好银行与银行体系审慎监管的标准。1997 年第一版《核心原则》概括了银行监管的良好做法，并系统提出了有效银行监管的基本框架。其基本内容包括银行有效监管的先决条件，获准经营的范围和结构，审慎管理和要求，银行业持续监管的方法，信息要求，监管人员的正当权限，跨国银行业务七个方面。

2006 年 10 月，与各国监管当局合作修订后，巴塞尔委员会发布第二版《核心原则》，强化了对银行风险管理的要求，增加了全面风险管理、流动性风险、操作风险和银行账户利率风险管理等原则，强调应根据银行的规模、业务性质和复杂程度实施风险管理和风险监管，并提高了对监管机构内部治理、透明度和问责制等方面的要求。

2008 年金融危机后，国际社会对银行监管理念、方式和时间进行了深刻反思，注重系统性风险防范和强化宏观审慎监管成为此轮国际技能监管改革的重要组成部分。因此，2011 年 1 月，巴塞尔委员会成立修订工作组，对《核心原则》的结构和内容进行了修改完善。2012 年 9 月，巴塞尔委员会发布第三版《核心原则》。第三版《核心原则》将原《核心原则》和《核心原则评估方法》合并为一份文件，首次明确提出促进单家银行、银行体系的稳健运行是银行和银行监管机构的首要目标，加强了对系统性重要银行的关注，并强调了宏观审慎监管和系统性风险防范、监管当局危机管理、恢复和处置等积极措施以及有效公司治理、充分信息披露和透明度对稳定金融市场的重要作用。

《核心原则》推动了国际银行业经营与监管方面的变革，它对于实现银行业的有效监管，防范金融风险，加强金融监管的国际协作具有重要意义。

第一，该原则的核心是对银行业进行全方位风险监控，更注重全方位、多角度的系统性监管，将风险监管扩展到银行业业务的各个方面，贯穿于银行运行的全过程。

第二，该原则强调建立银行业监管的有效系统，这一系统不仅具备明确的责任和目标，运作的独立性和充分的物质保证，还须具备完善的银行业监管的法律体系。

第三，注重建立银行自身的风险防范约束机制，提高银行对各种风险的防范和监控能力。

第四，提出了对银行业持续监管的方式，包括现场与非现场稽核并重、合规性与风险性监管并重、内部与外部监管并重等。

第五，推动了对跨国银行的全球统一监管，促进了金融监管的国际合作。该原则比《巴塞尔协议》具有更广泛的适用性，它采取有效监管和审慎监管标准，对银行的各项业务实施全球统一监管。

随着银行业务规模和复杂程度不断增加，银行面临的风险也日益多样化，金融危机揭露出各国银行监管体系存在着缺陷。因此，第三版《核心原则》有机结合了微观审慎和宏观审慎的思想，并更加关注宏观经济环境和系统性风险因素的变化，在这些基础上系统总结了有效银行监管的良好标准和银行审慎经营的基本要求。这为各国完善银行监管体系在新环境提供了重要参考，有助于推动各国监管体系的改革和不断完善。

第四节　金融监管国际协调与合作的不足与发展

金融监管国际协调与合作的加强保证了金融业在世界范围内发展的稳定性，并在此基础上对国际经济的稳定与发展发挥了积极的作用。当然，金融监管的国际协调与合作，因各国在协调时机、协调方式等方面的分歧，协调机制并不十分完善，金融监管国际协调与合作本身存在的障碍，也使这种协调存在一些缺陷和不足。

一、金融监管国际协调与合作的不足

（一）急功近利的做法还是很明显

金融监管国际协调与合作的机制尽管在不断健全，但急功近利的做法还很常见，在不少金融事件上仍存在应急、应付政策和行为。往往是当世界出现重大金融问题，危及国际贸易、国际金融直至世界经济的稳健运行与发展时，西方主要国家才仓促上阵，在紧急关头放弃一些国家的自身利益，通过讨价还价达成某种妥协，如著名的 1985 年的《广场协议》干预美元的高汇价，"贝克计划"对债务问题的协调，等等。一旦问题稍有缓和，往往协调也随之停止。IMF 等国际金融组织总被人们称做"消防队"，也多少说明些问题。

（二）协调目标的扭曲性

通常，金融监管协调与合作的目标是确定的。然而，由于国际经济的复杂性、金融政策措施的非准确性和多变性等问题的存在，确定的国际协调与合作的目标并不易达到，甚至会偏离或违背其初衷。金融监管过于强调资本充足率的目标，这虽然对于银行防范风险具有重要意义，可以保证银行冒险投资的不利结果在该银行加以内化，避免危及其他银行甚至整个金融体系，却忽略了其他方面的控制，如对存款利率的控制。

（三）各国金融监管法规和措施参差不齐，协调与合作的作用有限

尽管战后国际金融的协调与合作取得了一定的成果，但其作用较为有限。由于各国历史、经济、文化背景和发展水平的差异，在具体监管目标上的侧重有所不同。这种具体目标的差异导致了各国监管措施不完全一致，难以摆脱各国对本国经济和金融发展的考虑。如跨国银行，东道国和母国监管当局对其要求是不同的。

（四）不公平性

由于西方主要国家在国际金融协调体系中占据主导地位，国际金融协调的天平也明显地向发达国家倾斜。在协调时，发达国家总是将其国家和集团的利益放在首位，而很少考虑对发展中国家的影响，有时甚至是有意作出不利于发展中国家的决定。例如，20世纪 80 年代以来的市场开放、资本流动的政策，对发展中国家是不利的，因为引导市场开放与资本流动的是发达国家，它们的货币在国际上的影响远比发展中国家货币的影响大，它们为了自身的利益可以不节制地对外放款，它们通过制定游戏规则要求以它们的意愿开放市场。而发展中国家要么不开放，游离于世界之外，要么按照它们的要求开

放，面临着开放的高风险。1982 年债务危机以及 1997 年的东南亚金融危机多少说明了这一点。这种不公平或倾斜性的存在往往使发展中国家遭受意想不到的打击，对它们的经济发展极为不利，这就是国际金融协调机制的重大缺陷。

（五）没有注重银行与非银行监管之间的不同

虽然国际金融界一致认为金融监管范围仅仅局限于银行业是不够的。但在银行业和非银行金融业之间仍然存在着较大的监管不平衡。目前更多的是针对银行业监管的国际协议，如《巴塞尔协议》和《有效银行监管的核心原则》等，而对非银行金融机构的监管重视不够。事实上，银行和非银行金融机构因自身的不同经营性质而具有不同的监管要求。如证券公司的大部分资产是市场化的，因此它们在市场低迷时将会遭受严重的损失。对其监管应强调流动性，监管的重点应是证券公司的净流动资产。从传统上讲，银行的大部分资产是非市场化的，因此银行的主要风险是信贷风险。监管当局为保护银行贷款人和存款人的利益不希望银行倒闭，更注重银行的长期生存能力，而不是流动性或短期资产价值的变化。另外，存款保险和最后贷款人求助对银行来说十分重要，而从整体上看，非银行金融机构却很难获得，这也是应该对二者差别监管的原因之一。

二、金融监管国际化的趋势与展望

（一）各国对加强金融监管国际协调与合作的认识逐渐提高

20 世纪 90 年代以来，经济全球化向纵深发展，国际金融市场全球化进程进一步加快，金融创新不断涌现，金融机构也日益转向多样化经营。在经济、金融全球化给各国带来益处的同时，经济、金融全球化的风险性、脆弱性与不平等性也给各国的金融监管带来新的挑战。例如，金融危机的不断爆发，尤其是 1997 年东南亚金融危机的爆发及由此产生的剧烈影响，迫使各国都开始重新审视金融监管的诸多关键问题，如监管的范围、内容、模式、体系和效益等，从而相应调整监管政策。这种重新审视的一个结果就是在金融自由化的同时加强监管，尤其要加强国际间的政策与行为的协调与合作。因为在经济、金融全球化的前提下的金融监管单单依赖一个国家和几个国家来进行是无法达到监管的预期效果的，甚至要付出巨大的代价。总之，金融监管的这种国际协调与合作是以多样化金融活动包括汇率、证券交易、银行业务、金融集团活动及反金融危机为主要内容的金融监管的国际协调与合作，范围不断扩大，内容不断丰富，协调与合作方式不断增加，协调与合作的机制不断健全，所有这些变化都源于各国和国际社会对金融监管国际协调与合作重要性认识的不断增强。

（二）金融监管国际协调与合作的机制逐渐健全

国际经济政策协调的机制，其内容主要包括信息交换、政策的相互融合、危机管理、确定合作的中介目标以及联合行动等。其中最重要的包括：（1）信息交流。由于金融业的迅速发展，金融业务活动不断扩大与创新，各国的金融监管政策与措施等会不断补充变化，各国间、各国与国际性经济金融组织间的信息交流显得更加迫切与必要。（2）政策的趋同或相互融合。在信息交流的基础上，各国之间可以进一步实行趋同的经济政策与金融监管政策，以避免相互间产生矛盾和分歧。（3）行动联合。包括两个方面：一是一般性的联合行动，两国或多国政府之间通过交换信息并同意在金融监管目标上达成一致或基本一致后，便可求同存异实行联合行动；二是紧急联合拯救行动，即针对各国金融运行中出现的突发性事件或某种金融危机，各国与国际性金融组织所进行的共同行动，由此防止各国独善其身的政策或政策实施不当使危机更加严重或蔓延。从信息交换到政策的趋同或相互融合，再到共同的监管行动，机制的层次逐渐提高，内容也更趋实际。这种金融监管国际协调与合作机制的运作，主要仍是在制度的框架与不定期的论坛下进行的。相信随着金融监管制度的不断完善和金融监管实践的不断丰富，这种协调与合作机制也会得到进一步发展与完善。

（三）金融监管法制呈现出趋同化、国际化发展趋势

金融监管法制的趋同化是指各国在监管模式及具体制度上相互影响、相互协调而日趋接近。由于经济、社会文化及法制传统的差异，金融监管法制形成了一定的地区风格，在世界上影响较大的有两类：一是英国模式，以非制度化著称，加拿大、澳大利亚、新西兰即属此类。二是美国模式，以规范化闻名于世，监管严厉，日本、欧洲大陆国家多属此类。历史上，英国对金融业的监管主要采取行业自律形式，英格兰银行在履行监管职责时形成了非正式监管的风格，不以严格的法律、规章为依据，而往往借助道义劝说、君子协定等来达到目的；而美国是一个以法制化著称的国家，金融监管制度被视为规范管理的典范，监管法规众多，为美国金融业的发展营造了一个规范有序、公平竞争的市场环境。自20世纪70年代以来，两种模式出现了相互融合的趋势，即英国不断走向法治化，注重法律建设；而美国则向英国模式靠拢，不断放松管制的同时增强监管的灵活性。

随着不断加深的金融国际化，使金融机构及其业务活动跨越了国界的局限，在这种背景下，客观上需要将各国独特的监管法规和惯例纳入一个统一的国际框架之中，金融监管法制逐渐走向国际化。双边协定、区域范围内监管法制一体化，尤其是巴塞尔委员会通过的一系列协议、原则、标准等在世界各国的推广和运用，都将给世界各国金融监管法制的变革带来冲击。

（四）金融监管向国际化方向发展

随着金融国际化的发展及不断深化，各国金融市场之间的联系和依赖性也不断加强，各种风险在国家之间相互转移、扩散便在所难免，如1997年7月东南亚爆发的危机就蔓延到了许多国家，使整个世界的经济都受到了强烈的震动。金融国际化要求实现金融监管本身的国际化，如果各国在监管措施上松紧不一，不仅会削弱各国监管措施的效应，而且还会导致国际资金大规模的投机性转移，影响国际金融的稳定。因此，西方各国致力于国际银行联合监管，如巴塞尔银行监管委员会通过的《巴塞尔协议》统一了国际银行的资本定义与资本率标准。各种国际性监管组织也纷纷成立，并保持着合作与交流。国际化的另一体现是各国对跨国银行的监管趋于统一和规范。

（五）金融监管国际协调与合作的重点突出，范围扩大

国际社会在金融监管国际协调与合作的两大重点：一是对有关国家货币汇率和汇率制度安排上的干预、监督和协调，二是以国际清算银行和巴塞尔银行监管委员会为中心

组织的对国际银行业的一系列协调各国金融监管当局行为的活动。两个监管上的协调与合作的脉络十分清晰，重点突出。

国际社会除了在以上两个方面作出巨大努力外，在金融监管的其他方面也颇有建树，尤其是随着金融全球化步伐的不断加快与实质内容的深化，金融监管协调与合作的内容也在不断丰富与发展。其典型之一就是对跨国证券交易和金融衍生产品交易的监管问题日益受到重视。1997年的亚洲金融危机使得国际社会意识到金融监管国际协调与合作的重要性，更多的国家和组织加入到监管合作的行动中来。监管合作的范围也扩展到包括银行、证券、保险、外汇、金融衍生产品等在内的整个金融活动领域。

本章小结

金融国际化是指一国的金融活动跨出国界，日益与国际间各国金融融合在一起，它包括金融机构、金融市场、金融工具、金融资产和收益的国际化以及金融立法和交易习惯与国际惯例趋于一致的过程和形态。

金融监管的国际化主要包括两个方面的内容：一是改变单一的内向管理策略，采取综合性的国际监管策略，监管手段、监管政策与全球发展相一致，达到国际先进水平。二是加强国际监管的协调和合作。

国际资本流动、金融国际化、跨国银行的迅速发展都对国际金融监管的合作和交流提出了要求，并且这种要求也越来越高。

金融监管国际间的协调与合作，主要是指国际经济组织、金融组织与各国以及各国之间，在金融政策、金融行动等方面采取共同步骤和措施，通过相互间的协调与合作，达到协同干预、管理与调节金融运行并提高其运行效益的目的。

巴塞尔委员会是国际金融监管、协调和合作的主要国际机构。它制定并通过了一系列以《巴塞尔协议》为总题目的国际协定和文件，这些协定和文件是比较系统化的规范国际金融机构和国际金融活动的规则。

本章重要概念

金融国际化　金融监管的国际化　巴塞尔协议

复习思考题

1. 什么是金融国际化，它有哪些表现形式？
2. 金融监管的国际化表现在哪些方面？
3. 金融监管国际协调与合作的必要性是什么？
4. 什么是金融监管的国际协调与合作？
5. 金融监管国际协调与合作有哪些不足？
6.《巴塞尔协议Ⅱ》的主要内容是什么？《巴塞尔协议Ⅲ》对其作出了哪些变化？

主要参考文献

[1] 黄达主编：《金融学》，北京，中国人民大学出版社，2003。

[2] 黄达主编：《货币银行学》，北京，中国人民大学出版社，2000。

[3] 王广谦主编：《中央银行学》，北京，高等教育出版社，1999。

[4] 谢平、蔡浩仪：《金融经营模式及监管体制研究》，北京，中国金融出版社，2003。

[5] 刘锡良、曾志耕、陈斌主编：《中央银行学》，北京，中国金融出版社，1997。

[6] 陈学彬、邹平座编著：《金融监管学》，北京，高等教育出版社，2003。

[7] 王松奇编著：《金融学》（第二版），北京，中国金融出版社，2000。

[8] 李健主编：《金融学》，北京，中央广播电视大学出版社，2004。

[9] 潘金生主编：《中央银行概论》，北京，中国人民大学出版社，2000。

[10] 蔡浩仪：《抉择：金融混业经营与监管》，昆明，云南人民出版社，2002。

[11] 雷家骕主编：《国家经济安全理论与方法》，北京，经济科学出版社，2000。

[12] 叶振勇主编：《美国金融宏观监测指标体系的构建与运用分析》，成都，西南财经大学出版社，2003。

[13] 刘园、王学达：《金融危机的防范与管理》，北京，北京大学出版社，1999。

[14] 史东明：《经济一体化下的金融安全》，北京，中国经济出版社，1999。

[15] 唐旭、徐风雷等：《金融理论前沿课题》，北京，中国金融出版社，2000。

[16] 余龙武、郭田勇：《中国银行业的综合经营与监管》，北京，中国商业出版社，2002。

[17] 徐进前：《金融创新》，北京，中国金融出版社，2003。

[18] 李早航：《现代金融监管：市场化国际化进程的探索》，北京，中国金融出版社，1999。

[19] 刘宇飞：《国际金融监管的新发展》，北京，经济科学出版社，1999。

[20] 韩汉君、王振富、丁忠明：《金融监管》，上海，上海财经大学出版社，2003。

[21] 徐经长：《证券市场会计监管研究》，北京，中国人民大学出版社，2002。

[22] 张俊民：《会计监管》，上海，立信会计出版社，2002。

[23] 王华庆主编：《中国银行业监管制度研究》，北京，中国金融出版社，1996。

[24] 国际货币基金组织：《金融体系稳健性的宏观审慎指标》，北京，中国金融出版社，2001。

[25] 黄运成、申屹、刘希普：《证券市场监管：理论、实践与创新》，北京，中国金融出版社，2001。

［26］叶林：《证券法》，北京，中国人民大学出版社，2000。

［27］赵锡军：《论证券监管》，北京，中国人民大学出版社，2000。

［28］洪伟力：《证券监管：理论与实践》，上海，上海财经大学出版社，2000。

［29］姜洋：《中国证券商监管制度研究》，北京，中国金融出版社，2001。

［30］朱伟一：《美国证券法判例解析》，北京，中国法制出版社，2002。

［31］乔汉·考夫曼：《现代金融体系：货币、市场和金融机构》，北京，经济科学出版社，2001。

［32］郭田勇、褚蓬瑜：《中国银行业发展研究报告》，北京，经济科学出版社，2013。

［33］魏燕慎：《国际金融体制与监管变革》，北京，社会科学文献出版社，2011。

［34］曹凤岐：《金融市场全球化下的中国金融监管体系改革》，北京，经济科学出版社，2012。

［35］胡滨：《中国金融监管报告》，北京，社会科学文献出版社，2012。

［36］丁建臣、柴艳茹：《金融监管案例教程》，北京，中国金融出版社，2012。

［37］王正茂：《金融监管的国际比较》，北京，国家行政学院出版社，2011。

［38］祁敬宇主编：《金融监管学》，西安，西安交通大学出版社，2013。

［39］张宇润：《中国证券法：原理·制度·机制》，北京，中国经济出版社，2002。

［40］中国人民银行金融稳定分析小组：《中国金融稳定报告》，北京，中国金融出版社，2012。

［41］中国银行业协会等主编：《中国银行业改革发展与风险防范案例选编》，北京，中国金融出版社，2012。

［42］王华庆：《加强金融消费者权益保护》，载《中国金融》，2013（8）。

［43］陈林：《当前金融控股公司监管亟需厘清的几点问题》，载《武汉金融》，2013（1）。

［44］蔡宜香：《浅谈我国银行间债券市场发展创新与交易商协会的自律管理》，载《财会研究》，2012（3）。

［45］黄朱文、李红刚：《全球金融危机下国际信用评级改革及启示》，载《风险防范》，2013（1）。

［46］丁同民：《完善我国最后贷款人法律制度的思考——金融危机中美联储"最后贷款人"职能行使的借鉴》，载《金融理论与实践》，2009（9）。

［47］蒋思聪、蒋永辉：《浅析西方国家存款保险制度特点及其借鉴》，载《上海保险》，2013（2）。

［48］刘晶：《存款保险制度的新发展：以英美为例》，载《时代金融》，2013（3）。

［49］李杲、黄礼健：《我国存款保险制度设计及影响分析》，载《新金融》，2013（7）。

［50］郝旭光：《论证券市场监管的目标》，载《商业时代》，2011（3）。

［51］虞国柱：《寿险费率市场化改革启程》，载《中国金融》，2013（16）。

［52］廖凡、张怡：《英国金融监管体制改革的最新发展及其启示》，载《金融监管研究》，2012（2）。

［53］黄志强：《英国金融监管改革新架构及其启示》，载《环球金融》，2012（5）。

［54］崔莹：《金融稳定理事会（FSB）近期工作与国际兼容监管改革》，载《金融发展评论》，2010（5）。

［55］刘明笑：《"一行三会"成立金融消费者保护机构》，载《银行家》，2013（1）。

［56］IMF：Monetary and Finance Statistics Manual，IMF Press，2000.

［57］BIS：The New Basel Capital Accord Issued for Comment，BIS，2003.

［58］Owen Evans，Alfredo Leone，Mahinder Gill，Paul Hilbers：Macroprudential Indicators of Financial System Soundness，IMF，2000.

［59］World Bank：The World Development Report，Oxford University Press，1996.

［60］Alan R：Palmiter Securities Regulation：Examples and Explanations，Aspen Publishers，2002.

［61］Louis Loss，Joel Seligman：Fundamentals of Securities Regulation，Longman Press，1995.

［62］IMF：Observance of Basel Core Principles for Effective Banking Supervision，IMF Press，2012.

［63］IMF：Observance of IAIS Insurance Core Principles，IMF Press，2012.

［64］IMF：Observance of IOSCO Objectives and Principles of Securities Regulation，IMF Press，2012.

［65］IMF：Observance of CPSS Core Principles for Systemically Important Payment Systems，IMF Press，2012.

［66］IMF：Observance of CPSS – IOSCO Recommendations for Securities Settlement Systems and Central Counterparties，IMF Press，2012.

［67］HM Treasury：A New Approach to Financial Regulation：The Blueprint for Reform，HM Treasury，2011.

［68］EU：The Application of the Lamfalussy Process to EU Securities Markets Legislation，EU，2004.

［69］BIS：Report to G20 Leaders on Monitoring Implementation of Basel Ⅲ Regulatory Reforms，BIS，2013.

21 世纪高等学校金融学系列教材

一、货币银行学子系列

货币金融学　　　　　　　　　朱新蓉　　　　　　主编　50.00 元　2010.01 出版
（普通高等教育"十一五"国家级规划教材/国家精品课程教材·2008）

货币金融学　　　　　　　　　张　强　乔海曙　　主编　32.00 元　2007.05 出版
（国家精品课程教材·2006）

货币金融学（附课件）　　　　吴少新　　　　　　主编　43.00 元　2011.08 出版

货币银行学（第二版）　　　　夏德仁　李念斋　　主编　27.50 元　2005.05 出版

货币银行学（第三版）　　　　周　骏　王学青　　主编　42.00 元　2011.02 出版
（普通高等教育"十一五"国家级规划教材）

货币银行学原理（第六版）　　郑道平　张贵乐　　主编　39.00 元　2009.07 出版

金融理论教程　　　　　　　　孔祥毅　　　　　　主编　39.00 元　2003.02 出版

西方货币金融理论　　　　　　伍海华　　　　　　编著　38.80 元　2002.06 出版

现代货币金融学　　　　　　　汪祖杰　　　　　　主编　30.00 元　2003.08 出版

行为金融学教程　　　　　　　苏同华　　　　　　主编　25.50 元　2006.06 出版

中央银行通论（第三版）　　　孔祥毅　　　　　　主编　40.00 元　2009.02 出版

中央银行通论学习指导（修订版）孔祥毅　　　　　主编　38.00 元　2009.02 出版

商业银行经营管理　　　　　　朱新蓉　宋清华　　主编　46.00 元　2009.03 出版

商业银行管理学（第三版）　　彭建刚　　　　　　主编　48.00 元　2013.06 出版
（普通高等教育"十一五"国家级规划教材/国家精品课程教材·2007）

商业银行管理学（附课件）　　李志辉　　　　　　主编　45.00 元　2006.12 出版
（普通高等教育"十一五"国家级规划教材/国家精品课程教材·2009）

商业银行管理学习题集　　　　李志辉　　　　　　主编　20.00 元　2006.12 出版
（普通高等教育"十一五"国家级规划教材辅助教材）

商业银行管理　　　　　　　　刘惠好　　　　　　主编　27.00 元　2009.10 出版

现代商业银行管理学基础　　　王先玉　　　　　　主编　41.00 元　2006.07 出版

金融市场学（第二版）　　　　杜金富　　　　　　主编　48.00 元　2013.03 出版

金融监管学（第三版）　　　　郭田勇　　　　　　主编　45.00 元　2013.03 出版

现代金融市场学（第三版）　　张亦春　　　　　　主编　56.00 元　2013.01 出版

中国金融简史（第二版）　　　袁远福　　　　　　主编　25.00 元　2005.09 出版
（普通高等教育"十一五"国家级规划教材）

货币与金融统计学（第三版）　杜金富　　　　　　主编　49.00 元　2013.05 出版
（普通高等教育"十一五"国家级规划教材/国家统计局优秀教材）

金融信托与租赁（第三版）　　王淑敏　齐佩金　　主编　36.50 元　2011.09 出版
（普通高等教育"十一五"国家级规划教材）

金融信托与租赁案例与习题	王淑敏	齐佩金	主编	25.00 元	2006.09 出版

（普通高等教育"十一五"国家级规划教材辅助教材）

金融监管学（第二版）	郭田勇		主编	38.00 元	2009.08 出版

（普通高等教育"十一五"国家级规划教材）

金融营销学	万后芬		主编	31.00 元	2003.03 出版
金融风险管理	宋清华	李志辉	主编	33.50 元	2003.01 出版
网络银行（第二版）	孙 森		主编	36.00 元	2010.02 出版

（普通高等教育"十一五"国家级规划教材）

银行会计学	于希文	王允平	主编	30.00 元	2003.04 出版

二、国际金融子系列

国际金融学	潘英丽	马君潞	主编	31.50 元	2002.05 出版
国际金融概论（第三版）	王爱俭		主编	29.00 元	2011.07 出版

（普通高等教育"十一五"国家级规划教材/国家精品课程教材·2009）

国际金融（第二版）	刘惠好		主编	40.00 元	2012.08 出版
国际金融管理学	张碧琼		编著	36.00 元	2007.09 出版
国际金融与结算（第二版）	徐荣贞		主编	40.00 元	2010.08 出版

（附课件）

国际结算（第五版）（附课件）	苏宗祥	徐 捷	著	60.00 元	2010.11 出版

（普通高等教育"十一五"国家级规划教材）

各国金融体制比较（第三版）	白钦先		等编著	43.00 元	2013.08 出版

三、投资学子系列

投资学（第二版）	张元萍		主编	53.00 元	2013.01 出版
证券投资学	吴晓求	季冬生	主编	24.00 元	2004.03 出版
证券投资学	杨丽萍	金 丹	主编	42.00 元	2012.05 出版
现代证券投资学	李国义		主编	39.00 元	2009.03 出版
投资银行学教程	郑 鸣	王 聪	著	33.00 元	2005.04 出版
证券投资分析	赵锡军	李向科	主编	30.50 元	2003.06 出版
组合投资与投资基金管理	陈伟忠		主编	15.50 元	2004.07 出版
风险资本与风险投资					
投资项目评估	王瑶琪	李桂君	主编	38.00 元	2011.12 出版
项目融资（第三版）	蒋先玲		编著	36.00 元	2008.10 出版

四、金融工程子系列

金融经济学教程	陈伟忠		主编	35.00 元	2008.09 出版
金融工程学					
金融工程案例					
固定收益证券					
衍生金融工具	叶永刚		主编	28.00 元	2004.01 出版
公司金融（第二版）	陈琦伟		主编	28.00 元	2003.06 出版

公司金融案例

现代公司金融学	马亚明　田存志	主编	44.00 元	2009.06 出版
金融计量学	张宗新	主编	42.50 元	2008.09 出版
数理金融	张元萍	编著	29.80 元	2004.08 出版

五、金融法子系列

金融法	甘功仁　黄　欣	主编	34.50 元	2003.03 出版
金融法教程（第三版）	刘定华	主编	46.00 元	2010.07 出版
（普通高等教育"十一五"国家级规划教材/司法部优秀教材）				
保险法学（第二版）	魏华林	主编	31.50 元	2007.09 出版
（教育部法学专业主干课程推荐教材）				
证券法学	符启林	主编	31.00 元	2003.08 出版
票据法教程	刘定华	主编	30.00 元	2008.05 出版
信托法学	徐孟洲	主编	27.00 元	2004.01 出版
（北京市高等教育精品教材立项项目）				

六、金融英语子系列

金融英语阅读教程（第三版）	沈素萍	主编	42.00 元	2011.11 出版
（北京高等学校市级精品课程教材）				
金融英语阅读教程导读（第三版）	沈素萍	主编	18.00 元	2012.03 出版
（北京高等学校市级精品课程辅助教材）				
保险专业英语	张栓林	编著	22.00 元	2004.02 出版
保险应用口语	张栓林	编著	25.00 元	2008.04 出版

21 世纪高等学校保险学系列教材

保险学（第二版）　　　　　　胡炳志　何小伟　　主编　　29.00 元　　2013.05 出版
保险精算（第三版）　　　　　李秀芳　曾庆五　　主编　　36.00 元　　2011.06 出版
　　（普通高等教育"十一五"国家级规划教材）
人身保险（第二版）　　　　　陈朝先　陶存文　　主编　　20.00 元　　2002.09 出版
财产保险（第四版）　　　　　郑功成　许飞琼　　主编　　43.00 元　　2010.01 出版
　　（普通高等教育"十一五"国家级规划教材）
财产保险案例分析　　　　　　许飞琼　　　　　　编著　　32.50 元　　2004.08 出版
海上保险学　　　　　　　　　郭颂平　袁建华　　编著　　34.00 元　　2009.10 出版
责任保险　　　　　　　　　　许飞琼　　　　　　编著　　40.00 元　　2007.11 出版
再保险（第二版）　　　　　　胡炳志　陈之楚　　主编　　30.50 元　　2006.02 出版
　　（普通高等教育"十一五"国家级规划教材）
保险经营管理学（第二版）　　邓大松　向运华　　主编　　42.00 元　　2011.08 出版
　　（普通高等教育"十一五"国家级规划教材）
保险营销学（第三版）　　　　郭颂平　赵春梅　　主编　　35.00 元　　2012.08 出版
　　（教育部经济类专业主干课程推荐教材）
保险营销学（第二版）　　　　刘子操　郭颂平　　主编　　25.00 元　　2003.01 出版
风险管理（第四版）　　　　　许谨良　　　　　　主编　　28.00 元　　2011.03 出版
　　（普通高等教育"十一五"国家级规划教材）
利息理论
保险会计学
保险产品设计原理与实务　　　石　兴　　　　　　著　　　24.50 元　　2006.09 出版
社会保险（第三版）　　　　　林　义　　　　　　主编　　32.00 元　　2010.08 出版
　　（普通高等教育"十一五"国家级规划教材）
保险学教程（第二版）　　　　张　虹　陈迪红　　主编　　36.00 元　　2012.07 出版